글로벌 문화경영

이문화의 딜레마를 넘어서

Riding the Waves of Culture:Understanding Diversity in Global Business 3/E
by Fons Trompenaars and Charles Hampden−Turner
Copyright © 1993, 1997, 2012 by Fons Trompenaars
All rights reserved.
This Korean edition was published by POSCO Research Institute in 2014 by
arrangement with Nicholas Brealey Publishing Group through KCC(Korea
Copyright Center Inc.), Seoul.

이 책은 (주)한국저작권센터(KCC)를 통한 저작권자와의 독점계약으로
(주) 포스코경영연구소에서 출간되었습니다. 저작권법에 의해 한국 내에서
보호를 받는 저작물이므로 무단전재와 복제를 금합니다.

RIDING THE WAVES OF CULTURE

글로벌
문화경영

이문화의 딜레마를 넘어서

폰스 트롬페나스, 찰스 햄든터너 지음
포스코경영연구소 옮김

포스코경영연구소 GASAN BOOKS

발간사

    오늘날 우리는 글로벌 한 가족 시대에 살고 있습니다. 불과 사반세기만에 이루어진 교통과 통신혁명은 세계를 하나의 지구공동체로 빠르게 변화시키고 있습니다. 기업 경영 역시 이런 추세에 맞추어 글로벌 시대로의 빠른 변화가 요구되고 있습니다. 세계를 상대로 경영을 하는 기업들은 글로벌 경영에 적합한 방식의 도입을 위하여 다양한 노력들을 하고 있습니다.

    글로벌 경영은 세계와 시장을 이해하는데 있어 전통적 경영방식과는 다른 패러다임을 요구합니다. 한때 우리는 글로벌 경영을 단지 시장과 고객만 달라지는 개념으로 이해한 적이 있었습니다. 그리하여 소위 글로벌 스탠더드라는 이름 아래 가장 우수하다고 생각되는 하나의 원리를 다른 세계에 전파하고 확산하면서 통일성을 추구하는 정책을 펼쳐 왔습니다. 하지만 일반 원칙과 보편성을 추구하는 이와 같은 정책은 다인종, 다민족, 다국가를 중심으로 하는 세계적 다양성을 이해하지 못할 때 실패하는 경우가 많았습니다. 글로벌 경영이란 다양한 환경과, 그것이 의식과 행동에 미치는 영향을 올바르게 이해하고 접근해 갈 때 성공의 가능성이 높아지기 때문입니다.

    각국의 문화적 특징들이 경영에 중요한 영향을 미치지만 이를 이해하지 못하고 소홀히 다루는 기업들은 보이지 않는 비용을 치르고 있습니다. 현지인과의 사업추진 과정에서 겪는 의사결정의 지연, 타이밍 실기, 잦은 트러블, 현지인과의 마찰, 현지인들의 낮은 직무 몰입도, 저수익 등의 장애는 그 실상을 들여다보면 문화기반이 다른 사람들이 함께 일하는 데서 발생하는 장애들로 인한 경우가 많습니다.

그러므로 해외진출 기업들에게서 문화의 이해란 잠재적 비용을 최소화하면서 새로운 성과 창출 가능성을 높이는 등 경쟁력의 핵심 요소입니다. 하지만 아쉽게도 글로벌 경영을 문화차원에서 이해할 수 있게 도와주는 안내서들은 국내에 매우 드문 실정입니다.

〈글로벌 문화경영 – 이문화의 딜레마를 넘어서〉는 이처럼 글로벌 경영을 추진하는 기업들이 해외에서 겪기 쉬운 실패를 최소화하고 성공적인 성과를 거두기 위해 비즈니스를 문화의 관점에서 보도록 안내하는 책입니다.

이 책에서 소개하는 여러 가지 문화적 요소들의 특징과 그것들이 사람들의 행동방식에 어떻게 영향을 미치는지를 잘 이해한다면, 현지 경영에서의 시행착오 예방은 물론, 좀 더 효과적인 대응활동을 통해 기업의 성과를 증진하는 데에도 상당한 도움이 될 수 있을 것입니다. 독자들께서 이 책을 통해서 글로벌 경영을 성공적으로 추진하는데 조금이나마 지침이 되었으면 하는 바람입니다.

포스코경영연구소
사장 김 응 규

추천사

1990년대에 본격화된 글로벌화는 우리나라 기업의 활동 무대를 해외로 빠르게 이동시키고 있고, '글로벌'은 한국인에게 더 없이 친숙한 단어가 되었습니다. 자원빈국인 우리나라가 살아남는 길은 글로벌 경영만이 유일한 대안일 것입니다. 그래서인지 선도 기업들은 모두가 글로벌 경영의 비전을 내세우며 세계를 무대로 한 사업을 펼치려는 전략과 시스템을 구축해 나가고 있습니다.

지난 수십 년 간 세계무대로 뛰어들었던 기업들은 글로벌 경영이 본질적으로 국내 시장을 중심으로 하던 사업과는 많이 다르다는 점을 절실하게 경험해 왔습니다. 또한 해외 진출은 성공 사례도 있지만 실패 사례도 많이 있다는 것을 깨달았습니다. 성공과 실패 사례들을 들여다보면 현지국가의 고객, 파트너, 직원 등의 문화적 특성을 얼마나 잘 이해하고 대응하느냐가 성패의 관건인 것으로 나타났습니다.

문화는 생산과 소비의 맥락을 형성하는 중요한 정보들을 제공하였습니다. 하지만 이를 이해하지 못한 기업들은 타 문화에 적응하고 대응하는 데 상당한 어려움들을 겪었습니다. 그 결과 기업들이 글로벌 경영을 추진하면서 현지 문화에 대한 이해가 부족하여 비싼 수업료를 내는 경우가 빈번하였습니다.

이런 현상이 지속되고 있지만 국내에서는 아직까지 글로벌 경영을 지원하기 위한 문화 차원의 이해를 높일 수 있도록 하는 안내서가 드문 실정입니다. 이 책은 이러한 현실에서 우리나라 기업이나 관련 전문종사자에게 조금이나마 도움을 주기 위한 책입니다. 글로벌 경영의 세계적 전문가인 트롬페나스와 햄든터너의 대표작인 이 책에서는 글로벌 경영자와 관리자들이 고민하고 있는 이슈들을 여러 각도에서 다루고 있습니다.

이 책은 그 동안 우리가 궁금해 하던 문화의 여러 가지 특징들을 일곱 가지로 정리하여 다소 추상적일 수 있는 문화개념을 쉽게 이해할 수 있도록 체계적으로 설명하고 있습니다. 또한 문화와 문화 간의 접촉이 만드는 딜레마 상황이 훌륭한 비즈니스 기회를 창출할 수 있다는 관점을 취하고 있습니다.

저자들이 제시하는 이론적 배경과 과학적 방법, 그리고 풍부한 사례와 실증 데이터로 글로벌 경영의 현실을 반영하였기 때문에 이문화 경영을 심도 있게 탐구하고, 실제로 글로벌 경영현장에서 적용하려는 분들에게 유용한 지침서가 될 것입니다. 부디 이 책이 글로벌 문화이해와 다양성을 통한 가치창출의 계기가 되어 우리 기업의 글로벌 경영의 선진화에 기여할 수 있기를 기대합니다.

포스코경영연구소
상임고문 최 종 태

머리말

　이 책의 초판이 1993년에 나온 이후로 저자들은 국제적인 맥락에서 사람들을 이끌고 비즈니스를 하는데 효과를 발휘하려면 리더와 관리자가 문화차이를 인식하고 존중해야 한다는 한결같으면서도 기본적인 메시지를 견지해왔다.

　2판을 통해서 저자들은 여러가지 국가별 사례를 제시하면서 자신들의 핵심 주장을 뒷받침하였다. 또한 저자들이 보유한 문화 데이터베이스가 통계적 중요성과 신뢰성에 기반할 수 있도록 각별한 주의를 기울였다. 저자들은 문화적 다양성으로부터 야기되는 딜레마를 조정하기 위한 프레임워크를 설명하며 3단계 구조를 통해 문화차이에 대한 인식Recognition, 존중Respect, 조정Reconciliation을 포괄적으로 다루었다.

　항공여행과 커뮤니케이션 기술로 인해 정치, 사회, 경제적 변화동력이 생성됨에 따라 비즈니스 영역은 이전 어느 때보다 빠른 속도로 지구촌 전역으로 확대되고 있다. 현대 비즈니스에서 문화적 요소가 중요하다는 인식은 오랫동안 존재했다. 하지만 차이를 강조하는 이전의 인류학적 사고는 오늘날의 세계에서 더 유효한 새로운 지식을 통해 보완, 확장될 필요가 있다. 우리의 초점은 단순히 문화차이를 이해하고 당혹스러운 상황을 방지하는 차원을 넘어 어떻게 그런 차이를 지렛대 삼아 경쟁우위를 확보할 것인가로 옮겨갔다. 오늘날은 특정 지역에서 활동하는 기업이라 할지라도 다양한 인력을 이끌어야 하는 세상이다.

저자들은 이번 3판에서 처음 절반의 분량을 할애하여 문화 프레임워크에 대해 이전 판에서 다룬 내용과 더불어 업데이트된 정보를 상세히 설명한다. 책의 나머지 절반은 비즈니스 분야 독자들의 니즈변화를 고려하여 크게 개정, 개선된 내용을 반영하였다. 저자들은 지속적인 학술연구와 응용연구를 통해 이전에 제시하였던 세 가지 단계에 실현Realization이라는 네 번째 단계를 추가하였다. 개정판에서는 이를 통해 문화와 이익실현 사이에 분명한 연관성이 있음을 소개한다.

개정판에는 국제적, 초국적 기업의 비즈니스 이익 실현에 대한 내용을 수록하였다. 이와 더불어 기업간 제휴, 합병, 인수에 있어서 문화차이를 특별히 다루었다. 저자들은 자신들의 아이디어를 조직간의 문화통합에 어떻게 활용하여 통상적인 (재무) 실사중심의 방식보다 유리한 결과를 가져올 수 있는지를 보여준다.

이전에는 단일 데이터베이스였지만 현재 이 책을 뒷받침하는 데이터베이스는 더 많은 사례와 국가 데이터뿐만 아니라 이문화 역량, 딜레마 및 그 조정, 이문화 서번트 리더십, 이문화 혁신 패러다임, 다문화 및 원격 팀의 효과성 데이터를 방대하게 포함하고 있다.

저자들은 이 대규모 데이터베이스를 분석하고 연역적, 귀납적 결과를 도출하여 본 개정판의 내용을 뒷받침하였다. 또한 세계가 지구촌화하면서 많은 이들이 제기하는 "문화는 수렴하는가?"라는 질문에 답하기 위해 지난 25여년 간 파악한 변화를 분석하였다.

이전 판들이 지니고 있는 가치를 훼손시키지 않으면서도 본 개정판은 글로벌 대기업의 CEO에서 현지 중소기업의 중간관리자에 이르기까지 모든 비즈니스 리더와 관리자에게 필수적인 증거자료 기반의 프레임워크를 제공한다. 현지에서만 활동하는 관리자라 하더라도 다양한 인력과 고객 및 공급처와 상호작용해야 하므로 일정 수준의 문화적 역량을 필요로 한다.

　더불어 이 책은 과거와는 다른 새로운 비즈니스 세계를 준비하는 예비 비즈니스맨들과 경영학도들에게도 가치가 있을 것이다.

피터 울리암스
영국 앵글리아러스킨 대학 교수

감사의 글

1993년 초판이 나온 이래 여러 사람의 기여로 이 책의 내용이 지속적으로 발전할 수 있었다. 지면을 빌어 모든 분들에게 감사의 말을 전하고자 한다. THT 컨설팅의 동료들. 데이터 정리와 개념모형을 발전시키는데 모두가 다방면에서 수고해주었다.

지속적인 지원과 날카로운 분석으로 도움을 주신 피터 울리엄스 교수께 특별히 감사를 표하고 싶다. 이 책의 내용에 크게 기여해주고 우리 설문도구와 결과를 업데이트하고 분석하는데 중추적인 역할을 맡아주었다. 울리엄스 교수로부터 도움을 받은 정량분석과 방법론은 우리 컨설팅의 성공에 중요한 부분을 차지해왔다. 다시 한 번 울리엄스 교수께 감사드린다.

프로젝트 지원 매니저로서 책의 편집을 담당한 안네미케 로프. 성실하면서도 한 치의 오차도 없이 일을 해내는 모습이 경탄스러웠다. 또한 더 나은 글로 다듬으면서 제시해주었던 좋은 의견들도 감사드린다.

우리는 "훌륭한 이론보다 더 실용적인 것은 없다"라는 커트 르윈의 금언에 동의한다. 하지만 "훌륭한 이론을 개발하기 위해 전문가로서의 실제 경험보다 좋은 것은 없다"라는 점도 인식하고 있다. 이런 점에서 우리의 설명회와 워크숍에서 온라인 설문과 진단에 참여한 수많은 이들에게 감사드린다. 참여자들의 값진 의견은 새로운 구성요소를 개발하고 그 타당성을 검증하는데 큰 도움이 되었다.

차 례

01
문화 이해하기

이 책은 문화와 그 차이가 글로벌 경영에 어떻게 영향을 미치는지에 대한 것이다. 단순히 어떻게 해야 다른 나라 사람을 이해할 수 있는지에 대한 책이 아니다. 사람은 자기와 다른 문화를 온전히 이해할 수 없다. 같은 문화 속에 산다하더라도 서로를 완전히 이해하기는 불가능하다는 사실을 결혼한 사람이라면 잘 알 것이다. 저자(두 명의 저자 중 네덜란드 출신인 Fons Trompenaars를 가리킴 - 역주)는 이문화라는 주제가 세간의 주목을 받기 전부터 관심을 갖고 있었다. 네덜란드인 아버지와 프랑스인 어머니 사이에서 태어났기 때문이다. 이런 환경에서 자란 저자는 한 문화에서 유효하다고 해서 다른 문화에서도 동일할 리 만무하다는 점을 몸소 깨달았다. 저자의 아버지가 시도했던 네덜란드식 '관리' 기법은 프랑스인 가족에게는 무용지물이었다.

같은 맥락에서 저자는 돈으로 살 수 있는 최고의 비즈니스 교육이 오랫동안 우리에게 진리라고 가르쳐온 미국식 경영기법과 경영철학을 저자들의 모국인 영국과 네덜란드, 더 나아가 그 밖의 세계 각 국에 적용할 수 있는지 의문을 품게 되었다.

우리 두 저자는 문화가 경영에 미치는 영향을 수십 년간 연구해왔다. 이 책은 그 과정에서 발견한 많은 내용을 담고 있다. 여기에서 설명하는 문화적 성향orientation은 학계와 현장을 아우르며 25년간 수행한 연구의 결과이다. 책에서 소개하는 일화와 사례들의 상당수도 25개국 이상에서 1,500회 넘게 실시한 이문화 교육프로그램의 결과물이다. 대부분 사례에 나오는 회사 이름은 가명으로 처리하였다.

교육 프로그램 외에 60개국이 넘는 나라에서 활동하고 있는 글로벌 기업과 그밖의 주요 기업 등 다양한 회사도 연구에 도움을 주었다. 비교 표본을 수집하기 위해서 기업들이 활동하는 국가마다 유사한 배경과 직업을 가진 사람을 100명 이상 선정하여 문화규범의 기초 자료를 추출하였다. 참여자 중 약 75퍼센트가 관리자였으며, 나머지 25퍼센트는 일반 지원업무 분야 직원이었다.

우리는 이와 같은 응답자 약 5만 5천 명의 정보를 수집하여 문화에 대한 데이터베이스를 구축하고 여러 방법으로 확장해왔다. 여기에 세계 각국 관리자와 비즈니스 리더로부터 온 답변을 추가로 반영함으로써 단순히 표본 수가 늘어나는 것보다 훨씬 더 의미 있는 결과를 도출할 수 있었다. 현재 데이터베이스에 들어 있는 참여자는 약 8만 명으로 늘어났다. 더불어 기타 설문조사에 포함된 기초 문화진단에 참여한 약 2만 명이 부분적으로 응답한 자료도 추가로 반영하였다.

인터넷의 지속적인 성장과 보급에 힘입어 우리는 다양한 문화 측정 도구를 추가하고 보조 데이터베이스를 구축할 수 있었다. 덕분에 이문화 대응 역량, 문화 차이를 다루는 리더십, 기업의 효과성과 지속가능성, 개인의 성격과 팀발달의 문화적 측면, 혁신 등에 대한 추가 응답 약 2만 건을 온라인으로 수집할 수 있었다. 또한 별도의 텍스트 기반 데이터베이스를 통해 우리는 거의 1만개에 달하는 딜레마 및 해결 사례를 수집하여 보유하고 있다.

또한, 경영학도나 주재원의 배우자와 같이 다양한 대상자들을 응답자에 포함할 수 있도록 기존 온라인 도구를 수정하여 각기 다른 버전으로 만들기도 하였다.

방대한 자료를 확보하여 기존에 제시한 내용을 재확인할 수 있을 뿐만 아니라 문화 변동에 대한 종단연구 관련 논의로 확장할 수도 있다. 더 나아가 기능영역뿐만 아니라 나이와 세대차이 이슈도 심도 있게 파고들어 문화수렴cultural convergence과 문화변용acculturation(이질적인 두 문화가 지속적, 직접적 접촉을 통해 상호 변화를 일으키는 현상 – 역주) 문제를 논의할 수도 있다.

하지만 그와 같은 실증적 자료들은 우리가 말하고자 하는 바를 보여주는 하나의 단면일 뿐이다.

이 책을 쓴 목적은 다음 세 가지이다. (1) 경영과 조직관리에 '단 하나의 왕도one best way'가 있다는 오해를 불식시킨다. (2) 비즈니스 맥락에서 독자들이 문화차이를 어떻게 인식하고 대처할지 배움으로써 자문화와 문화차이 일반에 대한 이해를 높이도록 한다. (3) 글로벌 조직이 직면한 '세계화'와 '현지화'의 딜레마에 대한 문화적인 통찰력을 제공한다. 이 중에서도 두 번째 목적이 가장 중요하다고 볼 수 있다. 자기 문화를 이해하고 그 문화가 어떤 사고와 행동방식을 지향하는지 파악하는 것이 성공하는 글로벌 경영의 기초이기 때문이다.

문화가 비즈니스에 미치는 영향

가장 현대적인 경영철학에 따라 교육받은 신진 글로벌 관리자들을 살펴보자. 이들은 모두 '전략적 사업 단위SBU(strategic business unit)'에서 '전사적 품질관리TQM(total quality management)'를 최우선시 하고, 제품을 '적시에 납품JIT(just in time)'하여야 하며, '고객제일팀CFTs(customer first teams)'이 제품을 유통하는 한편 '목표에 의한 관리MBO(management by objectives)'에 따라야 함을 알고 있다. 이것이 제대로 이루어지지 않을 경우 '비즈니스 프로세스 재설계BPR(business process reengineering)'가 필요하다.

그러나 이런 경영 방식이 과연 얼마나 보편타당하다고 할 수 있을까? 그런 방식이 과연 효과적인 경영에 대한 '진리'이며 이를 국가와 환경을 불문하고 적용할 수 있는 것인가?

경험이 풍부한 글로벌 기업에서조차도 좋은 취지로 '보편'적용한 상당수 경영이론이 해로운 결과를 초래하곤 한다. 예를 들어, 아프리카 지역에서는 성과연동 보상제도pay-for-performance가 빈번하게 실패로 돌아갔는데, 이는 보상과 승진의 순서와 시기에 대하여 나름대로 지켜온 불문율이 있기 때문이다. 마찬가지로 다국적 기업의 목표에 의한 관리제도는 남유럽 지역에서 대체로 실패했다. 회사 정책의 가이드라인을 미리 정해둔다는 추상적인 성격의 제도에 관리자들이 순응하려 하지 않았기 때문이다.

심지어 인적자원관리라는 개념도 전형적인 앵글로 색슨적 사고방식에서 탄생한 것이기 때문에 다른 문화권에 맞게 적용하기가 어렵다. 인적자원은 경제학에서 빌려온 개념으로 물리적, 금전적 자원과 같이 인간 역시 '자원'이라는 생각을 바탕으로 하며 인간의 개발 가능성을 거의 무제한으로 가정한다. 이렇게 생각하지 않는 국가에서 인적자원이라는 개념은 이해하기도 어렵거니와 이해한다 해도 거부감을 불러일으킨다.

글로벌 관리자는 이런 어려움을 숱하게 겪는다. 한 번에 여러 다른 관점들을 생각하면서 일을 진행해야 한다. 이런 관점의 차이는 관리자의 모국과 회사가 소재한 국가, 관리자가 몸담고 있는 조직의 문화간 차이에서 비롯된다.

세계 모든 문화마다 권위, 관료제, 창의성, 동료의식 등과 같은 현상들은 다른 방식으로 나타난다. 이런 현상을 동일한 용어로 표현하다보면 자신의 문화 편향과 행동 습관이 부적절하다거나 다른 문화에서는 통하지 않는다는 점을 인식 못하기 쉽다.

글로벌화가 세계의 공통 문화를 탄생시키거나 적어도 탄생의 동력이 될 것이라는 시각도 있다. 정말 그렇게 된다면 글로벌 관리자는 큰 짐을 덜 수 있을 것이다. 사람들은 맥도날드와 코카콜라를 전세계인의 입맛과 시장, 따라서 문화까지 비슷해지는 사례로 꼽는다. 실제로 여러 상품과 서비스가 글로벌 시장에서 유사해지고 있다. 하지만 중요한 점은 그 상품과 서비스가 무엇이며, 물리적으로 어디에 있는지가 아니라 각 문화에서 사람들이 어떠한 의미로 받아들이는가이다. 차차 설명하겠지만, 문화의 본질은 겉으로 드러나는 것이 아니라 개별 집단의 사람들이 공동으로 세상을 이해하고 해석하는 방식이다. 우리 모두가 iPod나 MP3 플레이어로 음악을 듣고 햄버거를 먹는다는 사실은 글로벌 시장에서 보편적으로 소비하는 상품도 있다는 점을 말해준다. 하지만 햄버거를 먹고 iPod나 MP3플레이어로 음악을 듣는 것이 다양한 문화에서 어떤 의미를 지니는지는 알 수 없다. 한 때 모스코바에서는 맥도날드에서 식사하는 것이 사회적 지위를 과시하는 의미를 띤 적이 있었다. 반면, 뉴욕에서 맥도날드 햄버거는 시간을 아끼기 위해 빠르게 때우는 끼니에 불과하다. 어느 곳에서 비즈니스를 하든 회사의 목표와 정책, 제품이나 서비스에 대해 더 잘 이해하고 충성도를 높이길 원한다면 경영의 이런 여러 측면이 다양한 문화에서 어떤 의미를 지니는지 반드시 이해해야 한다.

이 책에서는 서구 경영이론을 획일적으로 적용하는 것이 왜 비효과적인지 살펴볼 것이다. 동시에, 글로벌 관리자에게 점점 크게 대두되고 있는 '글로컬라이제이션glocalization'이라는 딜레마를 다룰 것이다.

시장이 글로벌화 됨에 따라, 조직의 설계와 체계, 절차를 표준화해야 할 필요가 커지고 있다. 하지만 글로벌 관리자는 현지 시장과 법규, 재정 체제, 사회정치 제도, 문화 시스템의 특성에 맞게 조직을 변화시켜야 하는 압박도 함께 받고 있다. 이렇듯 기업이 성공하기 위해서는 일관성과 현지적응 사이에서 균형을 맞추는 것이 필수불가결하다.

분석에 의한 마비

톰 피터스Tom Peters와 로버트 워터맨Robert Waterman은 그들의 저서 〈초우량 기업의 조건In Search of Excellence〉에서 '합리적 모형'과 '분석에 의한 마비'에 대해 예리하게 비판했다. 행위의 결과를 사전에 이성적으로 예측하는 서구의 분석적인 사고는 세계적으로 기술발전을 견인하는 역할을 톡톡히 했다. 사실 기술은 장소와 무관하게, 심지어 달에서라 할지라도 보편 법칙에 따라 동일하게 작동한다. 그러나 이처럼 보편성을 지향하는 철학이 성공을 거두긴 했지만 문화간 상호작용에 있어 오히려 장애요인이 될 수 있다.

인간이라는 존재는 특별하게 고려해야 하는 대상이다. 따라서 이 책에서 광범위하게 논의하는 연구 결과가 보여주듯이 글로벌 조직에서는 인적요소를 다룰 때 훨씬 더 다차원적으로 접근해야 한다.

일부 글로벌 관리자는 회사의 다차원적인 특성을 인식하고 있다. 이들은 필요에 따라 기계적 논리(분석 합리적)와 사회관계적 논리(종합 직관적)를 오가며 적절하게 대응한다.

그 예로 일본을 들 수 있는데, 글로벌화 과정에서 일본인들은 점점 현지 사회의 사정을 중시하고 있다. "로마에 가면 로마법을 따르라"는 원칙을 서양인보다 일본인이 더 충실하게 따르는 것으로 보인다. 여기에 그치지 않고 일본인은 "로마에 가면 로마인의 행동을 이해하라. 그래서 더욱 완전한 일본인이 되어라"라며 한 걸음 더 나아간다.

이와 반대로 미국식 경영교육에 바탕을 둔 서구적 접근방식은 경영을 전문직종이자 감정을 배제해야 하는 합리적 과학으로 바라본다. 이같이 수치를 중시하는 지성주의적인 접근방식이 미국의 비즈니스 스쿨을 넘어 다른 경제, 경영학 영역을 지배하고 있다. 문제는 기술적인 합리성을 조직 내 인적요소에도 그대로 적용하려는 데 있다. 어느 누구도 객관적 결과를 도출하는 보편타당한 과학 법칙이 존재한다는 사실을 부정하지는 않는다. 이 법칙들은 의심의 여지가 없으며 문화로부터 아무런 영향을 받지 않는다. 그러나 조직문화가 물리학이나 공학법칙과 같아야 한다는 생각 자체는 과학이 아닌 문화적 신념이다. 보편적 합의는커녕 그에 한참 못미치는 획일적인 가정에 불과한 것이다.

글로벌 비즈니스를 하기 위해서는 문화유형에 대한 이해가 더욱 필요하다. 예를 들어 성과연동 보상제도는 미국이나 네덜란드, 영국같은 개인주의적 문화권에서는 효과적이겠지만 프랑스나 독일, 대부분 아시아 국가와 같이 공동체주의적 문화가 우세한 곳에서 그대로 적용한다면 그다지 성공적이지 못할 것이다. 구성원들은 개인간 상호경쟁 과정에서 서로를 비교하고 동료의 부족한 점이 드러나는 방식을 받아들이려 하지 않을 수 있다. 이들에게 있어 '뛰어난 개인'은 주변 사람에게 도움이 되는 사람이기 때문이다. 공동체주의적 문화권의 고객들은 영업의 귀재들이 보여주는 비즈니스적 친화력에 거부감을 느낀다. 인간관계란 신중하게 맺고 유지해야 한다고 생각하기 때문이다.

효과적이었던 방식들이 잘못된 결과를 초래하는 경우

왜 문화의 경계를 넘어서면 경영 프로세스의 효과성이 떨어지는 경우가 많을까?

많은 다국적 기업들이 본사가 있는 문화권에서 성공한 공식을 그대로 해외 비즈니스에 접목시킨다. 앵글로 색슨 문화에 바탕을 둔 글로벌 경영 컨설팅 회사들도 문화차이를 무시한 채 비슷한 모습을 보인다.

이탈리아의 한 컴퓨터 회사는 저명한 글로벌 경영컨설팅업체로부터 매트릭스형 조직으로 재편하라는 자문을 받고 이를 실행에 옮겼다. 그러나 결과는 실패였다. 과업을 중시하는 접근방식이 특징인 매트릭스형 조직구조에서 상사에 대한 충성심은 도전을 받는다. 이탈리아에서 상사는 아버지와 같은 존재인데, 아버지가 두 명일 수는 없는 노릇이다.

문화는 중력과 같다. 공중으로 뛰어올라보기 전에는 그 존재를 느낄 수 없다. 현지 관리자는 본국의 모회사가 개발한 인사평가 제도를 공개적으로 비판하거나 매트릭스형 조직을 거부할 수 없을지 모른다. 대립이나 저항을 수용하지 않는 문화에서라면 더욱 그렇다. 그러나 실제 기저에서는 문화라는 조용한 힘이 파괴적으로 작동함으로써, 본사에서 개발했지만 현지에는 맞지 않는 제도의 뿌리를 좀먹는다.

수평적 계층구조나 전략사업단위, 목표에 의한 관리, 매트릭스 조직, 평가센터Assessment Center, 전사적 품질관리, 업무프로세스 재설계, 성과 연동 보상제도는 동서양을 막론하고 거의 모든 경영 베스트셀러 서적들이 다루는 주제이다. 너무 바빠서 책 읽을 시간이 빠듯한 관리자들도 경영 베스트셀러를 읽을 때는 희열을 느낀다. 책에서 알려주는 십계명만 잘 지킨다면 자신도 앞서나가는 리더이자 변화관리의 귀재가 될 수 있을 것이라 생각하는 것이다. 하지만 최선의 방식이 한 가지만 존재한다는 생각은 경영의 오류로서 점차 그 생명이 다해가고 있다.

1970년대 조직이론은 환경을 중요 요인으로 소개했다. 하지만 조직운영에 단 하나의 왕도가 있다는 환상을 깨뜨리지는 못했다. 그 당시의 이론은 국가문화의 영향은 측정하지 않았고, 다만 경영과 조직의 최적화를 결정하는 요소는 시장과 기술, 제품이라는 점을 체계적으로 제시하는 수준이었다.

서로 다른 문화적 환경 속에 존재하는 유사한 조직들을 연구해보면 기능, 계층, 전문화 정도 등 주요 기준에 있어서 눈에 띄게 공통점이 많다. 이런 현상이 있다고 해서 반드시 그런 방향으로 가야한다는 것은 아니다. 그것은 글로벌 경영에서 보편성을 강요하거나, 선도 기업의 관행을 서로 따라하거나, 기술 자체가 보편성을 증대하는 방향으로 영향을 미친다는 의미에 불과할 수 있다. 이런 종류의 연구는 글로벌 조직의 보편적 모습이야말로 조직이 국가문화의 영향을 받지 않음을 '증명'한다고 종종 주장해왔다. 그러나 접근방식부터가 잘못되었다. 논의의 초점은 네덜란드와 싱가포르의 회사가 동일하게 6단계의 계층 구조를 보이고 있다는 사실이 아니라 계층과 그 단계가 네덜란드인과 싱가포르인에게 무엇을 의미하는가이다. 가령, 어떤 문화가 조직계층을 지휘체계로 받아들이고 또 다른 문화는 가족 같은 공동체로 받아들인다면, 전자를 염두해두고 인사제도를 실행했을 때 후자의 맥락에서는 심각한 커뮤니케이션 문제가 발생할 것이다.

문화는 문제해결 방식이다

문화는 한 집단의 사람들이 문제를 해결하고 딜레마를 조정하는 방식이다.[1] 문화마다 반드시 해결해야 하는 특수한 문제와 딜레마가 어떤 것인지는 이 장의 뒷부분에서 개략적으로 소개할 것이다. 문화가 무엇인지에 먼저 초점을 맞추기 위해 예를 들어 보겠다.

여러분이 지금 남아프리카로 향하는 비행기 안에 있다고 상상해보자. 그런데 엔진에 문제가 생겨 부룬디에 임시 착륙할 예정이라는 기장의 방송이 나온다. 공항청사에 들어서자마자 느낀 부룬디 문화의 첫인상은 어떨까? "부룬디인은 가치관이 멋지군"이라거나 "이 나라 사람들이 공유하는 흥미로운 의미체계란 없는 건가?"라고 생각하지는 않을 것이다. 첫 인상은 부룬디의 언어와 음식, 옷처럼 구체적이며 눈에 보이는 것에 좌우된다. 문화는 양파처럼 층위를 이루고 있다. 따라서 문화를 이해하려면 그 층위를 한꺼풀씩 벗겨내야 한다.

맨 바깥 층위는 맨해튼의 높게 솟은 고층 빌딩, 개인용 발전시설, 혼잡한 공공 도로와 같이 문화의 유형적 산물이다. 문화의 유형적 산물은 상승욕구, 다다익선, 지위, 물질적 성공과 같은 사회 심층의 보이지 않는 가치value와 규범norm의 겉으로 들어난 부분이다. 가치와 규범의 층위는 '양파'의 내부에 깊숙이 자리잡고 있어서 파악하기 어렵다.

그런데 왜 가치와 규범은 의식과 신념의 기저에 가라앉아 있는 것일까? 왜 세계 각지마다 그토록 다르게 나타나는 것일까?

일상적으로 해결하는 문제는 우리 의식에서 점차 사라져 기본 가정assumption과 근본 전제로 굳어진다. 이렇게 내재적 성격을 지닌 기본가정이 한 집단이 공유하는 의미를 규정한다.

의사와 환자 사이에 일어난 다음의 대화를 살펴보자.

환자 : "제가 어디가 아픈 거죠?"

의사 : "폐렴입니다."

환자 : "왜 폐렴에 걸린 거죠?"

의사 : "바이러스 때문입니다."

환자 : "재미있네요. 그럼 왜 바이러스가 생기나요?"

의사는 매우 짜증난다는 기색을 보이고 대화는 그렇게 끝난다. 당연하다고 여기는 기본가정이나, 콜링우드Collingwood의 표현을 빌려, 삶의 절대적 전제에 대해 누군가 질문하면 의사와 같은 반응을 보이는 경우가 다반사이다.[2] 당연히 받아들이는 의심의 여지가 없는 현실. 이것이 바로 양파의 중심이다.

국가문화, 기업문화, 직업문화

문화는 몇 가지 차원으로 구분한다. 가장 거시적인 차원에는 국가 또는 지역의 문화가 존재한다. 프랑스인과 서유럽인 또는 싱가포르와 아시아인 같은 구분이 여기에 해당한다. 특정 조직에서 태도가 드러나는 방식은 기업이나 조직 문화로 설명할 수 있다. 우리는 마케팅, 연구개발, 인사와 같이 조직 내 특정 기능영역별 문화 차이에 대해서도 논의해 볼 수 있다. 특정 기능영역에 종사하고 있는 사람들은 직업과 윤리에 있어서도 특정한 지향성을 보이는 경향이 있다. 이 책은 그 중에서도 가장 거시적 차원인 국가문화의 차이에 초점을 맞출 것이다.

문화의 차이는 서로 다른 국가 사이에서만 발생하지는 않는다. 연구과정에서 미국 동부 연안 지역과 서부 연안 지역이 서로 다른 국가처럼 몇 가지 차원에서 문화차이가 크다는 점이 뚜렷해졌다.(이 책의 목적에 맞게 대부분의 미국문화 참조는 평균치를 기준으로 삼았다.) 모든 사례를 비추어 볼 때, 북서유럽(분석, 논리, 체계, 이성)과 라틴계 남부유럽(인간관계, 직관, 감성) 사이에는 뚜렷한 문화 경계가 존재한다. 심지어 이웃한 국가인 네덜란드와 벨기에 사이에도 중요한 문화차이가 있다.

유럽 통합과 관련된 모든 기술적, 법적 논의는 중요하다. 그러나 이런 문제를 해결하고 나면 진짜 문제가 모습을 드러낸다. 유럽처럼 내부 문화 차이가 심한 곳은 어디에도 없다. 프랑스인과 비즈니스를 하려면 우선 긴 시간동안 점심식사하는 법을 배워야 한다. 유럽 공동체의 창립자인 장 모네Jean Monnet는 다음과 같이 말했다. "내게 유럽 통합이라는 과제가 다시 주어진다면 가장 먼저 문화부터 손을 대겠다."[3]

문화차이의 기초

모든 문화는 딜레마가 되는 문제에 대한 해결방식의 차이로 인해 타문화와 구별된다. 문화권마다 직면하는 문제를 인간관계, 시간, 환경이라는 세 가지 항목으로 구분하면 이해하기 쉽다. 이어지는 장에서 설명할 내용은 문화를 이 세 가지 범주 안에서 들여다 본다. 이런 보편적인 문제를 해결하기 위해 다양한 문화에서 선택한 해결책으로부터 일곱 가지 문화차원을 파악할 수 있다. 이 중 다섯 가지 차원은 첫 번째 범주인 인간관계와 관련이 있고, 나머지 두 가지는 각각 시간, 환경과 연관된다.

인간관계

다섯 가지 문화 경향성은 사람들이 서로를 대하는 방식에 관한 것이다. 우리는 파슨즈Parsons의 다섯 가지 관계경향성을 그 출발점으로 삼았다.[4]

1. 보편주의universalism 대 특수주의particularism

보편주의자는 "무엇이 옳고, 무엇이 바람직한지는 정할 수 있으며 그런 원칙을 보편적으로 적용가능하다"는 접근방식을 취한다. 반면 특수성을 중시하는 문화에서는 관계에 대한 의무와 특수한 상황을 훨씬 더 중요하게 고려한다. 예를 들어, 특수주의 문화에서는 한 가지 좋은 원칙을 반드시 지켜야 한다고 여기기보다 관계를 맺고 있는 사람과의 특별한 의무를 우선시할 수 있다. 추상적인 사회 규칙은 나중에 고려할 사항이다.

2. 개인주의individualism 대 공동체주의communitarianism

사람들은 자신을 주로 독립된 개인으로 여기는가 아니면 공동체의 일부로 생각하는가? 더 나아가, 개인에게 초점을 맞추어 자발적으로 공동체에 기여할 수 있도록 하는 것이 중요한가 아니면 다수의 개인이 함께하는 공동체를 우선시하는 것이 중요한가?

3. 감정절제neutral 대 감정표현affective

인간은 상호작용할 때 객관성을 유지하고 감정은 배제해야 하는가 아니면 감정을 드러내어도 괜찮은가? 북미와 북서유럽에서 비즈니스 관계는 오직 목적 달성을 위한 전형적인 도구적 관계이다. 이성은 감정을 감시하는 역할을 하는데, 감정이 개입되면 사리판단에 혼란을 일으킨다고 믿기 때문이다. 그 기본가정은 우리가 더 효율적으로 일하기 위해서는 기계를 닮아야 한다는 것이다.

그러나 남미와 남유럽, 그 외 여러 국가에서는 비즈니스도 사람이 하는 일이라 여기며 감정표현을 정상으로 받아들인다. 큰 소리로 웃거나 탁자를 주먹으로 내리치는 것, 협상 도중 화가 나서 회의실을 박차고 나오는 것 모두 비즈니스의 일부분이다.

4. 관계한정specific 대 관계확산diffuse

비즈니스 관계에 전인적으로 참여하게 되는 경우, 참여자는 계약서 상에 명시된 당사자로서의 특정한 관계를 넘어 개인적인 친분을 형성하는 것이다. 확산적 관계는 여러 국가에서 선호하고 있을 뿐만 아니라 비즈니스 사전단계에서 필요하기도 하다.

아르헨티나 고객과 계약을 체결하려던 한 미국계 기업의 경우, 관계의 중요성을 무시한 결과 거래가 무산되고 말았다. 그 미국 기업은 면밀하게 준비한 프레젠테이션을 능수능란하게 선보였고 우월한 품질과 저렴한 가격을 분명히 보여주었다고 생각했다. 반면 스웨덴 경쟁사는 고객을 알아가는 데만 일주일을 투자했다. 스웨덴 업체의 담당자는 그 5일 동안 자신의 제품을 제외한 모든 것을 이야기 했다. 제품은 마지막 날 소개하였다.

스웨덴 제품이 미국 제품보다 다소 투박해 보이고 가격도 약간 높았지만 결과는 스웨덴 기업의 수주 성공이었다. 이 스웨덴 기업은 특정 국가에서 비즈니스를 하려면 기술적인 세부사항과 멋진 슬라이드로 고객을 압도하는 것 이상이 필요함을 알고 있었다.(이 사례에 대한 세부 내용은 7장에서 확인할 수 있다.)

5. 성취주의achievement 대 귀속주의ascription

성취주의 문화에서는 개인이 이루어낸 업적과 그 기록으로 사람을 판단한다. 귀속주의 문화에서는 출생과 혈연, 성별, 연령, 더 나아가 연줄과 학벌로 사람의 지위를 판단한다.

성취주의 문화에서 상대방에 대해 알기 위한 첫 질문은 "전공이 무엇입니까?"일 것이다. 반면 귀속주의 문화에서는 "어느 학교 다니셨습니까?"일 것이다.

시간에 대한 태도

사회마다 시간을 바라보는 관점은 각기 다르다. 어떤 사회에서는 과거에 이룬 성취를 그다지 중요하게 여기지 않는다. 그 사람이 어떤 미래계획을 세웠는지를 아는 것이 더 중요하다. 다른 사회에서는 오늘보다 과거의 업적이 더 큰 인상을 남길 수 있다. 이는 기업 활동에 지대한 영향력을 끼치는 문화적 차이다.

시간에 관한한 아메리칸 드림은 프랑스인에게는 악몽이다. 미국인들은 일반적으로 제로에서부터 시작하며 현재의 성과와 미래의 '한 방'을 위한 계획을 중요시 한다. 프랑스인이 봤을 때 이런 미국인들은 졸부에 지나지 않는다. 프랑스는 과거에 크나큰 의미를 두며 미국인에 비해 상대적으로 현재와 미래에 대한 관심이 덜하다.

미국, 스웨덴, 네덜란드와 같은 문화권에서는 시간을 각기 다른 사건의 연속이자 직선적인 흐름으로 인식한다. 다른 문화에서는 시간을 과거와 현재가 미래의 가능성과 함께 원을 그리며 순환하는 것으로 생각한다. 이러한 구분은 계획과 전략, 투자 등에서 상당한 차이를 낳는다.

환경에 관한 태도

환경에 대한 태도에서도 중요한 문화차이를 볼 수 있다. 일부 문화권에서는 삶과 선악의 근원에 영향을 미치는 주된 요인이 인간 내면에 존재한다고 본다. 그런 관점에서 보면 동기와 가치는 내면으로부터 나온다. 다른 문화권에서는 세상이 개인보다 더 큰 힘을 발휘한다고 생각한다. 이런 문화에서 자연은 두려움과 모방의 대상이다.

소니의 전 회장 모리타 아키오는 어떻게 워크맨이라는 아이디어를 떠올릴 수 있었는지 설명한 바 있다. 클래식 음악의 애호가였던 그는 출근길에 동료 통근자들을 방해하지 않으면서 음악을 듣고 싶어했다. 워크맨은 타인에게 폐를 끼치지 않으면서 나와 외부세계의 조화를 이룰 수 있는 방법이었다. 이는 대다수 서구인이 워크맨, 그리고 이후에 나온 iPod나 MP3 플레이어를 사용하면서 생각하는 바와는 대조적이다. 왜냐하면 서구인들은 타인으로부터 방해받지 않고 음악을 듣기 위해 그런 기기를 사용하기 때문이다.

코와 입을 가리는 마스크의 사용도 또다른 명백한 예이다. 도쿄에 가보면 유난히 많은 사람들이 특히 겨울에 마스크를 하고 다닌다. 그 이유를 물어보면 감기에 걸렸을 때 호흡으로 인해 자신의 바이러스가 공기를 '오염'시키거나 타인에게 전염되지 않도록 하기 위해서라고 대답한다. 반면에 런던에서는 마스크를 주로 자전거 타는 사람이나 아마추어 운동선수가 착용하는데, 주변 환경으로부터 '오염'되지 않도록 자신을 보호하기 위해서이다.

이 책의 구성

이 책에서는 왜 경영에 단 하나의 왕도가 존재하지 않으며 어떻게 글로벌 경영의 난해한 딜레마를 조정할 수 있는지를 다룬다. 책 전반에 걸쳐 독자들이 자신의 문화 그리고 자문화와 타문화의 차이에 대해 더 깊은 통찰력을 얻을 수 있는 내용을 담고 있다.

2장에서 8장까지는 인간관계에 대하여 존재하는 문화적 다양성을 소개할 것이다. 인간관계라는 측면에서 문화는 어떻게 상이할 수 있는가? 이런 차이점이 조직과 글로벌 비즈니스에 어떻게 영향을 미치는가? 직원들 간의 관계는 문화로부터 어떻게 영향을 받는가? 사람들은 어떤 다양한 방식으로 학습하고 갈등을 해결하는가?

9장과 10장은 각각 시간과 환경에 대해 다양한 문화적 태도와 그것이 조직에 미치는 영향에 대해 논의할 것이다.

11장에서는 인간관계와 시간, 환경에 대한 문화적 기본가정이 어떻게 조직문화에 영향을 미치는지 살펴볼 것이다. 또한 계층과 관계, 목표, 구조를 포함하는 기준을 통해 조직문화를 크게 네 가지 유형으로 구분하여 설명한다.

12장은 관리자가 구체적인 개입을 통해 어떻게 조직의 글로벌화에 기여할 수 있는지를 다룬다. 이 장에서는 글로벌화의 딜레마를 창의적으로 다루고자 했으며 그 성패는 양극단의 균형을 맞추는데 달려있다는 메시지를 전하고자 한다.

이런 논의를 통해 중앙집중화 대 분권화라는 논쟁이 매우 잘못된 이분법이라는 점이 드러날 것이다. 정말 필요한 것은 글로벌 조직의 모든 분산되어 있는 능력을 활용할 수 있는 기술과 감수성, 경험이다.

13장에서는 사람들이 문화적 딜레마를 조정하기 위해서 취해야 하는 다양한 방법을 분석해본다. 서로 다른 문화적 배경을 지닌 전문가들이 상호작용하면서 발생하는 다양한 문제를 사례연구를 통해 보여줄 예정이다.

14장에서는 인수합병 과정에서 발생하는 문화차이를 다루는 틀을 제시한다. 조직의 비즈니스 케이스, 사명과 비전에 대한 단계적 프레임워크를 중심에 두고 조정해야 하는 주요 딜레마를 도출한다.

15장은 국가 지역간 문화 차이와 그것이 성별과 나이, 직업, 산업유형의 문화에 미치는 영향을 다루고 있다. 여기서는 국가 문화가 사람들이 자신을 둘러싼 환경에 부여하는 의미를 결정하는 주된 요소이지만, 그 밖의 요소들을 무시해서는 안 된다는 결론을 도출한다.

16장에서는 책 전체의 주요 내용을 다시 살펴보며 성공하는 조직의 미래를 위한 통합적 모델을 제시한다. 이는 관계자 사이의 이해관계를 조정하고 문화가 조직의 성과로 이어질 수 있는 방안을 제공하고자 하는 것이다.

이 책의 목적은 진정한 국제적 조직 또는 초국적 조직이 가능할 수 있도록 기여하는데 있다. 여러 나라의 문화가 고유한 통찰력과 강점으로 세계 각지의 문제에 대한 해결책을 제시할 수 있고, 각 국가의 장점을 최대한 이끌어 낼 수 있는 기업이 진정으로 그런 조직이라 할 수 있다.

문화 데이터

이 책 전반에 걸쳐, 우리는 문화진단도구를 통해 얻은 여러 국가 표본집단의 응답을 사례로 제시하며 문화데이터에 기초한 개념을 설명한다. 표본집단의 응답을 활용하여 지난 20년에 걸쳐 급속도로 전개된 글로벌화 이전에 형성된 비즈니스와 경영 스타일을 국가별 문화 규범과 관련지어 설명한다. 이를 통해 독자는 비즈니스와 관련된 문화차이의 기원에 대해 더 깊이 생각할 수 있을 것이다.

이민이나 다문화 사회화, 세대차이 등을 고려하지 않고 어떤 국가의 문화를 설명한다면 대상을 지나치게 단순화하는 것이다. 15장에서는 최근에 수집한 문화데이터에 기초하여 글로벌화와 이민, 기타 사회경제적 변동의 영향을 특별히 다룬다.

이 책 내용이 기초하고 있는 문화데이터를 더 자세히 알아보고자 하는 독자는 웹사이트(www.ridingthewavesofculture.com)를 이용하길 바란다.

02

조직을 만드는 최선의 방식은 하나라는 경영의 미신

우리가 아무리 조직을 객관적, 보편적으로 운영하려 노력하더라도 다른 문화적 배경을 지닌 사람은 이를 동일한 의미로 받아들일 수 없다. 의미를 어떻게 인식하는가는 문화에 영향을 받으며, 이번 장에서는 바로 이점에 대해 설명할 것이다. 마찬가지로 구조, 관행, 정책에 대한 개념 등구성원이 조직에 부여하는 의미도 문화에 따라 다르게 정의된다.

문화는 의미의 공유 체계이며, 우리가 무엇에 관심을 두고, 어떻게 행동하며, 어디에 가치를 부여하는지 드러낸다. 문화는 이런 가치성향을 체계화 하는데, 기어트 홉스테드Geert Hofstede는 이를 "멘탈 프로그램mental programs"이라 불렀다.[1] 조직 구성원이 하는 행동은 멘탈 프로그램의 발현이라 할 수 있다.

우리는 경험을 유의미하게 체계화하는 방식을 학습하고 내면화하여 살아간다. 이는 현상학적 접근방식이며 인간은 자기 주변에서 일어나는 현상을 일관성 있고, 논리정연하며, 합리적으로 인식하려 한다는 뜻이다.

다른 문화권에서 온 구성원은 조직이 갖는 의미를 우리와 다르게 해석한다. 왜 그러한가? 같은 대상을 다르게 바라보는 관점으로부터 우리는 무엇을 배울 수 있는가? 문화가 서로 다른 구성원들이 자신만의 방식으로 기여할 수 있도록 할 수 있는가?

우리는 최근 연구를 통해 다양한 문화에서 비슷한 비즈니스 문제가 발생하지만 이에 대한 접근방식은 문화마다 상이함을 확인하였다. 오늘날 비즈니스와 경영활동에서 다양한 시각의 중요성은 실질적으로 시사하는 바가 크다. 따라서 우리는 이런 차이를 어떻게 조정할 수 있는지 논의할 것이다.

경영 구루가 우리에게 알려주는 것

프레드릭 테일러와 앙리 파욜, 피터 드러커, 마이크 해머, 제임스 챔피, 톰 피터스와 같은 경영 구루에게는 한 가지 공통점이 있다. 의식적으로든 무의식적으로든 경영과 조직화 방식에 오직 하나의 왕도가 있다는 인상을 주고 있다는 점이다. 우리는 이런 기본가정이 얼마나 미국적인(파욜의 경우에는 프랑스적인) 발상인지 보여주고자 한다. 경영 구루들이 영향력 있는 저서를 집필한 이래 상황은 거의 변하지 않았다. 그렇다면 경영자에게 복잡성을 줄이기 위한 일련의 도구를 제시하는 것이 바람직하지 않은 것인가? 당연히 바람직하다. 경영자는 복잡성을 줄이기 위한 도구를 필요로 한다. 하지만 불행하게도 이런 접근방식 때문에 혁신과 이문화에서의 성공이 제약을 받는다.

1970년대 이루어진 연구는 특정 방법론의 효과가 환경에 좌우된다는 점을 이미 보여준 바 있다.

그 후, 대부분의 소위 상황연구contingency study는 조직의 주요 구조가 주된 환경 변수에 따라서 어떻게 달라지는지에 대해 질문해왔다. 이들 연구는 단순하고 안정적인 환경에서는 위계가 엄격한 수직적 구조가 살아남는 반면, 복잡하고 격변하는 환경이라면 상대적으로 계층구조가 수평적인 조직이 성과창출에 더욱 유리하다는 점을 보여준다. 이 연구들은 한 국가, 그것도 미국에 국한되어 있는 경우가 많다. 조직구조와 환경을 측정하고 그 결과값을 통해 X수준의 환경적 변화가 Y수준의 계층구조로 나타나서 Z수준의 성과로 이어진다는 결과를 도출한다. 그러나 이런 결론은 일본 기업이 급변하는 환경에서도 더 엄격한 수직 계층 구조를 운영하고 있다는 사실을 설명하지 못한다.

우리는 상황연구 방식이 구체적인 상황에서 여전히 단 하나의 왕도를 찾고 있다는 점에 주목해야 한다. 여기에는 보편주의가 과학적이라는 믿음이 깔려 있다. 하지만 실제로는 보편주의 자체도 문화적 편향에 불구하다. 이는 현실에는 존재하지 않는 동경의 대상일 뿐이다. 프랑스 사회학자 미셸 크로지에Michel Crozier는 활동하던 1964년 당시 조직과 그 조직이 속한 사회문화적 환경을 관련짓는 연구가 전무하다는 사실을 알았다.[2]

미국 사회학자 탈콧 파슨스Talcott Parsons는 이미 20세기 중반에 조직이 단순히 환경뿐만 아니라 구성원이 지닌 다양한 관점에도 적응해야 한다고 주장한 바 있다.[3] 그러나 직원의 다양한 인식과 각기 다른 문화에 대한 고려를 경영학 문헌에서 본격적으로 논의하기 시작한 것은 겨우 최근 몇 년 전부터이다.

문화경시의 실제

기업 경영진이 모여 글로벌화에 대해 논의하는 다음 회의를 살펴보자. 이 사례는 북미출신 인사관리 담당자와 진행한 인터뷰를 요약한 것으로 이 책 전반에 걸쳐 참조할 것이다. 실 사례이지만 회사와 등장인물은 가명으로 처리하였다.

미주리 컴퓨터 회사(이하 MCC)

MCC는 1952년에 설립된 성공한 미국 기업으로서 중대형 컴퓨터를 직접 개발하여 생산, 판매한다. 최근에는 북미와 남미, 유럽, 동남아시아, 호주, 중동을 무대로 다국적기업으로 활동하고 있다. 지역마다 판매망을 구축 하였으며, 공장은 세인트루이스와 뉴저지 주의 뉴어크에 있고 중요 연구 활동 대부분은 세인트루이스에서 수행한다.

생산과 연구개발, 인사 및 재무활동은 미국 본사가 주도하고 있으며 사업단위에서 각 지역의 판매활동을 총괄한다. 구조가 이렇게 분권화되어 있지만 회사 로고와 문서양식, 제품 유형, 재무기준 등 특정영역에서는 본사 규정을 따라야 한다. 근로조건과 기능분류, 인사계획의 표준화는 본 사에서 조율하는 반면 채용은 지역별로 현지 법인이 담당한다. 현지 법 인은 자체적으로 인사와 재무부서를 두고 있다. 경영진 회의는 격주로 있는데 이번 주는 글로벌화 관련 이슈가 초점이다.

글로벌화

존슨은 글로벌 인사총괄 부사장으로서 이번 경영진 회의에 각별한 관심을 기울이고 있다. 자신이 풀어야 할 난제들을 다루기 때문이다. 경영진은 글로벌화에 대한 필요성을 점점 크게 인식하고 있다. 고객층이 이전보다 글로벌화되었고 생산시설도 여러 국가에 구축할 필요가 있었다.

오늘 아침에는 회사의 글로벌 이미지를 강화한 새로운 로고가 소개되었다. 다음 안건으로는 글로벌 마케팅 계획을 다루었다.

CEO인 스미스는 MBA과정에서 보편적용이 가능하다고 배운 경영기법을 실천해볼 기회라고 생각했다. 글로벌 이미지, 마케팅과 더불어 보편적인 생산, 재무, 인적자원관리 기법을 해외 법인에 전파한다면 글로벌화를 획기적으로 뒷받침해 줄 것으로 보았다.

존슨은 동료의 발표를 들으면서 머리카락이 쭈뼛 섰다. "전 세계 우리 조직을 더욱 수평적인 구조로 만들어 나가야 합니다. 미국에서 성공한 프로젝트 접근방식을 현지 조직에 도입하는 것이 훌륭한 방법입니다." 존슨은 이런 접근방식에 익숙하지 않은 남유럽과 남미에서 어떻게 수용할 것인가에 관해 질문했지만 도입하는데 시간을 더 할애해야 한다는 짧은 답변에 만족해야만 했다. 거부감이 클 수 있는 문화권에서는 6개월 간 적응기간을 둔다는 내용이었다.

끝으로, 효과적인 조직구조와 더불어 직원이 올바른 목표를 지향할 수 있도록 강력한 성과연동 보상제도를 통해 이 모든 변화를 뒷받침하기로 했다.

존슨은 이런 기법과 정책도구 도입에서 '사람' 측면을 더욱 논의해보려 했지만 별 소용이 없었다. 재무담당인 핀리는 전체 경영진의 의견을 다음과 같이 밝혔다. "미디어가 여러 나라로 퍼져나가면서 문화차이가 줄어들고 있다는 점은 모두 아는 사실입니다. 마찬가지로 우리가 세계를 선도하면서 미래 환경을 미주리와 유사하게 창조해나가야 합니다."

존슨은 다음 주 유럽에서 열리는 글로벌 관리자 회의를 떠올리며 눈살을 찌푸렸다.

존슨은 이런 시각을 그대로 유럽 인사담당자에게 전달하면 문제가 생긴다는 점을 경험으로 알고 있다. 그는 유럽 관리자의 입장을 십분 공감할 수 있다. 한편으로는 미국 경영진이 우월감에 젖어 본사 정책을 해외지사로 확대하려는 것은 아니라는 점도 알고 있다. 존슨은 과연 어떻게 다음 회의에서 최선의 결과를 낼 수 있을까? 이 점은 4장에서 자세히 살펴볼 것이다.

문화는 부차적인 요소일 뿐인가?

아직도 관리자 대부분은 문화를 메인 요리에 딸린 사이드 메뉴이자 사치품 정도로 여긴다. 하지만 실제로 문화는 조직에 스며들어 있으면서 기업 모든 측면의 의미를 규정한다. 문화는 모든 비즈니스 관계를 형성하는 틀이다. 저자는 싱가포르에서 주재원으로 근무하고 있는 한 네덜란드인과 대화를 나눈 적이 있다. 그 주재원은 경영과 조직관리 기법을 실행하는 과정에서 싱가포르 문화를 어떻게 융화시키고 있는지에 대해 질문을 받자 놀란 기색을 보였다. 그는 왜 그런 쓸데없는 질문을 하는지부터 알고 싶은 듯 되물었다. "혹시 인사부서에서 근무하시나요?" 그는 저자를 데리고 다니며 자기 회사의 멋진 정유시설을 보여주었다. 그리고는 이렇게 물었다. "우리 제품과 기술을 봤을 때 정말 현지 문화를 고려할 여지가 있다고 보십니까?"

일리있는 생각이다. 설비를 연속 가동해야 하는 기업의 입장에서 야간에 집에서 쉬고 싶어 하는 싱가포르 근로자의 바람을 무작정 들어줄 수는 없는 일이다. 다시 말해 현실에서 문화보다는 제품과 기술, 시장 등의 요소가 조직에 더 주요한 결정변수인 것처럼 보인다. 일견 이런 결론은 타당하다. 기술을 통합하면 공장이 어느 나라에 있는지와 상관없이 보편적인 논리를 적용하여 설비를 운영할 수 있기 때문이다. 문화가 이러한 법칙과 경합하거나 배타적인 관계에 있는 것은 아니다. 단지 기술을 사용하는 사회적 맥락을 제공할 뿐이다. 정유공장은 변함없이 정유공장일 뿐이다. 하지만 어느 문화권에 있느냐에 따라 정유공장이 제국주의자의 계략, 소중한 생명줄, 경제 부흥의 마지막 보루, 오랜 독재 권력의 버팀목, 서구에 대항하는 무기 등으로 의미가 달라질 수 있다. 이 모든 것이 문화적 맥락에 달려 있다.

공장시설, 설비 배치, 제품 등 객관적인 차원에서 보면 여러 조직은 동일할 수 있다. 하지만 인간 문화라는 맥락에서 보면 그 조직들을 각각 다른 의미로 해석할 수 있는 것이다. 일전에 한 베네수엘라인 공정 운영자를 인터뷰했을 때 일이다. 회사 조직도를 보여주며 위계서열 상 그의 위아래로 몇 단계나 있는지를 물었다. 놀랍게도 그 베네수엘라인은 조직도에 나와 있는 것보다 더 많은 서열 단계를 표시했다. 이유를 물었을 때 그는 다음과 같이 설명했다. "나와 같은 서열로 표시된 이 사람은 사실 내 윗사람이에요. 나보다 연장자이기 때문이지요."

우리는 워크숍에서 참가자가 조직을 어떻게 인식하고 있는지를 알아보기 위해 회사에 대한 양 극단의 인식을 보여주는 다음 두 가지 의견을 제시하고 참가자가 어느 쪽이 옳다고 생각하는지 그리고 참가자 나라의 국민은 대부분 어느 쪽을 선택할 것인지 물었다.

A. 회사는 기능과 과업을 효율적으로 수행하기 위해 고안한 시스템이다. 고용된 사람들은 기계와 다른 장비의 도움을 받아 이런 기능을 수행한다. 급여는 과업을 수행한 대가로 받는 것이다.
B. 회사는 사람들이 함께 일하는 집단이다. 사람들은 다른 구성원들과 그리고 조직과 사회적 관계를 맺는다. 그 사회적 관계가 기능을 좌우한다.

그림 2.1은 다양한 국가별 반응을 보여준다. 프랑스와 한국, 일본의 관리자 중 3분의 1을 조금 넘는 응답자만이 회사를 사회적 집단이라기보다는 시스템으로 생각하고 있었다. 이에 비해 영국과 미국 관리자는 응답이 거의 정확하게 반으로 나뉘었다. 또한 러시아를 비롯한 동유럽 국가의 응

회사를 사회적 집단으로 보기보다 하나의 시스템으로 본다는 응답자 분포

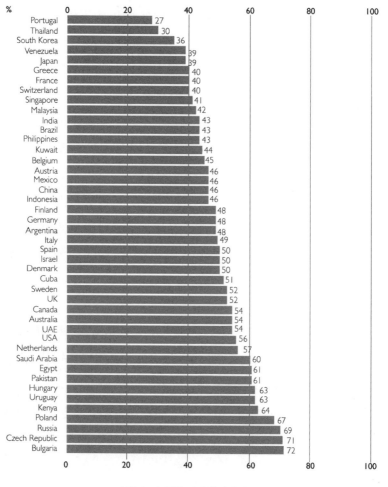

그림 2.1 조직을 어떻게 바라보는가?

답자 중 과반수를 훨씬 넘는 숫자가 회사를 시스템으로 바라보고 있었다.

이렇게 해석에 차이가 생기면 개인과 집단간의 상호작용에 중요한 영향을 미친다. 공식적으로는 조직의 구조와 경영기법이 동일하게 보일 수 있다. 실제로 이런 효과를 거두기 위해 물리적인 기술을 모방하기도 한다. 하지만 공장과 설비가 문화에 따라 의미가 달라지듯이 사회관계도 문화적 맥락에 따라 다양한 의미를 지니게 된다.

대안적 접근방식

모든 조직의 도구와 관리 기법은 패러다임(일련의 기본가정)을 기초로 한다. 한 가지 당연시하는 기본가정은 사회적 현실이 경영자나 연구자와 분리된 '외부'에 존재한다고 보는 것이다. 물리학의 실험대상이 '외부'에 존재하는 것과 같다는 생각이다. 물리학 연구자는 실험할 때 물리적 요소에 원하는 대로 이름을 붙일 수 있다. 무생물은 그 이름에 대해 반대하지도 스스로를 다르게 규정하지도 않는다.

그러나 인간세상은 전혀 다르다. 알프레드 슈츠Alfred Shutz가 지적한 대로, 우리가 다른 사회체계와 만날 때, 이미 그 체계는 스스로에게 이름을 부여하고 어떻게 살아갈 것인지, 세상을 어떻게 해석해야 하는지를 결정한 상태이다.[4] 우리가 원하는 방식으로 그들을 규정할 수는 있겠지만 우리가 내린 정의를 그들이 이해하고 받아들일 것이라고 기대할 수는 없다. 적어도 우리가 규정하는 바가 그들이 스스로에 대해 내린 정의와 부합하지 않는다면 말이다. 우리가 다른 사람의 상식을 구성하는 요소나 세상을 바라보는 관점을 해체할 수는 없는 법이다. 그것은 양식화된 의미와 이해의 전체적인 체계로 다가온다. 우리는 타인을 온전히 이해할 수 없고 이해하려는 노력만 할 수 있을 뿐이다. 그 노력은 타인의 사고방식에 대한 이해에서 시작한다.

따라서 조직은 배가 파도에 대응하듯이 수동적으로 처한 환경에 반응하지 않는다. 자신의 환경을 능동적으로 선택하고 해석하며 창조해나간다.

요약

글로벌화가 진행되면서 수많은 조직 합병이 실패로 돌아갔음에도 불구하고, 개인과 조직은 환경이 알려주는 의미체계를 고려하지 않은 채 예전과 동일한 방식으로 활동하고 있다. '복잡한 시장'이라는 말을 생각해 보자. 이 말은 객관적인 설명이라기보다는 문화적인 인식이다. 누구에게 복잡하다는 말인가? 에티오피아인가 아니면 미국인인가? 스스로의 실수를 되돌아보는 피드백 시간이라고 하는 것도 미국의 조직문화에서는 유용한 피드백을 도출해내는 시간이지만 독일의 조직문화에서는 강제로 실패를 인정하게 만드는 시간이다. 한 문화에서 조직 분위기를 무겁게 만드는 시간이 다른 문화에서는 영감을 주는 활동일 수 있는 것이다.

따라서 조직과 그 구조는 객관적 현실 이상의 의미를 지닌다. 실제 사람들이 지니고 살아가는 정신모형mental model의 충족이나 좌절을 담고 있는 것이다.

'조직화에 하나의 왕도'가 있다기보다는, 몇 가지 방식 중 문화적으로 훨씬 더 적합하고 효과적인 방식이 있을 뿐이다. 하지만 글로벌 경영자가 외국 문화가 어떻게 반응할지를 더 명확하게 파악하려는 의지가 있다면 그 다양한 방식 모두 유용하게 사용할 수 있을 것이다.

03
문화의 의미

물고기는 물 밖에 나와 봐야 비로소 물의 소중함을 깨닫는다. 우리에게 문화는 물고기에게 물과 같다. 문화는 우리를 지탱한다. 우리는 문화 안에서, 문화를 통해 호흡하며 살아간다.

문화의 개념

사회적 상호작용이나 의미있는 소통이 이루어지기 위해서는 당사자간 공통의 정보처리 방식이 있어야 한다. 어떤 전제를 공유하느냐에 따라 문화의 경계를 넘나드는 글로벌 경영과 비즈니스의 결과는 영향을 받는다. 경영자는 인력의 다양성과 다문화적 경향이 점점 커지고 있는 현실에 직면하고 있다. 문화와 비즈니스가 이렇게 상호작용을 하는 이유는 문화가 의미의 연결된 체계, 즉 어떤 상황에 대하여 집단이 공유하는 정의shared definition이기 때문이다.

집단이 공유하는 신념은 어떻게 생겨나며 조직 구성원 간 상호작용에 어떤 영향을 미치는가? 비즈니스와 경영에서 의미있는 상호작용이 일어나기 위해서는 상호간 기대가 일치할 필요가 있다.

암스테르담의 어느 추운 겨울밤 담배 가게로 들어가는 한 남성이 저자의 눈에 띈다. 버버리 코트를 입고 뿔테안경을 낀 남성의 모습에서 부유한 티가 난다. 그는 담배 한 갑과 성냥을 사서 밖으로 나온다. 이어서 신문 가판대에 들러 네덜란드 신문을 산 후 상점 근처 바람이 불지 않는 구석으로 빠르게 걸어간다. 저자는 그에게 다가가서 함께 담배를 피워도 될지 그리고 신문의 두 번째 면을 읽어도 괜찮을지 물어본다. 그는 어이없다는 시선으로 저자를 바라보며 말한다. "신문에 불을 붙이려고 이 구석자리로 온 것이랍니다." 그는 흡연을 하지 않기 때문에 저자에게 담뱃갑을 던져준다. 저자는 뒤에 서서 신문에 붙인 불에 손을 쬐는 그의 모습을 바라본다. 알고 보니 그는 따뜻한 곳을 찾고 있던 노숙자였고 성냥 한 갑만 달랑 사는 것이 너무 부끄러워서 피우지도 않는 담배를 산 것이다.

이 상황에서 저자가 기대한 바와 관찰을 통해 알게 된 그 남성의 실제 모습은 일치하지 않는다. 저자가 남성의 행동에 대해 기대한 바는 그 남성보다 오히려 저자에 대해 더 많은 것을 말해준다. 우리가 어디 출신이며, 경험에 어떤 의미를 부여하는지에 따라 상대에게 기대하는 바가 달라지기 때문이다. 우리 기대는 구체적이고 명시적인 수준에서부터 함축적이고 무의식적인 수준까지 다양하게 나타난다.

저자가 남성에 대해 넘겨짚은 이유는 옷차림과 겉모습 때문만이 아니라 신문과 담배와 같이 단순한 수준의 상징에 부여한 '의미' 때문이기도 하다. 그런 상징들이 우리 인식 속에 들어와서 특정한 기대를 촉발시킨다. 우리의 기대와 소통하는 상대방의 기대가 합치될 때 의미의 상호공유가 일어난다.

　문화라고 할 때 공유된 신념체계가 가장 먼저 떠오르는 것은 아니다. 저자는 문화에 대한 워크숍에서, 종종 참가자들에게 "문화라는 개념이 어떤 의미입니까? 문화의 구성요소에는 어떤 것이 있습니까?"라고 질문하며 시작한다. 그런데 지난 25년 동안 워크숍을 진행하며 이런 문화의 개념에 대한 질문에 대해 둘 이상의 집단이나 개인이 동일하게 답하는 경우는 거의 없었다. 이같이 다양하게 응답할 수 있다는 사실을 통해 문화가 포괄적인 개념임을 알 수 있다. "문화라는 개념에 포함되지 않는 것이 있다면 무엇입니까?"라고 질문한다면 답변은 더 어려워진다.

문화의 층위

그림 3.1은 문화를 겹쳐진 원들의 집합으로 표현한 것이다.

문화의 표층 : 외현적 산물

1장에 나온 부룬디로 우회해 갔던 비행기 사례로 돌아가보자. 문화적 단계로 생각했을 때 부룬디에 도착해서 맨 처음 우리가 마주치는 것은 무엇일까? 처음부터 그 나라의 생소한 규범이나 가치와 마주치는 것이 아니다. 부룬디인이 공유하고 있는 의미와 가치성향이 먼저 눈에 띄지도 않을 것이다. 우리는 새로운 문화를 접할 때 그렇게 심오한 것이 아니라 유형적인 요소를 맨 처음 경험한다. 이렇듯 문화의 표층은 외현적 문화explicit culture로 이루어져 있다.

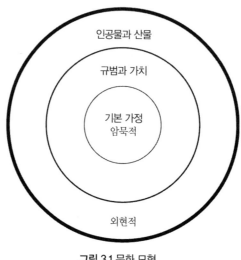

인공물과 산물

규범과 가치

기본 가정
암묵적

외현적

그림 3.1 문화 모형

외현적 문화는 언어와 음식, 건물, 집, 유적, 농업, 성지, 시장, 패션, 예술과 같이 눈에 보이는 실체이자 더 깊은 단계에 있는 문화를 나타내는 상징물이다. 문화에 대한 편견은 대부분 이 상징적이고 눈에 보이는 단계에서 시작한다. 그런데 꼭 기억해야 하는 것은 버버리 코트를 입은 노숙자의 사례에서와 같이 외현적 문화에 대한 우리의 반응은 통상 우리가 판단하는 대상보다는 우리 자신에 대해 더 많은 것을 말해준다는 점이다.

일본인 관리자들이 인사할 때 허리를 굽히는 행위를 통해 일본의 외현적 문화를 명백하게 관찰할 수 있다. 그러나 일본인에게 "왜 허리를 굽혀 인사합니까?"라고 반갑지 않을 수도 있는 질문을 던진다면, 우리는 다음 단계의 문화 층위로 파고든 것이다.

중간층위 : 규범과 가치

외현적 문화는 집단의 규범과 가치라는 더 깊은 문화 층위를 반영한다.

규범은 집단의 구성원이 공유하고 있는 '옳음right'과 '그름wrong'에 대한 판단기준이다. 규범은 공식적 차원에서는 성문법으로, 비공식적인 차원에서는 사회통제로 발달할 수 있다. 한편, 가치는 '좋음good'과 '나쁨bad'을 판단하는 기준이다. 따라서 한 집단 내에서 공유하고 있는 이상과 밀접한 관련이 있다.

규범이 집단의 가치관을 반영할 때 그 문화는 상대적으로 안정적이다. 반면 집단의 가치관과 규범이 서로 어긋날 때 긴장이 조성되어 문화는 불안정해진다. 우리는 동유럽에서 공산주의 규범이 사회적 가치를 반영하는데 실패하는 모습을 오랫동안 보아왔다. 공산체제의 붕괴는 논리적인 결과였다.

규범이 의식적 또는 무의식적으로 "우리는 일반적으로 이렇게 행동해야 한다."는 느낌이라면, 가치는 "우리는 이렇게 행동하기를 바란다."는 느낌이다. 가치는 대안 중 하나를 선택하는 판단기준 역할을 한다. 이는 개인 또는 집단이 무엇이 바람직한가에 대하여 공유하고 있는 개념이다. 예를 들어, 본인이 취직면접을 본다고 가정해보자. 일반적으로 기대하는 '규범'에 따르기 위해 비즈니스 정장을 입을 것인가? 아니면 자신이 믿고 있는 '가치'를 드러내는 복장을 선택할 것인가? 각각 규범과 가치를 따르는 선택의 결과가 동일하다면 긴장은 존재하지 않는다. 그러나 본인은 캐주얼한 옷을 선호함에도 불구하고 사회적 기대에 따라 더 격식을 차린 복장을 입어야 한다면 갈등이 발생한다.

허리를 굽히는 일본인에게 그 이유를 물었을 때 상대방에게 인사하고 싶어서라고 말한다면 그 사람이 품고 있는 가치관을 나타내는 것이다. 이유는 모르지만 다른 사람들이 그렇게 하기 때문에 자신도 따라하는 것이라고 대답하는 일본인은 사회적 규범에 대해 말하고 있는 것이다.

한 집단의 문화적 전통이 발전하고 정교해지기 위해서는 안정적이면서 두드러진 규범과 가치에 대한 의미를 내부적으로 공유해야 한다.

그렇다면 왜 집단마다 의식적 또는 무의식적으로 좋음과 나쁨, 옳음과 그름에 대하여 다르게 정의를 내리는 것일까?

핵심층위 : 존재에 대한 기본가정

문화간 가치관 차이에 대한 질문에 답하기 위해서는 인간 존재의 핵심으로 되돌아갈 필요가 있다.

인간이 추구하는 가장 근본적인 가치는 생존이다. 역사적으로 그리고 오늘날에도 인류문명은 매일같이 자연과 투쟁을 벌이고 있다. 네덜란드 인은 해수면 상승과, 스위스인은 험준한 산맥과, 중앙아메리카인과 아프리카인은 가뭄과, 시베리아인은 혹독한 추위와 싸워왔다.

각 문명집단 구성원은 주어진 자원을 활용하여 자신이 처한 환경에 가장 효과적으로 대처할 수 있도록 스스로를 체계화하였다. 대응체계를 갖추게 되면 이제는 반복되는 문제가 자동적으로 해결된다. 문화를 뜻하는 culture라는 영단어는 '땅을 일구다'는 의미인 '경작하다'라는 동사 cultivate에서 파생되었다. 경작은 인간이 자연에 대응하는 방식이다. 일상의 문제를 너무나 명백한 방식으로 해결하다보면 그 해결책은 우리의 의식에서 사라지게 된다. 그렇지 않다면 우리는 정신이상에 시달릴 것이다. 생명을 유지하기 위해 산소가 필요하다는 사실에 매 30초마다 집중해야 한다고 상상해보면 왜 그런지 알 수 있다. 일상적 문제 해결방식은 우리의 의식에서 사라지고 절대적 기본가정이 되어 체계의 일부로 자리잡는다.

무엇이 기본가정인지 확인하는 가장 좋은 방법은 질문을 던졌을 때 혼란과 짜증을 유발하는지 살펴보는 것이다. 예를 들어 다른 이들보다 더 깊숙이 허리를 굽혀 인사하는 일본인들이 있다고 하자. 왜 그렇게 행동하는지 묻는다면 자신도 그 이유를 모르며 다른 사람이 그렇게 하기 때문이라거나(규범), 권위에 대한 존중을 보여주고 싶어서라고(가치) 답할 것이다. 질문자가 전형적인 네덜란드인이라면 "왜 권위를 존중해야 하나요?"라고 되물을 수 있다. 이에 대해 일본인들은 대체로 어리둥절해 하거나 짜증을 숨기는 웃음으로 상황을 넘기려는 반응을 보일 것이다. 기본가정에 의문을 제기한다면 이전까지는 한 번도 하지 않은 질문을 던지는 것이다. 이를 통해 더 깊은 통찰력을 얻을 수도 있으나 동시에 성가심을 유발하기도 한다. 미국이나 네덜란드에서 "왜 인간은 평등한가?"라고 질문해보면 이것이 무슨 의미인지 알 수 있을 것이다.

인간집단은 문제해결 과정의 효과성을 증진시키는 방향으로 스스로를 체계화한다. 다양한 인간집단이 지리적으로 서로 다른 지역에서 발전했기 때문에 이들이 지닌 논리적 기본가정도 다양하게 형성되었다. 특정한 조직문화나 기능적인 문화란 다름 아닌 집단이 직면한 문제나 도전과제를 해결하기 위해 다년 간 스스로를 체계화해온 방식이란 점을 알 수 있다. 문화가 변하는 이유는 사람들이 오랫동안 사용해온 방식이 더 이상 효과가 없다는 사실을 깨닫기 때문이다. 공동체의 생존이 위태롭다는 사실을 구성원이 인식하고 있고, 생존을 원한다면 문화를 변화시키는 것은 그리 어려운 일이 아니다.

사람과 공동체는 자연 환경과의 근본적인 관계로부터 삶의 핵심적인 의미를 얻는다. 그 가장 깊은 의미는 더이상 의식적인 질문의 대상이 아니라 자명한 현실이 된다. 왜냐하면 그것이 주어진 환경에 대하여 일상적으로 반응해온 결과이기 때문이다. 이런 의미에서 자연 외의 모든 것을 문화라고 할 수 있다.

문화와 행동

문화는 의식의 수면 아래에 존재하며 우리 행동의 뿌리를 형성한다. 한 인류학자는 문화를 수면 아래 커다란 몸체를 숨기고 있는 빙산에 비유하였다.

문화가 창조되면 사람들은 이를 수용함으로써 관례로 굳어지고 젊은 세대와 새로운 집단구성원이 그 문화를 이어 받는다. 우리는 문화가 제공하는 맥락 안에서 만남을 갖고, 자신에 대해 생각하며 외부세계와 대면한다.

클리포드 기어츠Clifford Geertz의 말을 빌리자면, 문화는 사람들이 "삶을 바라보는 자신들의 태도에 대한 지식을 소통하고, 유지하며, 발전시키는" 방식이다. 문화는 의미의 구조이다. 인간은 문화라는 관점을 통해 자신의 경험을 해석하고 어떻게 행동해야 할지를 판단한다.[1]

시간이 지남에 따라 공동체 내부의 관습적인 상호작용은 익숙한 형식과 구조를 띠는데, 이를 의미의 조직화라고 한다. 이런 구조가 사람들이 직면하는 상황에 특정한 의미를 부여한다. 하지만 상황 자체가 상호작용의 구조를 결정하지는 않는다.

예를 들어, 상대방이 나에게 윙크를 한다고 하자. 그 윙크는 눈에 먼지가 들어가서 반사적으로 나타나는 신체적 반응일까 아니면 데이트를 하고 싶다는 호감의 신호일까? 다른 사람들 앞에서 나를 놀리려는 행동일 수도 있다. 혹은 신경성 안면 경련일 수도 있을 것이다. 윙크 자체는 실제 상황이지만 그 의미는 관찰자가 부여한다. 그렇게 부여한 의미가 원래 의도한 윙크의 의미와 일치할 수도 있고 그렇지 않을 수도 있다. 그렇지만 효과적으로 사회적 상호작용이 일어나려면 귀속된 의미attributed meaning와 의도한 의미intended meaning가 일치해야 한다.

문화는 구성원이 어떤 의미를 기대하고 환경에 어떤 의미를 두는가에 따라서 서로 구분할 수 있다. 그것은 물리적 실체가 있는 물질이 아니다. 문화는 상호작용하는 사람에 의해 만들어지는 동시에 더 깊은 상호작용을 결정한다.

정규분포로서의 문화

한 문화집단의 구성원이라고 해서 문화적 산물과 규범, 가치, 기본가정을 모두 동일하게 공유하지는 않는다. 각 문화 내에서 이런 요소들의 공유정도는 폭넓게 분포한다. 그리고 이런 분포는 평균을 중심으로 한 패턴을 이룬다. 그러므로 어떤 의미에서 문화요소의 차이값은 표준을 중심으로 정규분포를 이루고 있다고 할 수 있다. 정규분포 양 가장자리의 어느 지점에 한계를 설정하느냐에 따라 한 문화와 다른 문화를 구분 지을 수 있다.

원론적으로, 이렇게 각 문화는 정규분포의 형태로 구성원간 차이를 보여준다. 따라서 미국과 프랑스 문화가 많은 차이점이 있기는 하지만 유사점 또한 많다. 그림 3.2에 나타난 바와 같이 '평균' 또는 '가장 예측 가능한 행동'은 두 국가 사이에 차이가 있을 것이다.

규범이 크게 다른 문화들은 분포의 극단에 있는 모습을 통해 서로를 다르게 판단하는 경향이 있다(그림 3.3). 미국인은 프랑스인이 그래프의 왼편, 즉 정규분포의 왼쪽 꼬리부분에 해당하는 행동특성을 보인다고 이야기할 수 있다. 프랑스인도 그래프 우측편에 보이는 특성으로 미국인을 설명하려 할 것이다. 그 이유는 일반적으로 공통점보다는 차이점이 우리 눈에 잘 띄기 때문이다.

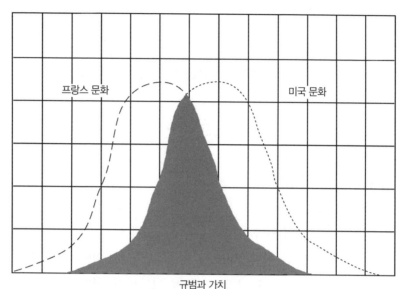

규범과 가치

그림 3.2 정규분포로서의 문화

이렇게 극단적이고 과장된 행동양식을 일반화하여 판단하는 것을 스테레오타이핑이라고 한다. 스테레오타이핑은 우리가 익숙한 것보다는 놀라게 하는 것에 주목하기 때문에 나타나는 결과이다. 그러나 스테레오타이핑은 위험하다. 첫째, 스테레오타입은 특정한 환경에서 나타나는 평균적인 행동에 대한 매우 제한적인 시각이다. 결과적으로 상대 문화를 과장하고 희화할 뿐만 아니라 의도하지 않게 관찰자 본인도 과장과 희화의 대상이 된다.

둘째, 사람들은 종종 다름과 틀림을 동일시한다. "그들의 방식은 우리와 분명히 다르기 때문에 옳을 수가 없다."는 식이다. 셋째, 스테레오타이핑은 상대 문화집단에 있는 개인들이 문화적인 규범에 따라 행동하지 않을 수도 있다는 점을 무시한다. 개인의 기질도 각 문화의 체계 안에서 영향을 미치게 마련이다.

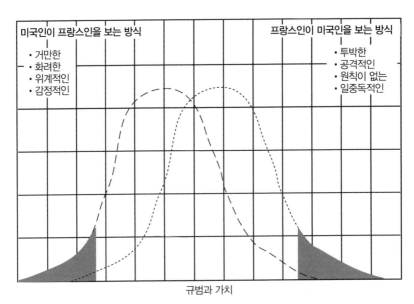

그림 3.3 문화와 스테레오타이핑

비즈니스 리더들은 고객과 고객이 속한 집단을 파악하기 위해 항상 인구통계 변화에 관심을 기울여왔다. 고객층이 빠르게 변함에 따라 비즈니스 리더들은 이에 신속하게 대응해야 할 필요성을 깨닫고 있다. 그들은 다음과 같은 복합적인 현상에 관심을 기울여야 한다.

- 인구의 구조적 변화(다양한 문화의 인구, 연령 분포, 출산율)
- 이민에 따른 인구유입과 유출(문화수용, 인종, 다양성, 다문화 사회의 발전)
- 사람들이 지닌 신념과 가치의 변화(문화규범과 가치의 이동, 다양화, 통합)

세계 인구가 점차 빠르게 증가함에 따라 전체 잠재시장 규모는 성장하고 있다. 하지만 이런 인구성장이 보편적으로 나타나는 현상은 아니며 유럽을 포함한 일부 지역에서는 인구가 실제로 감소하고 있다는 점도 주목해야 한다.

인구성장은 주로 중국과 인도 등 아시아 국가와 발전이 가속화되고 있는 남미국가에서 지속적으로 나타나고 있다. 여기에서 인구가 성장한다고 곧 시장에서의 기회가 커지는 것은 아니다. 왜냐하면 인구성장률이 높은 나라는 1인당 국민총생산이 상대적으로 낮은 경향이 있기 때문이다. 더 중요한 사실은 이런 지역에서 인구가 늘어날수록 값싼 노동력도 풍부해진다는 점이다. 이러한 이유로 미국과 유럽 기업 다수가 이런 국가에서 활동하고 있다.

그러나 더 극적인 현상은 출산율과 평균수명 때문에 나타나는 인구구조의 변화이다. 이러한 변화는 출산(출산율, 산모건강, 산모와 영유아 사망률 등)과 다른 사회적 변화(선진국 여성이 피임을 하거나 첫 출산을 미루는 경향 등)의 차이가 평균수명 연장과 복합적으로 작용하여 나타나는 결과이다. 방글라데시와 파키스탄, 인도와 같은 국가에서는 평균수명이 향후 100년 안에 두 배로 길어질 것이다.

이민은 전체 인구수에 거의 영향을 미치지는 않지만 인구구조에 변화를 일으킨다. 이민자들은 주로 다른 문화적 배경을 갖고 있다는 점에서 비즈니스적인 측면에서 도전과제와 더불어 기회를 제공한다. 이민자를 새 고객층으로 하여 완전히 새로운 시장을 발견하고 이들의 필요를 만족시키는(예 : 흑인을 위한 검은색 반창고) 비즈니스가 탄생한 바 있다. 더불어, 이민자들이 민속 음식점과 같이 이국적이고 자신들의 문화가 담긴 제품과 서비스를 제공하면서 시장의 새로운 공급자가 되는 경우도 많다.

따라서 인구통계 변화를 고려해본다면, 다른 나라 사람에 대해 설명할 때 신중해야만 한다. 예를 들어 우리가 전형적인 프랑스인에 대해 설명하려고 한다면, 오늘날의 프랑스인을 말하는 것인가? 아니면 20년 전 혹은 프랑스혁명 이전의 프랑스인을 얘기하는 것인가? 이 책에서는 독자가 문화를 용이하게 이해할 수 있도록 문화의 기본 개념을 설명하는데 있어 '전통적인' 스테레오타입을 사용할 것이다.

인구변화가 실제로 무엇을 의미하는지, 문화수용과 문화융합 및 인구고령화와 세대 차이에서 기인하는 변화 등의 이슈에 대해 어디에서 어떻게 고려할 필요가 있는지는 뒷부분에서 살펴볼 것이다.(15장 참조)

문화 : 공통의 문제와 딜레마에 대한 다양한 해결책

조직에서의 문화 편차를 설명하기 위해서는 각기 다른 문화가 부여하는 의미의 다양성을 이해할 필요가 있다. 조직에 영향을 미치는 문화의 범주를 파악하여 비교할 수 있다면 글로벌 비즈니스에서 관리해야 하는 문화 차이를 이해하는데 도움이 될 것이다.

모든 문화권에는 해결해야 하는 보편적인 문제가 있다. 인류학자 클럭혼F. Kluckhohn과 스트롯벡F. L. Strodtbeck은 인간의 보편적 문제를 5가지로 범주화하였으며, 가능한 모든 해결책을 어느 사회나 인식하고 있지만 그 선호가 각기 다르게 나타난다고 주장하였다.[2] 따라서 어느 문화에서나 '지배적인' 또는 선호하는 가치경향성이 존재한다. 이 구조에 따르면 인류의 5가지 기본적인 문제는 다음과 같다.

1. 타인과의 관계는 무엇인가? (관계 성향)
2. 인간 삶의 시간적인 초점은 무엇인가? (시간 성향)
3. 인간의 행동양식은 무엇인가? (행동 성향)
4. 인간과 자연의 관계는 무엇인가? (인간-자연 성향)
5. 인간의 타고난 본성은 무엇인가? (인간본성 성향)

요약하자면, 클럭혼과 스트롯벡은 인간이 타인과의 관계, 시간, 활동, 자연, 인간본성으로부터 발생하는 보편적인 문제와 직면한다고 주장한다. 이런 일련의 문제에 대응하기 위해 문화들은 저마다 특정한 해결책을 선택하는데, 어떤 해결책을 선택하느냐에 따라 한 문화와 다른 문화를 구분할 수 있다. 그 해결책들은 삶의 전반적인 측면, 특히 타인, 시간, 자연에 부여한 의미에 따라 달라진다.

우리는 연구를 통해 문화를 일곱 가지 차원으로 구분하였다(1장 참조). 이 또한 타인, 시간, 자연과의 관계에 대하여 사회마다 다양하게 제시하는 해결책을 기반으로 도출한 결과이다. 이어지는 장에서는 이 일곱 가지 차원에 대해 설명하고 그것이 이문화 경영에 어떻게 영향을 미치는지 살펴볼 것이다.

문화는 두 개의 축으로 된 좌표평면 위의 고정된 점이 아니다. 그와 달리 문화는 한 쪽 끝에서 다른 쪽 끝까지 움직일 수 있는 유동적인 것이다. 지금까지 다수의 연구는 문화의 한 가지 범주가 반대 범주를 배척하는 것으로 간주했다. 하지만 이 책의 접근방식은 이런 우를 범하지 않는다. 오히려 우리는 하나의 문화 범주가 반대 범주와 상호작용하면서 시스템 안의 가치차원이 자체 조직화 과정을 거쳐 새로운 의미를 생성한다고 믿는다. 문화는 각기 다른 원들이 겹쳐진 모습으로 나타난다. 이번 개정판에서는 경영자가 가치를 통합integrate하고 조정reconcile하고자 하는 정도를 측정할 수 있는 새로운 질문을 추가하였다. 더 나아가, 상반되어 보이는 가치를 조정하려는 자연스러운 경향을 지닌 문화가 그렇지 않은 문화보다 경제적으로 성공할 가능성이 더 높다는 가설도 검증한다. 모든 문화는 유사한 딜레마와 마주치지만 그 해결책들은 다르다. 그리고 이런 다름은 상반됨을 넘어서는 창의적인 다양성인 것이다.

요약

이번 장에서는 어떻게 공통의 의미가 발생하고 외현적인 상징이 그것을 어떻게 반영하는지 살펴보았다. 우리는 문화가 층위를 이루어 나타난다는 점을 알게 되었다. 문화의 표층은 내부의 삶에 대한 기본적인 가치와 가정을 상징하는 산물이다. 각기 다른 층위는 서로 독립적이라기보다는 상호보완적이다.

문화의 중심에 존재하는 공유된 의미는 사람이 생성하고 문화 안의 구성원들이 내면화한다. 더불어 한 집단이 공유하는 의미는 그 구성원이 사물을 특정한 방식으로 해석하는 틀이 된다. 하지만 집단이 생존의 문제에 있어 더 효과적인 해결책을 바란다면 그 의미는 변화할 여지가 있다.

인간이 직면하는 세 가지 보편적인 문제에 대하여 어떤 해결책을 선택하느냐에 따라 한 문화와 다른 문화를 구분할 수 있다. 시간과 자연 그리고 타인과의 관계에 대한 이 문제는 모든 인간이 공유하지만 해결책은 그렇지 않다. 집단의 문화적 배경에 따라 해결책이 달라진다. 문화에 따라 선택되는 해결책으로부터 문화의 범주가 도출되는데 이것이 이어지는 일곱 개 장에서 다룰 주제이다. 그 문화의 범주들이 업무상 관계, 경영도구, 조직구조에 얼마나 중요한지도 또한 살펴볼 것이다.

04
관계와 규칙

어느 곳에서나 인간은 세 종류의 도전과 직면한다. 첫째는 우리가 친구나 직원, 고객, 상사 등 타인과 맺는 관계이다. 둘째는 시간과 나이듦이다. 셋째는 우호적이든 위협적이든 감내하며 살아가야 하는 외부환경이다.

인간 관계의 다섯 가지 차원에 대해서는 앞에서 이미 소개하였다. 다소 난해할 수 있지만 아래와 같이 추상적인 용어로 그 차원들을 요약하는 것이 실제로는 가장 쉬운 방법이다. 이해를 돕기 위해 괄호 안에는 부가정보를 넣었다.

1. 보편주의universalism 대 특수주의particularism (규칙 대 관계)
2. 개인주의individualism 대 공동체주의communitarianism (개인 대 집단)
3. 감정절제neutral 대 감정표현affective (감정표현 정도)
4. 관계확산diffuse 대 관계한정specific (관계의 범위)
5. 성취주의achievement 대 귀속주의ascription (지위 부여 방식)

이 다섯 가지 가치 지향은 사람들이 도덕적인 딜레마에 직면했을 때 나타내는 반응뿐만 아니라 비즈니스와 경영 방식에도 지대한 영향을 미친다. 이 차원들에서 개인이 상대적으로 어느 지점에 있느냐에 따라 일생동안 추구하는 신념과 행동이 달라진다. 예를 들어 우리 모두는 기존의 규칙이 들어맞지 않는 어떤 특수한 상황을 마주치곤 한다. 이 때 옳다고 여기는 행동을 취하는가 아니면 주어진 상황에 맞춰서 행동하는가? 회의에서 합의에 난항을 겪을 때 결과를 감수하고서라도 감정을 표출하면서 의견을 주장하는가 아니면 감정을 절제하는가? 어려운 문제에 직면하면 그 문제를 잘게 쪼개어 분석하는가 아니면 다른 모든 요소와의 상관관계 속에서 파악하려 하는가? 우리가 누군가의 지위와 권위를 존경하는 근거는 무엇인가? 그 사람이 성취한 것 때문인가 아니면 그 사람의 나이, 학력, 혈통과 같은 조건들 때문인가? 각 문화는 이런 딜레마에 대하여 저마다 다른 답을 제시한다. 불편한 상황을 타개할 수 있는 답과 행동지침을 제공하는 것도 문화의 존재 목적 중 하나이다.

인간관계 상의 보편주의 대 특수주의라는 첫 번째 차원을 논의하기 전에 2장에서 살펴보았던 MCC의 사례로 돌아가 보자. 존슨은 글로벌 HR 회의를 주재하여 15개국 자회사의 대표들로부터 성과연동 보상제도의 일괄 시행에 대한 동의를 이끌어내야 한다. MCC의 배경과 주요 정책 지침을 요약해보면 아래와 같다.

MCC는 1970년대 후반 이후 20개국 이상에서 사업을 벌이고 있었다. 해외 매출이 성장세를 보이면서 최고경영진은 글로벌 경영을 내부 조율하는데 점점 신경을 많이 쓰게 되었다. 해외성장이 견고한 모습이지만 앞날을 예측하기는 어려웠다. 이런 이유로 MCC는 국내외 자사법인의 성과 측정과 보상 프로세스를 조정하기로 결정했다. 더욱 일관성 있는 국가별 사업운영 방안도 의제로 올라왔다. 그렇다고 국가 간 차이를 완전히 무시하는 것은 아니다. 총책임 담당자는 5년 동안 독일에서 근무한 경험이 있고 마케팅 담당자도 싱가포르 법인에서 7년 동안 몸 담았던 경험이 있다.

경영진은 회사의 여러 정책 원칙을 전 세계 MCC 생산기지에 획일적으로 도입하려고 하였다. 경영진은 'MCC의 일하는 방식'을 쉽게 공유할 수 있도록 정의하여 회사의 일원이라면 누구나, 전 세계 어디에 있든지 MCC의 방식을 이해할 수 있기를 바란다. 이런 경영 프레임워크를 구축하려면 중앙집중화된 인적자원관리, 판매, 마케팅 정책을 펼쳐야 한다.

이 방식은 글로벌화 되고 있는 고객에게도 여러 면에서 득이 될 것이다. 점점 국경을 넘나들면서 비즈니스를 해야 하는 고객들에게 MCC가 일류 서비스를 제공하고 효과적일 수 있음을 알릴 필요가 있다. 비즈니스를 하는 국가가 어디이든지 간에 MCC는 일관면서도 고객들이 인식할 수 있는 기준을 충족해야 한다. MCC는 이미 정책 표준화를 실행한 경험도 있다.

보상체계

2년 전 엄청난 경쟁에 직면했던 MCC는 중형 컴퓨터를 판매하고 서비스를 제공하는 직원에게 보다 차별된 보상 체계를 적용하기로 했다. 그 이유 중 하나는 미국 영업인력을 대상으로 한 동기부여에 효과가 있는지 확인해보기 위해서였다. 더불어, 일류 영업사원이 더 나은 연봉을 주는 경쟁사로 종종 자리를 옮기는 상황을 회사에서 인식했기 때문이었다. 회사는 신보상제도를 세인트루이스의 현직 영업사원 15명에게 2년간 시험운영해보기로 했다

성과연동 보상제 시험운영

새 제도는 다음과 같았다.

▪ 보너스는 각 영업 사원의 분기별 총매출을 기반으로 정해진다. 최고 매

출을 올린 1등 영업 사원은 급여의 100퍼센트에 해당하는 보너스를 받게 되며, 2등 영업 사원은 60퍼센트, 3등과 4등은 30퍼센트, 나머지 영업사원은 보너스를 받지 못한다.

- 모든 중형 컴퓨터 영업사원의 기본 급여는 10퍼센트씩 삭감한다. 시험 운영 첫 해 동안 제도를 적용받는 직원들 간에 지속적인 논의가 있었다. 영업사원 다섯 명이 회사를 떠났다. 새 제도 때문에 부당한 처우를 받는다고 확신했기 때문이다. 그 결과 총매출은 증가하지 않았다. 이 같은 인사 실패에도 불구하고 실험은 계속 되었다. 경영진은 회사에 변화가 필요하고 시간이 지나면 새 시스템이 정착하리라는 믿음이 있었다.

보편주의 대 특수주의

미국의 MCC는 보편주의 문화 안에서 운영되고 있다. 그러나 이곳에서조차도 보편주의적인 해결책이 특수성의 문제와 부딪친다. 첫 번째 차원은 우리가 다른 사람의 행동을 어떻게 판단하는가를 정의한다. 그 판단에는 두 가지 서로 상반된 유형이 있다. 한 극단에서는 우리가 살아가는 문화에서 보편적으로 합의한 기준을 지켜야 하는 의무와 만나게 된다. "거짓말하지 말라. 도둑질 하지 말라. 너희가 대접받기 원하듯이 이웃을 대접하라."(황금률) 등이 그 예이다. 반대편 극단에서는 지인들에 대한 특수한 의무와 만나게 된다. "X는 나와 절친한 사람이기 때문에 절대 그 사람에게 거짓말 하거나 그의 물건을 훔치지 않을 것이다. 서로에게 인정을 베풀지 않으면 우리 둘 다에게 상처가 된다."

보편주의적 또는 규칙에 기반한 행동은 추상적인 경향이 있다. 스위스나 독일 같이 규칙을 중시하는 사회에서 신호등이 빨간불일 때 무단횡단을 해보라. 다니는 차가 없더라도 여전히 주변으로부터 빈축을 살 것이다. 보편주의는 규칙을 지켜야 하는 모든 사람을 동일하게 취급한다는 점에서 평등을 내포한다. 그리고 범주category가 상황situation을 좌우한다. 가령, '대접해야' 하는 '이웃'이 사람의 범주에 속하지 않는 경우 규칙을 적용하지 않을 수 있다. 또한 보편주의는 규칙을 약화시킬 수 있는 예외사항을 거부하려는 경향을 보인다. 불법행위에 대한 예외를 만들기 시작하면 시스템은 붕괴된다는 두려움이 있기 때문이다.

특수주의는 현 상황의 예외적인 속성에 주목한다. 이 사람은 일개 '시민'이 아니라 내가 특별하게 인정을 베풀어야 하는 나의 친구, 나의 형제, 나의 남편, 나의 아이 또는 나에게 더 없이 중요한 사람이다. 그러므로 규칙이 무엇이든 나는 이 사람을 보호하고 지켜주어야 한다는 것이다.

이렇게 문화가 다른 사람들끼리 비즈니스를 할 경우 서로에 대해 비윤리적이라고 판단할 수 있다. 보편주의자는 특수주의자에 대해 "그들은 믿을 수가 없어. 지인이라면 항상 도우려 하니까"라고 비판하고 반대로 특수주의자는 보편주의자를 보고 "그들은 믿을 수가 없어 지인조차도 도와주지 않는 사람이니까"라고 말할 것이다.

실제로 우리는 두 가지 접근방식을 모두 사용하여 판단을 내리고 대부분 상황에서 이 두 유형은 서로를 강화시킨다. 제니퍼라는 직원이 직장에서 괴롭힘을 당하는 경우 우리는 이를 비판할 것이다. 왜냐하면 "괴롭힘은 비도덕적이고 사내 규정에 어긋나기 때문이다." 그리고 / 또는 "그것이 제니퍼에게 끔찍한 경험이고 그녀를 정말 속상하게 만들었기 때문이다." 여기에서 보편주의자의 주된 비판의 이유는 규정을 위반했다는 것이다. "직원들은 직장에서 괴롭힘을 겪지 않아야 하므로 그것은 잘못이다." 한편 특수주의자는 불쌍한 제니퍼에게 정신적 스트레스를 주었다는 사실이 비판의 더 큰 이유일 것이다.

하지만 항상 이렇게 쉽게 문제인식을 공유하는 것은 아니다. 때로는 보편적으로 적용해야 한다고 여기는 규칙이 특수한 상황에서 별로 효과적이지 않을 수도 있다. 규칙을 만들 때 예상한 것보다 훨씬 더 복잡한 상황이 존재하기 때문이다. MCC의 사례를 계속 살펴보자. 세인트루이스 본사는 다국적 직원을 대상으로 회사 방침을 일괄적용하려 한다.

최근 MCC는 작지만 성공적인 스웨덴 소프트웨어 기업을 인수했다. 인수된 회사의 대표는 3년 전 아들인 칼과 함께 창업하였고 1년 전에는 학업을 마친 딸 클라라와 막내아들인 피터도 동참했다. 인수 이후 MCC는 이 회사에 상당한 자금을 투입하였고 스웨덴의 컴퓨터 유통과 서비스망도 제공하였다. 이런 지원은 사업에 커다란 도움이 되었다.

MCC는 이제 영업사원에 대한 보상체계가 점차 치열해지는 시장경쟁을 반영해야 한다고 확신한다. 적어도 보상의 30퍼센트는 개인성과에 따라 책정해야 한다는 방침이 정해진 상황이다. 올 초에 칼은 매우 부유한 여성과 결혼했다. 결혼생활은 행복한 상태이고 이는 곧 영업실적에도 긍정적으로 작용했다. 칼은 쉽사리 30퍼센트 보너스를 받을 수 있다. 하지만 이 금액은 아내의 소득과 자신의 지분만큼 챙긴 인수금액에 비하면 푼돈에 불과하다.

이에 비해 피터는 결혼생활이 순탄치 못하고 재산도 적다. 겨우 평균수준의 영업실적을 보이다가 자칫하면 소득이 줄어들 수도 있다. 클라라는 대학교 재학 중에 결혼하여 아이가 둘이고 올해 항공 사고로 남편을 잃었다. 이 비극적인 사고로 인해 올해 클라라의 영업실적은 부진한 상황이다.

MCC사의 국제 세일즈 컨퍼런스에서 각국 관리자는 자국의 연봉과 보너스 수준을 논의한다. 스웨덴 회사 대표는 기본적으로 성과에 따른 보상은 필요하며 보상은 공정해야 한다고 생각한다. 회사에는 가족이 아닌 직원도 여럿이기 때문이다. 그렇지만 그는 사내 실적경쟁이 자기 가족 사원들에게는 불리하게 작용할 것이라는 점이 한편으로 마음에 걸린다. 새로운 제도의 부정적 효과가 보상을 통한 동기부여보다 더 클 것이 뻔하다. 그는 미국 본사의 HR 부서장인 존슨과 영국 법인 대표에게 상황을 설명하려 하지만, 둘 모두 회의적인 반응을 보인다. 그는 이 이슈에 대해 더 이상 파고들지 않는다.

모든 상황을 알고 있는 프랑스와 이탈리아, 스페인, 중동의 동료들은 불신의 눈으로 바라본다. 그가 자신의 주장을 견지했더라면 이들은 지지했을 것이다. 후에 그의 가족은 실망감을 나타냈다. 회사 일에 뛰어들었을 때는 이런 상황이 오리라고 꿈도 꾸지 못했다.

MCC의 사례를 통해 보편주의와 특수주의의 관점을 항상 쉽게 해결할 수 없다는 점을 알 수 있다. 출신 문화와 성격, 종교, 당사자와의 관계에 따라 선호하는 접근방식이 달라진다.

여러 국가의 보편주의 대 특수주의 경향성

보편주의와 특수주의 문화에 대한 초기 연구들은 상당수가 미국에서 이루어졌고 미국의 문화적 선호에 영향을 받았다. 이 연구들은 공통적으로 보편주의를 현대화의 특성이자 복잡하고 발전한 사회에서 나타나는 양상으로 보았다. 반면 특수주의는 구성원 모두가 서로를 개인적으로 아는 소규모의 시골 공동체에서나 볼 수 있는 특성이라고 주장했다. 이는 보편주의와 정교한 비즈니스가 서로 불가분의 관계이며 모든 국가가 미국을 닮을수록 더 잘 살게 된다는 의미를 지닌다.

우리는 이런 결론을 받아들이지 않는다. 대신, 각 문화 선호경향의 장점을 이해하는 과정에서 문화적 딜레마를 조정해야 한다고 생각한다. 부의 창출과 산업발전은 특수한 사례와 상황까지도 아우르고 뒷받침할 수 있는 보편성을 더 많이 발견하는 진화과정이어야 한다. 이어지는 이야기는 미국 학자인 스토우퍼Stouffer와 토비Toby가 보여주는 예화이다.[1] 이 이야기에서는 보편주의와 특수주의의 반응을 측정하는 딜레마 상황이 나온다.

> 당신은 절친한 친구가 운전하는 차를 타고 있다. 그런데 친구가 보행자를 치고 말았다. 당신은 친구가 제한속도 시속 30킬로미터인 구간에서 적어도 시속 50킬로미터로 달린 사실을 알고 있다. 다른 목격자는 없다. 변호사는 제한속도를 지켰다고 당신이 증언해준다면 친구가 심각한 처벌을 면할 수 있을 것이라고 말한다.
> 친구는 당신이 자신을 보호해줄 것이라고 어느 정도나 기대할까?
>
> A. 친구는 당신이 자신에게 유리하게 증언하리라고 기대할 권리를 당연히 갖고 있다.
> B. 친구는 당신이 자신에게 유리하게 증언하리라고 기대할 권리를 약간 갖고 있다.
> C. 친구는 당신이 자신에게 유리하게 증언하리라고 기대할 권리가 전혀 없다.
>
> 당신은 진실을 말하기로 선서한 증인의 의무와 피고의 친구로서의 의무 사이에서 어떻게 행동할 것인가?
>
> D. 친구가 제한속도인 시속 30킬로미터를 지켰다고 증언한다.
> E. 친구가 제한속도인 시속 30킬로미터를 지켰다고 증언하지 않는다.

그림 4.1은 다양한 나라에서 이 질문에 어떻게 답했는지 결과를 보여준다.[2] 결과값은 친구에게 그런 권리가 없거나 약간의 권리가 있다는 응답자(C 또는 B) 중 친구가 규정을 지켰다고 증언하지는 않겠다고 대답한

사람(E)의 비율이다. 북미인과 대부분의 북유럽인은 이 문제에 대해 거의 모두가 보편주의적인 모습을 보인다. 프랑스인과 일본인의 비율은 75퍼센트 미만으로 떨어지고 베네수엘라인 중 3분의 2는 친구를 보호하기 위해 경찰에게 거짓말이라도 하겠다고 답했다.

워크숍에서 반복적으로 확인한 결과 보편주의자는 사고의 심각성이 커질수록 친구를 도와야 한다는 의무감이 줄어드는 반응을 보인다. 마치 "법규를 어겼다. 보행자가 심각한 상태에 처했다는 점은 법규준수가 얼마나 중요한지 말해준다."고 여기는 것처럼 보인다. 이러한 태도는 보편주의가 특수주의를 배제하는 것은 아니라는 점을 시사한다. 오히려 보편주

보편주의 선호경향 응답자 비율 (C+E 또는 B+E)

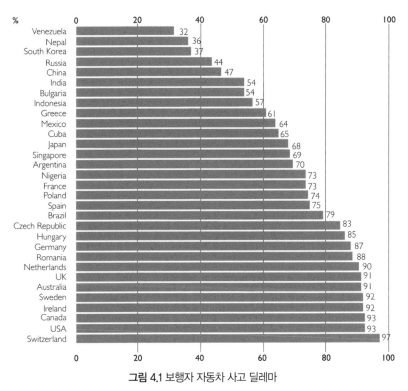

그림 4.1 보행자 자동차 사고 딜레마

의가 도덕적 추론과정의 첫 번째 원칙을 형성한다는 점이 드러난다. 특수한 결과는 우리로 하여금 보편법의 필요성을 상기시켜준다.

하지만 특수주의 문화에서는 보행자의 부상이 심각할수록 친구를 더 도와주려는 경향이 있다. "법규위반으로 심각한 처지에 놓인 친구가 그 어느 때보다도 내 도움이 절실히 필요하다."라고 생각하는 것으로 보인다. 보편주의 문화에서는 이런 태도를 부패로 여긴다. 가까운 지인을 위해 우리 모두가 거짓말을 하기 시작하면 어떻게 되겠는가? 사회는 붕괴된다. 이 주장은 일리가 있다. 하지만 인정과 인간관계의 논리에 기반한 특수주의 또한 시민이 법규를 위반하지 않으려는 주된 이유일 수 있다. 당신은 자신의 아이를 사랑하는가 아니면 민법전 한 권을 아이에게 주면서 지킬 것을 요구하는가? 법이 부패한 엘리트층의 무기가 되면 어떻게 해야 하는가? 따라서 특수주의의 관점에서는 상황에 따라 무엇이 부정부패인지 선택할 수 있다.

얼마 전에 진행한 워크숍에서 우리는 이 딜레마 상황을 제시하였다. 피오나라는 영국 여성이 프랑스 참가자 그룹에 속해 있었다. 피오나는 딜레마에 대한 논의를 시작하자마자 사고를 당한 보행자의 상태를 물어보았다. 피오나는 피해자의 상태를 모르면 질문에 답하는 것이 불가능하다고 말했다. 그룹의 다른 참가자들이 왜 그 정보가 그렇게 중요한지 물어보자 프랑스 항공사에서 근무하는 도미니크라는 참가자가 끼어들더니 "그건 당연해요. 보행자가 매우 심하게 다쳤거나 심지어 사망했다면 친구가 내게 도움을 기대할 절대적인 권리가 있기 때문이지요. 그 외에 다른 이유가 있는지는 잘 모르겠네요."라고 말했다. 피오나는 약간 어색한 웃음을 보이며 말했다. "놀랍군요. 저는 말씀하신 것과 정반대의 이유로 그 정보가 필요하거든요."

이 예화는 우리들의 반응이 두 가지 중 하나의 원칙에 닻을 내리고 있다는 사실을 보여준다. 보편주의 대 특수주의 문제를 이상적으로 해결해야 한다는 데는 모든 나라 사람이 찬성할 것이다. 즉, 모든 예외적인 경우에도 인도적인 규칙에 따라 판단할 수 있기를 바라는 것이다. 다만 출발점이 다를 뿐이다.

그림 4.1에서 볼 수 있듯이, 보편주의자는 프로테스탄트 문화권에서 더 많이 볼 수 있다. 프로테스탄트 신자는 계시된 율법에 순종함으로 신과의 관계를 형성한다. 신과 신자 사이에 특별한 매개자가 존재하지 않는다. 종교적 재량으로 신자의 고백을 듣고 죄를 용서한다거나 특별한 자비를 베풀어주는 사람이 불필요한 것이다. 반면 가톨릭 문화권은 대부분 인간과 신 사이에 또 다른 인간이 매개역할을 하는 종교적 특성을 유지하고 있기 때문에 관계중심적이고 특수성을 중시한다. 계명을 어기더라도 자신이 처한 고유한 상황 때문에 어쩔 수 없었다는 동정을 얻을 수 있다고 생각한다. 운 없게도 사람을 치어 곤경에 처한 친구를 위해 거짓말 하는 것이라면 더욱 그렇게 여길 것이다.

보편주의 경향이 강한 문화권 국가들은 법정 재판을 이용하여 갈등을 조정하려 한다. 미국에는 "날 치어주세요. 돈 좀 벌어봅시다"라는 제목으로 자동차 보험책이 나올 정도이다. 사실 세계에서 가장 소송이 흔한 미국에는 상대적으로 특수성을 중시하는 일본보다 일인당 변호사 수가 훨씬 많다. 보편성을 중시하는 나라일수록 진실을 보호하는 기관의 필요성이 더 커진다.

그렇더라도 지켜야 할 규칙의 종류에 따라 국가들은 다소 보편주의적인 경향을 보인다. 프랑스와 이탈리아 관리자들은 자동차 사고에 대한 질문에 특수성을 중시하는 답변을 했지만 음식과 같이 중요한 주제에 대해 글을 쓸 때에는 진실을 지켜야 할 보편적인 의무가 있다고 생각한다. 스토우퍼와 토비가 설정한 다음 상황을 살펴보자.

당신은 신문사 기자로서 매주 새로운 레스토랑에 대한 리뷰를 기고하고 있다. 가까운 한 친구가 저축한 돈을 모두 투자해서 레스토랑을 개업했다. 당신은 그 곳에서 음식을 먹어보았고 맛이 별로라고 생각했다. 친구에게는 당신이 자기 레스토랑에 대해 호의적으로 평가하는 글을 써주리라고 기대할 권리가 어느 정도 있는가?

A. 친구는 내가 자신을 위해 호의적으로 평가해 줄 것이라고 기대할 권리가 당연히 있다.

B. 친구는 내가 자신을 위해 호의적으로 평가해 줄 것이라고 기대할 권리가 약간 있다.

C. 친구는 내가 자신을 위해 호의적으로 평가해 줄 것이라고 기대할 권리가 전혀 없다.

당신이 기자로서 독자에 대한 의무와 친구에 대한 의무 사이에서 선택해야 하는 상황이라면 친구를 위해 호의적으로 글을 써 줄 것인가?

D. 그렇다.

E. 아니다.

이 두 번째 예에서 보편주의자는 기자라면 친구를 위해서가 아니라 모든 독자를 위해 기사를 써야한다는 입장이다. 기자에게는 "진실되고 불편부당해야 할" 의무가 있다는 것이다. 어떤 문화권에서는 맛의 보편성이 법의 보편성보다 더 중요한 것처럼 보인다. 이런 문화권에서 사람들은 사고당한 보행자에게 문제가 되더라도 친구를 위해 거짓말하는 것이 음식의 질에 대해 거짓말을 하는 것보다 더 쉬운 것이다(그림 4.2 참조).

보편성과 특수성이라는 문화차원을 탐구하는데 사용할 세 번째 딜레마는 비즈니스의 비밀유지 규칙과 관련되어 있다(그림 4.3 참조).

당신은 보험 회사에 소속된 의사이다. 보험을 추가로 들어야 할 처지에 있는 친한 친구가 당신에게 검진을 받는다. 친구는 건강상태가 꽤 좋은 편이다. 하지만 진단하기 힘든 한두 가지 점에 대해서는 불확실하다. 친구에게는 당신이 자신을 위해 불확실한 부분을 완화하여 진단서를 작성해주리라고 기대할 권리가 어느 정도 있는가?

A. 친구에게는 자신을 위해 불확실한 부분을 완화하여 진단해 주리라고 기대할 권리가 당연히 있다.

B. 친구에게는 자신을 위해 불확실한 부분을 완화하여 진단해 주리라고 기대할 권리가 약간 있다.

보편주의 선호경향 응답자 비율(C+E 또는 B+E)

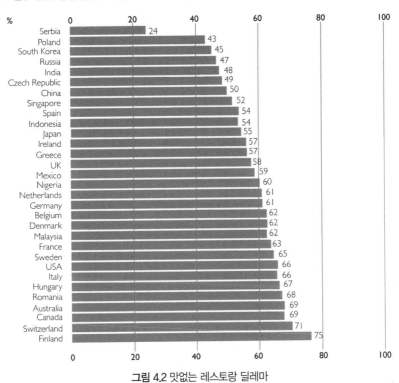

그림 4.2 맛없는 레스토랑 딜레마

친구에게 유리하도록 진단결과를 완화하지는 않겠다고 응답한 비율(C+E 또는 B+E)

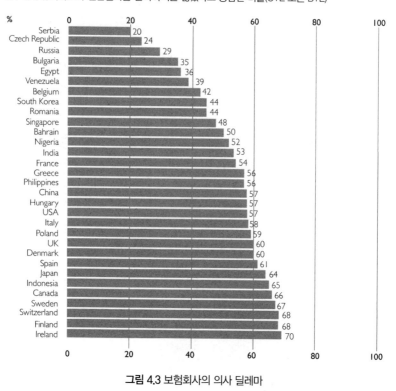

그림 4.3 보험회사의 의사 딜레마

C. 친구에게는 자신을 위해 불확실한 부분을 완화하여 진단해 주리라고 기대할 권리가 전혀 없다.

당신이 보험회사와 친구에게 느끼는 의무 사이에서 선택해야 하는 상황이라면 친구를 도와줄 것인가?

D. 그렇다.
E. 아니다.

이 딜레마에 대한 점수와 이전 두 딜레마의 점수 사이에 주목할 만한 차이점을 발견할 수 있다. 특히 일본인과 인도네시아인은 이전 딜레마에서 상황의 특수성에 따라 윤리적 판단을 내렸지만 이 딜레마에서는 회사 기밀에 대해 보편성 추구성향을 강하게 보였다. 이러한 결과가 가능한 것은 세 번째 딜레마 상황이 개인적 친분보다 더 광범위한 영역과 관련되기 때문이다. 여기에서 문제는 집단 또는 회사에 대해 충성할 것인가 그 집단 외부의 개인에 대해 충성할 것인가이다.

이 딜레마에서는 5장에서 다룰 공동체주의 대 개인주의라는 이슈도 볼 수 있다. 이런 문화차원들은 인간관계에 대한 것이면서도 서로 연관되어 있기 때문에 각기 다른 국가의 집단이 그 문화차원들에 부여하는 의미를 해석할 때 신중해야 한다.

글로벌 비즈니스에서의 보편주의 대 특수주의

기업이 글로벌화될 때 보편주의자의 사고방식으로 이동하는 것은 불가피하다. 결국 제품과 서비스를 전 세계의 고객에게 제공해야 하기 때문이다. 글로벌 고객이 구매할 의지가 있다는 것은 곧 보편성이 존립한다는 '증거'이다. 더불어 제품 생산, 생산근로자 관리, 유통 방식도 보편화해야 한다. 보편주의와 특수주의간의 딜레마가 대두되는 아래의 영역을 살펴보기로 하자.

- 계약
- 출장일정
- 본사의 역할
- 직무 평가와 보상

계약

계약서를 꼼꼼하게 작성하는 것은 보편주의 문화권에 깊이 배어있는 생활 방식이다. 계약서는 원칙에 대한 합의를 기록하고 각 계약당사자가 지켜야 할 약속을 문서화한다. 또한 합의에 대한 동의를 내포하고 일방이 약속을 이행하지 않을 경우 구제수단을 제공한다. 협상 과정에 변호사를 참여시킴으로 당사자는 계약위반의 대가가 클 것이며 처음에 한 약속은 나중에 상황이 어렵더라도 꼭 지켜야 한다는 점을 전달받는다.

특수성을 중시하는 문화권의 비즈니스 파트너는 법적 계약을 어떻게 인식하는가? 이들은 약속을 지키려 하는 또 다른 이유가 있다. 고객과 개인적인 관계를 맺고 있으며 특별한 사이라고 여기고 있기 때문이다. 엄격한 요건과 위약조항을 담은 계약서를 제시한다면 법적 제재 없이는 일방이 상대방을 속일 것이라는 암묵적 메시지를 전달하는 것이다. 자신이 신뢰받지 못한다고 느끼는 사람은 동일하게 상대방을 신뢰하지 않을 수 있다. 아니면 보편주의적 비즈니스 파트너와 관계를 끊어버릴 수도 있다. 왜냐하면 파트너가 경계하는 모습을 보여서 기분이 상했고 좋은 협력관계를 발전시키기에는 계약 조건이 너무 엄격하기 때문이다.

보편주의 문화권의 사람이 특수성을 중시하는 상대방과 비즈니스를 할 경우에 빠질 수 있는 심각한 함정 중 하나는 관계의 중요성을 무시하는 것처럼 보일 수 있다는 점이다. 보편주의자에게 계약서는 계약 내용에 대한 가장 확실한 근거이지만 특수주의자에게는 대략적인 지침이나 근사치에 불과하다. 후자의 관점으로 보는 사람은 계약서를 될 수 있으면 모호하게 작성하길 원하고 너무 제한적인 조항에는 반대할지 모른다. 이것을 보고 다른 속셈을 품고 있는 신호로 받아들일 필요는 없다. 상대방이 상호융통성을 선호하기 때문에 보이는 모습일 수도 있기 때문이다.

중국과 일본, 인도가 경제 강국으로 부상함에 따라 더 이상 보편주의가 우월하다고 전제할 수는 없게 되었다. 고객관계나 노사관계가 좋다면 계약서 내용보다 더 많은 것을 포함할 수 있다. 게다가 관계를 통해 계약으로는 담보하기 어려운 유연성을 발휘할 수도 있다. 아시아와 중동, 남미의 비즈니스맨들은 상황이 변하면 계약도 이를 반영해주기를 바란다.

캐나다의 볼베어링 제조업체가 아랍의 기계제조업체와 10년간 볼베어링을 공급하는 계약을 맺었다. 연간 최소 공급량에 대한 합의도 계약에 포함시켰다. 6년이 지나고 아랍업체는 더 이상 주문을 하지 않기로 했다. 캐나다 업체의 첫 반응은 "이는 계약위반이다."였다.

아랍 고객사를 방문했지만 혼란만 가중될 뿐이었다. 아랍 업체에서는 명백하게 일방적으로 계약을 취소한 상태였다. 이유는 계약서에 서명했던 캐나다 업체의 담당자가 회사를 떠났기 때문이었다. 소위 보편적으로 적용할 수 있는 법이란 아랍인의 눈에는 더 이상 유효하지 않았다. 캐나다인은 이런 논리에 맞서 어떤 말을 할 수 있었을까? 게다가 볼베어링을 아무도 사용하지 않는다는 것을 알게 된다면 말이다. 나중에 알게 된 사실이지만 아랍 업체에서는 볼베어링이 아무 쓸모가 없어진 이후에도 구입을 계속해왔다. 그 이유는 법적의무 때문이 아니라 캐나다 업체의 계약 담당자에 대한 특별한 의리 때문이었다.

출장 일정

보편주의 문화권(북미, 영국, 네덜란드, 독일, 스칸디나비아 등)의 비즈니스맨이 특수주의 문화권으로 출장을 가야할 때는 평소보다 훨씬 넉넉하게 일정을 잡는 것이 현명하다. 서두르는 모습을 볼 때 특수주의자들은 의심을 품는다. 가까운 관계를 쌓기 위해서는 계약 관계를 수립하는데 일반적으로 필요한 시간보다 적어도 두 배 이상 오래 걸린다. 이때 관계적으로 탄탄한 신뢰기반을 만들어서 제품 품질과 관계의 질을 동일시할 수 있도록 하는 점이 중요하다. 도요타는 롤스로이스 인수협상에서 롤스로이스가 최종 결정을 내리도록 기한을 정하자 즉시 협상테이블에서 철수했다. 비슷한 예로, 네덜란드의 항공기 제조사인 포커Fokker 인수협상에 참여했던 삼성이 포커측에서 정한 의사결정 마감기한을 넘겨 무산된 경우가 있었다. 이렇게 관계를 형성하는 과정에 시간이 상당히 걸리지만 특수주의자는 상대방과 가까워지면 추후 문제발생을 방지하여 그만큼 시간을 아낄 수 있다고 생각한다. 지금 시간을 들이지 않으면 시시각각 변하는 상황에서 그 관계를 유지하기 어려울 수 있다는 것이다.

본사의 역할

보편주의 성향이 높은 서구 국가에서는 주로 자국 내 본사가 글로벌 마케팅, 글로벌 생산, 글로벌 인적자원 관리의 열쇠를 쥐고 있다. 경험상으로 보면, 본사에서 방침을 정하더라도 특수주의 문화에서는 그 방침이 현지 운영방식으로 형성되지 않는 경우가 잦다. 각기 다른 집단이 고유한 현지 기준을 발전시키고 이것이 중앙에서 공표한 방침에 따르거나 거부하는 기초가 된다. 현지법인은 본사와 경계를 만들며 의도적으로 차별화를 추구한다.

특수주의자 집단은 관계, 특히 리더와의 관계를 통해 만족을 추구한다. 일반적으로 특수주의 성향이 높을수록 고용주와 직원 사이에 책임의식이 강하다. 이런 문화권에서 고용주는 직원에게 안정성, 돈, 사회적 지위, 온정, 사회경제적 지원 등 폭넓은 만족을 제공하기 위해 애쓴다. 인간관계는 일반적으로 가깝고 오래간다. 이직율이 낮고 회사도 노동력에 대하여 장기간 책임을 진다. 멕시코에 지사를 둔 한 미국 은행의 연구에 따르면 멕시코 직원은 미국 직원보다 훨씬 더 특수주의 성향이 강하고 미국 본사로부터 가능하면 거리를 두어 보편주의적 압력을 최소화하려는 모습을 보였다.[3]

해외지사는 본사 지시사항에 겉으로 따르는 척 하는 일이 자주 발생한다. 이것이 기업의 '기우제 춤rain dance' 현상을 초래한다. 본사의 감시가 있을 때 해외지사가 장단에 맞춰 춤을 추기는 하지만 비가 올 것이라고 믿지는 않는다. 본사가 관심을 다른 사안으로 돌리면 즉시 원래의 모습으로 되돌아간다.

직무평가와 보상

본사의 인사정책은 모든 주재원이 현지에서 일률적으로 적용해야만 하는 시스템을 규정하는 경우가 많다. 이 보편적 시스템은 직무기술 내용에 따라 적합한 인력을 선발하고 계약에서 규정한 바에 의해 성과를 평가하는 것은 문화를 초월한다는 논리를 기반으로 한다. 일견 공정하고 보편적인 경영원리인 것처럼 보인다. 이 시스템은 2차 세계대전 이후 기업, 특히 미국의 다국적 기업이 급속히 성장했던 시기에 등장했다. 미국 내 수천 명의 직원이 공정한 평가와 승진 방법을 필요로 하였고 곧 이러한 방식이 나머지 선진국으로 퍼져 나갔다. 노동조합은 이런 평가와 승진방법을 임의적인 징계나 반노동조합 활동으로부터 보호할 수 있는 장치로 보고 지원하는 경우가 많았다. 근로자는 정해진 작업 수행에 실패한 것이 명백한 경우에만 해고할 수 있었다. 확실히 이런 규정은 직원 다수를 위한 보호장치이기도 하였다. 관리자는 일관성 있게 행동해야 했다. 같은 내용에 대해서 어떤 경우에는 가혹하게 조치하고 다른 경우에는 관대한 모습을 보일 수는 없었다.

미 육군의 헤이Hay 대령이 설계한 헤이 직무평가 시스템은 오늘날 다양한 기능별 성과에 대한 기본급 평가에 폭넓게 사용하고 있다. 헤이 시스템은 직원과 직속상사, 유사 직무를 수행하는 타그룹 요원을 포함한 위원단의 도움으로 점수를 산정한다. 이 과정을 통해 내부적으로 일관성을 유지하고 급여나 교육훈련의 변화 없이 회사 네트워크 상의 자회사간 인력 이동이 용이하게 이루어질 수 있다. 현지 조건에 따른 생활비 수당의 차별 지급방식으로 작은 예외를 두기는 하지만 그 밖의 경우에는 통일성을 유지한다. 이런 방식은 매우 그럴듯해 보인다. 서류작업만 적절하게 마무리하면 그 모든 절차가 원활하게 진행된 것으로 보일 수 있다. 하지만 특수주의 성향이 상대적으로 강한 사회에서는 실제 어떤 일이 일어날까?

다음은 다국적 석유회사에서 발생한 사례이다. 본사 대표들은 베네수엘라 관리자를 대상으로 프레젠테이션을 하면서 연구개발 기능에 대한 헤이 기능평가 시스템을 설명하였다. 앞으로는 기능을 기능수행자와 분리해서 평가하는 경향이 줄어들 것이며 기능수준을 결정하기 위해 벤치마크 기준을 도입할 것이라는 내용이었다. 베네수엘라인 관리자들은 프레젠테이션이 끝날 때 예의상 박수를 보내는 형식적인 반응만 보였다.

만족스럽게 점심식사를 하고 와인을 세 잔 정도 돌리자 일부 베네수엘라 관리자들의 말수가 많아지기 시작했다. 이들은 본사 대표들에게 베네수엘라에서는 어떤 식으로 기능을 평가하는지 알고 싶지 않느냐고 물었다. "보고용으로 말씀드릴까요? 아니면 실제 있는 그대로를 말씀드릴까요?" 그들의 분위기를 간파한 본사 대표들은 실제 어떻게 평가가 이루어지는지 물었다.

현실은 복잡한 시스템보다 훨씬 단순했다. 베네수엘라 현지에서는 매

년 인사 평가 후에 여섯 명으로 구성된 경영팀 회의가 열리고 여기에서 승진자를 선정한다. 승진이 결정된 직원은 서둘러 인사부서로 가서 본사에서 요구하는 승진에 필요한 서류를 작성한다. 인사부서는 본사로부터 승진을 위해 특정 기능에 몇 점이 필요한지 사전에 통지를 받는다.

이것은 원인과 결과가 뒤집히는 역인과관계reverse causality의 전형적인 사례라 할 수 있다. 직무기술서와 평가를 통해 보직에 가장 적합한 사람을 선택하는 대신, 비공식적, 직관적으로 사람을 먼저 내정해놓고 형식을 갖추기 위해 기술서와 평가를 작성하는 식이다.

이 사례는 보편성이 특수성을 이끌어가는 프로세스가 특수성이 보편성을 주도하는 프로세스보다 반드시 더 낫다고 할 수 있는지 의문을 제기한다. 베네수엘라 현지 관리자가 이렇게 말하였다. "내 부하직원의 승진을 누가 결정하는가? 헤이 대령인가 아니면 나인가?" 8장에서 성과와 업적에 대해 살펴볼 때 이와 같은 종류의 질문이 다시 제기될 것이다.

보편주의와 특수주의 조정하기

우리가 제시한 일곱 개의 문화차원에는 제일 먼저 살펴본 보편주의와 특수주의처럼 각각 두 개의 경향성이 대척점을 이루고 있으며 한 사람 안에서 상반된 경향성을 함께 발견할 수도 있다. 딜레마 상황의 두 가지 선택은 사실 멀리 떨어져 있지 않다. 이것은 자동차 사고 딜레마에서 운전자가 친구가 아닌 아버지나 딸이었다면 보편주의자라 하더라도 특수주의자의 선택을 할 수 있다는 점을 생각해보면 쉽게 이해할 수 있다. 효과적인 문화간 만남에서 양쪽은 병적 과잉pathological excesses을 피해간다. 그림 4.4는 이 개념을 설명하고 있다.(해당 방법론은 13장에서 소개)

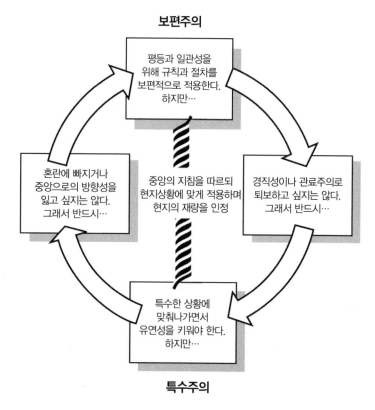

보편주의

평등과 일관성을
위해 규칙과 절차를
보편적으로 적용한다.
하지만…

혼란에 빠지거나
중앙으로의 방향성을
잃고 싶지는 않다.
그래서 반드시…

중앙의 지침을 따르되
현지상황에 맞게 적용하며
현지의 재량을 인정

경직성이나 관료주의로
퇴보하고 싶지는 않다.
그래서 반드시…

특수한 상황에
맞춰나가면서
유연성을 키워야 한다.
하지만…

특수주의

그림 4.4 보편주의와 특수주의 조정하기

이 그림은 악순환의 시작을 보여준다. 이 흐름의 논리를 따라가다 보면 보편주의자의 접근방식은 기껏해야 특수주의 과잉으로 인한 병적 현상을 피할 수 있도록 도와주는데 그친다. 보편주의의 과잉으로 인한 병적 현상을 피하기 위해서는 특수주의자의 입장을 받아들일 필요가 있다. 사실 보편주의자의 입장을 고수하면 특수주의자로부터의 반대를 부추기게 된다. 이 두 가지 관점이 효과적으로 협력할 때 선순환이 일어난다. 여기에서 문화간 만남이 시너지를 창출하고 각 문화가 개별적으로 이룰 수 있는 것보다 더 높은 수준에 도달할 수 있다. 이런 해결책을 통해 더 높은 수준에 도달한 사례가 있다.

유럽의 마이크로프로세서 영업직원들은 미국 본사가 여러 유럽 고객이 요청하는 변경된 모델을 생산하지 않아서 잠재시장을 중 상당 부분을 잃었다고 불평했다. 캘리포니아 본사에서 열리는 워크숍에 앞서 인터뷰를 했을 때 미국 직원들은 유럽 고객의 요구에 일일이 맞추다보면 규모의 경제를 상실하게 되는 점과 현재 칩 생산이 설비부족에 시달리고 있는 사실을 유럽의 동료들은 왜 이해 못하는지 모르겠다고 말했다. 그림 4.5에서와 같이 딜레마를 서로 상반되는 두 개의 선택으로 단순하게 나타내는 것은 분명 충분치 않다.

두 극단 사이의 이러한 딜레마에 접근할 때 우리는 타협을 추구할 수 있다. 하지만 타협은 둘 중 하나만 선택하는 것보다 더 안좋은 결과를 가져오는 경우가 빈번하다. 위의 사례에서 타협의 예를 들면, 한 종류의 범용 칩 대신 두 종류의 칩을 생산하기로 하는 것이다. 그렇게 하면 규모의 경제효과와 고객 둘 다 잃어버릴 것이다. 최선의 접근방법은 딜레마들을 X와 Y 두 개의 축으로 잡고 양쪽 모두를 해결하는 방안을 찾아보는 것이다. 이는 범용 칩을 만들려는 노력이 유럽의 특수한 필요를 충족하는 과정과 어떤 식으로든 연결되어 있어야 한다는 것을 의미한다.

실제 워크숍에서 미국인 직원들은 고객의 연구개발 인력을 미국으로 초청해서 차세대 범용 칩을 공동개발하는 안을 제시했다. 유럽 직원들은 차라리 미국의 연구개발 인력이 유럽에 와서 현지 연구개발 인력과 협업하는 것이 더 바람직하다고 생각했다. 양 쪽 모두 원칙은 동일하지만 출발점이 달랐다. 미국 본사 측에서는 보편주의적 입장에서 출발하여 고객의 특수한 요구사항을 반영하는 것을 선호했다. 유럽 직원들은 자신들의 특수한 요구사항이 얼마나 가치가 있는지 캘리포니아 본사가 자체적인 잣대로 먼저 테스트해보는 것을 더 편하게 느꼈다. 그렇지만 양측 모두

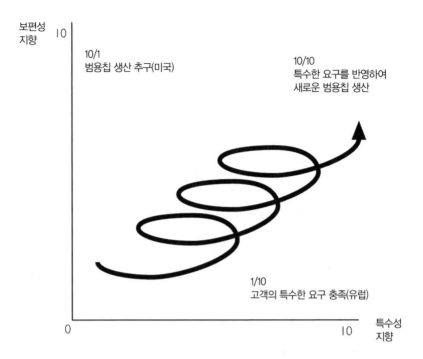

보편성
지향

10

10/1
범용칩 생산 추구(미국)

10/10
특수한 요구를 반영하여
새로운 범용칩 생산

1/10
고객의 특수한 요구 충족(유럽)

0

10

특수성
지향

그림 4.5 선순환

대량 글로벌 판매를 위해 고유의 특수 맞춤형 마이크로프로세서를 개발한다는 목표를 공유하고 있었다.

제약 합작 투자 사례

미국계 중국인 2세 게디 턱은 뉴저지 소재의 대형 제약회사의 직원으로서 도쿄에 주재하고 있었다. 그는 일본 최대 제약업체 중 한 곳과 합작투자를 성사시키는 것이 주된 목표이다. 4년 간 협상 끝에 계약서에 서명해야 하는 매우 중요한 단계에 이르렀다. 당연히 뉴저지 본사의 변호사는 꼼꼼하게 준비했고 최종 서명 일주일 전에 계약서를 게디에게 송부하였다.

4년 동안 일본생활을 한 게디는 미국으로부터 그 서류를 받아보고 나서 말문이 막혔다. "계약서가 몇 장인지 셀 수도 없을 정도였습니다. 너무 분량이 많았어요. 페이지 수는 몰라도 테이블에 올려놨을 때 두께가 몇 인치였는지는 기억납니다. 계약서가 1인치씩 두꺼워질수록 상대방 일본인야 한 명씩 실망하여 그 자리를 뜰 것 같았습니다. 이왕이면 상대방이 여러 명 오기를 바랐습니다. 적어도 그 중 한 명은 붙잡고 얘기할 수 있을테니까요. 일본인 상대방이 계약서에 서명은 할 것입니다. 하지만 그 내용에 모두 합의했다고 받아들이면 안 됩니다."

게디 턱은 본사에 전화해서 도움을 요청하기로 했다. 법무부서에서는 계약관계가 너무 복잡해서 가능한 모든 경우를 최대한 포함시켜야 했다고 답했다. 게다가 정기적으로 자문을 받고 있는 컨설팅 업체에서도 아시아인 특히 일본인은 자신들이 개발하는 것과 미국으로부터 들여오는 것에 대한 정의가 느슨하다고 말했다는 것이다. "나중에 오해가 생겨 문제에 봉착하는 것보다 지금 힘들더라도 계약관계 조건을 명확히 하는 편이 낫습니다. 상대방이 서명을 하면 적어도 진지하게 받아들인다는 것을 보여주니까요."

게디는 망연자실했다. 하지만 어떻게 할지 결정해야 하는 시간도 단 하루 밖에 남지 않은 상황이었다. 회의는 내일로 다가와 있었다. 그 동안 관계를 탄탄하게 다져온 상대 일본회사의 CEO에게 전화를 걸어야 하는 것인가? 아니면 이대로 계약에 들어가야 하는가? 게디는 다음과 같이 말하며 자신이 처한 딜레마를 분명하게 보여주었다.

"어떤 조치를 취하더라도 내 경력에는 금이 갈 것이다. 두꺼운 계약서에 서명할 것을 주장하면 일본인 상대방은 그것을 지난 수년의 협상기간 동안 상호간에 거의 신뢰가 쌓이지 않았다는 증거로 받아들일 것이다. 그렇게 되면 계약체결을 나중으로 미루거나 최악의 경우에는 협상 자체를 없던 일로 할 수 있다. 그렇다고 계약서를 두 페이지 정도 분량으로 줄여서 일종의 의향서로 제시하며 계약을 추진하면 본사와 법무부서가 문제를 제기할 것이고 내 경력이 위태로워진다."

게디의 입장에 선다면 어떻게 할 것인가?

문화적 역학을 인식한다고 해서 큰 도움이 되지는 않는다(그렇지만 일본과 미국의 문화차이를 인식하지도 못했다면 상황은 더 나빴을 것이다). "미국인은 보편주의 경향성이 있으므로 일본인이 계약서에 서명해야 한다는 생각을 한다."라는 말만으로는 충분치 않다. 마찬가지로 "일본인이 특수주의적 접근방식을 취한다."라고 말하는 것만으로는 충분하지 않다. 상반되는 가치를 이해할 수 있는 정도가 이문화 효과성을 측정하는 유일한 잣대는 아니다. 이문화 효과성은 딜레마를 조정할 수 있는 역량으로 측정한다. 즉 마이크로프로세서 사례에서와 같이 상반되는 가치가 모두 작동할 수 있도록 하는 역량이라고 할 수 있다.

게디는 두꺼운 계약서에 상대방이 서명하길 원하는 전형적인 보편주의자의 논리가 무엇인지 물어보는 편이 현명했을 수 있다. 사실 미국 본사의 입장은 "상대방에 대한 우리의 신뢰는 충분하지 않으므로 구속력이 있는 계약을 필요로 한다."는 것이다. 반대편 일본인의 입장은 "우리는 상대방을 신뢰할 때만 계약에 서명하고 상대방도 계약을 우리의 관계에 대한 존중의 표시로 본다. 관계가 충분히 돈독하다면 우리는 계약서의 세부 내용을 이후에 변경할 수 있다. 가령 특정 상황이 변한 경우에 그러하다." 이다.

우리는 게디가 다음 행동을 취하도록 권할 것이다. 시작할 때부터 문화를 논의점으로 삼고 일본인 상대방이 직면한 문제에 대해 말한다. "미국 본사에서 저에게 1,100 페이지 계약서를 보내왔습니다. 분명히 말씀드리지만 미국에서는 이것이 예사로운 일이며 당신을 모욕하기 위한 뜻은 없습니다." 이렇게 함으로써 직면한 딜레마를 공유하게 된다. "제 입장이라면 어떻게 하시겠습니까?"라고 물어보면서 일본인의 논리를 세워주고 존중하려 노력하라.

그 일본인 상대방의 실제 반응은 "여기에서 얼마나 머무르실 건가요?"라는 또 다른 질문이었다. 게디의 답변은 정직하면서도 훌륭했다. "제 일을 완수할 때까지 있겠습니다." 그러자 일본인이 대답했다. "그렇다면 계약서에 서명을 하지요."

자가진단

개인과 문화가 어느 정도 조정되는 경향이 있는지를 측정하기 위해 우리는 일련의 설문을 개발하여 응답자가 상반되는 가치들 중 어떤 가치에 공감하는지 뿐만 아니라 조정에 대한 경향성도 측정하고자 하였다. 현재 우리는 부의 창출이 사람들의 조정역량과 큰 상관관계가 있다는 가설을 검증하는 과정에 있다. 첫 번째 문화차원에서 제시하는 이슈는 다음과 같다.

ABC 광산회사는 한 외국 바이어와 10년간 보크사이트를 수출하는 장기계약을 체결했다. 그런데 계약체결 6개월 후 국제 가격이 폭락했다. 바이어는 계약 당시 국제시장 가격보다 톤당 4달러 저렴하게 구입할 수 있었지만 이제 톤당 3달러를 더 지불해야 하는 상황에 직면했다.

바이어는 ABC사에게 팩스를 보내 계약 조건을 재협상하고 싶다는 의사를 표명했다. 팩스의 마지막 내용은 다음과 같았다. "귀사는 새로운 비즈니스 파트너인 당사가 계약조건과 같은 막대한 비용을 단독으로 부담하리라고 기대할 수는 없을 것입니다." ABC사의 협상관계자들은 이 상황에 대하여 열띤 논의를 벌였다. 몇 가지 의견이 나왔다.

1. 계약은 계약이다. 그 내용은 계약조건으로 명시되어 있다. 국제 가격이 상승하였더라도 우리는 감수했을 것이다. 상대방도 그래야 한다. 그들이 말하는 파트너십이란 무엇인가? 우리는 거래를 했다. 협상을 통해 합의를 한 것이다. 우리가 승자이고 협상은 이미 끝났다.

2. 계약은 밑바탕에 있는 당사자간 관계를 나타낸다. 계약은 본래 의도를 정직하게 표현한 것이다. 상황이 변하여 그 계약의 상호정신을 훼손할 수 있다면 계약조건을 재협상해서라도 관계를 보존해야 한다.

3. 계약은 밑바탕에 있는 당사자간 관계를 나타낸다. 계약은 본래 의도를 정직하게 표현한 것이다. 하지만 계약조건이 지나치게 경직되어 있다면 급변하는 환경에서 깨지기 너무 쉽다. 상호성의 형식이 암묵적으로 있어야 생존을 위한 유연성이 존재한다.

4. 계약은 계약이다. 그 내용은 계약조건으로 명시되어 있다. 국제 가격이 상승하였더라도 우리는 감수했을 것이다. 상대방도 그래야 한다. 그렇다 하더라도 우리는 상대방의 손실을 보전할 수 있는 조건의 2차 계약을 고려할 것이다.

본인이 가장 선호하는 의견을 1로, 두 번째로 선호하는 의견을 2로 표시하시오. 그리고 직장에서 가장 가까운 동료가 선호할 것으로 생각하는 의견을 앞에서와 같이 1과 2로 표시하시오.

이 간단한 사례연구가 보여주는 문제는 모든 문화에서 공통적으로 발생한다. 이런 문제 그리고 딜레마로 표현한 유사한 시나리오들로부터 발생하는 긴장을 모든 문화는 인식하고 있다. 문화마다 차이가 나는 부분이 있다면 어떻게 이런 문제를 해석하거나 거기에 의미를 부여하며 해결책에 어떤 방향으로 접근하는가이다. 보편주의자가 자신의 관점과 특수주의자의 관점을 연결하지 않는다면 그 문제를 1번 의견처럼 바라볼 것이다. 특수주의자는 자신의 관점과 보편주의자의 관점을 연결하지 않는다면 그 문제를 2번 의견처럼 바라볼 것이다.

반면, 보편주의자가 4번을 선호하는 경우 문제를 보편주의의 관점에서 바라보지만 특수주의자의 상반되는 관점을 수용하려 노력함으로써 다른 문화 사이의 조정으로 이어진다. 마찬가지로 특수주의자가 3번을 선호하는 경우 자신의 관점에서 시작하여 조정으로 이어지는 접근방식을 취하는 것이다.

우리는 연구를 통해 3번과 4번을 선택한 리더와 관리자가 더 나은 재무성과를 지속적으로 보여준다는 증거를 발견할 수 있었다. (부록 A 참조)

끝으로 MCC사 존슨의 사례로 돌아가 보자.

- 존슨이 성과연동 보상제를 모든 해외지사, 특히 특수주의 문화권에 일괄 도입할 경우 어떤 일이 발생할 것이라고 생각하는가?
- 보너스를 못 받는 직원의 급여를 재원으로 하여 지급하는 30퍼센트, 60퍼센트, 100퍼센트의 보너스는 공정하다고 볼 수 있는가?
- 높은 성과를 내는 직원은 자신을 위한 더 많은 보상 때문에 급여가 삭감된 사람들로 인해 직장에서 더 큰 의욕을 얻을 것인가 아니면 낙담할 것인가?
- 해외 현지 경영층은 이런 변화에 성심성의껏 협조할 것인가 아니면 교묘하게 빠져나갈 방법을 찾을 것인가?
- 현지 경영층은 특정 지역에서 우수한 성과를 내는 직원을 선택할 수 있도록 영업지역을 자체적으로 편성할 권한이 있는가?

다음 표는 보편주의와 특수주의 문화권에서 비즈니스를 할 때 참고할 만한 실용적인 팁을 보여준다.

문화차이 인식하기

보편주의	특수주의
관계보다는 규칙에 초점을 맞춘다.	규칙보다는 관계에 초점을 맞춘다.
법적 계약서를 작성한다.	법적 계약서를 종종 변경한다.
자신이 한 말이나 계약을 지키는 사람을 신뢰한다.	변하는 상호간의 관계를 존중하는 사람을 신뢰한다.
서로 합의한 하나의 진실 또는 현실이 존재한다.	각자가 다른 관점에서 바라보는 다양한 현실이 존재한다.
거래는 거래이다.	관계는 점점 발전하게 되어 있다.

이문화 비즈니스 팁

보편주의자와의 비즈니스에서는	특수주의자와의 비즈니스에서는
순순히 받아들일 것을 강하게 호소하는 '이성적'이고 '프로페셔널'한 주장과 프레젠테이션에 대비한다.	상대방이 쓸모없어 보이는 사적 대화나 비즈니스와 무관한 이야기를 하는 것에 대비한다.
인간미 없고 업무중심적인 태도를 무례하다고 받아들이지 않는다.	개인적인 "당신에 대해 알고 싶다"는 태도를 가볍게 받아들이지 않는다.
의문시 되는 부분이 있다면 변호사와 함께 법적 근거를 면밀히 검토한다.	법적 보호장치가 상대방과의 관계에서 어떤 의미를 내포하는지 신중하게 고려한다.

이문화 조직관리 팁

보편주의	특수주의
일관성과 일정한 절차를 추구한다.	비공식적 네트워크를 형성하여 개인적으로 이해받을 수 있도록 한다.
비즈니스 수행 방식을 변경할 때는 공식적인 방법을 수립한다.	익숙한 활동 양식을 바꿀 때는 비공식적으로 추진한다.
시스템의 변화를 통해 구성원의 변화를 이끌어낸다.	자신의 관계에 변화를 주어 시스템의 변화를 도모한다.
변화가 있으면 공식적으로 알린다.	무엇인가를 추진할 때는 드러내지 않고 진행한다.
모든 비슷한 사안을 동일하게 다루면서 공정함을 추구한다.	모든 사안의 특별성을 고려하여 다루면서 공정함을 추구한다.

05
집단과 개인

인간관계의 다섯 가지 문화적 차원 중 두 번째는 집단 구성원 각자가 개인으로서 원하는 바와 그 집단의 이해관계 간에 나타나는 갈등이다. 우리는 각자 개인적으로 원하는 바를 파악하고 그 차이를 타협하면서 타인과 관계를 맺는가 아니면 집단이 바람직하다고 여기는 일부 공동선 개념을 우위에 두는가?

파슨즈Parsons와 쉴즈Shils는 개인주의individualism를 '자아를 우선시하는 지향성'으로, 공동체주의communitarianism를 '공동의 목적을 우선시하는 지향성'으로 설명한다.[1] 첫 번째 문화차원과 마찬가지로, 우리는 사고과정에서 이 두 가지 접근 방식을 모두 고려하지만 그 중 어느 것을 우선시 하느냐에 따라서 문화차이가 발생한다. 보편주의 대 특수주의 사례에서와 같이 편차가 크지는 않더라도 관리자 약 8만 명이 다음 질문에 응답한 결과에서 이런 차이를 볼 수 있다.[2]

두 사람이 개인의 삶의 질을 향상시킬 수 있는 방법을 논의 중이다.

A : "개인에게 최대한의 자유와 자신을 개발할 수 있는 최대한의 기회가 있다면, 그 결과로 삶의 질이 나아진다는 것은 자명하다."
B : "개인이 지속적으로 주변 사람들을 돌본다면, 개인의 자유와 발전이 지장을 받더라도 모두에게 삶의 질이 향상된다."

두 가지 추론 중 어느 의견이 일반적으로 타당하다고 생각하는가?

그림 5.1에서 볼 수 있듯이, 가장 높은 개인주의 성향을 보인 사람들은 이스라엘인, 루마니아인, 나이지리아인, 캐나다인이고 미국인, 체코인, 덴마크인이 근소한 차로 그 뒤를 이었는데 A를 선택한 비율이 모두 65퍼센트가 넘었다. 한편 최저 비율로 A를 선택한 유럽인 중에는 프랑스인이 있는데 41퍼센트였다. 이렇게 낮은 점수가 의외일 수 있는데 프랑스인은 모두 8월 같은 날짜에 휴가를 떠난다는 점을 생각해보라. 프랑스인에게 공동체는 프랑스이고 가족이다. 프랑스인은 다른 사회적 만남에서는 개인주의자가 된다. 이 질문에 대한 응답에서 일본인이 프랑스인에 비해 더 집단주의적 성향을 보이지만 그 차이가 크지 않다는 점이 특히 눈에 띈다. 또한 중국인이 약간에 불과하더라도 인도인보다 더 개인주의적 성향을 보인다는 점도 주목할 만하다.

개인주의와 공동체주의의 개념

우리는 종종 개인주의를 현대사회의 특성으로 여긴다. 반면 공동체주의라고 하면 전통사회와 실패한 공산주의 실험을 떠올린다. 하지만 성장하

개인주의 선호경향 응답자 비율(A)

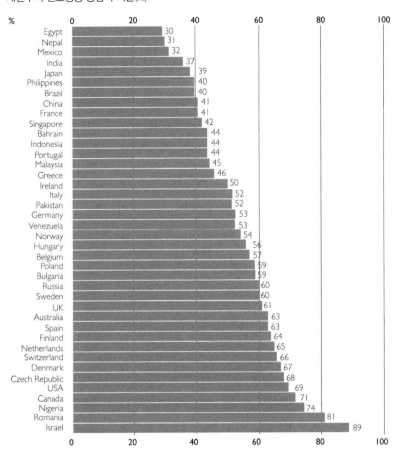

그림 5.1 삶의 질

고 있는 아시아 국가(특히 중국, 홍콩, 싱가포르, 한국, 대만)를 생각해보면 개인주의의 성공과 필연성에 대해 심각한 의문을 제기하게 된다.

보편주의와 특수주의의 사례에서와 같이 문화차원들은 서로 대립하기 보다는 보완적인 성격을 지닌다고 하는 편이 더 정확하다. 보편주의의 한 계점을 특수한 경우로부터 배울 수 있듯이, 문화차이는 통합적인 프로세스와 개인이 자발적으로 더 큰 집단의 필요를 해결하려 함으로써 조정할 수 있다.

글로벌 경영은 여러 국가에서 개인주의와 공동체주의에 대해 어떤 선호경향을 보이느냐에 지대한 영향을 받는다. 특히 협상, 의사결정, 동기부여가 가장 중요한 영역이다. 예를 들어, 업적 인정을 통한 승진과 성과연동보상과 같은 경우 개인이 조직 내에서 남들과의 차별화를 추구하며 동료는 이를 인정한다고 가정한다. 이는 또한 공동 업무에 대하여 구성원 개인이 기여한 바는 쉽게 구별할 수 있고 그 개인만 칭찬의 대상으로 삼더라도 심각한 문제는 생기지 않는다는 가정에 근거한다. 이런 가정은 집단주의 문화에서 통하지 않는다.

이 주제에 대하여 우리가 알고 있는 지혜의 대부분은 개인주의 성향이 강한 서구, 특히 영어권의 이론가들로부터 비롯되었다. 대문자 'I'는 영어에서 가장 자주 사용하는 대문자 중 하나이다. 따라서 개인주의의 확산이 문명 발달의 일부라는 생각은 논의의 여지없는 사실이라기보다 일종의 문화적 신념으로 다루어야 한다. 하지만 분명히 개인이 공동체로부터 벗어나는 데는 여러 세기가 걸렸다. 개인과 사회 간 관계의 핵심은 르네상스 이래로 엄청나게 변했다. 초기 사회에서 개인은 주로 가족이나 씨족, 부족, 도시국가, 봉건집단처럼 자신이 속한 공동체에 의해 규정되었다.

개인주의는 르네상스, 대항해시대, 네덜란드의 황금시대, 프랑스의 계몽주의운동, 영국과 미국의 산업혁명과 같은 대혁신 시기의 전면에 있었다. 요즘에는 인터넷에 접속함으로 개인의 힘이 증대됨과 동시에 소셜네트워킹을 통해 공동체 활동도 늘어나고 있다.

개인주의와 종교

개인주의와 공동체주의의 구분이 프로테스탄트와 가톨릭 간 구분과 관련
이 있다는 상당한 증거가 있다. 프로테스탄트 신자는 개인으로서 신 앞에
선다. 반면 로마가톨릭 신자는 항상 신앙인 집단으로 신에게 다가간다.
연구를 통해 가톨릭 교인이 집단주의 점수가 높은 편이고 프로테스탄트
교인은 훨씬 낮다는 점을 발견하였다. 기어트 홉스테드의 연구도 이런 경
향성을 확인하였다.[3] 우리는 연구를 통해 남미 가톨릭 문화권이 환태평양
의 아시아 문화권과 더불어 서구의 프로테스탄트 문화권(영국, 스칸디나비
아 국가, 네덜란드, 독일, 미국, 캐나다 등)보다 개인주의 성향이 낮음을 발견
하였다.

현대화는 개인주의를 내포하는가?

개인주의 또는 개인지향성이 현대사회의 중요 요소라는 생각은 페르디난
드 퇴니스Ferdinand Tönnies가 주장하였다.[4] 그의 주장에 따르면 우리는 현
대화되면서 게마인샤프트Gemeinschaft라고 하는 공동체 사회, 즉 각 개인
별로 큰 차별성이 없는 가족 기반의 친밀한 사회적 맥락을 벗어나 게젤샤
프트Gesellschaft라고 하는 개인별 과업과 책임이 분리된 일터로 진입하였
다. 아담 스미스도 역시 분업을 개인화로 바라보았다.[5] 막스 베버는 개인
주의에서 존엄성, 자율성, 프라이버시, 개인 발전기회와 같이 다양한 의
미를 보았다.[6]
　다수 서구 국가에서는 몇몇 천재가 비즈니스를 창출하고, 신제품을 발
명하고, 높은 연봉을 받으며 우리의 미래를 만들어간다는 것을 당연히 받

아들인다. 하지만 정말 그런가? 이 특출한 개인의 공헌도를 얼마나 인정해야 하고 조직화된 직원들의 공헌도는 얼마나 인정할 것인가? 왜 한 개인에게 과학 분야 노벨상을 수여하는 것이 점점 예외가 되어가고 있을까? 창의적인 천재 한 사람이 아이디어를 결합한다 하더라도 공동체가 아니고서 그런 아이디어가 어디에서 나올 것인가? 진정 우리는 자신이 스스로 만들어가는 존재인가 아니면 우리 부모, 선생님, 가족, 친구들도 그런 역할을 하는가?

다음 딜레마는 서로 다른 문화권의 사람들이 일하는 방식에 대해 각자 다른 선택을 한다는 점을 보여준다.

당신의 조직에서는 다음 중 어떤 직무유형을 더 자주 볼 수 있습니까?

A. 모두가 함께 일하며 개인 공헌을 별도로 인정하지는 않는다.
B. 모두가 개별적으로 일하는 것이 허용되며 개인 공헌을 인정받을 수 있다.

그림 5.2는 응답결과를 보여준다. 이번에는 같은 국가의 응답자간에도 딜레마에 대한 반응이 훨씬 더 많이 갈린다는 점에서 직전 질문에 비해 다르다. 하지만 국가별 차이는 여전히 크다. 일본인 중 43퍼센트만이 직장을 개인적으로 업무를 보는 곳이라고 여기는 반면 체코, 폴란드, 불가리아, 헝가리, 러시아의 경우 80~90퍼센트에 이르는 사람들이 그렇게 인식한다. 물론 이 비율은 후자에 해당하는 국가들의 최근 정치체제와 밀접한 연관성이 있다. 따라서 우리는 응답의 절대비율보다는 국가별 순위를 더 강조하고자 한다.

개인주의 선호경향 응답자 비율 (B)

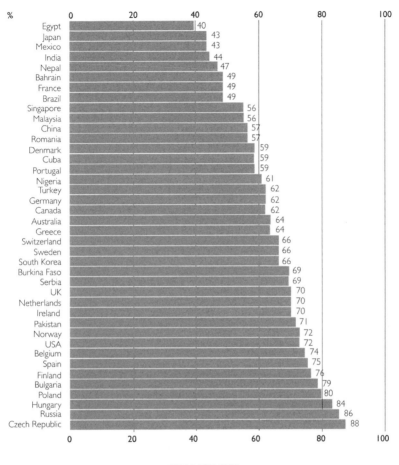

그림 5.2 직무 유형

어떤 공동체인가?

개인은 자기지향성 또는 공동체지향성을 보인다. 하지만 어떤 공동체에
소속감을 느끼느냐에 대해서 일반화화 할 경우에는 주의해야 한다. 우리

연구에서 결과값의 편차 발생은 각 국가별로 소속감을 느끼는 공동체가 다르다는 점과 관계 있다. 예를 들어, 다음 질문을 던진다고 하자.

> 설비에서 결함을 발견하였는데, 한 팀원의 부주의 때문에 발생하였다. 이 실수에 대한 책임이 누구에게 있느냐는 다양하게 생각해 볼 수 있다.
>
> A. 부주의로 결함을 일으킨 사람의 책임이다.
> B. 그 사람이 팀에서 일하기 때문에 팀 전체가 그 책임을 져야 한다.
>
> 당신이 속한 사회에서는 책임 소재를 가리는 이 두 가지 방법 중 주로 어느 쪽을 선택하는가?

이 질문에 대한 답변도 앞 질문에 대한 결과와 상당히 유사하게 나타났지만 다양한 차이점 또한 발견할 수 있다. 그 편차는 '공동체' 또는 '집단'이라는 개념의 이질성heterogeneity과 관련이 있다. 각 단일 사회에서는 개인이 가장 큰 소속감을 갖는 집단을 정해야 할 필요가 있다. 사람들은 노동조합이나 가족, 회사, 종교, 직업, 국가 또는 국가기구와 같은 집단과 스스로를 동일시 할 수 있다. 프랑스인은 조국과 가족, 일본인은 직장, 구 동구권 국민은 당시 공산당, 아일랜드인은 로마 가톨릭 교회에 소속감을 느끼는 경향이 있다. 그 공동체가 경제발전에 대해 얼마나 관심을 보이고 어떤 태도와 연관성을 지니고 있느냐에 따라 공동체주의적 목표는 산업에 좋을 수도 있고 나쁠 수도 있다.

그림 5.3은 공산주의 조직이 러시아와 동유럽의 관리자들에게 미치는 영향이 극히 제한적이었음을 보여준다. 쿠바와 더불어 이 국가들은 개인이 책임을 져야 한다는 쪽으로 높은 점수가 나왔다. 미국인들은 중간보다 약간 높은 54퍼센트를 나타내며 몇몇 유럽 국가보다 조금 낮은 수준에 있

개인주의 선호경향 응답자 비율 (A)

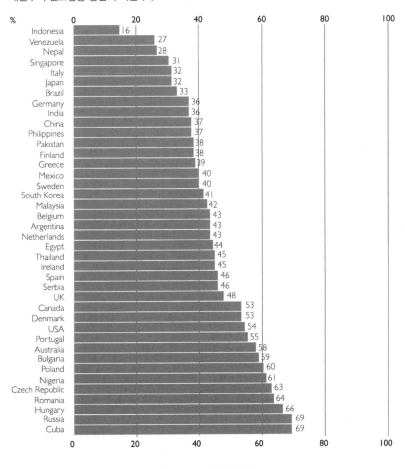

그림 5.3 누구의 책임인가?

다. 일본은 개인주의 성향이 32퍼센트로 나타났고, 인도네시아는 16퍼센트를 기록하며 가장 공동체주의적인 성향을 보인다. 주어진 상황에 대한 접근방식은 개인이 어떤 집단에 소속감을 갖는가에 따라 다르다.

개인주의는 기업의 필요조건인가?

프랑스인은 개인주의를 더 부정적으로 경험하는 반면, 상대적으로 낙관적인 독일 철학은 사회학자 짐멜Simmel의 말을 빌리자면 '개인과 사회의 유기적인 결합'을 지향한다.[7] 이주민 개인이 활용할 수 있는 광대한 영토가 있는 미국은 개인주의 옹호의 선두주자로 비춰지고 이와 일치하게 우리의 연구 도구를 통해서도 가장 높거나 그에 버금가는 개인주의 지향성을 보인다. 19세기 프랑스의 귀족 토크빌Tocqueville은 미국을 '자아에 대한 강한 자신감 또는 자기 자신의 노력과 자원에 의존하는' 국가로 설명한다. 국가목표위원회Commission of National Goals는 아이젠하워 대통령에게 보고하면서 개인의 자아실현 가능성이 미국 문명의 중심 목표라고 주장했다.

하지만 그런 미국에서 조차도 개인주의의 유용성에 대한 반대의 목소리가 있어 왔다. 하버드대학의 사회학자 다니엘 벨Daniel Bell은 모더니즘을 소비자 지상주의형 개인주의consumerist-type individualism라고 부르며 미국의 산업 인프라를 약화시킨다고 비판했다.[8] 정보사회가 발달함에 따라 공동체 정신을 지닌 사람들이 정보를 더 신속하게 전파한다. 정보는 물리적 상품과는 다른 방식으로 공유가 가능하다. 벨과 넬슨은 구성원의 개성을 배제하는 '부족주의적 형제애tribal brotherhood'로부터 개성을 인정하면서도 상위집단의 목표에 초점을 맞추는 '보편적 타인주의universal brotherhood'로의 변화를 목도하였다.[9]

개인주의와 공동체주의의 통합에 대한 비전은 19세기 프랑스 사회학자인 에밀 뒤르켐Emile Durkheim으로부터 비롯되었다. 뒤르켐은 공동체주의가 원시적 형태와 현대적 형태 둘 다 취할 수 있음을 보았다. 원시적 형태 사회에서는 아무도 감히 이탈하지 않는 공동체의식이 자리 잡고 있으며 공동체가 개인을 지배하는 양상을 보인다. 뒤르켐은 자신이 기계적 연대mechanical solidarity라 부른 이 형태가 쇠퇴하는 것을 지켜보았는데 산업화에는 기계적 연대가 신속하게 수용할 수 없는 분업이 필요하기 때문이다. 이런 관점은 개인주의(그리고 프로테스탄트) 경향성이 큰 국가들이 초기에 경제적으로 성공을 거두었던 점을 설명하는데 도움이 된다.

하지만 뒤르켐은 또한 이후에 주권적 존재sovereign beings간 자발적 통합이라는 보다 수준 높은 형태가 발생하는 것을 보았고 이를 유기적 연대organic solidarity라 불렀다. 분업이 확장됨으로 인해 개인이 동일한 사회 내의 다른 구성원과 공유하는 특성이 점차 줄어들면서 새로운 사회통합의 형태가 필요하게 되었다. 이 새로운 형태는 분화와 통합을 하면서 발달하는 유기체에서 볼 수 있는 생물학적 유형의 통합을 포함한다. 1965년 폴 로렌스Paul Lawrence와 제이 로쉬Jay Lorsch는 격변하는 환경에서도 고도의 창의력을 보이며 번창하는 플라스틱 제조업체들은 분화와 통합의 수준이 더 높다는 점을 발견했다.[10] 이는 유기적 성장 모델의 타당성을 입증함과 동시에 점차 복잡성, 분화성, 상호의존성이 증가하는 사회에서 개인주의와 공동체주의를 통합해야 할 필요성이 점점 커진다는 점을 보여주었다. 우리는 이 이슈를 본질적으로 두 가지 '출발점'을 지닌 순환적인 문제로 본다.(그림 5.4 참조)

우리는 모두 이런 순환주기를 거친다. 하지만 서로 다른 지점에서 출발하고 상황에 따라 그 지점들을 수단 또는 목적으로 생각한다. 개인주의 문화는 개인을 '목적'으로, 집단을 목적 달성의 수단으로 바라본다. 공동체주의 문화는 집단을 그 목적으로 보고 개인의 역량개선을 목적 달성의 수단으로 여긴다.

이것은 개인주의가 집단에 대한 공헌에서 그 목적달성의 근거를 찾고 집단의 목표는 개인의 의견을 반영하고 목표 개발과정에 개인을 참여시키는 경우에만 명백한 가치를 지니게 된다는 우리의 확신과 가깝다. 개인

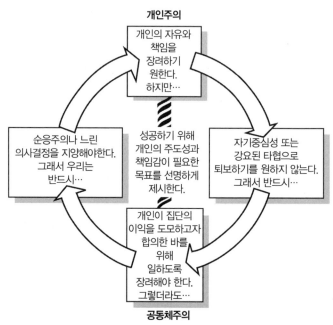

개인주의

개인의 자유와 책임을 장려하기 원한다. 하지만…

순응주의나 느린 의사결정을 지양해야한다. 그래서 우리는 반드시…

성공하기 위해 개인의 주도성과 책임감이 필요한 목표를 선명하게 제시한다.

자기중심성 또는 강요된 타협으로 퇴보하기를 원하지 않는다. 그래서 반드시…

개인이 집단의 이익을 도모하고자 합의한 바를 위해 일하도록 장려해야 한다. 그럴더라도…

공동체주의

그림 5.4 개인주의와 공동체주의 조정하기

주의와 공동체주의를 조정하는 일은 쉽지 않지만 가능하다.

글로벌 비즈니스에서의 개인주의 대 공동체주의

개인주의 또는 공동체주의의 정도 차이 때문에 발생하는 현실적인 문제에는 무엇이 있는가? 계속해서 MCC와 존슨의 사례를 고려해보자.

밀라노에서의 회의 동안 존슨은 영업 인력에게 동기를 부여할 수 있는 임금제에 관한 아이디어를 제시하였다. 그는 회의 진행 방식에 짜증을 느꼈다. 그래서 향후 모든 회의를 어떻게 운영할 것인지에 대한 지침을 내놓기로 했다. 존슨은 싱가포르와 아프리카 대표들이 항상 집단으로 참석하는 것이 마음에 들지 않았다. 그는 이들이 대표 한 명씩만 참석하도록 제한해야 한다고 말했다. 싱가포르에서 온 씬은 자신의 상사가 그때그때마다 다른 사람을 내세우지 않고 항상 같은 사람이 대표를 맡도록 할 수 있을 것인가?

이런 제안은 일부 관리자 사이에서 별로 인기가 없었다. 씬과 나이지리아의 누에르, 프랑스의 칼라미는 그런 의견에 대한 이유를 알고 싶어했다. 씬은 의제에 다양한 사안이 올라와 있는 상황에서, 각 주제마다 잘 알고 있는 사람들을 모아서 대표자로 하는 것이 왜 문제가 되는지 물었다. 논의는 진척이 없었고 한 시간이 지난 후 존슨은 이 문제를 표결에 부칠 것을 제안하였다. 존슨은 유럽 관리자들 대부분은 자신을 지지할 것이란 자신감이 있었다.

불행히도, 이 제안 역시 의견이 분분했다. 칼라미는 질렸다는 듯 두 손을 들며, 존슨이 "그렇게 민감하고 중요한 사안에 대해서 소수의견을 가진 사람들에게 그 결정을 강요하는 것에 충격"을 받았다고 말했다. 그는 한 시간이 더 걸리더라도 이 문제에 대해서 합의가 있어야 한다고 말했다. 씬은 "투표는 사소한 문제를 결정할 때나 하는 것"이라는 데에 의견을 같이했다. 존슨은 독일과 스칸디나비아 지역의 대표들을 돌아보고 지지를 구했다. 그러나 놀랍게도 그들 역시 서로 합의하는데 더 노력을 기울여야 한다는 쪽에 동의했다.

존슨은 너무 당혹스러운 나머지 투표에 부칠지에 대해 투표하자는 네덜란드 관리자의 제안에 답하지 못했다. 결국 나이지리아 대표들이 적어도 토의나 투표에 대해서는 다음 회의까지 연기하는 안을 제시했다. 참석자들이 본국의 사무실에서였다면 어떻게 다른 방식으로 동료의 의견을 구해야 했을 것인가? 너무 지친 존슨은 연기하는 방안에 동의했다. 보상체계에 대한 추가적인 논의도 기다려야 하는 상황이 되었다.

대표

앞서 사례에서 보여주듯이 공동체주의 문화에서는 복수의 대표를 보내는 것을 선호한다. 싱가프로인, 나이지리아인, 프랑스인은 협상 대표로 단체 구성을 추구하는데, 이들이 국내 모든 지사의 이해관계를 축약적으로 대변하는 집단이다. 예상치 않은 요구에 직면했을 때 공동체주의자들은 자국 내 동료들과 협의하기를 원할 것이다. 일본인이 중요 협상자리에 혼자서 참석하는 일은 거의 없다. 한편, 앵글로색슨계 사람들에게는 단독 대표가 지역구민을 대표하여 개인 양심에 따라 투표하는 것이 의회민주주의의 초석이다. 공동체주의 문화에서는 회의에 참석하는 대표들이 그들을 보낸 사람들이 원하는 바에 속박된다.

지위

공동체주의 문화에서 동행자가 없는 사람은 특별한 지위가 없는 사람으로 간주한다. 메모를 대신해주거나 가방을 들어주는 사람이 없다면 특별히 중요한 사람일리 없다고 여긴다. 가령 동행자 없이 태국을 방문한다면 당신이 본국에서 유지하고 있는 지위와 권위가 심하게 저평가 될 수 있다.

통역자

앵글로색슨계 문화에서 통역자는 중립적이어야 한다. 마치 한 언어로 된 문장이 들어가서 다른 언어로 변환되어 나오는 블랙박스와 같다. 공동체주의적인 문화권에서 통역자는 주로 내국인 집단을 위해 일하면서 구성원들이 긴 여담에 참여할 수 있도록 하고 언어뿐만이 아니라 문화에서 발생하는 오해를 조정하려 노력한다. 통역자는 그 집단에서 주된 협상가 역할을 하는 등 언어의 의미만을 변환하는 트랜스레이터translator이기 보다는 포괄적 커뮤니케이션을 돕는 인터프리터interpreter인 경우가 많다.

의사 결정

공동체주의 문화에서 의사결정은 대체적으로 훨씬 시간이 오래 걸리고 합의에 이르기까지 지속적으로 노력을 기울인다. 영어권 서구 민주주의 국가에서처럼 다수결에 의해 소수 반대 의견이 종종 무시되지 경우는 드물다. 공동체주의 문화에서는 보통 모든 관계자와 상세하게 협의하여 공동목표에 대해 합의해야 한다는 압박도 있기 때문에 일반적으로 의견이 하나로 모인다. 집단적인 협의나 본사와의 연락이 없다면 초기에 "예"라고 했더라도 이후에 얼마든지 "아니오"로 바뀔 수 있다. 제기되는 여러 사소한 반대의견은 사적인 감정이나 신념 때문이라기보다는 대체로 현실적인 성격을 띤다.

보통 논의에 참여한 사람들이 합의내용을 이행해야 하므로, 실행단계는 대체로 원활하고 쉽게 진행된다. 새로운 절차를 구상한대로 착착 진행시킬 때(개인주의의 관점에서) '낭비'했던 시간을 아낄 수 있다. 제안서를 회람하여 동의를 얻는 일본의 품의제도는 가장 잘 알려진 공동체주의 의사결정의 예이지만 시간이 오래 걸릴 수 있다.

한 일본 기업이 네덜란드 남부에 공장을 지었다. 평소와 마찬가지로, 이 건설 프로젝트는 세부 내용까지 신경 쓰며 진행하였다. 그러나 설계단계에서 그 일본 기업은 제약사항 하나를 고려하지 않았음을 발견했다. 설계상 작업장 높이가 법정 최저 높이보다 4센티미터가 낮았다. 도쿄 본사의 다수 관계자로부터 광범위하게 의견을 수렴해야 했던 새로운 설계안은 승인을 얻는데만 몇 개월이 걸렸다.

개인주의에 익숙한 북미인과 북서유럽인이 그런 지연되는 상황을 조롱하기는 쉽다. 하지만 이들 문화권의 의사결정 절차는 공동체주의와 정반대 방향으로 문제가 될 수 있다. 개인주의 문화에서 의사결정과정은 짧다. '고독한 개인주의자'가 몇 초 만에 운명을 결정한다.

이런 방식이 신속한 의사결정과, 짧은 시간을 효율적으로 쓰는 매니저에게는 도움이 되겠지만 수개월이 지난 후에 그 조직은 관리자들이 좋아하지 않거나 반대하는 결정을 번복하기 위해 몸살을 앓을 것이다. 의사결정 시간을 절약하더라도 실행에 문제가 있기 때문에 상당한 지연이 뒤따르는 것이다.

개인주의 사회는 개인의견을 존중하기 때문에 모두가 한 방향으로 가기 위해 종종 투표를 실시한다. 단점은 얼마 가지 않아 사람들이 원래의 방향으로 되돌아갈 가능성이 높다는 점이다. 공동체주의 사회는 투표를 직관적으로 꺼린다. 왜냐하면 투표를 하면 다수결의 결정에 반대하는 개인들에 대한 존중을 보여주지 않기 때문이다. 공동체주의 사회는 전체합의에 도달할 때까지 심사숙고하는 편을 선호한다. 최종결과를 달성하는데 오래 걸리기는 하지만 훨씬 더 안정적이다. 개인주의 사회에서는 의사결정과 실행 사이에 불일치가 자주 발생한다.

개인주의, 공동체주의, 동기부여

개인과 집단 사이의 관계는 구성원의 동기부여에 중추적인 역할을 한다. 존슨은 자신과 MCC가 직원 동기부여 요인이 무엇인지 알고 있다고 생각했다. 바로 성과가 좋은 개인에게 더 높은 연봉을 지급하는 것이다. 미주리에서 열린 회의에서는 이 점이 굉장히 명확해보였다. 하지만 이제 그는 의구심이 든다. 논의가 이어질수록 그는 확신이 점점 약해졌다.

존슨은 대표 인원수 문제에 대하여 각국 사무소에서 원한다면 최대 세 명까지 대표로 보내는 것을 허용하기로 결국 타협하였다. 투표를 통해 이 결정을 내리지는 않았다. 모두의 동의가 있었다. 이제 존슨은 내년의 성과연동 보상제, 보너스, 성과급제도 도입 논의를 시작할 수 있었다.

그는 평소와 같이 미국의 상황을 전반적으로 설명하면서 시작했다. 새 보상제도가 미국에 도입된 지 3년이 지난 시점이었다. 존슨의 설명에 따르면 대체로 성과연동 보상제도 시행과 컴퓨터 판매량 사이에 연관성이 있었다. 하지만 제조부서에서는 유사한 보상제도가 참담하게 실패했다는 점도 언급해야 했다. 현재는 다른 유형의 성과기반 보상제도를 시범적으로 시행하고 있었다. 수정된 이 제도에서는 예상되는 문제점이 없었다. 존슨은 말했다. "요약하자면, 우리는 이 제도를 모든 해외법인에 도입해야 한다고 확신합니다."

북서 유럽의 대표들은 신중하게 검토한 끝에 긍정적인 의사를 보였다. 그러자 이탈리아 대표인 지알리가 성과급제도에 대한 자신의 경험을 설명하기 시작했다. 이탈리아에서 성과연동 보상제를 시범 운영했을 때 첫 3개월은 그의 예상보다 훨씬 나았지만 이후 3개월은 재앙에 가까웠다. 이전 기간 동안에 최고의 성과를 보였던 영업직원의 판매는 곤두박질 쳤다. 지알리가 말했다. "여러 논의를 거친 후에야 비로소 저는 무슨 일이 벌어지고 있는지 알 수 있었습니다. 전기에 보너스를 받던 영업사원이 동료에게 죄책감을 느낀 나머지 다음 분기에는 보너스를 받지 않기 위해 무척 애를 썼던 것이었죠."

지알리는 이 제도를 내년에도 시범운영하기 위해서는 이탈리아 시장을 아홉 개의 지역으로 나누어야 한다고 결론을 내렸다. 한 지역의 모든 영업 대표들이 각 지역별 보너스를 개인에게 배분하거나 똑같이 나누는 것을 허용해야 한다는 생각이었다. 네덜란드 관리자는 노골적으로 반응했다. "전 그렇게 터무니없는 생각은 처음 들어봅니다."

이 사례를 통해 동기부여에 적어도 두 가지 원천이 있다는 점이 나타난다. 사람들은 금전적인 보상 또는 동료의 존경이나 지원을 얻기 위해 일한다. 공동체주의 문화권에서는 후자의 동기부여 요인이 너무나 강력해서 성과가 높은 사람이 자신이 얻은 노력의 결실을 개인으로서 독차지하기 보다는 차라리 동료와 함께 나누는 쪽을 택할 수 있다.

서구의 동기 이론에서는 개인들이 욕구의 위계구조를 따르고 있어서, 초기의 원시적인 사회적 욕구에서 시작하여 위계 최상부의 자기실현욕구 단계까지 성장해 나간다고 설명한다. 이런 생각은 미국과 북서유럽에서는 어떨지 몰라도 전 세계적인 공감대는 얻지 못한다. 일본에서 최고선의 개념은 자연의 패턴 안에서 조화로운 관계를 맺는 것이고 주된 지향성도 타인과 자연세계를 향한다.

조직구조 차이

개인주의 문화에서 조직(organization의 어원은 그리스어 organon임)은 본질적으로 도구이다. 조직은 개인 소유주와 직원, 고객의 목적 달성을 위해 의도적으로 설계, 조합하여 만든다. 조직 구성원은 관계를 맺는데 그렇게 하는 것이 개인의 이익에 부합하기 때문이다. 그 관계는 추상적, 법률적이고 계약으로 규정한다. 조직은 구성원이 자신이 원하는 바를 달성하기 위한 수단이다. 구성원끼리 협력하는 것은 특정한 이해관계가 걸려 있기 때문이다. 각자가 차별화된 전문 기능을 수행하고 그 대가로 외재적 보상

extrinsic reward를 받는다. 권위는 개인이 업무를 수행하는 스킬에서 나오며, 개인 지식은 조직도구를 효과적으로 작동시키기 위해 사용한다.

공동체 문화에서 조직은 창업자의 창조물이나 도구라기보다는 모든 구성원이 공유하며 의미와 목적을 얻는 사회적 맥락이다. 조직은 구성원을 발전시키고 양성하며 개인보다 수명이 긴 대가족, 공동체, 또는 가문에 비유되는 경우가 많다. 조직의 성장과 번영은 개인 주주들이 횡재하거나 최고 경영진이 한 몫 챙기는 것이라기보다는 그 자체로 가치 있는 목적이다. 이에 대해서는 11장에서 심도 있게 논의할 것이다.

개인주의와 공동체주의 조정하기

그림 5.4는 기본적으로 악순환을 나타낸다. 하나의 가치관이 상반되어 보이는 가치관과 각기 서로의 병리적 양상을 회피하는 방식으로 얽혀있기 때문이다. 개인주의자가 공동체에 대한 애정이 없다고 생각하는 것은 잘못이다. 개인주의적인 미국인은 단체 활동에서 매우 탁월한 모습을 보이며 아마도 어느 문화권보다 자발적 단체 결성이 활발할 것이다. 음주운전을 반대하는 어머니회Mothers Against Drunk Driving에서부터 미시간 민병대Michigan Militia와 그 너머에 이르기까지 미국인은 집단을 쉽게 형성한다. 하지만 여기에서 '자발적 단체'라는 말이 힌트이다. 왜냐하면 이 용어는 처음에는 자발적인 개인으로 시작해서 그런 사람들이 모여 집단을 형성한다는 의미를 전달하기 때문이다. 공동체주의적인 일본에서는 이와는 대조적으로 개인 혼자만으로는 성숙한 상태로 여기지 않는다. 성숙한 개인을 뜻하는 인간(人間)이라는 단어의 의미도 '사람들 사이의 사람'이다. 집단이 중심이 되어 "어떻게 내가 개인으로서 집단에 더 잘 기여할 것인가?

그 능력으로부터 나의 지위가 나온다."라는 생각을 갖는다.

개인이나 공동체 중 하나를 우선시한다고 두 가치를 모두 포용할 수 없는 것은 아니다. 다음에 이어지는 중요한 사건을 생각해보라.

누가 심각한 실수를 저질렀는가?

진 사파리는 미국 다국적 기업의 일본법인에서 일본인 직원이 저지른 심각한 실수를 조사하는 중이다. 부품 하나를 거꾸로 끼워넣어 생산라인 전체가 멈춰서는 일이 있었다. 이 때문에 큰 비용이 발생했다.

진은 일본 공장장에게 실수한 직원에 대한 정보를 요청했다. 그 직원의 신분이 밝혀졌는가? 어떤 징계조치가 취해지고 있는가? 공장장이 이에 대해 모른다고 주장했을 때 진은 놀랐다. "팀 전체가 책임을 지기로 했습니다."라고 공장장이 말했다. "실수를 저지른 당사자에 대해서 그들은 제게 말하지 않았고 저도 묻지 않았습니다. 심지어 작업장 감독자도 실수한 직원이 누구인지 모르고 있었고 알더라도 역시 저에게 말하지 않았을 것입니다."

하지만 모두에게 책임이 있다면 실제로는 아무에게도 책임이 없는 것이라고 진이 주장했다. 그들은 단순히 서로의 과실을 보호해주고 있는 것이다.

진은 "우리는 그렇게 보지 않습니다."라는 말을 들었다. 공장장은 정중하지만 단호하게 말했다. "저는 당사자인 여직원이 너무 낙심한 나머지 집으로 간 행동을 이해합니다. 회사를 그만두려고 하기도 했지요. 동료 두 명이 잘 달래서 회사에 다시 나오게 했습니다. 팀원들은 그 여직원에게 책임이 있다는 점을 알고 있고 그녀 자신도 부끄러워합니다. 또한 팀원들은 그 직원이 일을 맡은 지 얼마 되지 않았고 위험에 대비하거나 올바르게 훈련받을 수 있도록 자신들이 충분히 도와주지 않았다는 점도 알고 있습니다. 그래서 팀 전체가 사과한 것입니다. 여기 팀원들의 편지가 있습니다. 그들은 당신에게 기꺼이 공개적으로 사과할 의향도 있습니다."

"아니, 아니요. 그것을 바라지는 않습니다. 같은 일이 반복되지 않기를 바랄 뿐입니다." 진은 어떻게 해야 할지 생각했다.

진은 실수한 당사자가 누구인지 추궁해야 하는가? 그 당사자은 처벌되어야 하는가?

집단이 실수를 저지른 장본인을 밝히지 않았기 때문에 그 직원이 처벌 없이 넘어갔다고 생각하는 것은 잘못이다. 처벌은 그 집단이 높은 품질과 생산성을 어느 정도 지향하는지에 따라 달라진다. 집단에서 경영목표를 지향하여 공동체가 결속한다면 집단을 실망시키는 사람은 수치심 문화에서 불명예스러운 경험을 할 것이다. 이런 실수를 저지른 사람이 수치심을 겪는다는 증거가 많이 있다. 실수를 저지른 직원은 동료와 맞딱뜨리기보다는 집에 가는 쪽을 택했다. 다른 팀원이 그 직원이 배울 수 있도록 어느 정도까지 도와주었어야 했는가하는 문제 역시 팀에서 가장 정확한 정보를 갖고 있다. 일본 문화에서는 그 문제도 팀에 맡겨두는 것이 최상이다.

이 사례에서는 조정이 이루어졌다. 개인주의는 실수를 저지른 개인이 징계를 받음으로써 더 나은 팀 구성원이 될 수 있다고 가정하는데 반해, 공동체주의의 논리는 그 반대이다. 직원을 팀의 일원으로서 지원하여 더 나은 개인이 된다고 생각한다. 실수가 발생한 경우, 이에 대해 직속 팀만 알면 된다. 수치심이 들 수 있는 상황을 피할 수 있다는 점과 더불어 이와 같은 조정은 집단이 개인의 실수에 대해 보살펴주고 추가적인 징계도 요구하지 않는다는 사실에 기반을 둔다.

자가진단

개인과 집단 사이의 조정 수준을 측정하기 위해 우리는 참가자 수천 명을 대상으로 딜레마 데이터베이스에서 뽑은 일련의 질문에 대하여 답변하도록 요청했다. 아래 보기 중 두 개는 딜레마 상황에서 한 쪽만을 택한 유형이고, 나머지 보기 두 개는 양자를 조정한 답변이다. 하나는 개인에서 시작하여 집단을 포함하는 유형이고, 다른 하나는 집단에서 시작하여 개인과 조정하는 내용이다. 당신은 어떤 선택을 할 것인가?

관리자 여럿이 성공적인 기업의 모습이 긴밀한 협력인지 아니면 치열한 경쟁인지에 대해 논의하고 있다. 다음 네 가지 의견이 있다.

1. 경쟁은 성공적인 국가경제나 기업의 최상의 가치이다. 주요 당사자 간 협력을 시도하지만 대개 서로간의 충돌로 끝난다.
2. 경쟁은 성공적인 국가경제나 기업의 최상의 가치이다. 왜냐하면 경쟁을 통해 경쟁사보다 고객을 더 잘 섬김으로써 공공의 이익을 보장할 수 있기 때문이다.
3. 이해관계자 간의 협력은 최상의 가치이다. 왜냐하면 목표를 공유함으로써 기업은 외부에 대하여 치열한 경쟁력을 갖출 수 있고 따라서 개인의 이익도 달성할 수 있기 때문이다.
4. 이해관계자 간의 협력은 최상의 가치이다. 개인의 라이벌 경쟁이나 자기 발전을 위한 경쟁은 효과적인 운영에 심각한 방해가 되기 때문이다.

본인이 가장 선호하는 의견을 1로, 두 번째로 선호하는 의견을 2로 표시하시오. 그리고 직장에서 가장 가까운 동료가 선호할 것으로 생각하는 의견을 앞에서와 같이 1과 2로 표시하시오.

1번은 경쟁적 개인주의를 주장하고 공동체주의적 협력을 거부하는 반면 4번은 그 정반대이다. 2번은 경쟁적 개인주의를 주장하면서 시작하지만 그것을 공동체주의적 협력과 연결시키면서 우리가 '코피티션co-

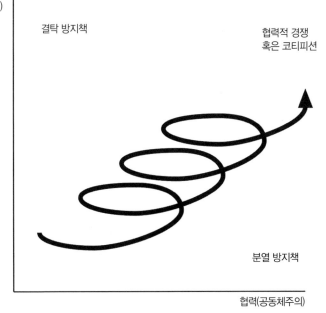

경쟁
(개인주의)

결탁 방지책

협력적 경쟁
혹은 코티피션

분열 방지책

협력(공동체주의)

그림 5.5 경쟁인가 아니면 협력인가?

opetition['cooperation'(협동)과 'competition'(경쟁)의 합성어로 이해관계자끼리 상호 협력과 경쟁을 통해 이익을 추구하는 것을 의미 – 역주]'이라 부르는 온전한 가치로 조정시킨다. 3번도 2번과 동일한 결과로 귀결되지만 방향이 반대이다. 즉 집단의 협력에서부터 경쟁하는 개인의 방향으로 조정되는 것이다.

그림 5.5에서 이전의 경쟁은 협력적으로 통합되고 새로운 경쟁단계는 그 이후에 생겨난다.

다음 표는 개인주의와 공동체주의 문화권에서 비즈니스를 할 때 참고할 만한 실용적인 팁을 보여준다.

문화차이 인식하기

개인주의	공동체주의
'나'라는 표현을 더 자주 사용한다.	'우리'라는 표현을 더 자주 사용한다.
대표자가 그 자리에서 의사결정을 내린다.	대표자가 의사결정권을 조직에 넘긴다.
사람들은 원칙적으로 혼자서 목표를 달성하고 개인이 책임을 진다.	사람들은 원칙적으로 집단으로서 목표를 달성하고 공동으로 책임을 진다.
휴가는 짝과 함께 또는 혼자서 떠난다.	휴가는 그룹을 조직해서 또는 여러 가족과 함께 떠난다.

이문화 비즈니스 팁

개인주의자와의 비즈니스에서는	공동체주의자와의 비즈니스에서는
본사에 문의없이 이루어지는 신속한 의사결정이나 갑작스런 제안에 대비한다.	동의와 의견수렴에 시간이 걸리더라도 인내심을 보여준다.
협상자는 자신을 보낸 사람들을 대변하며, 합의한 내용을 번복하는 것을 꺼려한다.	협상을 통해 잠정적으로 합의에 이를 수 있으나 협상자가 상사와 협의한 후에 그 내용을 철회할 수도 있다.
당신의 조직이 공동체주의 문화라면 가장 힘든 협상은 회의를 준비하면서 조직 내에서 이미 이루어졌을 것이다.	당신의 조직이 개인주의 문화라면 가장 힘든 협상은 공동체주의자 상대방과의 협상이다. 어떻게 해서든 상대를 설득하여 회사의 여러 이해관계자가 걸려있는 사안에 대해 양보를 얻어내야 한다.
비즈니스를 혼자 수행하는 것은 그 사람이 회사로부터 존경과 존중을 받고 있음을 의미한다.	수행원에 둘러싸여 비즈니스를 하는 것은 그 사람이 회사에서 높은 지위에 있음을 의미한다.
신속하게 거래를 성사시키는 것이 목적이다.	오래 갈 수 있는 관계를 형성하는 것이 목적이다.

이문화 조직관리 팁

개인주의	공동체주의
개인의 요구를 조직의 요구에 맞게 조정하려 노력한다.	조직내 권위와 인간적인 면모를 통합하려 노력한다.
성과연동 보상제도와 개인평가, 목표에 의한 관리와 같은 개인 인센티브 제도를 도입한다.	팀정신, 사기, 결속력에 관심을 보인다.
이직률과 일자리 이동이 높을 것으로 예상한다.	이직률과 일자리 이동이 낮다.
높은 성과를 보이는 직원이나 주인공, 우승자를 특별하게 칭찬할 수 있는 기회를 만든다.	팀 전체를 칭찬하고 편애하는 모습은 보이지 않는다.
사람들에게 주도권을 행사할 수 있는 자유를 준다.	모두가 달성할 수 있는 상위의 목표를 제시한다.

06

감정표현과 관계

인간관계에서 이성과 감정은 모두 역할이 있다. 둘 중 어느 것이 우위에 서느냐는 우리가 감정을 드러내는가 아니면 절제하는가에 달려 있다.

감정표현 대 감정절제 문화

감정을 절제하는 문화권의 사람들은 자기감정을 내보이는 대신 신중하게 통제하고 억누른다. 반면, 감정표현 성향의 문화에서는 사람들이 자신의 감정을 웃음, 미소, 찡그림, 인상 쓴 얼굴, 몸짓 등으로 솔직하게 보여준다. 자기감정을 즉각 표출하기 위한 배출구를 찾으려 하는 것이다. 우리는 그런 차이를 확대해석하지 않도록 주의해야 한다. 감정절제 성향의 문화권이 꼭 냉정하거나 무정한 것은 아니고 감정적으로 메마르거나 억누르고 있는 것도 아니다. 사람들이 감정을 얼마나 표출하는가는 종종 관습의 결과이다. 감정을 통제하는 문화권에서도 참을 수 없는 기쁨이나 슬픔은 분명한 신호로 나타난다. 감정을 증폭시키는 문화에서 그렇게 참을 수 없는 감정은 더욱 강한 신호로 표출된다. 모두가 감정을 적극적으로 드러내는 문화에서는 단어나 표현이 소진되어 사람들이 자신의 강한 감정을 전달하기에 적당한 단어나 표현을 찾지 못할 수 있다.

감정표현과 관계라는 주제의 워크숍에서는 참가자에게 직장에서 기분이 상했을 때 어떻게 행동하느냐는 질문을 던진다. 사람들은 자신의 감정을 드러내어 표현하는가? 그림 6.1은 감정 표현을 수용할 수 있는 정도에 대한 국가별 상대적인 위치를 보여준다. 에티오피아와 일본은 감정절제 지향성에서 거의 80퍼센트를 기록하며 가장 감정표현에 인색한 것으로 나타났다.

유럽 국가들 간에는 상당한 차이를 보였다. 오스트리아(59%)가 가장 감정절제적이며, 스페인(19%)과 이탈리아(33%), 프랑스(30%)는 가장 감정 표현 지향적인 것으로 나타났다. 아시아 국가들인 홍콩과 일본은 모두 싱가포르나 인도네시아보다 훨씬 점수가 높았다. 즉, 대륙별로는 일반적인 패턴이 나타나지 않는다.

보통 이성과 감정은 서로 결합한다. 자신을 표현할 때 우리는 상대방이 우리의 생각과 감정에 공감하면서 반응하기를 바란다. 우리의 접근방식이 매우 감정적이면 상대방도 직접적인 감정으로 반응하기를 기대한다. "나도 당신과 동감이에요."같은 식으로 말이다. 우리의 접근방식이 매우 절제적일 때는 상대로부터 "당신의 논리와 입장에 동의하기 때문에 당신을 지지합니다."와 같은 간접적인 반응을 바란다. 두 가지 상황 모두 상대로부터 동의를 얻고자 하지만 이를 달성하기 위해 서로 다른 경로를 사용하고 있다. 간접경로는 지적 노력의 성공 여부에 감정적인 지지를 받을

감정을 공개적으로 표현하지 않겠다는 응답자 비율

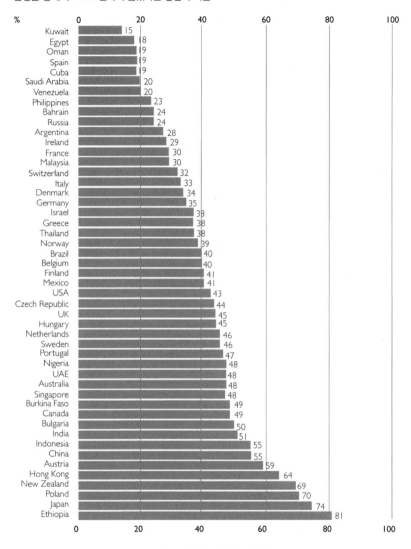

국가	값
Kuwait	15
Egypt	18
Oman	19
Spain	19
Cuba	19
Saudi Arabia	20
Venezuela	20
Philippines	23
Bahrain	24
Russia	24
Argentina	28
Ireland	29
France	30
Malaysia	30
Switzerland	32
Italy	33
Denmark	34
Germany	35
Israel	38
Greece	38
Thailand	38
Norway	39
Brazil	40
Belgium	40
Finland	41
Mexico	41
USA	43
Czech Republic	44
UK	45
Hungary	45
Netherlands	46
Sweden	46
Portugal	47
Nigeria	48
UAE	48
Australia	48
Singapore	48
Burkina Faso	49
Canada	49
Bulgaria	50
India	51
Indonesia	55
China	55
Austria	59
Hong Kong	64
New Zealand	69
Poland	70
Japan	74
Ethiopia	81

그림 6.1 직장에서의 감정표현

수 있을지가 달려 있다. 직접경로는 사실에 입각한 진술에 대해 감정을
표현할 수 있도록 하여 또 다른 방식으로 생각과 감정을 통합할 수 있다.

MCC의 이탈리아 법인이 개인 인센티브를 받을 것인지 아니면 보너스를 팀원 전체에게 나누되 보너스를 받는데 기여한 직원들을 공개할 것인지를 영업직원들이 단체로 결정하는 방안을 제시한 상황에 대해 생각해보자. 5장에서 네덜란드 대표는 이 아이디어를 "터무니없다"며 비판했다는 것을 기억할 것이다.

　지알리의 동료인 파울리는 언성을 높이며 대응했다. "터무니없다니 무슨 뜻입니까? 우리는 찬반의견을 신중하게 검토했고 이 방안이 고객에게도 크게 도움이 될 것으로 생각합니다."
"너무 흥분하지 마세요."라고 존슨이 간청했다. "탄탄한 논거를 지닌 주장을 해야지 사소한 감정 때문에 옆 길로 빠져서는 안 됩니다."
네덜란드 대표인 베르그만이 왜 그 아이디어를 터무니없다고 여기는지 설명하기도 전에 이탈리아 대표 두 명은 잠시 정회하자며 회의장을 나갔다. "전형적인 이탈리아식 반응이군." 베르그만이 동료들에게 말했다. "내가 그 아이디어를 왜 터무니없다고 생각하는지 설명할 기회도 주지 않고 나가버렸어."
다른 관리자들은 어쩔 줄 몰라 하며 의자에 불편하게 앉아 있었다. 그들은 아무런 생각도 떠오르지 않았다. 존슨은 일어나서 이탈리아 대표들과 이야기를 나누기 위해 회의장을 나갔다.

영국인, 미국인 또는 북서 유럽인은 '흥분 잘하는' 이탈리아인에 대한 존슨이나 베르그만의 반응에 쉽게 공감할 것이다. 결국 논의 주제인 인센티브 제도는 어쨌건 성공하거나 아니면 실패할 것이다. 우리가 느끼는 감정의 강도에 관계없이 이 사실은 변하지 않는다. 한번 시도해보고 지켜보면 될 문제이다. 이런 접근방식에서 보면 감정을 절제하는 태도를 견지하는 것은 목적을 달성하기 위한 하나의 수단이다. 감정은 인센티브 제도가 성공적으로 작동 또는 실패하는 시점에 가서 기쁨이나 실망으로 나타내는 것이 적절하다. 그와 같은 큰 그림에서 볼 때, 감정을 통제하는 것이 문명인다운 모습이 아닌가?

이런 설명은 우리가 어떠한 문화적 규범에 대해서도 설득력있는 이유를 제시할 수 있다는 점을 보여준다. 위의 이탈리아인들이 화를 낸 것은 자신들의 영업팀과 정서적으로 공감하고 있기 때문이다. 탁월한 영업직원들은 고객뿐만 아니라 동료를 위해서도 열심히 일한다고 느낄때 동기 부여받는다는 점을 이들은 직관적으로 알고 있었다. 그것은 열심히 노력한 대가로 받는 정서적 보상이었다.

베르그만의 이른바 '합리적인 판단'은 이탈리아인에게는 적절하지 않았다. 일에서 느끼는 내재적 즐거움이 언제부터 '사실'의 문제였던가? 그것은 지극히 개인적이고 문화적인 영역의 문제이다. 파스칼이 쓴 것처럼, "감정은 이성이 아무것도 알지 못하는 감정 나름의 이성이 있다." 파스칼은 프랑스인이었다.

이탈리아 대법원은 1996년에 내린 판결에서 매우 드물게만 발생한다면 남편이 격분한 상태에서 아내를 구타해도 큰 문제가 되지 않는다고 판단하였다. 판결을 내린 이탈리아 판사는 남편이 아내를 병원에 입원해야 할 정도로 심하게 구타했다는 증거를 갖고 있었다. 하지만 폭력을 반복적, 의도적으로 행사한 것은 아니었다. 피해자인 안나 마니노는 최종 판결에 흡족해했다고 한다. 그녀는 배우자를 '모범적인 남편'으로 여기고 있었기 때문이다. 사실, 아내는 남편을 고소하지 않았다. 병원이 고발했던 것이다.

문화마다 다른 감정표현 정도

가시적인 감정표현 정도는 문화마다 크게 다르다. 교통사고가 났을 때 프랑스 남자가 우리에게 욕을 한다면 거의 주먹을 날릴 정도로 분노했다고 생각할 수 있다. 사실, 그 남자는 사고에 대한 자신의 생각을 먼저 표현한 것이며 우리도 같이 욕설로 대응하리라 예상하고 있을지 모른다. 그는 이렇게 감정을 표현함으로써 폭력과는 더 거리가 멀어질 수 있다. 감정적 격렬함을 어느 정도 허용할 것인지 대한 문화적 규범이 있고 어떤 국가들은 다른 나라에 비해 허용 정도가 훨씬 높을 수 있다.

가령 미국인은 감정을 잘 표현하는 경향이 있다. 너무나 이민자가 많고 땅이 넓기 때문에 미국인들은 사회적인 장벽을 허물고 또 허물어야 했기 때문일 것이다. 애칭('Charles' 대신 'Chuck', 'Robert' 대신 'Bob')을 사용하는 습관, 스마일 버튼, 환영마차(welcome wagon : 새로 온 사람에게 그 지방의 정보 · 산물 · 선물을 보내 주는 환영의 자동차−역주), 신속하게 다정하고 친근한 관계를 맺는 속도는 모두 일생동안 여러 번 새로운 곳에서 새로운 이웃들과 관계를 맺어야 하는 필요성을 보여주는 사례들이다.

스웨덴, 네덜란드, 덴마크, 노르웨이와 같이 비교적 영토가 작은 나라에서 생활하다보면 이 점에서 현저하게 다르다. 같이 자라난 세대의 사람들을 만나게 되는 것이 불가피 할 수 있다. 친구와의 우정은 어렸을 때 시작되어 오랫동안 지속된다. 그래서 상대적으로 낯선 사람에게 지나치다 싶을 정도로 친근하게 다가가야 할 필요성이 훨씬 적다.

감정절제를 규범으로 삼는 사람들은 직장에서 분노, 즐거움 또는 격렬한 감정을 표출하는 것을 '프로답지 못하다'고 치부하는 경향이 있다. MCC의 파울리는 분명히 냉정함을 잃었다. 이런 판단은 겉으로 냉철함을 유지해야 바람직하다는 전제에서 나온다. 사실, 파울리는 베르그만에 대하여 감정이라곤 눈꼽만큼도 없다거나 진정한 자기감정을 가식이라는 가면 뒤에 숨기고 있다고 여긴다. 7장에서 살펴보겠지만, 우리가 감정을 얼마나 절제해야 하는가를 논의할 때 감정 표현에 대한 질문이 내포하는 두 가지 문제가 있다. 비즈니스 관계에서 감정을 드러내어야 하는가? 사고 과정을 변질시키지 않으려면 감정을 분리해야 하는가?

미국인은 감정을 겉으로 드러내기는 하지만 '객관적'이고 '합리적'인 의사결정에서는 감정을 분리하는 경향이 있다. 이탈리아와 남유럽인은 대체로 감정을 드러내면서 분리하지 않는 경향을 보인다. 네덜란드와 스웨덴인은 드러내지 않고 분리하는 경향이 있다. 다시 한번 강조하지만, 이런 차이에 '좋음'과 '나쁨'이 있는 것은 아니다. 감정을 통제하다보면 아무리 합리적이 되려고 노력을 해도 왜곡된 판단을 하게 된다고 주장할 수 있다. 또는 감정을 분출하면 참여한 누구도 똑바로 생각하기 힘들어진다고 주장할 수도 있다. 마찬가지로, 이성을 감정으로부터 분리하는 '벽'을 비웃는 사람도 있고 너무 자주 '누수'가 발생하기 때문에 그 벽을 더 두껍고 단단하게 만들어야 한다고 주장하는 사람도 있다.

북유럽인들은 TV에서 남유럽 정치인이 손을 흔들거나 다른 몸동작을 하는 것을 보고 적절치 않다고 생각한다. 일본인도 비슷한 반응을 보이는데, 영국에 "빈 그릇이 요란하다."라는 속담이 있다면 일본에도 "죽은 물고기만 입을 벌린다."라는 말이 있다.

유머, 절제된 표현, 반어법에 주의하라

문화는 또한 허용 가능한 유머 사용에 있어서 차이가 난다. 영국이나 미국에서 저자들은 워크숍을 시작할 때 다루는 주요 내용에 대해 조크를 던지는 만화나 일화를 자주 사용한다. 이런 아이스 브레이킹은 늘 효과를 거둔다. 그래서 독일에서 처음 열었던 워크숍에서도 자신감 있게 유럽의 문화적인 차이를 비꼬는 만화로 시작한 적이 있었다. 그런데 아무도 웃지 않았다. 청중은 노트를 하고 있었고 의아해하는 표정이었다. 하지만 워크숍 주간의 시간이 지날수록 교제를 하면서 웃음꽃이 피기 시작하여 마침 내 워크숍 시간에도 웃음이 넘쳤다. 독일인들은 프로페셔널한 자리에서 새로 만나는 사람들끼리 처음부터 진지하지 않은 모습을 보이는 것은 받아들일 수 없었기 때문이었다.

영국인은 '뻣뻣한 윗입술'에 갇혀 있는 감정을 내보낼 수 있도록 유머를 자주 구사한다. 그들은 또한 절제된 표현understatement을 재미있다고 여긴다. 영국인이 누군가의 실망스런 발표를 두고 '역압도적underwhelmed'(압도적이란 뜻의 overwhelmed를 뒤집어서 만든 표현 – 역주)이라고 한다거나 '유아지경modified rapture'(무아지경이란 뜻의 rapture에 modified를 붙여 밋밋하다는 의미를 나타냄 – 역주)이라고 한다면 감정적인 표현을 절제하면서 동시에 웃음의 형태로 감정을 배출하는 것이다. 따라서 감정의 절제와 표출을 모두 달성한다. 일본인 상사는 능력이 부족한 부하직원을 꾸짖을 때 과장되게 예의를 갖춘다. "그렇게 사소한 일을 처리하는데도 끙끙대는 자신의 모습을 볼 수 있다면 고맙겠어요." 감정이 담긴 언어로 이 말을 해석한다면 "그 일을 똑바로 처리하거나, 아예 하지 마."라는 의미이다.

안타깝게도, 일반적인 대화가 가능한 외국인이더라도 이런 종류의 절제된 표현으로 구사하는 유머나 즉석유머, 농담을 던지면 십중팔구 어리둥절해 한다. 유머는 재빨리 말에 담긴 의미를 포착해야 이해할 수 있는 언어이다. 외국인은 이런 방식으로 감정을 표출하는 것이 어려울 뿐만 아니라 절제된 표현이 사실 반어법을 의도한 것이라는 점을 이해하지도 못할 것이다. 액면으로 나타난 바와 정반대 의미를 지닌 표현은 외국인 관리자가 이해하기 어려울 수 있으므로 지양해야 한다. 다른 사람은 모두 웃는데 자신만 이해하지 못할 경우 외국인은 모두가 즐기고 있는 감정 표출을 할 수 없기 때문에 집단에서 배제되었다고 느낀다.

문화간 의사소통

문화의 경계를 넘어서면 다양한 커뮤니케이션 문제가 감정표현적 접근 방식과 절제적 접근방식 사이에서 발생한다. 워크숍에서 우리는 참가자에게 문화 간 의사소통이라는 개념을 설명해 보라고 자주 요청한다. 참가자들은 언어나 바디랭귀지 같은 의사소통 수단이나 메시지와 생각의 교환과 같은 더 일반적인 정의를 언급한다. 의사소통은 물론 기본적으로 단어, 생각 또는 감정과 같은 정보의 교환이다. 그리고 정보는 의미를 전달한다. 의사소통은 의미체계를 어느 정도 공유하는 사람들 간에만 가능하다. 그래서 우리는 여기서 문화의 기본 정의로 되돌아가고자 한다.

언어적 의사소통

서구사회는 대체로 언어 문화verbal culture가 발달해 있다. 서구인은 신문이나 영화, 대화로 의사소통을 한다. 서구에서 가장 많이 판매된 컴퓨터 프로그램 중 두 가지인 워드프로세싱과 그래픽 소프트웨어는 언어 의사소통을 지원하기 위해 개발하였다. 서구인들은 대화가 중간에 끊기면 긴장하거나 불편해 한다. 하지만, 같은 서구라도 대화 스타일은 차이가 크게 난다. 앵글로색슨계는 A가 말을 멈추면 B가 말을 시작한다. 중간에 끼어드는 것은 예의가 아니다. 언어문화가 더 강한 라틴계는 그보다는 대화

자간 통합이 조금 더 일어난다. B가 A의 말에 종종 끼어들고 그 반대의
경우도 잦다. 이는 상대방이 말하는 내용에 관심을 갖고 있음을 보여주고
자 하는 것이다.

그림 6.2에서처럼 침묵이 흐르는 아시아 스타일의 의사소통은 서양인
을 놀라게 한다. 서구인은 침묵의 순간을 의사소통의 실패로 해석하기 쉽
지만, 이것은 오해이다. 입장을 바꿔보자. 서구인에게 말을 다 마치거나
상대방이 말한 바를 소화할 시간이 주어지지 않는다면 어떻게 명확한 의
사소통을 할 수 있겠는가? 말을 많이 하기보다는 정보를 처리할 시간을
충분히 주면서 대화하는 것이 상대방에 대한 존중의 표시이다.

목소리 톤 목소리의 톤에 따라 또 다른 문화 간 문제가 발생한다. 그림
6.3은 앵글로색슨 언어, 라틴 언어, 아시아 언어의 일반적인 패턴을 보여
준다. 일부 감정을 절제하는 사회에서는 말할 때 음성이 오르락내리락 한
다면 말하는 사람이 진지하지 않은 것으로 받아들인다. 하지만 대부분의
라틴계 사회에서는 이런 '과장된' 의사소통 방식을 통해 진심을 담아 대화
하고 있음을 보여준다. 아시아 사회는 훨씬 더 단조로운 스타일로 대화한

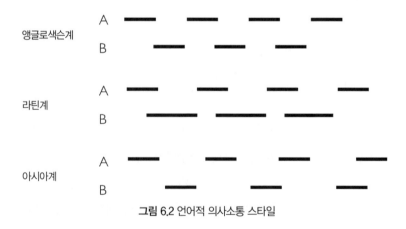

그림 6.2 언어적 의사소통 스타일

다. 자제하는 태도가 존중을 보여준다고 여긴다. 높은 지위에 있는 사람일수록 낮고 단조로운 톤의 목소리로 말하는 경우가 많다.

나이지리아에 파견된 한 영국 관리자는 중요한 사안에 대해서는 목소리를 높이는 것이 효과적이라는 점을 알았다. 나이지리아 부하직원들은 평소 조용히 얘기하는 상사가 예상치 않게 목소리를 높일 때 특별히 신경 쓸 필요가 있는 일로 받아들였다. 나이지리아에서 성공을 경험한 후, 그는 말레이시아에 발령을 받았다. 말레이시아에서 언성을 높이는 것은 체면손상을 자초하는 행동이다. 부하직원들은 그의 말을 진지하게 받아들이지 않았고. 그는 다른 곳으로 발령이 나고 말았다.

말 억양, 속도, 유머의 중요성에도 불구하고 가장 뚜렷한 언어적 과정은 말이다. 영어권 국가들은 전 세계에 자신들의 언어를 이해하는 사람이 3억 명이 넘게 있다는 엄청난 장점을 누린다. 하지만, 우리가 모두 알다시피, 영국인과 미국인이 영어를 공통으로 사용하고 있기는 하지만 맥락에 따라 그 쓰임새가 다르고 일부 단어는 의미에서도 심하게 차이가 난다는 점에서 두 나라 사람들은 언어적으로 서로 '분리'되어 있다. 영어가

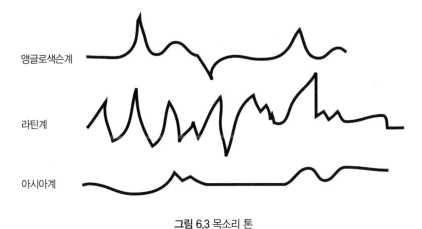

그림 6.3 목소리 톤

모국어인 사람은 다른 언어로 말해볼 기회가 별로 없다는 불리한 점이 있다. 다른 나라 사람들이 외국어 구사가 어색한 영어권 원어민을 보면 바로 영어로 전환해서 말하기 때문이다. 다른 언어로 자신을 표현하는 것은 타문화를 이해하기 위한 충분조건까지는 아니더라도 필요조건임에는 틀림없다.

비언어 의사소통

연구에 따르면 모든 의사소통의 적어도 75퍼센트는 비언어적인 것이다. 이 숫자는 모든 언어문화에 있어서 최소한의 비율이다. 서구사회에서는 소통에 대한 관심을 확인할 때 눈 맞춤eye contact이 중요하다. 한 이탈리아 방문 교수가 펜실베이니아 주 필라델피아에 있는 와튼스쿨 캠퍼스에 도착했을 때 전혀 모르는 학생들이 인사를 해서 놀랐다. 감정을 표현해야 직성이 풀리는 이탈리아인 특유의 기질이 발동해서 그 교수는 인사하는 학생 중 한 명을 붙잡고 자기를 아느냐고 물어봤다. 학생은 모른다고 답했다. "그렇다면 왜 내게 인사했나요?" "저를 아시는 듯 했거든요." 미국에서는 모르는 사람끼리 아주 짧게만 눈맞춤을 주고받는다는 점을 그 교수는 뒤늦게 알게되었다.

트롬페나스 햄든터너 컨설팅의 동료인 리오넬 브루그Leonel Brug는 큐라사우 섬과 수리남에서 자랐다. 소년시절에 눈 맞춤을 피하려 할 때면 큐라사우 섬의 친할머니가 그를 찰싹 때리면서 "말할 때는 사람 얼굴을 봐야지."라고 혼을 내고는 했다. 그곳에서는 눈을 맞추는 것이 노인을 존경하는 표시이기 때문이었다. 리오넬은 이를 빠르게 습득했다. 그래서 수리남에 있을 때 존경심을 나타내기 위해 외할머니를 똑바로 쳐다보았다. 그런데 이번에도 야단을 맞고 말았다. 수리남에서는 아이들이 어른을 대할 때 눈을 맞추는 것이 예의에 어긋나기 때문이다.

　다른 사람과의 신체접촉, 대인간 일반적으로 유지하는 거리, 프라이버시에 대한 가정을 보면 어떤 문화가 얼마나 감정을 표현하거나 절제하는지 드러난다. 이런 점을 모른 채 아랍 여성이 버스에서 내리는 것을 도와주려고 신체접촉을 했다가는 계약체결에 실패하는 낭패를 볼 수도 있다.

감정절제 문화와 감정표현 문화의 조정

감정절제 경향성이 매우 높은 문화와 감정표현 경향성이 매우 높은 문화 간 비즈니스에서 발생하는 문제들이 있다. 감정을 절제하는 사람은 차갑고 정이 없다는 비판을 받기 쉽고 감정표현적인 사람은 절제를 못하고 들쭉날쭉하다는 인상을 줄 수 있다. 이렇게 문화가 만났을 때, 우선 중요한 점은 둘 사이의 차이를 인식하고 감정이 있고 없음에 근거하여 내리는 판단을 자제하는 것이다.

　상반되는 가치끼리 서로 연결이 끊어졌을 때 무슨 일이 발생하는지를 관찰해보면 조정의 힘을 알 수 있다. 브레이크 없이 감정을 표현한다면 통제 불가능한 '신경증환자'에 가까워지기 쉽다. 마찬가지로, 지나치게 감정을 절제한다면 얼음장 같이 냉정한 사람이면서 한편으로는 감정을 표현하지 못하는 답답함 때문에 심장마비에 걸릴 수도 있다.

　　전통적인 목재 롤러코스터는 거의 백년에 가까운 시간 동안 놀이공원의 주요 놀이기구였다. 최근 수십 년간은 '화이트 너클 라이드white-knuckle ride' (너무 스릴이 큰 나머지 주먹을 꽉 쥐어 하얗게 보인다는 뜻에서 이름이 붙음 - 역주)로 더 큰 스릴을 주고자 노력했다. 이런 롤러코스터 놀이기구를 제작

할 때 엔지니어는 스릴감을 위해 일련의 가속 구간과 회전 구간을 주며, 타는 사람이 다음 스릴 요소가 나오기 전까지 회복할 수 있는 잠깐의 휴식구간도 설계한다. 서구에서는 승객들이 스릴을 만끽하기 위해 소리를 지르고 손을 흔든다.

최신 전자기술과 안전기능에 힘입어 이런 극단적인 형태의 놀이는 이제 큰 사업이 되었고 미국과 유럽의 놀이기구 제작 전문가들은 자기 상품을 수출하고자 했다. 한 캘리포니아 회사는 일본에 자사의 놀이기구 몇 개를 설치했다. 그런데 설계를 잘 검증했는데도 불구하고 일본 승객들이 머리부상을 입는 사고가 자주 발생했다. 관찰 분석해본 결과 일본 승객들은 몸을 똑바로 해서 손을 흔드는 자세를 취하기보다는 반 쯤 숙인 자세로 머리를 낮추거나 앞으로 내미는 경향이 있어서 몸을 고정시키기 위해 설치된 바에 머리를 부딪친다는 사실이 밝혀졌다. 머리 부상을 방지하기 위해 큰 돈을 들여 설계변경이 필요했다.

일본은 감정을 억제하는 자국민의 성향을 반영할 수 있는 설계를 안전법규에 의무화하기에 이르렀다. 일본인들이 감정을 절제한다고 해서 스릴을 즐기지 못한다는 의미는 아니다. 단지 그들은 머리를 숙이면서 스릴감을 통제하려 했을 뿐이었다.

자가진단

다음 질문에 대해 생각해보시오.

회의에서 당신은 모욕감을 느낀다. 비즈니스 상대방이 당신의 제안을 보고 정신나갔다고 말했기 때문이다. 당신은 어떤 반응을 보일 것인가?
1. 상대방이 내게 상처를 주거나 모욕감을 들게 했다는 것을 내색하지 않

을 것이다. 그렇게 하면 내가 유약하다는 신호를 보내게 되고 향후 내가 더 만만하게 보일 수 있기 때문이다.

2. 내가 상처받았다는 것을 내색하지 않을 것이다. 그렇게 하면 상대방과의 관계가 망가지기 때문이다. 이렇게 참으면서 넘기면 그 말로인해 내가 얼마나 상처받았는지 나중에 상대방에게 말할 수 있고 상대방도 그로부터 배울 수 있다. 나는 차라리 상대방이 우리 비즈니스 관계를 개선할 기회가 더 있을 때 내 감정을 보이고자 한다.

3. 내가 모욕당했다는 점을 분명하게 표현해서 상대방이 알 수 있도록 하겠다. 내가 의사를 분명하게 표현한다면 향후에 있을지 모르는 더 감정 상하는 일을 통제할 수 있을 것이라고 생각한다.

4. 내가 모욕당했다는 점을 분명하게 표현해서 상대방이 알 수 있도록 하겠다. 비즈니스 파트너가 예의 있게 행동하지 못한다면, 그 대가를 치르도록 해야 한다.

본인이 가장 선호하는 의견을 1로 두 번째로 선호하는 의견을 2로 표시하시오. 그리고 직장에서 가장 가까운 동료가 선호할 것으로 생각하는 의견을 앞에서와 같이 1과 2로 표시하시오.

1번 의견은 반응할 때 감정억제를 선호하고 감정적 표현을 지양한다는 점을 나타낸다. 4번 의견은 관계에 어떤 나쁜 영향이 있을지라도 감정표출을 선호하는 경향을 반영한다. 2번 의견은 향후에 더 효과적으로 감정을 표현하기 위해 감정적 절제를 출발점으로 한다. 3번 의견은 향후의 감정적 상호작용을 안정화하기 위해 감정표현을 출발점으로 한다.

다음 표는 감정절제 지향적인 문화권과 감정표현 지향적인 문화권에서 비즈니스를 할 때 참고할만한 실용적인 팁을 보여준다.

문화차이 인식하기

감정절제 경향성	감정표현 경향성
사람들은 자기 생각이나 감정을 드러내지 않는다.	사람들은 언어적, 비언어적으로 자기 생각과 감정을 드러낸다.
긴장이 (우연히) 얼굴이나 자세에서 드러날 수 있다.	솔직함과 풍부한 감정표현으로 긴장을 표출한다.
억눌린 감정이 가끔씩 폭발한다.	감정이 과장되고 격렬하며 억제함 없이 쉽게 흘러나온다.
냉철하고 침착한 행동이 존경받는다.	열정적이고, 활기차고, 생동감 있는 표현이 존경받는다.

이문화 비즈니스 팁

감정절제 지향적인 사람들과의 비즈니스에서는	감정표현 지향적인 사람들과의 비즈니스에서는
포커페이스인 상대방과의 회의나 협상 중간 중간에 잠시 휴식시간을 요청해서 같은 편끼리 서로를 감정적으로 보살펴준다.	상대방이 야단법석을 떨면서 과장되게 행동하더라도 집중력을 잃지 않는다. 잠시 휴식시간을 요청해서 침착하게 성찰하고 냉철하게 평가를 내린다.
미리 종이에 할 말을 가능한 한 많이 정리해 놓는다.	상대방이 호의를 보일 때 따뜻하게 대응한다.
상대방의 무덤덤한 태도가 관심이 없다거나 지루해 한다는 의미는 아니다. 단지 속내를 드러내고 싶지 않기 때문이다.	상대방이 열광한다거나, 적극적으로 동의하거나, 격렬히 반대한다고 해서 그들이 마음의 결정을 내렸다는 의미는 아니다.
일반적으로 협상 전체의 초점은 당신 개인이 아니라 논의하고 있는 대상이나 제안내용이다.	일반적으로 협상 전체의 초점은 논의 대상이나 제안내용이 아니라 당신 개인이다.

이문화 조직관리 팁

감정절제 지향적인 사람들	감정표현 지향적인 사람들
지나친 친절이나 감정표현 또는 열광하는 행동은 지양한다. 그런 행동은 감정 조절에 미숙하다거나 높은 지위에 적절치 않다고 간주된다.	감정이 없거나, 모호하고, 냉철한 태도를 지양한다. 그런 태도는 부정적인 평가나 경멸, 혐오, 관계에 거리를 두는 것으로 간주된다.
사전에 철저하게 준비한다면 요점에서 벗어나지 않을 수 있을 것이다. 여기에서 요점이란 논의하는 중립적인 주제를 말한다.	해당 프로젝트에 상대방이 쏟아 부은 수고나 에너지, 열정을 알게 된다면 상대방이 주장하는 고집스런 입장을 더 잘 이해할 수 있다.
상대방이 기뻐하거나 화를 내는지를 보여주는 미묘한 신호를 포착하여 그것이 겉으로 보이는 것보다 더 중요함을 인식해야 한다.	상대방이 감정을 과하게 표현하더라도 위협이나 강제로 간주하기 보다는 너그럽게 받아들이고 그것이 겉으로 보이는 것보다는 덜 중요함을 인식해야 한다.

07
얼마나 폭넓게 관계를 맺는가?

우리가 사람들을 대할 때 감정을 표현하는지 여부와 밀접하게 관련되어 있는 것은 인간관계를 한정된 영역에서만 맺는가 아니면 한 영역에서 맺은 관계가 다른 영역으로 확산되는가이다.

관계한정 대 관계확산 문화

특정영역에서만 관계를 맺는 문화에서 관리자는 부하직원과 맺는 업무적 관계를 다른 영역으로 확산시키지 않는다. 가령, 관리자가 부하직원을 휴가중에 골프장이나, DIYdo-it-yourself 상점에서 만난다고 했을 때 그 관리자의 권한이 이런 상황에서의 관계에까지는 거의 영향을 미치지 않는다. 두 사람이 만나는 각 영역은 개별적으로 여겨진다.

하지만 어떤 국가에서는 특정한 인간관계가 삶의 영역 구분 없이 광범위하게 스며들어가 있다. 한 영역에서 높은 지위에 있는 사람은 어디에서 만나든지 커다란 권한을 지닌다. 그가 회사를 경영한다고 할 때 일반적으로 그의 의견이 부하직원의 의견보다 더 낫다고 기대한다. 물론 평판은 언제나 삶의 다른 영역으로 확산된다. 그 정도를 우리는 관계한정성specific 대 관계확산성diffuse으로 측정한다.

독일계 미국인 심리학자인 커트 르윈Kurt Lewin은 성격personality을 일련의 '삶의 영역' 또는 '성격 수준'의 동심원들로 제시한다.[1] 중심에 가까울수록 개인적인 영역이다. 바깥 쪽에 가까울수록 타인과 공유하는 공적영역이다. 르윈은 U유형(미국형)과 G유형(독일형)을 비교하였다. 그림 7.1은 이를 나타낸다.

르윈이 제시한 모형에 따르면 U유형은 사적 영역보다 공적 영역이 더 넓고 여러 특정 영역으로 나뉘어져 있다. 예를 들어, 미국인들은 직장과 볼링클럽, 컴퓨터해커 동호회, 해외참전용사회 등에서 다양한 인간관계를 맺는다. 이런 삶의 영역에 들어오는 사람들이 꼭 가깝거나 오랜 친구일 필요는 없다. 미국인들이 친근하고 다가서기 쉽게 느껴지는 한 가지이유는 다른 사람과 공공의 영역에서 관계를 맺는데 그렇게 큰 책임감이 필요하지 않기 때문이다. 사람을 알더라도 특정한 목적으로만 관계를 맺는다.

이를 G유형의 원과 비교해보자. 여기에서 삶의 영역에 대한 접근은 두꺼운 선으로 보호되고 있기 때문에 상대방의 허락이 있어야 들어갈 수 있다. 공적 영역은 상대적으로 좁다. 사적 영역은 넓고 서로 섞여 있다. 즉, 한번 친구로 받아들여지면 상대방의 사적 영역으로 쉽게 들어갈 수 있다는 것을 의미한다. 사람의 지위와 평판은 이런 영역 전반으로 확산된다.

이런 이유로 미국인은 독일인에게 거리감을 느끼고 친해지기 힘들다

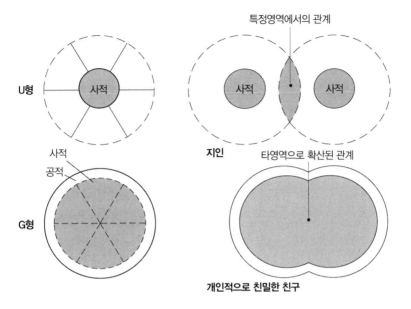

특정영역에서의 관계

U형 사적

지인

타영역으로 확산된 관계

사적
공적

G형

개인적으로 친밀한 친구

그림 7.1 르윈의 모형

고 생각할 수 있다. 반면 독일인은 미국인이 명랑하고 말이 많지만 피상적이라고 느낄 수 있다. 또한 미국인이 타인을 쉽게 자신의 공적인 영역으로 받아들이지만 진정으로 마음을 열지는 않는다고 생각할 수 있다.

관계한정와 관계확산이라는 개념은 MCC 본사에서 존슨(미국), 베르그만(네덜란드), 지알리와 파울리(이탈리아) 사이에 있었던 논쟁을 이해하는 데 도움을 준다. 존슨과 베르그만은 감정과 이성을 분리해야 한다는 입장이다. 미국인과 네덜란드인 모두 이성적인 태도를 견지하거나 감정을 표현하는 데는 특정한 시간과 장소가 있다고 여긴다. 이탈리아인들이 회의 도중에 중요하고 전문적인 이슈에 대해서 울화통을 터뜨렸을 때 이 두 사람은 당연히 당혹스러웠다. 이 이야기를 이어나가 보자.

본사의 대표로서 존슨은 회의를 진전시킬 책임이 있었다. 그에게 이탈리아 대표의 행동은 이상해 보였다. 베르그만은 보상시스템의 일관성을 유지하는 것이 중요하다는 점을 말하고자 했을 뿐인데도 이탈리아인들은 베르그만에게 자기 입장을 표명할 기회도 주지 않았다. 게다가 이탈리아 대표들은 자신의 주장을 뒷받침할 어떤 근거도 내놓지 않았다.

존슨은 지알리의 방에 들어가서 말했다. "무엇이 문제이죠? 너무 심각하게 받아들일 필요 없잖아요. 이건 비즈니스일 뿐이에요."

"비즈니스일 뿐이라고요?" 지알리는 노골적으로 화를 냈다. "이것은 비즈니스와 아무 상관이 없어요. 저 네덜란드인이 우리를 인신공격했습니다. 우리 나름대로 효과성을 발휘하는 방식이 있는데 그것을 터무니없다고 했잖아요."

"저는 그렇게 듣지 않았습니다." 존슨이 말했다. "베르그만은 단순히 집단 보너스라는 아이디어에 대해 말한 것입니다. 저는 베그르만을 알아요. 지알리 씨를 두고 그렇게 말하고자 의도한 것은 아닙니다."

지알리가 답했다. "그렇다면 저 사람 왜 그렇게 무례하지요?"

존슨은 이탈리아 대표들이 크게 상심했음을 깨달았다. 다시 베르그만에게로 가서 따로 불러 지알리와의 대화에 대해 이야기했다. "상심이라고요?" 베르그만이 말했다. "그 사람들은 프로답게 자기를 제어할 줄 알아야 해요. 왜 그렇게 과도하게 흥분하는지 도무지 이해가 안 됩니다. 그들은 우리가 이 문제에 대해 광범위하게 연구한 것을 알고 있습니다. 우선 우리말을 좀 들어보라고 해주세요. 이탈리아 대표들은 우리가 말하려는 사실은 전혀 개의치 않으려 합니다."

이탈리아인이 개인 보너스와 집단 보너스에 대해 느끼는 감정을 이해한다면 이들의 반응을 납득할 수 있을 것이다. 이들이 영업직원과 고객에 대해 느끼는 동정심은 그들의 제안내용에까지 스며들어 있다. 이탈리아 대표의 아이디어를 터무니없다고 평가절하 한다면 이탈리아의 문화적 관점을 비판하는 것이다. 여기에 마음이 상한 것이다. 그들은 아이디어와 자신을 분리해서 생각하지 않는다. 그들이 생각하는 것이 이탈리아적 사고방식이라면 개인적 명예의 연장선상에 있는 것이다.

U유형과 G유형이 중첩되는 영역에서 발생하는 한 가지 문제는 U유형의 사람은 개인적으로 받아들이지 않는 것을 G유형의 사람은 개인적으로 받아들인다는 점이다. 집단 보너스의 효과성에 대한 이탈리아인의 시각은 개인 영역에 대한 이들의 확산적 인식과 관련되어 있다.(그림 7.2 참조) 그것은 단순히 개인과 동떨어진 영역에서 발생하는 비즈니스 상 논의가 아니라 이탈리아인의 감정과 사고에 대한 논의인 것이다.

체면손상

관계를 특정영역에 국한하는 문화에서는 공적인 영역과 사적인 영역이 분명히 구별되어 있어서 직설적인 의사표현에 대한 자유가 상당히 크다. 따라서 "이것을 개인적으로 받아들이지 마십시오."라는 말을 자주한다.

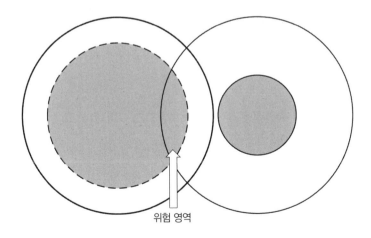

위험 영역

그림 7.2 위험 영역

하지만 타영역으로 확산되는 관계를 맺는 문화의 사람에게 이런 접근방식은 모욕이 될 수 있다. 미국과 네덜란드 관리자들은 무심코 한 언행이 관계확산 문화의 파트너들에게 모욕을 주기 쉽다는 점을 알고 있다. 이것은 체면손상을 잘 이해하지 못하기 때문이다. 체면손상은 사적인 영역이라고 생각하는 것을 공적영역에서 드러낼 때 발생한다. 관계확산 문화에서 본론으로 들어가는데 시간이 오래 걸리는 이유는 체면손상을 피하는 것이 중요하기 때문이다. 말하는 내용을 상대방이 개인적으로 받아들이지 않는 것이 불가능하므로 사적인 갈등을 피할 필요가 있기 때문이다.

저자가 강의하던 한 국제대학에서 있었던 일이다. 가나 출신의 한 학생은 10점 중 4점 이상을 주기 어려운, 즉 낙제점인 과제를 제출했다. 모든 점수는 게시판에 붙여서 학생들에게 공지하였다. 그런데 가나 학생은 자신의 학점에 대해서는 납득할 수 있지만 점수를 게시한다면 자신에게 공개적으로 망신을 주는 것이라고 주장했다. 저자는 교수로서 그 점을 무시할 수 없었다. 그래서 취한 조치는 그 과제를 게시판에 미완료 incomplete라는 의미의 'I'로 표시하고 시스템에는 원래의 성적을 입력한 것이었다.

국가별 차이

관계의 한정성과 확산성은 국가별 차이가 크게 나타난다. 그 차이 범위는 다음 상황에 대한 응답을 통해 잘 드러난다.

> 상사가 부하직원에게 자기 집 페인트칠 작업을 도와달라고 요청한다. 부하직원은 그 일을 하고 싶지 않았고 자신의 상황에 대해 동료와 이야기를 나눈다.

A. 동료의 주장 : "싫으면 안 해도 되잖아. 그 사람은 직장에서 상사일뿐이지 밖에서는 권한이 없어."

B. 부하직원의 주장 : "싫어도 해야 해. 그 사람은 내 상사이고 직장 밖에서도 그 점을 무시할 수는 없어."

업무와 사생활을 엄격하게 구분하는 관계한정 사회에서는 상사의 요청을 받아들이려 하지 않는다. 한 네덜란드인 응답자가 "집에 페인트칠하는 것은 내 근로계약에는 없는 사항입니다."라고 말한 것과 같다. 그림 7.3는 페인트칠을 거부하는 관리자들의 비율을 보여준다. 영국, 미국, 스위스, 그 외 대부분 북유럽 국가에서 80퍼센트 이상의 비율을 보였다. 일본인의 71퍼센트도 거부한다는 반응을 보였다.

하지만 중국이나 네팔 등 아시아 국가와 나이지리아 등 아프리카 국가와 같은 관계확산적 문화에서는 과반수가 페인트칠을 도와주겠다고 응답하였다.(예상외로 일본인의 거부비율이 높은 점에 대하여 일부 일본인 응답자와 재인터뷰를 하였다. 이들은 일본에서 집에 페인트칠을 하지 않는다는 사실과 관련이 있을 수도 있다고 답변했다. 이 점은 실증 데이터가 상대적일 수도 있다는 점을 보여준다.) 차이의 간격이 3장과 4장에서와 같이 크지는 않지만 그 차이가 잠재적인 몰이해를 초래할 수 있다는 점은 분명하다.

관계한정 문화와 관계확산 문화 조율하기

관계한정 문화의 사람이 관계확산 문화의 상대방과 비즈니스를 하면 시간을 허비한다는 느낌을 받기 쉽다. 확산문화에서는 모든 것이 다른 모든 것과 연결되어 있다. 상대 비즈니스 파트너가 어느 학교를 다녔고, 어떤

페인트칠을 하지 않겠다는 응답자 비율

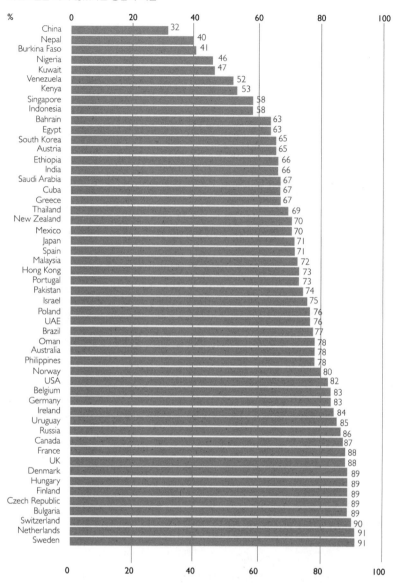

%

국가	값
China	32
Nepal	40
Burkina Faso	41
Nigeria	46
Kuwait	47
Venezuela	52
Kenya	53
Singapore	58
Indonesia	58
Bahrain	63
Egypt	63
South Korea	65
Austria	65
Ethiopia	66
India	66
Saudi Arabia	67
Cuba	67
Greece	67
Thailand	69
New Zealand	70
Mexico	70
Japan	71
Spain	71
Malaysia	72
Hong Kong	73
Portugal	73
Pakistan	74
Israel	75
Poland	76
UAE	76
Brazil	77
Oman	78
Australia	78
Philippines	78
Norway	80
USA	82
Belgium	83
Germany	83
Ireland	84
Uruguay	85
Russia	86
Canada	87
France	88
UK	88
Denmark	89
Hungary	89
Finland	89
Czech Republic	89
Bulgaria	89
Switzerland	90
Netherlands	91
Sweden	91

그림 7.3 페인트칠 딜레마

친구들이 있고 인생, 정치, 문화, 문학, 음악에 어떤 생각을 갖고 있는지 알고 싶어 한다. 이것은 '시간허비'가 아니다. 왜냐하면 그런 개인적 선호를 보고 상대방이 어떤 사람인지 알 수 있고 상호 이해를 통해 친밀한 인간관계를 형성할 수 있기 때문이다. 상대방을 잘 알면 서로 속이는 것이 불가능하다. 1장에서 소개한 스웨덴 회사는 아르헨티나의 고객과 관계를 구축하는데 시간을 우선 투자함으로써 자신보다 기술적으로 우수한 제품을 제안한 미국회사를 누르고 계약을 따내는데 성공했다. 남미에서는 계약 그 자체만큼이나 관계가 중요하기 때문이다.

스웨덴 회사는 수주계약을 성사시키기 위해 출장을 일주일이나 잡았는데 그 중 닷새는 비즈니스와 직접 관련이 없는 일정이었다. 구체적으로, 이들은 고객과 공동 관심사에 대해 얘기 나누면서 비즈니스에서 사적인 영역으로 관계를 확산시켰다. '사적인 영역'에서 관계를 형성한 다음에야 비로소 아르헨티나인 고객은 비즈니스에 대해 얘기를 나누고자 했다. 반면, 경쟁상대인 미국회사는 자신의 제품과 프레젠테이션이 탁월하다고 여기며 출장에 겨우 이틀만 할애하였고 결과적으로 계약에 실패했다.

이것은 우선순위 문제이다. 비즈니스를 할 때 특정한 중립적 제안으로 시작하여 상대방이 제안에 관심을 보이면 이후 서로를 더 알아가는 관계로 발전해가는가? 아니면 상대방과 삶의 여러 영역을 함께 할 정도로 신뢰관계를 먼저 형성한 후 비즈니스로 들어가는가? 두 가지 모두 각자 문화에서는 합리적인 접근방식이지만 서로에게는 혼란을 가중시킨다.

즉, 관계한정성과 관계확산성은 사람을 알아가는 전략에 대한 것이다.

그림 7.4의 왼편 다이어그램은 일본과 멕시코, 프랑스, 상당수 남유럽과 아시아 국가에서 일반적으로 나타나는 관계확산 전략을 보여준다. 즉, 처음 상대방을 만나면, '빙글빙글 돌면서' 비즈니스 파트너가 아닌 그 사람 자체에 대해 알아가다가 신뢰관계를 구축하고 나서야 특정한 비즈니

관계확산적, 고맥락　　　　　관계한정적, 저맥락
(일반영역에서 시작하여　　(특정영역에서 시작하여
특정영역으로)　　　　　　일반영역으로)

그림 7.4 관계형성 전략

스 사안을 다룬다. 반대의 경우, 상대방이 거래에 관심을 보이면 거래를 성사시키기 위해 '빙글빙글 돌면서' 그 사람에 대해 알아가려 한다.

　이 두 가지 접근방식을 따르는 사람들은 모두 시간을 아낄 수 있다고 각자 주장한다. 관계확산 접근방식에서는 초기에 상대방의 신뢰성을 검증하기 때문에 부정직한 비즈니스 파트너와 장기간 거래하는 위험을 피할 수 있다. 관계한정적 접근방식에서는 거래의사가 충분치 않은 사람의 마음을 얻기 위해 식사를 하는 등 시간을 낭비하지 않아도 된다.

　관계한정 문화에서는 상호 연관성을 고려하기 전에 개별 대상과 상세 항목을 먼저 보려는 경향이 있다. 관계확산 문화에서는 독립된 모든 요소들을 고려하기 전에 그 관계와 연결성을 먼저 생각하려는 경향이 있다.(그림 7.5 참조)

관계한정 지향성과 관계확산 지향성이 비즈니스에 미치는 영향

미국에서 직원에 대한 동기부여 도구로 MBO(목표에 의한 관리)와 성과연동 보상을 애용한다는 점은 미국인의 관계한정 지향성을 부분적으로 보

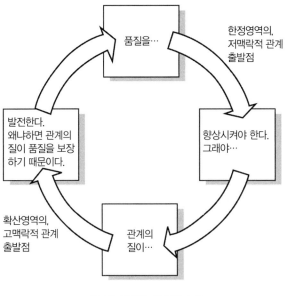

품질을…

한정영역의,
저맥락적 관계
출발점

발전한다.
왜냐하면 관계의
질이 품질을 보장
하기 때문이다.

향상시켜야 한다.
그래야…

확산영역의,
고맥락적 관계
출발점

관계의
질이…

그림 7.5 한정성–확산성 순환

여준다. MBO에서는 우선 목표, 즉 특정사항에 대하여 합의한다. 상사 A
는 부하직원 B가 다음 분기에 달성할 목표와 그 평가에 대하여 합의한다.
가치 있는 목표를 만족스럽게 달성함으로써 A와 B는 생산적인 관계를 맺
는다. 이보다 더 공정하고 합리적일 수는 없지 않은가? 세상 사람 모두가
이런 방식에 동의하지 않을 이유가 어디에 있는가?

　이런 시스템은 관계확산 문화에서 호소력이 떨어진다. 문제에 대한 접
근 방향이 반대이기 때문이다. 성과의 증감은 A와 B의 관계 때문이지 그
반대는 아니다. 특정한 목표는 평가시기가 다가올 때쯤이면 적합하지 않
을 수 있다. B가 약속한 만큼 업무를 수행하지는 않았지만 변화된 환경에
서 더 가치 있는 무엇인가를 해냈을 수 있다. 끈끈하고 오래가는 관계만
이 이런 예기치 않은 변화에 대응 할 수 있다.

　예를 들어, 일본 기업문화에서는 분명하게 한정성보다는 확산성을 우

선순위에 둔다. 일본인은 변화를 실행하기 전에 이에 대해 논의하는데 요구되는 '수용에 필요한 시간acceptance time'이라는 의미로 네마와시라는 표현을 쓴다. 네마와시란 나무를 이식할 때 뿌리를 묶는 것을 말한다. 이 용어는 변화를 실행하기 전에 광범위한 사전 협의를 거치는 것을 말한다. 네마와시는 그림 7.4에서 본 것처럼 본론에 들어가기에 앞서 주변을 도는 활동이라 할 수 있다.

성과연동 보상은 관계확산 문화에서 별로 인기가 없는데, 임의대로 관계를 단절시키기 때문이다. 성과연동 보상제는 "이번 달 판매실적은 모두 혼자서 해낸 것입니다."라고 말하는 것과 같다. 하지만 사실 다른 영업직원의 도움이 있었을 수도 있다. 또한 상사가 격려를 통해 큰 힘이 되어주거나 더 효과적으로 일할 수 있도록 지도해주었을 수도 있다. 공로의 대부분 또는 전부를 스스로에게 돌린다면 관계의 중요성을 부인하는 것이다. 여기에는 다방면으로 서로 접촉하며 사적인 삶의 영역을 공유하는 상사와 동료에 대한 애정과 존경심이 포함된다.

"비즈니스와 감정을 섞지 말라.", "사적인 자리에서 업무얘기를 꺼내지 말라."와 같은 표현은 특정한 삶의 영역을 다른 영역과 분리해서 유지하려는 의지를 나타낸다. 삶의 영역이 벌집처럼 여러 구역으로 분리되어 있는 사람에게 강요하거나 무조건 따르라고 요구하기는 힘들다. 이런 상황에서는 개인 삶의 한 영역에 권한을 행사하더라도 다른 영역에서는 영향을 미치기 어렵기 때문이다.

확산문화에서는 이직률이 상대적으로 낮은 경향이 있다. 충성도를 중요하게 여기고 인간관계가 서로 얽혀 있기 때문이다. 또한 높은 연봉을 제시하며 다른 회사 직원을 헤드헌팅을 하거나 유혹하는 경우도 덜하다. 확산문화에서 기업인수는 상대적으로 드물게 발생한다. 주주가 회사와 장기적으로 관계를 맺으며 회사끼리 상호출자하는 경우가 많아서 주가가 오른다고 쉽게 지분을 매각하지는 않기 때문이다.

성과평가의 함정

관계한정 문화권에서는 상대방이 영위하는 삶의 전 영역을 훼손하지 않고도 그 사람을 비판할 수 있다. 회사에서 서양인 상사의 성과평가에 분노한 나머지 살인을 저지른 두 가지 비극적 사례를 살펴보자.

첫 번째 사례는 사내 의료시설에서 근무하는 네덜란드인 의사에게 일어났다. 그는 중국인 부하직원을 평가하며 상대방의 단점에 대해 솔직하게 말해주었다. 네덜란드인 의사가 봤을 때 이런 단점은 회사가 제공하는 교육을 통해 쉽게 고칠 수 있었다. 하지만 네덜란드인 의사를 아버지처럼 여기며 가까이서 근무해온 중국인 의사에게 그 비판은 자신을 완전히 거부하는 행위이자 상호신뢰에 대한 배신이었다. 다음날 아침 중국인 의사는 네덜란드인을 칼로 찔러 살해했다. 억울하게 살해된 네덜란드 의사의 귀신이 나타난다면 자신은 결코 상대방을 인격적으로 모독한 것이 아니라 업무적으로 걱정되는 점을 말해주었을 뿐이라고 항변할 것이다.

두 번째 사례를 살펴보자. 중앙아프리카에서 근무하던 영국인 관리자는 한 직원을 해고하고 나서 독살 당했다. 다른 아프리카인 직원이 해고당한 사람과 공모하여 벌인 일이었다. 자녀가 많았던 그 직원은 집에서 굶주리고 있는 식구를 먹이기 위해 회사식당에서 고기를 훔치다가 들켜서 해고당했다. 관계확산 문화에서 이런 절도행위는 가정여건과 분리해서 생각하기가 쉽지 않다. 따라서 '직장에서 저지른 범죄'를 '가정문제'와 별개로 여기는 서구식 사고방식을 용납하기 어려웠던 것이다.

하지만 우리는 관계확산 문화를 '원시적'이라고 매도하지 않도록 주의해야 한다. 일본기업은 가족이 여럿인 직원에게 급여를 더 많이 지급하고, 주택을 찾는데 도움을 주며, 휴양시설이나 가정용품 할인혜택을 제공한다. 문화차이를 진단하기 위해 사용할 수 있는 또 다른 선택상황은 다음과 같다.

> A. 어떤 사람은 회사가 직원의 주거에 책임을 져야한다고 생각한다. 따라서, 회사는 직원이 살 곳을 마련하는 데 지원해야 한다.
> B. 어떤 사람은 주거문제는 직원이 스스로 해결해야 한다고 생각한다. 회사가 지원한다면 지나치게 온정적인 것이다.

그림 7.6은 주거문제는 회사 책임이 아니라고 생각하는 관리자의 비율을 보여준다. 일본인 관리자는 45퍼센트가 회사 책임이 아니라고 응답한 반면 미국인 관리자의 비율은 85퍼센트에 달했다. 북유럽 관리자 중 대다수는 회사지원을 기대하지 않는데 반해 아시아 국가 대부분은 기대하는 것으로 나타났다. 예외적인 경우로 다른 아시아 국가보다 서구식 원칙이 보편화된 싱가포르가 있다. 회사가 지원해야 한다는 응답비율이 높은 여러 유럽국가를 보면 공산주의 체제의 영향이 아직도 남아 있다는 점도 주목할 만하다.

감정표현과 관계범위

감정표현의 수준과 관계범위는 자연스럽게 다양한 조합으로 나타난다. 비즈니스 파트너가 감정표현 수준이 높더라도 특정영역에서만 관계를 맺으려 할 수 있다. 반면 감정 표현을 절제하지만 사적인 영역으로 관계를 확산시키는 사람도 있다. 마찬가지로 감정표현을 활발히 하면서 관계범

동의하지 않는 사람의 비율(B)

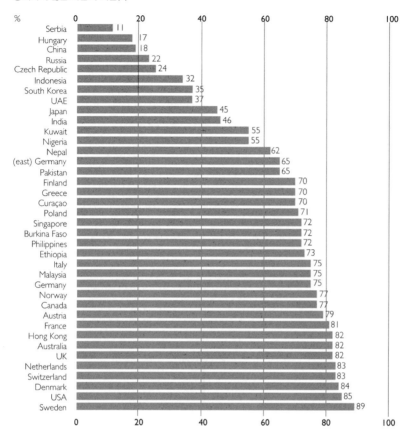

그림 7.6 회사가 주택을 지원해야 하는가?

위가 넓은 사람과 감정을 절제하면서도 관계범위도 좁은 유형도 있다. 이 네 가지 조합은 탈콧 파슨스Talcott Parsons가 설명한 바 있다.[2] 그림 7.7에 서 볼 수 있듯이, 조합에 따라 서로 다른 네 가지 주된 반응이 존재한다.

관계확산-감정표현diffuse-affective(DA) 상호작용에서 기대하는 관계적 보상은 사랑love으로서 삶의 여러 영역에 걸쳐 강렬하게 표현하는 기쁨 이다. 관계확산-감정절제diffuse-neutral(DN) 상호작용에서 기대하는 관계적 보상은 존경esteem이다. 존경은 삶의 여러 영역에서 은은하게 표현하는 경외감이라 할 수 있다. 관계한정-감정표현specific-affective(SA) 상호작용에서 기대하는 관계적 보상은 즐거움enjoyment으로서 특정 상황에서 강렬하게 표현하는 기쁨이다. 관계한정-감정절제specific-neutral(SN) 상호작용에서 기대하는 관계적 보상은 인정approval이다. 즉, 특정한 업무나 과제, 상황에서 긍정적이지만 절제된 방식으로 표현하는 칭찬을 말한다. 물론, 이 네 개 영역에는 상호작용의 부정적 결과가 해당될 수도 있다. 증오(DA), 실망(DN), 거부(SA), 비판(SN)이 그 예이다. 사랑과 증오와 같이 상호작용의 긍정적 결과와 부정적 결과가 서로 대척점에 있다는 점은 중요하다. 하지만 감정절제 문화에서는 이처럼 극단적인 감정변화를 지양하는 편이다.

우리는 사랑과 존경, 즐거움, 인정에 대한 상대적 선호도를 국가별로 측정하고자 하였다. 이를 위해 딘L. R. Dean의 선행 연구를 참고하여 다음

그림 7.7 감정 사분면

질문을 사용하였다.[3]

다음에 나오는 네 가지 유형 중 어떤 사람을 더 곁에 두고 싶은가? 설명을 잘 읽어본 후 자신이 가장 선호하는 사람과 두 번째로 선호하는 사람을 선택하시오.

A. 상대방을 있는 그대로 온전히 받아들이면서 상대방의 개인적 문제와 행복에 책임을 느끼는 사람 (관계확산과 감정표현 : 사랑)
B. 자기 업무와 개인적인 일에 몰두하면서, 상대방도 자유롭게 자기 일을 할 수 있도록 간섭하지 않는 사람 (관계한정과 감정절제 : 인정)
C. 더 나은 자신이 되기 위해 노력하고 명확한 삶의 이상과 목표를 지닌 사람 (관계확산과 감정절제 : 존경)
D. 친근, 명랑하며 다른 사람과 모여 얘기를 나누거나 교제하기를 즐기는 사람 (관계한정과 감정표현 : 즐거움)

그림 7.8은 여러 국가 사람들이 위의 질문에 어떻게 답했는지 보여준다. 미국인들은 감정표현과 관계한정성에서 모두 점수가 높다는 점을 볼 수 있다. 일본인과 독일인은 관계확산 / 감정절제 사분면에, 이탈리아인은 관계확산 / 감정표현 사분면에 위치한다. 다시 한 번 대륙별로 특정한 경향성이 나타나지 않는다는 점을 확인할 수 있었다. 그렇더라도 주요 지역별 문화차이를 나누어보면 그림 7.9와 같은 분포를 볼 수 있다.

한번은 네덜란드와 벨기에 관리자가 정치권의 재정이슈에 대해 이견이 있었다. 네덜란드 관리자는 의견차이가 별도의 문제이기 때문에 그대로 두고 다른 일을 진행하려 하였다. 하지만 벨기에 관리자에게는 한 문제에 대한 의견차이가 다른 모든 이슈에도 영향을 미친다. 재정이슈를 보는 견해가 그르다면 네덜란드 관리자를 비즈니스 파트너로서 신뢰할 수 없는 것이다. 네덜란드 관리자는 대수롭지 않게 여기며 다른 용건으로 넘

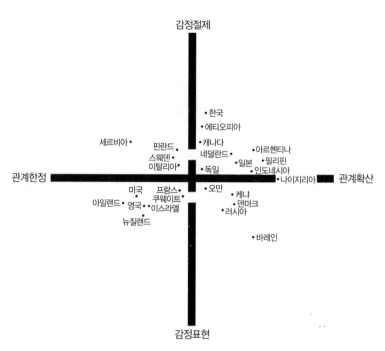

그림 7.8 어떤 유형의 사람을 곁에 두고 싶은가?

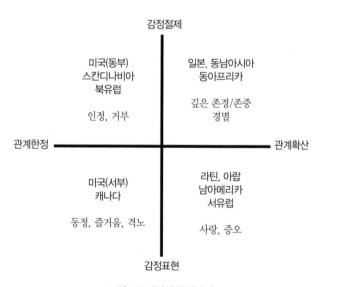

그림 7.9 지역별 문화차이

어가려 했지만 벨기에 관리자는 상대방과의 관계에서 큰 불편함을 느꼈다. 결국 이들의 비즈니스 관계는 틀어지고 말았다.

북유럽, 특히 스칸디나비아인은 미국인보다 관계한정성이 덜하지만, 감정을 공공연하게 드러내는 태도에는 미국인보다 더 큰 거부감을 보인다. 그러나 일본인이 그랬듯이 스칸디나비아인은 감정을 억제하며 쌓인 긴장을 술을 마시면서 푼다. 겉으로 감정표현이 없다고 해서 상대방과 정서적인 교감이 없다는 의미는 아니다. 단지 상대와 커뮤니케이션할 때 감정을 누그러뜨려 전달할 뿐이다. 하지만 어떻게 이들의 마음을 읽을지 알고 있는 사람에게는 사소해 보이는 감정표현의 신호도 큰 메시지로 전달된다.

관계한정 문화와 관계확산 문화 조정하기

아마도 이 부분이 개인과 조직 모두의 관점에서 균형이 가장 중요한 영역일 것이다. 사생활이 필요하지만 개인의 삶을 타인과 완전히 분리한다면 소외와 피상적 관계만 남는다. 비즈니스는 비즈니스일 뿐이라고 하지만 안정적이고 깊은 관계는 곧 굳건하게 협력한다는 뜻이다. 따라서 두 접근방식이 상호작용할 때 가장 큰 결실을 거둘 수 있다.

다음 사례는 두 관점이 모두 필요함을 보여준다.

1980년대 말에서 90년대 초까지 항공업계에서는 인수합병 열풍이 불었다. 브리티시에어웨이의 마케팅 매니저인 존 페리쉬는 최근 진행 중인 유에스에어와의 제휴 건에 대해 고민 중이었다. 항공기 승객에 대한 연구결과에 따르면 장기적으로 해외승객을 상대하는 글로벌 항공사로 성장하는 것은 위험한 도전이었다. 연구결과를 보면 미국인 중 고가항공 이용자수가 점점 감소하고 있었다. 미국 항공사는 서비스의 질보다는 가격을 두고 서로 경쟁하고 있었다.

유럽에서는 비즈니스 클래스하면 여전히 값비싼 서비스를 특징으로 하고 있었다. 항공사들은 좌석 여유공간과 식사의 질. 항공편을 변경할 수 있는 유연성 등을 두고 경쟁하였다. 미국과 유럽 승객들은 항공서비스를 바라보는 시각이 서로 완전히 달라보였다. 타항공사와 제휴를 통해 글로벌화를 추진하면 두 파트너사는 어쩔 수 없이 글로벌 고객이 진정으로 기대하는 바를 다시 생각해봐야 하는 상황이었다.

존의 상대방인 유에스에어의 피터 버처는 미국과 유럽 승객을 냉소적으로 비교하면서 말하곤 했다. "그 쪽에서는 우리가 미국 승객을 뉴욕에서 로스앤젤레스로 운반해야 하는 고깃덩어리로 본다고 생각하지요? 유럽 승객은 한 시간 비행하면서 식사에 300달러를 기꺼이 추가로 지불하려는 사람들이고요." 정말로 그랬다. 브리티쉬에어웨이 승객은 런던에서 암스테르담까지 가는 40분이 채 안 되는 시간동안 따뜻한 아침식사를 제공받았다. 존의 대답도 신랄하기 그지없었다. "한 번은 일등석을 타고 한 시간 남짓 디트로이트에서 시카고까지 간 적이 있었죠. 아침 6시30분에 이륙했는데 7시가 되서도 아침식사를 준비하는 기미가 보이지 않아서 언제 먹을 수 있는지 궁금해졌어요. 그래서 승무원에게 아침식사 시간을 물어봤죠. 그런데 승무원이 놀라는 겁니다. 몇 분 후 그 승무원이 다시 와서는 방긋 미소 지으며 물어보더군요. '프레첼과 감자칩이 있는데, 어떤 것을 드릴까요?' 전 그냥 커피나 한 잔 달라고 말했답니다."

여러 나라마다 고객이 기대하는 바가 이렇게 다르다면 존과 피터는 어떤 접근방식으로 글로벌 마케팅 활동에 나서야 할 것인가?

미국 승객과 이들에게 서비스를 제공하는 미국 항공사는 모두 관계한

정성이 매우 높다. 승객은 A지점에서 B지점까지 신속하고, 안전하며 저렴하게 이동하는 것이 목표이다. 하지만 유럽과 아시아에서 승객과 항공사는 안전하고 신속한 항공서비스를 주고받는 관계를 넘어선다.

예를 들어, 싱가포르에어라인을 이용해보면 관계의 확산을 경험할 수 있다. 이런 관계확산은 탁월한 서비스와 고품질의 음식, 고객에 초점을 맞추는 일관된 태도로 표현된다. 미국 대부분과 유럽 일부 항공사에서는 고객과 항공사 모두 안전하고 신속한 항공서비스를 가능한 한 저렴한 가격에 주고받는 것 이상의 관계를 형성할 필요성을 느끼지 않는다.

하지만 브리티쉬에어웨이와 유에스에어의 사례는 그렇게 단순하지 않았다. 글로벌 고객을 상대하기 위해서 두 회사는 우선 어느 수준까지 통합이 필요한지 결정해야 했다. 예를 들어, KLM 로열더치 항공과 노스웨스트 항공은 운항스케줄과 일부 재무 및 예약 시스템을 통합하기로 했다. 하지만 KLM의 서비스는 여전히 여러 측면에서 노스웨스트 항공과 상이했다.

두 항공사간 제휴가 기술적 차원을 넘어 승객서비스에서도 이루어진다면 어떻게 해야 할까? 타협안은 바람직하지 않다. 어중간하게 뜨거운 프레첼이나 미지근한 아침식사를 바라는 승객은 많지 않기 때문이다. 특정영역의 탁월한 서비스로 승객이 경험하는 전체적인 서비스 품질을 어떻게 향상시킬 수 있을 것인가가 관건이다. 그림 7.10은 이 딜레마를 조정하는 그래프를 보여준다.

자가진단

다음 경우를 생각해보자.

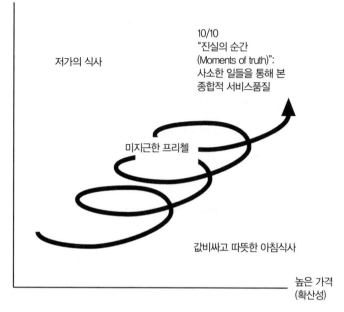

신속성
저렴한
가격
(한정성)

저가의 식사

10/10
"진실의 순간
(Moments of truth)":
사소한 일들을 통해 본
종합적 서비스품질

미지근한 프리첼

값비싸고 따뜻한 아침식사

높은 가격
(확산성)

그림 7.10 항공서비스 딜레마

한 집단의 관리자와 재무분석가가 조직 효과성를 모니터링하는 최선의 방법이 수익성에 바탕을 두어야 하는지 아니면 현행 이해관계자와의 관계, 특히 회사와 고객과의 관계에 기반해야 하는지 논쟁을 벌이고 있다. 이와 관련하여 네 가지 의견이 제시되었다.

1. 가까운 고객관계에서 나오는 피드백은 기업 효과성에 대한 가장 시의적절한 조언이다. 그 가치는 이해관계자를 포함시킨다는 데 있다. 이익은 결국 고객관계의 측정치이다.
2. 가까운 고객관계에서 나오는 피드백은 기업의 효과성에 대한 가장 시의적절한 조언이다. 고객이 지불한 돈으로 이윤이 발생하기 때문에 고객관계의 질을 통해 수익성을 예상할 수 있기 때문이다.
3. 기업 효과성을 가늠하는 가장 중요한 기준은 수익성 또는 주주가치이

다. 다른 이해관계자가 영위하는 모든 활동이 지닌 가치가 수익성이라는 정확하고 분명한 단일 측정지표로 수렴하기 때문이다.

4. 기업 효과성을 가늠하는 가장 중요한 기준은 수익성 또는 주주가치이다. 노동력은 금전적 보상을 위해 일하고 기업은 소유자의 부를 증대하기 위해 존재한다는 점을 수익성이라는 정확하고 분명한 단일 측정지표가 반영하기 때문이다.

본인이 가장 선호하는 의견을 1로, 두 번째로 선호하는 의견을 2로 표시하시오. 그리고 직장에서 가장 가까운 동료가 선호할 것으로 생각하는 의견을 앞에서와 같이 1과 2로 표시하시오.

위의 사례에서는 조직 효과성을 정의하는 기준에 대한 네 가지 접근방식을 볼 수 있다. 조직을 돈벌이 기계라고 생각한다면 4번 의견을 선택할 것이다. 1번 의견은 관계한정성을 거부하며 2번 의견은 관계확산성 관점에서 시작하여 조정에 이르는 모습을 보여준다. 3번 의견은 수익성과 주주가치에 대한 한정성과 확산적 책임을 조정하는 관점이다.

다음 표는 관계한정 문화와 관계확산 문화에서 비즈니스를 할 때 참고할 만한 실용적인 팁을 보여준다.

문화차이 인식하기

관계한정 지향성	관계확산 지향성
인간관계에서 솔직하고, 단도직입적이며, 목적이 분명하다.	인간관계에서 속내를 노골적으로 드러내지 않고, 에둘러 완곡하게 전달하며, 언뜻 목적이 불분명해 보인다.
사람들이 무뚝뚝하고, 똑 부러지며, 단호하고, 꾸밈이 없다.	사람들이 솔직하게 대답하기보다는 상대에게 맞추어주고, 모호하고 불분명한 태도를 보인다.
대상이 누구인지와는 무관하게 원칙과 일관된 도덕기준을 적용한다.	도덕기준은 상황에 크게 좌우되며 대상과 맥락에 따라 다르게 적용한다.

이문화 비즈니스 팁

관계한정 지향적인 사람들과의 비즈니스에서는	관계확산 지향적인 사람들과의 비즈니스에서는
상대하는 특정 조직이 추구하는 목적과 원칙, 겨냥하는 목표치를 연구한다.	비즈니스 관계를 맺고자 하는 조직이 지닌 역사와 배경, 미래 비전을 연구한다.
신속하고 단도직입적이면서 효율적으로 커뮤니케이션 한다.	조급해하지 않는다. 일을 성사시키는 데는 여러 방법이 있다는 점을 기억한다.
미팅을 할 때는 체계적으로 시간을 안배하며 의제를 다룬다.	미팅할 때 가끔 진행을 위해 나서되 흐름이 자연스럽게 이어지도록 한다.
논의하는 이슈와 상관없는 자신의 타이틀이나 보유 스킬을 드러내지 않는다.	어떤 이슈를 논의하든 상대방의 직함과 나이, 배경을 존중한다.
의견충돌이 일어나더라도 기분 상하는 모습을 보이지 않는다. 상대방은 대개 개인적으로 공격하려는 의도가 없다.	상대방이 에둘러 말하거나 완곡하게 표현하더라도 답답해하지 않는다.

이문화 조직관리 팁

관계한정 지향적인 사람들	관계확산 지향적인 사람들
경영은 목표와 기준을 달성하면서 그에 따른 보상을 받는 활동이다.	경영은 끊임없이 프로세스를 개선하여 품질을 높이는 과정이다.
개인 문제와 비즈니스 문제는 서로 별개로 다룬다.	개인 문제와 비즈니스 문제는 상호 연결되어 있다.
공과 사를 구분하지 않으면 빈축을 산다.	직원을 판단하기 전에 그 사람이 처한 상황을 종합적으로 고려한다.
지시는 분명하고, 정확하며, 상세해야 한다. 그래야 직원이 잘 따를 수 있으며, 지시에 대한 이견이 있더라도 왜 그런지 명확하게 나타난다.	지시가 모호하고 막연하면 직원은 자의적인 해석을 통해 판단을 할 수 있는 여지가 있다는 의미로 받아들인다.
보고할 때 전체를 요약한 내용을 먼저 제시하며 시작한다.	보고할 때 마지막에는 전체 내용을 개관하며 마친다.

08
지위를 어떻게 부여하는가?

모든 사회는 특정 구성원에게 상대적으로 높은 지위를 부여하여 그의 활동에 각별히 관심을 보여야 한다는 신호를 보낸다. 어떤 사회에서는 업적을 바탕으로 지위를 부여하는 반면, 다른 사회에서는 나이, 계급, 성별, 학력 등에 따라 사람의 지위를 판단한다. 전자를 성취지위achieved status라 하고 후자를 귀속지위ascribed status라 한다. 성취지위는 활동을 통해 얻는 결과이지만 귀속지위는 존재함으로써 따라오는 결과이다.

특정인을 판단할 때 우리는 부분적으로 경력(예를 들면, 5년 연속 부문 최고 영업사원 선정)에 영향을 받는다. 또한 그 사람의 다음과 같은 특성에 영향을 받을 수도 있다.

- 나이(연륜이 있는 영업 사원)
- 성별(매우 남성적이고 저돌적인)

- 인맥(사회적 지위가 높은 친구들)
- 교육수준(유명 대학의 일류 교수)
- 직업(유망한 전자분야)

성별, 피부색, 집안배경과 같이 비즈니스와 논리적 연관이 없는 귀속요인도 있는 반면 나이, 경험, 학력, 전문자격 등은 비즈니스 성과를 예측하는데 좋은 참고요소가 된다. 게다가 학력과 전문자격은 개인의 교육, 훈련과 관련되었기 때문에 성취와 연관성이 없지 않다. 어떤 문화는 학업이 우수하면 비즈니스에서도 성공할 것이라는 믿음으로 상대적으로 학력이 좋은 직원에게 더 높은 지위를 부여한다.

회의 자리를 박차고 나간 이탈리아 관리자 때문에 고생하고 있는 존슨의 사례를 지위라는 관점에서 살펴보자. 지알리와 파울리는 자신들이 제안한 성과연동보상제 수정안에 대해 네덜란드의 베르그만이 "터무니없는 생각"이라고 말하자 화가 나서 회의장소를 나갔다. 상황을 해결하기 위해 존슨은 조정에 나섰다. 능수능란한 외교관의 대명사인 헨리 키신저의 젊은 시절처럼(존슨은 35세이다), 존슨은 갈등을 해결하기 위해 두 당사자 사이를 오갔다. 하지만 곧 자신이 키신저라기보다는 비현실적인 목표에 도전하는 돈키호테처럼 느껴지기 시작했다.

이탈리아 관리자들은 감정이 쉽사리 가라앉지 않았다. 그 중 한 명은 "자기가 다 안다고 생각하지만 실제로는 무지한 아이처럼 유치한 미국문화"라고 불쾌해했다. 그래서 스페인의 HR 관리자인 무노즈가 조정역할을 하기로 제안했을 때 존슨은 선뜻 찬성했다. 무노즈가 이탈리아 관리자보다 약 20년 정도 선배이고, 스페인 문화가 이탈리아 문화와 가까울 것 같다는 생각이 떠올랐기 때문이다.

무노즈가 성공하길 바라고 있던 존슨은 몇 분 만에 그가 이탈리아 관리자들을 데리고 회의장으로 돌아오는 모습을 보고 깜짝 놀랐다. 존슨이 보기에 무노즈가 HR관리자 중 특출한 인물은 아니었다. 그래도 확실히 갈등 해결에는 전문가였다. 하지만 이제는 무노즈가 성과연동보상제를 수정하자는 이탈리아편 주장을 지지하는 것이 명백했다.

무노즈와 이탈리아 관리자는 현 제도의 문제점이 우수 영업사원이 상사보다 돈을 더 많이 벌게 된다는데 있다고 보았다. 그들은 부하직원이 이런 식으로 자기 상사의 지위를 훼손하도록 허용해서는 안 된다고 생각했다. 무노즈는 스페인 영업직원이라면 이렇게 상사를 부끄럽게 하는 방식을 거부할 것이라고 설명했다.

조직에 대한 충성도가 부족한 직원 한 둘이 그 방식을 받아들일 수도 있지만 이 경우 상사는 수치심에 회사를 떠나버릴 수가 있다. 게다가 영업팀이 평균 이상의 성과를 올렸다면 관리자에게 큰 공이 있는데 회사가 리더를 제외한 나머지 사람만 보상한다면 이상하지 않은가? 점심시간이 되어 회의를 멈췄지만 존슨은 스트레스 때문에 식사하고 싶은 마음조차 들지 않았다.

보다시피, 사회마다 지위를 부여하는 방식은 다르다. 무노즈가 이탈리아 관리자에게 영향력을 미칠 수 있었던 이유는 존슨이 그러지 못했던 이유와 같다. 이탈리아 관리자가 존슨이 회사에서 고속승진할 수 있었던 특정한 성취보다 무노즈의 나이와 경험을 훨씬 더 존경했기 때문이다. 존슨을 포함한 다수의 앵글로색슨계 사람들은 성취 외에 다른 이유로 지위를 부여하는 것이 구식이고 비즈니스에 부적합하다고 본다. 그렇지만 성취지향성이 정말 경제적 성공의 필요조건일까?

성취에 따른 지위와 경제발전

대부분의 문헌은 성취 지향성을 '현대화'의 일부이자 경제와 비즈니스 성공의 열쇠로 본다. 하버드대학 교수인 데이비드 맥클랜드David McClelland가 1950년대 말에 미국 문화를 정의하면서 언급했듯이, 사람들은 사회로부터 존경을 얻기 위해 열심히 일하고 이에 따라 '성취하는 사회'가 된다. '최선의 방법'을 실증 조사하고 비즈니스에 적용한 사람들에게 지위를 부여하는 국가만 경제적 성공을 기대할 수 있다.[1]

이런 관점에 따르면, 귀속지위를 지향하는 사회는 경제적으로 뒤쳐진다. 왜냐하면 지위 부여 방식이 경제적 성공과는 무관하기 때문이다. 수동적인 삶의 방식에 지위를 부여하는 가톨릭 국가, 실제적인 성취를 부질없는 망상과 연관 짓는 힌두교, 속세를 떠나도록 가르치는 불교는 모두 경제발전을 저해하는 것으로 생각되는 귀속지위의 형태이다. 귀속지위 부여는 후발 개발국 또는 저개발국의 특징이자 '경제를 위험에 빠뜨리는 요소'로 여겨져 왔다.

> 각기 다른 문화권에서의 성취지위 지향성 대 귀속지위 지향성 정도를 측정하기 위해 다음 질문방식을 사용하였다. 참여자들은 5점 척도로 자신의 의견을 표시하였다(1 = 매우 동의, 5 = 매우 동의하지 않음).
>
> 1. 인생에서 가장 중요한 것은 꼭 무엇인가를 성취하지 않더라도 진정한 자기 모습에 맞게 생각하고 행동하는 것이다.
> 2. 얼마나 존경받는지는 그 사람 출신가문의 배경에 크게 달려 있다.

그림 8.1과 8.2는 위의 진술에 반대하는 사람들 즉, 성취지위 지향성의 응답자 비율을 보여준다. 그림 8.1의 국가들 중 성취를 중요시하는 사

람이 과반수 이하인 국가들은 대략적으로 말해서 귀속지위 지향적인 문화이다. 영어권과 스칸디나비아의 10개 미만 국가는 과반수 이상이 자유를 희생하더라도 무엇인가를 이루어내는 것을 선호하였다. 미국은 지위를 성취로써 획득하는 문화라는 점이 그림 8.2에서 선명히 드러난다. 미

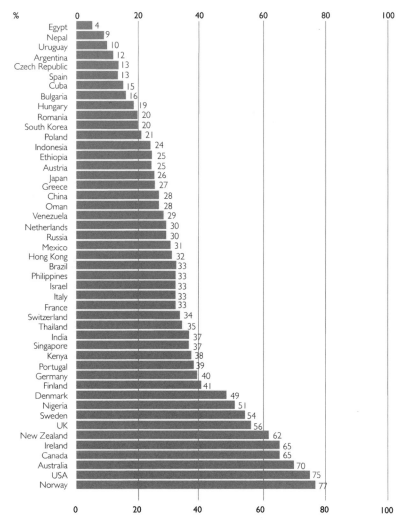

그림 8.1 성취하지 못하더라도 자기 모습에 맞게 살아가야 하는가?

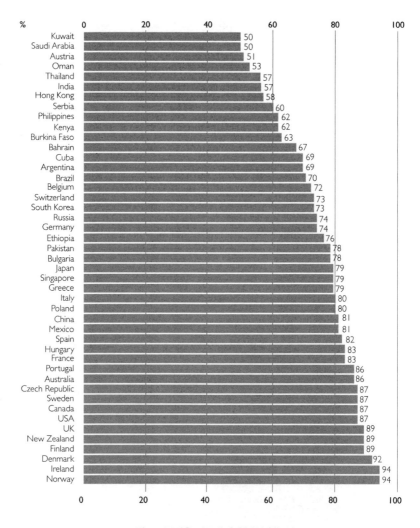

%

Kuwait	50
Saudi Arabia	50
Austria	51
Oman	53
Thailand	57
India	57
Hong Kong	58
Serbia	60
Philippines	62
Kenya	62
Burkina Faso	63
Bahrain	67
Cuba	69
Argentina	69
Brazil	70
Belgium	72
Switzerland	73
South Korea	73
Russia	74
Germany	74
Ethiopia	76
Pakistan	78
Bulgaria	78
Japan	79
Singapore	79
Greece	79
Italy	80
Poland	80
China	81
Mexico	81
Spain	82
Hungary	83
France	83
Portugal	86
Australia	86
Czech Republic	87
Sweden	87
Canada	87
USA	87
UK	89
New Zealand	89
Finland	89
Denmark	92
Ireland	94
Norway	94

그림 8.2 존경은 가족배경에 달려 있는가?

국인 87퍼센트가 지위는 주로 가족배경에 달려 있다는 생각에 동의하지
않았다. 일부 국가(예 : 체코)는 첫 번째 그림에서 귀속지위 지향적이지만
지위가 가문에 크게 좌우된다는 생각에는 과반수 이상이 찬성하지 않았
다. 따라서 나라마다 지위부여의 방식이 크게 다르다는 점을 알 수 있다.

두 그림 모두 모두 프로테스탄티즘과 성취지위 지향성이 상관관계가 있음을 보여주는 반면 가톨릭, 불교, 힌두교권은 귀속지위 지향성이 훨씬 강하다. 일부 국가는 예외이지만 성취지위 지향성과 귀속지위 지향성은 데이터베이스 전체를 봤을 때 응답자의 나이, 성별, 학력과는 아무런 상관관계를 보이지 않았다.

분석을 통해 알 수 있는 또 한 가지는 성취지위 지향성이 경제적 성공의 관건이라는 가설이 점점 타당성을 잃어간다는 점이다. 우선 더 이상 프로테스탄트 문화권이 가톨릭이나 불교 문화권보다 더 빠르게 성장하고 있지 않다. 가령 가톨릭 문화인 벨기에는 프로테스탄트 문화에 더 가까운 네덜란드보다 1인당 GDP가 살짝 더 높다. 가톨릭인 프랑스와 이탈리아는 영국이나 스칸디나비아의 프로테스탄트 국가들보다 경제 성장이 더 빠르다. 일본, 한국, 대만, 싱가포르, 홍콩은 불교와 유교의 영향을 받았다. 일본의 연공서열에 의한 승진 제도가 기업의 성장을 억제하는지는 분명하지 않다. 즉, 성취지위 지향성이 경제 발전을 의미한다는 현대화 이론가들의 주장에는 아무런 근거가 없다.

새로 나타나고 있는 현상으로, 비즈니스가 고도로 발달한 일부 문화에서도 미래의 경제에 중요할 것으로 기대를 거는 사람, 기술, 산업에 지위를 부여하고 있으며, 그 결과 이런 사람들과 분야가 특별히 활성화되고 있다. 즉, 보이는 목표를 향해 사회, 경제적 동력을 창출하면서 성취할 수 있도록 지위를 부여하는 것이다.

귀속지위와 성과

영국인 관리자이자 숙련된 지질학자인 앤드류는 프랑스 석유회사에서

20년간 근무하였는데 동료의 행동 중 한 가지가 여전히 혼란스럽다. 프랑스 동료 지질학자들은 자기 직업에 대한 외부의 비판을 전혀 용납하지 않는다. 처음에 앤드류가 몇 가지 기술적인 질문에 대해 답을 알지 못한다는 점을 일반인들 앞에서 인정했을 때 동료들은 곤혹스러워하면서 언짢은 표정을 지었다. 한 번은 그가 자료를 찾아봐야 알 수 있다고 말했는데 프랑스 동료들이 노골적으로 짜증을 냈다. 앤드류는 혼란스러웠다. 왜냐하면 자신이 생각할 때 지질학자는 즉석에서 답을 할 수 없거나 답이 존재하지 않는 질문을 수시로 받기 때문이다. 그렇다고 하더라도 프랑스 동료들은 그가 공개적으로 그 사실을 인정한 것에 대해 핀잔을 주었다. 앤드류가 지질학자라는 직업의 격을 떨어뜨린다고 여겼기 때문이다.

프랑스 인시아드INSEAD 비즈니스 스쿨의 앙드레 로랑André Laurent이 수행한 연구도 이런 경험을 뒷받침 한다.[2] 그는 다른 문화권의 여러 관리자들 보다 프랑스와 이탈리아 관리자가 "모든 답을 알고 있다"는 점에 대해 유난히 신경을 쓴다는 점을 발견했다.

하지만 귀속지위가 성과에 미치는 영향에 주목해보자. 프랑스의 지질학자들은 자신들의 귀속지위에 부응하고자 하는 의지가 강하고 이것이 높은 성과로 이어질 수 있다. 따라서 그것이 자기실현적 예언이 될 수 있다. 자기에게 귀속된 지위에 부응하려는 노력을 통해 그런 지위를 얻을 만한 자격을 갖추는 것이다. 실제로, 지위의 획득과 귀속은 서로 정밀하게 상호작용하는 것일 수 있다.

유럽공동체EC(the European Community)는 자기실현적 예언의 대표적인 예이다. EC는 출범 후 실제 어떤 성취를 이루기에 앞서 국제사회에서 자신의 중요성과 힘을 선포하였다.

귀속과 성취지향성의 통합은 경제 선진국인 일본과 독일에서 볼 수 있는 특징이다. 두 문화 모두 개인적 성취는 학교에서만으로 국한시키는 경향이 있다. 학교를 떠나 사회에 진출해서 관리자가 되면 서로 협력해야 한다. 성취는 더 이상 전체보다는 자신의 이익을 위해 개인들이 서로 각축전을 벌여 달성하는 것이라고만 볼 수 없다.

앞서 제시한 데이터를 분석할 때 이런 구분을 염두에 두어야 한다. 귀속과 성취는 서로 배타적일 수 있다. 하지만 꼭 그렇지 않을 수도 있다.

성취지향 문화와 귀속지향 문화간 협상

성취주의 문화의 관리자들은 보고를 중시하는 막후 조종자를 둔 귀속주의 문화의 협상팀을 상대할 때 극히 짜증스러울 수 있다. 어떤 일을 하는지 조차도 불명확한 그 조종자는 무엇을 원하는지도 분명히 밝히지 않은 채 협상 상대방뿐만 아니라 자기 팀원들에게서도 자기생각을 따라 줄 것을 기대한다. 성취주의 문화의 협상팀이 내세운 저돌적인 젊은 대표가 상대방이 항복하기를 기대하는 것처럼 자기 지식을 거침없이 속사포처럼 쏘아댈 때 귀속주의 문화 사람들도 불쾌하기는 마찬가지이다. 이런 상황은 차라리 장난감 총을 든 아이와 게임을 해야 하는 것과 같다. 알려진 권위나 지위가 없는 사람이 시끄럽게 떠드는 격이다.

똑똑하고 젊은 직원을 10년에서 20년 정도 나이가 많은 사람들과 상대하도록 보낸다면 귀속주의 문화에서는 모욕으로 받아들일 가능성이 높다. "이 사람들은 시간을 절반만 들이고도 우리 경험 수준에 도달할 수 있다고 생각하나? 서른 살 미국인이 쉰 살 먹은 그리스인이나 이탈리아인의 협상 상대로 적합한가?"라고 반응할 수 있다. 일부 귀속주의 문화, 특히 일본과 같은 나라에서는 나이든 직원들이 오랜 회사생활을 한 만큼, 또한 많은 부하직원을 둔 만큼 실제로 더 현명해질 수 있도록 훈련과 사내교육에 투자를 많이 한다는 점을 이해해야 한다. 귀속주의 문화가 가지고 있는 그러한 자기실현적 믿음을 방해하는 행위를 한다면 모욕적일 수 있다. 다른 사람들의 존경을 바탕으로 성장하고 유지할 수 있도록 연장자들은 중요한 존재로 인정받아야 한다. 이런 문화에 익숙하지 않은 사람도 도전하는 것이 아니라 그 과정에 동참해야 하는 것으로 기대한다.

일본인과 네덜란드인이 협상을 하는 상황을 생각해보자. 재무, 마케팅, 인적자원관리 분야의 네덜란드 전문가들은 일본인 상대방과 협상할 때 사실을 명확히 하고 의사결정 권한이 있는 사람이 누구인지를 파악하려고 노력한다. 이 네덜란드인들의 눈에 일본인은 종잡을 수 없고 비밀스러우며 아무 것도 드러내려 하지 않으려는 것처럼 보일 것이다. 반면에 일본인들에게 협상은 '사실'을 다루는 것이라기보다는 양측 리더와 협상자간 상호 이해를 필요로 하는 일이다. 그런데 상대 네덜란드인들은 자꾸 무엇인가를 캐내려는 것처럼 보인다. 이런 모습은 무례하게 비칠 수 있다. 어찌 되었든, 원한다면 협상팀의 리더가 관계를 명확히 해줄 필요가 있다.

일본과 네덜란드의 합작투자 컨퍼런스가 로테르담에서 열렸는데 한 일본인 참석자가 갑자기 몸이 아팠다. 네덜란드 대표단 멤버가 유창한 영어실력과 탁월한 기술지식을 지닌 일본 대표단원 요시에게 다가와 몸이 좋지 않은 일본인을 대신해서 특정 포럼에 참석해줄 수 있는지 물었다. 요시는 답하기를 주저했고 그 네덜란드인은 확실한 응답이 없어서 언짢았다. 몇 분 후 일본 대표단 리더인 카미나키는 몸이 좋지 않은 팀원의 업무에 본인이 요시를 임명하기 때문에 요시가 그를 대체할 것이라고 발표했다. 그것이 누구의 결정이었는지 분명했다.

통역자의 역할

이와 유사한 사례로서, 협상에서 귀속주의 문화 출신의 통역자는 성취주의 문화의 기준으로 보면 '프로답지 못한' 행동을 보이는 경우가 종종 있다. 영국과 독일, 북미, 스칸디나비아, 네덜란드 문화에서 통역자는 다른 참가자와 같이 자기 업무에서 성취하는 모습을 보여야 한다. 그 성취는 정확하고 공정하게 하나의 언어로 말한 내용을 다른 언어로 옮기는 것이다. 통역자는 개인의 목적을 위해 의미를 왜곡할 수 있는 일방의 편에 서는 것이 아니라 쌍방 간 언어 이해에 기여해야 하는 중립적인 블랙박스이어야 한다고 여겨진다.

그러나 다른 문화에서 통역자의 역할은 달라진다. 예를 들어, 일본 통역자는 15초 길이의 영어문장을 통역하는데 1분 정도 걸리는 경우가 많다. 게다가 통역자가 자신을 고용한 팀과 상대방이 방금 한 말에 대해 길게 상의하는 모습도 자주 나타난다. 일본에서 통역자는 단순히 언어뿐만 아니라 몸동작, 의미, 맥락을 해석해주는 해석자이다. 이들의 역할은 자기 팀을 지원하고 서구 협상자의 대립 행위로부터 팀을 보호하는 것이다. 통역자는 상대방이 자기 상사에게 무례하게 대하지 않도록 하고 반대편의 전술에 어떻게 대응할지 조언하기도 한다.

귀속주의 문화에서 통역자는 자신을 고용한 협상팀의 편에 선다. 성취지향 문화의 협상팀이 문자 그대로에 충실한 통역을 원한다면 자기 팀의 통역자를 데려와야 한다. 하지만 그렇게 한다면 오히려 양자 간 관계 개선에 별반 도움이 되지 않을 수 있다. 왜냐하면 아시아인은 외국인들이 못 알아듣는다고 생각하고 자신들끼리 이야기하는 데 익숙하기 때문이다. 그들 언어에 유창한 누군가가 상대편에 있다면 자리를 옮겨서 내부적으로 상의할 것이다. 상호 이해를 도모하기 위한 노력이 인정받지 못할 수 있다는 말이다.

타이틀의 역할

　명함과 공식 소개에서 타이틀의 사용과 언급은 복잡할 수 있다. 저자는 세 가지 다른 명함을 갖고 다니며 자신을 소개한다. 중동과 남부 유럽에서는 학력을 나타내는 타이틀을 폭넓게 사용하여 그 사람의 지위를 높인다. 하지만 영국에서는 자신을 '박사'로 소개하는 것이 비즈니스 컨설턴트에게 있어 학문적 전문성을 지나치게 드러내는 것일 수 있다. 컨설턴트와 박사 학위는 별개로 생각할 뿐더러 관심을 학위에 둔다고 하더라도 그것과 지위가 꼭 같아야 할 필요도 없기 때문이다. 대학에서 성공한 사람이라도 기업에서 성공에는 부적격인 경우도 있다.

　또 다른 성취지향 문화인 미국에서도 비슷한 상황을 예상할 수 있다. 하지만 자격취득의 '인플레이션'·현상이 있는 미국에서는 학위가 업무와 연관성이 있다면 명문대학에서 딴 학위로 관심을 모으는 것이 적절할 수 있다. 이 때 MBA나 사회학 등의 전공도 덧붙여 말하는 것이 일반적이다.

　관계확산 문화에서는 지위를 조직과 연관짓는 것이 중요하다. 여기에서 개인적 성취는 조직이 부여하는 지위에 비해 덜 중요하다. 따라서 최고 책임자라는 말과 함께 마케팅, 재무, 인사 등 어떤 부서의 최고 책임자인지 말하는 것이 중요하다. 상대 대표가 본국에서 높은 직위에 있지 않은 것처럼 보인다는 이유로 무산된 협상이 부지기수이다. 귀속주의 문화권 사람과 상대할 때는 자신이 조직으로부터 상당한 존경을 받고 있으며 최고 직위 또는 거의 최고에 준하는 직위에 있다는 점을 상대방에게 확신시켜야 한다.

모회사와의 관계

개인주의, 성취지향적인 문화에서 협상대표가 하는 말은 그 회사가 약속하는 것과 같다. 개인이 자신의 판단으로 행사할 수 있는 권한을 위임받았다고 간주한다. 귀속주의 문화에서는 조직의 수장이 아닌 이상 광범위한 논의 없이 회사를 대표하여 약속할 수 있는 재량권이 개인에게 거의 주어지지 않는다. 또한 귀속주의 문화의 개인은 성취주의 문화의 상대 협상대표에게 그런 권한이 있다고 생각하지 않을 수 있다. 따라서 합의를 하더라도 임시적인 성격을 띠며 본국 모회사의 재가를 받아야 한다.

이런 이유로 귀속주의 문화의 대표는 상대방의 본국에서의 직위와 영향력을 중요하게 본다. 조직에서의 지위가 높지 않다면 어떻게 회사를 대변할 수 있겠는가? 혈기왕성하고 나이 어린 직원을 대표로 보낸다면 그 사람이 똑똑하다한들 협상에 진지하게 임한다고 보지 않는다. 귀속주의 문화권을 방문할 경우 제품에 대한 지식이 부족하다 하더라도 고참 직원을 보내는 것이 유리하다. 귀속주의 문화의 시니어 직원에게 직접 참석하여 대등한 지위의 상대방을 만날 수 있도록 요청하는 것이 또한 중요하다. 최고 지위자와 가까워질수록, 협상에서 한 약속을 지킬 가능성이 높아지기 때문이다.

지위 상징

이제 성과연동 보상제와 직급을 고려하지 않은 우수 성과자에 대한 보너스 제도가 귀속주의 문화에서 왜 문제가 되는지 더 명확해졌다. 상사는 당연히 성과향상에 기여한 바가 있다. 따라서 팀의 매출이 높아지더라도 상대적인 지위는 영향을 받지 않는다. 보상을 더 많이 하려면 귀속지위와 비례하게 이루어져야 하며 영업현장 직원에게만 그 혜택이 돌아가서는 안 된다. 리더가 자신의 지위를 떨어뜨리는 행위를 한다면 그 리더의 모든 부하직원들도 덩달아 지위가 낮아지는 결과가 초래된다.

태국에 부임한 지 얼마 되지 않은 한 영국인 법인장은 전임자의 차량을 사용하지 않으려 했다. 태국인인 재무부서 관리자는 신임 법인장에게 그렇다면 어떤 모델의 메르세데스 벤츠를 원하는지 물었다. 그 법인장은 스즈키나 미니 같이 교통이 붐비는 방콕에서 쉽게 몰고 다닐 수 있는 차량을 요청했다.

3주가 지난 후 법인장은 재무 관리자에게 요청한 차량을 언제 받을 수 있는지 물었다. 그 태국 관리자는 자제심을 잃고 항의하듯 말했다. "벤츠라면 당장 내일이라도 대령할 수 있습니다만 스즈키는 훨씬 더 오래 걸립니다." 법인장은 그에게 더 신속하게 진행시킬 수 있는 방법을 찾아보도록 했다. 4주가 더 지나고 법인장은 차량구입 진행 상황을 물었다. 구매팀에서는 소형 차량을 수입하는데 너무 시간이 오래 걸려서 벤츠를 주문하기로 결정했다는 답이 왔다.

법인장은 인내심의 한계를 느꼈다. 첫 번째 경영회의에서 그는 이 문제를 언급하며 설명을 요구했다. 태국인이 대부분인 경영진은 약간은 부끄러운듯 자신들이 자전거를 타고 출근할 수는 없는 노릇 아니냐며 항변했다.

이 사례에서 각자의 지위는 상호의존적이다. 영국인 법인장이 더 값비싼 차를 주문했더라면 다른 모든 관리자들도 한 단계 더 높아졌을 수 있다. 귀속주의 사회에서는 존재 자체가 곧 지위이다. 지위는 출생이나 학력처럼 자연스럽게 따라다니고 이를 통해 권력이 표출된다. 귀속지위는 그냥 받아들여야 하며 정당성의 근거가 존재할 수도 있지만 합리적인 설명을 필요로 하지 않는다. 예컨데, '좋은' 가문의 나이든 남자에게 지위를 부여하는 문화에서는 일반적으로 남성, 연장자, 인맥에 대한 선호를 굳이 정당화하거나 옹호하지 않는다. 하지만 이것이 그런 문화가 불합리하다거나 경쟁우위가 없다는 의미는 아니다. 단지 정당화하려 하지 않고 그런 기대도 하지 않는다는 뜻이다.

성취지향형 조직에서는 선배 직원이 조직을 위해서 많은 것을 성취했다는 점을 근거로 하여 사내 위계서열을 세운다. 기술과 지식에 의해 정당화되는 권위가 조직에는 이득이 된다. 반면에 귀속주의 지향형 조직에서는 위계서열을 세울 때 '일을 할 수 있는 권력'으로 정당화 한다. 권력은 사람들을 지배하는 강압적인 힘일 수도 있고, 사람들에게 배분되는 참여적인 힘일 수도 있다. 권력이 어떤 형태를 띠든 사람들에 대한 지위 부여는 권력으로 행사된다는 의도를 갖는 것이며, 그 권력은 조직의 효과성을 향상시켜야 한다. 귀속지위의 근원은 여러 가지일 수 있다. 따라서 조직 내 승진을 성취일변도로 판단한다면 갈등이 생길 수 있다.

성취지향성의 스웨덴 관리자가 파키스탄에서 프로젝트를 진행하고 있었다. 그는 신중히 평가한 후에 가장 장래가 유망한 파키스탄 직원 두 명 중 한 명을 비어있는 자리에 채우기로 하였다. 두 후보자 모두 기계공학 박사로서 학력이 높고 파키스탄에서 자기분야의 권위자로 알려져 있는 인재이다. 두 사람 모두 탁월한 성과를 보였지만 최근에 몇 가지 성취를 이루면서 돋보인 칸을 승진자로 최종 선정하였다.

탈락한 후보자인 사란은 진행되는 상황을 보고 속이 상했다. 그래서 설명을 듣기 위해 스웨덴 관리자를 찾아갔다. 관리자는 자리가 하나 밖에 없었기 때문에 두 사람 중 한 명만이 승진할 수밖에 없다는 점을 이해시키려 노력했다. 둘 모두 소중한 직원이지만 한 명이 마음 상해도 어쩔 수 없는 일이라는 것이다. 하지만 아무런 소득이 없었다. 회사의 입장을 들어도 사란은 화가 가라앉지 않았다. 사란은 왜 이렇게 격분했을까? 나중에 알게 되었지만 같은 미국 대학에서 사란이 칸보다 박사학위를 2년 먼저 취득했기 때문이었다. 사란의 가족을 비롯한 주변 사람들도 사란이 칸보다 더 높은 지위를 얻을 것으로 기대했다. 귀속지위를 가볍게 취급하는 서구식 사고방식은 무엇이라 할 수 있는가? 지난 몇 달간의 업적 외에 다른 사항도 승진에 고려해야 하는 게 아닌가?

성취와 귀속지위의 논리가 어떻게 다른지를 이해하고 한 쪽을 무가치하다고 매도하지 않아야 한다. 성취지향적인 국가의 사람들은 맡은 역할을 얼마나 잘 수행하는가로 평가받는다. 인간 관계는 역할을 중심으로 제한된다. 가령, 영업관리자라면 직장동료와의 관계는 영업관리자로서만 형성될 뿐 사적인 관계로 확산되지 않는다. 자기 역할을 다했는지는 영업실적이 보여준다. 같은 역할을 하는 다른 사람과는 서로 비교될 것으로 생각해야 한다. 또한 영업실적 향상이 성공의 보편적 의미가 된다. 제조, 연구개발, 기획 등 부서와의 관계는 수단적 성격을 띤다. 자신의 역할은 타부서에서 개발하고 제조, 기획한 제품을 판매하는 것이다. 존재는 곧 자신이 수행하는 역할과 같다.

귀속주의 문화에서 지위는 타인들로부터 "자연스럽게" 존경받는 사람들에게 주어진다. 즉, 연장자, 전문가, 기술숙련자 또는 국가적 중요성을 지닌 프로젝트 관련자 등이다. 지위에 대한 존경 표시는 그 저명한 사람이 사회적 기대를 충족시킬 수 있도록 지원하는 행위이다. 지위는 과업이나 특정한 기능과는 대개 무관하다. 개인은 고유하기 때문에 다른 사람과 쉽게 비교하지 않는다. 상사의 성과는 부분적으로 부하직원이 보여주는 충성도에 따라 좌우된다. 조직을 인격화personify하고 그 권력을 행사한다는 의미에서 그 상사 자체가 조직이 된다.

서구의 성취지향형 기업은 젊고 유망한 젊은 직원에게 도전적인 임무를 맡기기 위해 먼 나라로 파견 보내곤 하는데, 현지 문화에서는 파견자가 지닌 성취능력과는 무관하게 그 사람의 나이나 성별을 잘 받아들이지 않는다. 젊고(34세) 유능한 여성 마케팅 관리자가 미국과 영국에 소재한 미국 기업에서 근무한 적이 있었다. 근무 2년차에는 돋보이는 성과로 영국법인에서 가장 유망한 여성 관리자로 선정되기도 하였다. 회사의 신임에 힘입어 그녀는 회사의 터키 앙카라 법인 마케팅 이사로 파견 나가는 제안을 받아들였다. 지금까지 항상 부하직원과 동료의 지원과 신뢰를 얻을 수 있었듯이 터키에서도 잘 할 수 있을 것이라는 자신감이 있었다.

앙카라로 파견 온 후 몇 주 동안은 현지 비즈니스와 스태프, 일하는 방식을 파악하는 등 새로운 업무에 적응해가며 평범하게 보냈다. 다행히 마케팅 관리자 중에 런던에서 마케팅 어시스턴트로 함께 일했던 구즈 아킬이 있었다. 그들은 과거에 호흡을 잘 맞추어가며 일했었다.

몇 달 동안 최선을 다해 열심히 일했음에도, 그녀는 자신의 권위가 서서히 약해지고 있다는 점을 알게 되었다. 가장 경험이 풍부한 터키 직원인 하산(63세)은 그녀가 노력을 기울였지만 무산된 일을 척척 해내며 비공식적이기는 하지만 의식적으로 그녀의 권위를 자신에게로 가져가고 있었다. 하산의 마케팅 지식은 그녀에 비하면 새발에 피에 불과한데도 말이다. 그녀는 하산이 영향력을 행사하는 것을 바라봐야 했고 불만족스런 결과로 이어지는 경우가 잦았다. 본사도 하산과 더 많이 커뮤니케이션 하면서 이런 구도에 익숙해지고 있었다. 또한 10년 전에 미국인 남성 관리자가 터키 현지 관리자를 지휘하는데 무능한 모습을 보인 나머지 자리에서 물러난 적이 있다는 얘기도 들려왔다. 그는 현재 미국에서 큰 성과를 올리며 근무하고 있다.

샌프란시스코에서 열린 워크숍에서 이 사례를 발표하며 인력계획 시스템을 보편적으로 적용하는 것이 위험할 수 있음을 지적했을 때 한 여성 관리자가 우려를 표명했다. "이 이슈에 매달려 있어서는 안 됩니다. 그것은 우리에게 성별과 나이에 따라 차별하거나 해외법인에게 그렇게 하라고 권고하는 것이나 다름이 없습니다. 여기 미국에서는 그렇게 하면 소송을 당할 수도 있습니다."

문화적 선호경향이 관습뿐만이 아니라 법적 영향력까지도 미칠 수 있다는 점에서 이 지적은 일리가 있다. 젊은 여성 관리자를 나이와 성별 때문에 터키로 파견 보내지 않으려 한다면 불법일 것이다. 하지만 파견을 보낸다고 하더라도 극복하기 어려운 현실에 직면하도록 내버려두는 꼴이 된다. 젊은 여성의 성취는 기존의 지위귀속 과정을 무너뜨리는 것처럼 비칠 수 있다. 더 나은 방법은 현지인 관리자를 보조하거나 조언하는 역할을 맡기는 것이다. 그렇게 하면 젊은 여성 직원이 현지의 연공서열을 존중하며 일을 해내면서도, 현지인 관리자가 부족한 지식을 대신 메꾸어 줄 수 있다.

성취지향문화에서 관리자가 인정받듯이 이런 인력배치를 통해 귀속주의 지향문화에서도 젊은 여성이 보상과 평가를 받을 수 있다. 터키에서 효과적이기 위해서는 터키의 문화규범을 미국문화로 대체해서는 안 된다. 상대의 문화규범에 반한다면 장기적으로 봤을 때 효과가 없고 단기적으로 봐도 비싼 대가를 치를 수 있기 때문이다.

조정을 향해

문화마다 귀속주의나 성취주의 중 하나를 훨씬 더 중시하지만 두 경향성을 함께 발전시킬 수도 있다. 귀속지위 지향성에서 '시작'하는 사람들도 일반적으로 귀속지위뿐만 아니라 미래의 성공 또는 성취도 강조하며 그

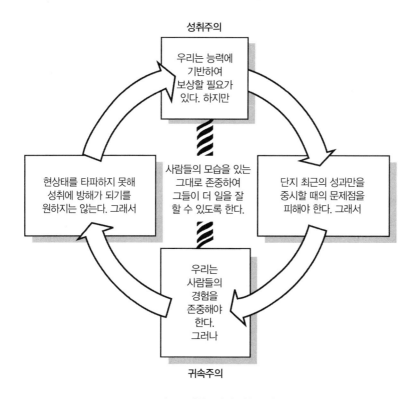

성취주의

우리는 능력에 기반하여 보상할 필요가 있다. 하지만

단지 최근의 성과만을 중시할 때의 문제점을 피해야 한다. 그래서

사람들의 모습을 있는 그대로 존중하여 그들이 더 일을 잘 할 수 있도록 한다.

우리는 사람들의 경험을 존중해야 한다. 그러나

현상태를 타파하지 못해 성취에 방해가 되기를 원하지는 않는다. 그래서

귀속주의

그림 8.3 성취주의와 귀속주의

실현을 촉진하려 한다. 성취지향성에서 '시작'하는 사람들도 보통 성공을 거두었던 사람과 프로젝트에 중요성과 우선순위를 부여한다. 따라서 모든 사회는 그럭저럭 성취와 귀속을 모두 추구한다. 이 역시 순환과정이 어디에서 시작되느냐의 문제이다.

전자제품 제조사인 벨리일렉트로닉스BE(Belly Electronics)는 1985년에 한국에서 생산을 시작했다. BE는 샌프란시스코에 본사를 두고 있지만 가전제품 가격이 급변하면서 어쩔 수 없이 생산시설을 해외로 분산시킬 수밖에 없었다. 초기에는 심각한 손실을 보았지만 이내 실적을 회복하기 시

작했고 1989년 말에는 이익을 보고할 수 있었다. 1991년 초 이익 유지에 압박을 받기 시작했는데 태국, 베트남 제품과의 경쟁 때문이었다. BE는 아시아 지역의 주요 경쟁사를 따라 비즈니스 프로세스를 재설계하기로 결정했다. 그 일환으로 경험 많은 미국 관리자들을 샌프란시스코로부터 처음 불러들였다. 그들은 일관성 있는 접근방식을 활용했고 캘리포니아와 매사추세츠에서 진행했던 유사한 실적전환 프로젝트에서의 성과 덕분에 올해의 관리자로 선정되기도 했다. 지속적인 개선 프로그램으로 인해 한국 관리자들은 '함께 행동에 나서야 한다'는 압박에 직면했다. 미국 관리자들이 서울에서 처음 했던 말은 여전히 생생하다. "여러분, 우리는 불타는 갑판 위에 서있다 해도 과언이 아닙니다. 수치만 보면 시간이 많지 않습니다. 아시아 지역 경쟁자들은 우리보다 훨씬 더 잘하고 있습니다. 사실 비교조사 결과를 보면 캘리포니아와 태국의 경쟁사들은 우리보다 품질에서 35퍼센트, 1인당 생산성에서는 45퍼센트 앞서는 것으로 나타납니다. 그래서 저는 여러분이 품질과 생산성을 향상시켜서 이익을 창출하는 회사로 변신하는데 6개월의 시간을 드리겠습니다. 약속만이 아니라 실제 성과를 통해서 우리가 BE에서 가치 있는 회사라는 것을 보여줍시다."

실망스런 실적을 보인 후 두 번째 미국 관리자가 들어왔다. 하지만 그도 비슷한 접근방식을 따랐고 아무런 변화를 가져오지 못했다. 주요 한국 인력과의 면담도 도움이 되지 않았다. 연이어 손실이 발생했지만 그들의 반응은 같았다. "우리도 노력하고 있습니다. 하지만 한국에서는 쉽지 않습니다. 치열한 경쟁도 상당히 중요합니다. 하지만 우리가 서로를 더 신뢰할 수 있도록 인력구조조정을 중단해야 합니다."

제롬 돈은 한국 BE의 구제책을 마련해줄 것을 요청받았다. 그는 남미와 아시아에서 인상적인 활약을 펼치며 회사의 실적을 전환시켰던 것으로 알려져 있다. 그는 한국 관리자에게 자신의 전임자들이 올바른 접근방식을 취했다고 말하면서 시작했다. "우리는 불타는 갑판 위에 서 있습니다.

하지만 저는 여러분에게 이 회사를 살리는데 도움이 되어달라고 요청 드립니다. 왜냐하면 이 생산시설은 BE에게 매우 중요하기 때문입니다. 여러분이 함께 행동하는데 3년의 시간을 드리겠습니다. 무엇이라도 필요한 것이 있다면 제가 여러분을 돕겠습니다."

6개월 후 BE 코리아는 흑자전환에 성공했다. 품질은 향상되었고 사기가 진작되어 이직율도 60퍼센트가 줄었다. 제롬 돈은 정확히 어떤 일이 있었는지는 알지 못했다. 하지만 남미에서와 같이 아시아에서도 성공을 거두었다.

왜 제롬 돈은 한국에서 성공을 거두었고 그의 전임자들은 그러지 못했는가?

미국인 관리자의 초기 조치는 역효과를 낳았다. 미국적 전통에서 봤을 때 관리자들은 실적전환을 위해 그림 8.3의 맨 위에서 시작하여 자신의 성취를 통해 얻을 수 있는 보상에 초점을 맞춘다. 한국 직원은 미국인 관리자가 나서기 전보다 불안감이 더 커졌는데 기본적인 신뢰가 부족해 보였기 때문이다. 그들은 과거의 성과로 평가받는 것을 두려워했다.

제롬 돈은 자신의 한국인 동료들이 함께 행동할 수 있는 3년의 시간을 주었다. 그렇게 함으로써, 직관적으로 한국 조직에 지위를 부여하였다. 이런 지위부여를 통해 회사가 한국 직원을 신뢰하고 있다는 점을 전달하였다. 결과적으로 직원들은 고무되어 일에 더 열심히 임하였다. 지위를 부여함으로써 성취를 달성한 것이다.

자가진단

다음 시나리오에 대해 생각해보시오.

직원에게 지위를 부여하는 데는 다양한 근거가 존재한다. 사람들이 성공적으로 해낸 것에 기반을 둘 수도 있고 사회체계가 사람들에게 부여하는 특성들에 기초할 수도 있다.

이제 다음 의견들에 대해 생각해 보자.

1. 지위는 직원들이 지닌 고유한 특성에 바탕을 두어야 한다. 여기에는 학력, 연공서열, 나이, 직위, 부여된 책임수준 등이 있다. 상황에 따라 또는 근래에 성공했다는 이유로 지위가 바뀌어서는 안 된다. 지위는 새롭게 쟁취하는 것이 아니라 내재적 가치를 반영하기 때문이다.

2. 지위는 직원들이 지닌 고유한 특성에 바탕을 두어야 한다. 여기에는 학력, 연공서열, 나이, 직위, 부여된 책임수준 등이 있다. 그런 지위는 자기실현적인 경향이 있다. 회사가 직원의 잠재력을 중시하고 기대를 품는다면 그 결과로 성취와 리더십이 생겨난다.

3. 지위는 직원이 실제로 무엇을 성취했는지, 즉 업적의 문제이다. 하지만 시간이 지나면서 업적에 따른 평판이 영속적인 특성이 되어 새로운 성공이 이어지고 더 많은 성취가 가능해진다.

4. 성취 또는 성공만이 비즈니스에서 지위를 부여하는 합당한 근거이다. 최근에 더 많이 성취를 이룬 사람일수록 현재의 도전과제를 해결하는 데 더 낫고 적합하다. 개인의 출신배경이 변변치 않거나 역경을 딛고 성공했을 때 성취는 의미가 커진다.

본인이 가장 선호하는 의견을 1로, 두 번째로 선호하는 의견을 2로 표시하시오. 그리고 직장에서 가장 가까운 동료가 선호할 것으로 생각하는 의견을 앞에서와 같이 1과 2로 표시하시오.

2번 또는 3번 의견을 선택했다면 성취지위와 귀속지위를 조정할 수 있다는 생각을 나타낸 것이다. 2번 의견은 성취와 성공으로 이어지는 사회적 귀속지위를 긍정한다(위의 한국 사례는 비슷한 원칙에 기초하고 있다). 3번 의견은 사회적인 지위부여로 이어지는 성취지위를 긍정한다. 두 사례 모두는 자기가치가 자기실현을 이룬다는 생각을 전제로 한다. 1번과 4번 의견은 각각 성취지위와 귀속지위를 부정한다.

다음은 귀속주의 문화권과 성취주의 문화권에서 비즈니스를 할 때 참고할만한 실용적인 팁을 보여준다.

문화차이 인식하기

성취지위 지향	귀속지위 지향
과업을 수행할 때 필요한 역량과 연관성이 있는 타이틀만을 사용하여 호칭한다.	타이틀을 광범위하게 사용한다. 특히 조직에서의 지위를 분명히 나타낼 때 활용한다.
계층구조에서의 상사에 대한 존경은 그들이 얼마나 효과적으로 일을 수행하고 전문성이 얼마나 뛰어난지에 근거한다.	계층구조상 상급자에 대한 존경을 조직과 조직사명에 대한 헌신의 척도로 본다.
높은 지위에 있는 관리자들 대부분은 나이대나 성별이 다양하고 특정 분야에서 탁월성을 보여주는 사람들이다.	높은 위치의 관리자 대부분은 중년 남성이며 인정받는 배경을 지니고 있다.

이문화 비즈니스 팁

성취지위 지향형 사람들과의 비즈니스에서는	귀속지위 지향형 사람들과의 비즈니스에서는
충분한 데이터와 기술자문단을 확보하고 지식이 풍부한 인력으로 협상팀을 구성하여 상대 회사에게 프로젝트를 공동으로 추진하면 성공할 것임을 설득한다.	협상을 중요하게 생각하고 있다는 점을 상대방 회사에게 전달하기 위해서는 협상팀에 공식 직함이 있는 사람뿐만 아니라 충분히 나이가 있는 관계자를 포함시키도록 한다.
협상 상대방이 본국에서 영향력이 부족하다는 의구심이 들더라도 그 사람의 전문성과 정보를 존중한다.	상대방의 경험이 부족해 보이더라도 그 사람의 지위와 영향력을 존중한다. 상대방이 스스로 아는 것이 없다는 생각이 들지 않도록 한다.
개인으로서 자신의 능력을 잘 보여줄 수 있는 타이틀을 사용한다.	조직에서 자신의 영향력 정도를 보여주는 타이틀을 사용한다.
기대를 뛰어넘는 성과를 낼 필요가 있는 상대방의 입장을 과소평가하지 않는다. 도전이 곧 동기부여가 된다.	자신의 귀속주의적 생각을 현실화해야 할 필요가 있는 상대방의 입장을 과소평가하지 않는다. 도전은 곧 기존 체계를 파괴하는 것이다.

이문화 조직관리 팁

성취 지향형 사람들	귀속주의 지향형 사람들
지식과 기술이 있는 관리자를 존경한다.	연공서열이 높은 관리자를 존경한다.
목표에 의한 관리와 성과연동 보상제는 효과적인 도구이다.	목표에 의한 관리와 성과연동보상제는 관리자가 직접 제공하는 보상보다 효과가 덜하다.
기술과 기능상의 근거가 있다면 의사결정된 사항에 대해서 이의를 제기한다.	더 높은 권위를 지닌 사람만이 의사결정된 사항에 대해서 이의를 제기할 수 있다.

시간을 어떻게 관리하는가?

관리자라면 비즈니스 활동을 조율해야 할 필요가 있기 때문에 시간에 대한 관념을 공유해야 한다. 문화마다 인간관계에 대한 가정이 다르듯이 시간에 대해서도 저마다 다르게 접근한다. 이번 장에서는 문화에 따라 과거와 현재, 미래에 부여하는 중요성이 상대적으로 얼마나 다른지 살펴본다. 성취지향 문화에서는 소망이 실현되는 것은 미래라고 생각하기 때문에 미래가 과거나 현재보다 더 중요하다고 믿을까? 한편, 관계지향 문화에서는 미래를 현재의 관계를 약화시킬 수 있는 위협적인 존재로 바라볼까? 우리가 시간을 어떻게 생각하느냐에 따라 결과는 각각 다르게 나타난다.

과거, 현재, 미래에 대한 문화차이와 더불어 시간 차원에는 다음과 같은 하위 구성요소들이 있다.

- 시간은 순차적sequential(선형적인 사건의 연속)인가 동시적synchronic (여러 작업을 동시에 병행 가능)인가?

- 시간지평time horizon의 길이, 즉 생각하는 시간의 범위. 비즈니스를 향후 3개월을 보고 계획하는가? 아니면 3년 혹은 30년을 내다보고 계획하는가?
- 시계시간clock time인가 아니면 사건시간event time인가? 일을 정해진 시간 내에 해내는가? 아니면 약간 늦더라도 일의 질을 높이는가?

이 모든 요소들은 상호 관련되어 있어서 미래에 대한 생각과 과거의 기억 둘 다 현재의 행동을 형성한다.

시간의 개념

원시사회에서는 달의 차고 기움과 계절, 일출, 일몰의 '이전'과 '이후'라는 단순한 개념에 따라 생활하였다. 문명이 발달한 사회에서 시간 개념은 점차 복잡해진다. 우리 모두의 시간관념을 관통하고 있는 두 가지 대비되는 개념이 있다. 첫째는 일련의 개별적인 사건, 시간, 일, 월, 년이 끝없이 이어지는 시간개념이다. 다른 하나는 시간마다 분이, 날마다 시간이, 주마다 날이 반복되듯 흐름이 반복 순환하는 시간개념이다.

그리스 신화에서 여성의 얼굴, 사자의 몸, 새의 날개를 한 괴물인 스핑크스는 고대 그리스 도시인 테베로 가는 모든 나그네들에게 "아침에는 네 다리로, 낮에는 두 다리로, 밤에는 세 다리로 걷는 짐승이 무엇이냐?"라고 물었다. 스핑크스는 답을 맞히지 못한 사람을 잡아먹었다. 하지만 오이디푸스가 '인간'이라는 정답을 말했고 스핑크스는 자살한다. 오이디푸스는 그 수수께끼가 시간에 대한 은유라는 점을 간파했다. 네 다리는 기어 다니는 아기를, 두 다리는 성인을, 세 다리는 지팡이 짚는 노인을 뜻했다. 오이디푸스는 시간을 장기간에 걸쳐 연속으로 이어지는 개념으로 생각했기 때문에 수수께끼를 풀 수 있었다.

인류학자들은 문화가 시간을 어떻게 바라보고 관리하는지가 그 문화 구성원이 삶에서 찾는 의미와 인간존재의 본성에 대한 실마리라고 오랫동안 주장해왔다. 클럭혼Kluckhohn과 스트롯벡Strodtbeck은 시간에 대하여 문화를 세 가지 유형으로 구분했다. 현재지향형 문화는 상대적으로 시간을 초월하며 전통이 없고 미래를 무시한다. 과거지향형 문화는 전통을 유지하고 되살리는데 주된 관심을 둔다. 미래지향형 문화는 보다 바람직한 미래를 구상하고 이를 실현하기 위해 나선다.[1] 주로 미래지향형 문화의 사람들이 경제, 사회적 발전을 경험한다.

시간을 조직이 관리해야 하는 요소로 보는 경향이 점차 커지고 있다. 시간과 동작 연구time-and-motion studies, 시장진출시간time-to-market(한 제품의 개발 및 제품을 만들어 시장에 내놓는데 까지 걸리는 시간 – 역주), 적시생산시스템just-in-time 등이 그 예이며 사람의 생애와 같이 제품도 나이를 먹고 성숙해지며 생애주기가 있다는 생각도 있다. 동물의 왕국에서 유일하게 인간만 시간을 인식하고 시간을 통제하려 노력한다. 인간은 보편적으로 과거, 현재, 미래라는 범주에서 생각하지만 각각에 동일한 중요성을 부여하지는 않는다. 시간에 대한 개념은 문화가 지대한 영향을 미친다. 왜냐하면 시간은 대상이라기보다 관념이기 때문이다. 시간에 대해 어떻게 생각하는가는 다른 이들과의 활동을 어떻게 계획하고, 전략을 짜며, 조정하는지가 복잡하게 서로 얽혀있다. 그것은 경험과 활동을 체계화하는데 필수적인 차원이다.

시간을 측정하기 위한 도구를 만들 때 우리는 시간에 대한 경험을 형성한다. 우리는 지구가 태양 주위를 공전하는데 걸리는 시간인 천문시astronomical time 내에서 미묘한 구분을 할 수 있다. 이렇게 시간을 행성의 움직임에 따라 정해진 것으로 생각하기도 하지만 한편으로는 주관적인 경험으로 파악할 수도 있다. 제트 항공기를 타면 비행기의 위치가 지구의 지도 위에 표시된다. 비행기는 매우 천천히 목적지를 향해 움직이는 것처럼 보인다.

시간을 경험한다는 것은 우리가 지금 과거 사건을 생각하거나 미래 사건을 상상할 수 있다는 뜻이다. 이런 식으로 과거, 현재, 미래는 모두 압축된다. 우리는 과거 경험과 미래에 대한 기대를 바탕으로 오늘 취할 행동을 생각할 수 있다. 이것은 시간을 해석적으로 활용하는 것이다.

시간은 개인뿐만 아니라 전체 집단 또는 문화에도 의미가 있다. 프랑스 사회학자 에밀 뒤르켐Émile Durkheim은 시간을 문화 구성원이 활동을 조정할 수 있도록 해주는 사회적 구성체로 보았다.[2] 이런 관점은 비즈니즈적 맥락에서 중요한 함의가 있다. 회의시간이 대략적일 수도 있고 정확해야 할 수도 있다. 과제를 완료하기 위해 배분한 시간이 절대적으로 중요할 수도 있고 단순한 지침일 수도 있다. 납기를 지키지 못할 경우 상호 이해를 기대할 수도 있고 일방이 상대방에게 하루에 수천 달러를 배상한다는 벌칙조항을 적용할 수도 있다. 조직이 먼 앞날을 내다볼 수도 있고 월별 실적에 집착할 수도 있다.

과거, 현재, 미래에 대한 지향성

성 어거스틴Saint Augustine은 자신의 선언문Declarations에서 주관적 현상으로서의 시간은 추상적 개념으로의 시간과 상당히 다르다고 짚었다. 우리는 추상적 형태의 시간으로는 미래를 알 수 없다. 왜냐하면 아직 미래는 여기에 오지 않았기 때문이다. 과거 또한 알 수 없는데 우리가 기억을 갖고 있다 하더라도 부분적, 선택적일 수밖에 없고 과거는 이미 흘러가버렸기 때문이다. 현재만이 유일하게 존재하며 현재가 과거와 미래에 접근하기 위한 유일 통로이다. 어거스틴은 "따라서 현재에는 세 가지 차원이 있다. 과거 일의 현재, 현재 일의 현재, 미래 일의 현재이다."라고 하였다.

어떤 순간에도 현재만이 유일한 실제이며 과거와 미래는 사라졌거나 아직 오지 않았다는 생각은 우리가 현재에서 과거와 미래를 생각한다는 사실에 의해 타당성을 지닌다. 과거와 미래에 대한 생각은 그것이 얼마나 불완전하든 간에 우리 사고에 지대한 영향을 미친다. 이런 주관적인 시간 관념은 우리 판단과 의사결정에 녹아들어가 있다. 시간에 대한 이 세 가지 인식은 우리 행동 안에서 결합한다. 미래에 대한 기대가 현재를 결정한다는 말은 현재의 행동이 미래를 결정한다는 말만큼이나 타당하다. 또한 현재 경험이 과거에 대한 시각을 결정한다는 말이나 과거가 오늘 우리 모습을 만들었다는 말도 같은 관계가 성립한다.

다양한 사람과 문화는 과거, 현재, 미래에 대하여 각각 다소 다른 지향성을 보일 수 있다. 일부는 온전히 현재를 살거나 그러려고 노력한다. 헨리 포드의 표현대로 "역사란 얼마간은 터무니없는 속임수"이며 과거에 대한 탐구는 쉽게 잊힌다. 어떤 사람들은 전혀 존재한 적이 없는 세상을 꿈꾸고 자신들의 상상과 동경으로 그 세상을 창조해내려 한다. 그게 아니면 황금기의 재도래, 나폴레옹과 같은 전설의 환생, 미국 서부시대와 같은 도전을 추구할 수 있다. 그들은 미래가 자신들에게 운명으로 다가 오고 있거나 자신들이 단독으로 미래를 규정해야 한다고 믿는다. 또 어떤 사람들은 향수어린 과거에 살면서 현재 시도하는 모든 것들로 과거를 재현하고자 한다.

순차적 활동과 동시적 활동

우리는 시간의 개념으로부터 적어도 두 가지 이미지를 도출할 수 있다는 점을 살펴보았다. 시간은 정해진 간격으로 우리를 지나치는 일련의 순차적인 사건으로 생각할 수 있다. 또한 계절과 리듬처럼 순환적, 반복적이고 과거, 현재, 미래가 압축된 개념으로 생각할 수도 있다. 전자의 관점에서는 시간을 동일한 간격으로 점이 찍힌 점선으로 인식할 것이다. 사건들은 발생 전후에 얼마나 간격을 두는지에 따라 배열한다. 순차적으로 사고하는 사람의 관점에서 모든 일에는 때와 장소가 있다. 그 순서에 조금이라도 변화나 동요가 있다면 순차적인 사람은 불확실성을 겪는다.

영국에서 줄을 서는데 새치기를 해보라. 엄격하게 정해진 순서를 지키려하는 사람들이 있다는 점을 알게 될 것이다. 모든 사람이 자신의 순서를 기다려야 한다. 먼저 오는 사람에게 먼저 기회가 돌아간다. 그것은 '바람직한 양식'의 일부이다. 저자는 런던에서 버스를 기다리며 길게 줄 선 사람들을 본 적이 있다. 그때 비가 쏟아지기 시작했다. 비를 피할 곳이 가까이 있음에도 그들은 모두 둔감하게 비를 맞으며 서 있었다. 정해진 순서를 흩뜨리고 싶지 않았기 때문이다. 그들은 상황에 알맞게 행동하기보다 옳다고 정해진 대로 행동하는 것을 선호했다. 네덜란드에서도 마찬가지다. 여왕이라 하더라도 정육점에서 46번 번호표를 들고 있는데 12번을 부르는 순서에 새치기를 한다면 큰 문제를 일으킬 것이다. 긴급한 상황이라도 봐주는 법은 없다. 순서는 순서이다.

최소의 노력으로 최대의 효과를 내며 A에서 B까지 일직선으로 가는 것이 효율성이다. 효율성의 원칙은 북서유럽과 북미에서 비즈니스를 할 때 큰 영향을 미친다. 이런 사고방식의 결점은 어떤 일을 할 때 '직선형' 방식이 항상 최선이 아닐 수 있다는 점이다. 그것은 함께해야 하는 활동과 상호연결을 통해 효과성을 달성해야 할 경우에는 맹점을 보인다.

이탈리아에서 한 정육점 주인은 손님이 살라미 소시지를 요청하자 포장을 풀고는 외쳤다. "살라미가 필요하신 분 더 있으세요?" 이 사례에서 순차적인 사고가 전혀 없는 것은 아니다. 사람들은 여전히 용무를 마치는 순서대로 돈을 낸다. 하지만 자신이 원하는 것(가져갈 준비가 된 살라미 소시지)을 얻으면 앞서온 다른 사람들보다 먼저 돈을 내고 떠날 수 있는 것이다. 이 방식을 통해 더 적은 시간에 더 많은 사람들에게 서비스를 제공할 수 있다.

반면에 암스테르담이나 런던에서는 정육점 주인이 손님이 온 순서대로 번호를 부른다. 고기 포장을 풀어서 손님이 원하는 부위만을 잘라주고는 다시 포장한다. 그리고 다시 다음 번호를 부른다. 한 번은 뒤에 있는 일행 중 한 명이 "이왕 살라미를 꺼냈으니 저도 1파운드만 잘라주세요." 라고 요청했다. 다른 손님과 정육점 직원은 크게 화가 났다. 이 시스템은 비효율적일 수 있다. 하지만 누군가가 그것을 바꾸려 하는 것을 내버려 두지 않았다.

반면, 동시적 방법은 사람들이 다양한 활동을 병렬적으로 처리하도록 한다. 마치 공 6개로 리듬을 타며 저글링하는 사람과 같다고 할 수 있다. 여기에 익숙하지 않은 문화에는 쉽지 않은 일이다. 미국 인류학자인 에드워드 T. 홀Edward T. Hall은 우리가 동시적synchronic이라고 부르는 개념을 한번에 수행하는 활동이 하나 이상임을 강조하여 다중시간polychronic이라는 개념으로 설명했다.[3] 최종 목표가 정해져 있다. 하지만 그 목표에 도달하기까지는 다양하고 서로 교환도 가능한 디딤돌들이 존재한다. 최종 목표를 향해 가는 길에 '디딤돌을 건너뛸' 수도 있다.

대조적으로, 순차적 시간을 지향하는 사람은 사전에 중요경로를 정해놓고 각 단계를 밟아가면서 목표를 추구한다. 이런 사람은 예상치 못한 사건 때문에 정해놓은 일정 또는 의제에서 벗어나는 것을 싫어한다. 홀은 저서인 〈침묵의 언어*The Silent Language*〉에서 일본 협상자들은 미국 비즈니스 파트너가 귀국 항공편을 확정한 다음에 중요한 타협안을 내놓는다는 점을 밝혔다. 미국인은 협상 때문에 귀국일정을 미루기보다 일정 안에 마치기 위해 일본인의 요구에 양보하는 경우가 종종 있기 때문이다.

동시적 또는 다중시간처리 방식은 거기에 익숙하지 않은 사람에게 놀라움으로 다가온다. 저자는 아르헨티나의 티켓창구에서 한 여성판매원으로부터 항공권을 구매한 적이 있다. 그 여성은 정확하게 티켓 발권을 하면서 전화로 친구와 통화도 하는가 하면 동료의 아기를 사랑스러운 듯 쳐다보기도 했다. 한 번에 몇 가지를 동시에 처리하는 사람은 의도하지 않더라도 한 번에 하나에 집중하는 사람에게 모욕을 줄 수 있다.

마찬가지로, 한 번에 하나에 집중하는 사람은 의도와는 무관하게 여러 가지를 함께 처리하는 사람에게 모욕을 줄 수 있다. 어떤 한국 관리자는 네덜란드로 돌아가서 자기 상사를 만났을 때 느꼈던 충격과 실망에 대해 설명했다.

> "제가 사무실에 들어갔을 때 그는 통화중이었습니다. 제가 들어가자 그는 절 보며 왼손을 살짝 들었지요. 그리고 나서는 통화를 계속 했어요. 마치 제가 방에 있지도 않은 듯 말이죠. 5분 후에 통화를 마친 다음에야 그는 일어나서 '반가워요'라며 열정어린 인사를 했지만 진정성은 없어보였습니다. 저는 그의 행동을 납득할 수 없었습니다."

상대방이 아무리 통화중이라 하더라도 자발적으로 즉각 인사하지 않는다면 동시적 문화권의 사람은 모욕으로 받아들일 수 있다. 감정에 순서를 두고 당장의 일을 마칠 때까지 감정표현을 미룬다면 진정성이 없다는 의미가 된다. 상대방을 얼마나 소중하게 여기는지는 그 사람에게 얼마나 시간을 할애하는 지로 나타난다. 상대방이 예상치 못하게 나타난 경우에도 마찬가지이다.

순차적 경향의 사람은 시간대별로 구분하여 일정을 빡빡하게 잡는 경향이 있다. 몇 분 늦는 것조차 무례하게 생각하는데 하루 전체 일정에 영향을 주기 때문이다. 시간을 다 써버려야 하는 물품으로 보기 때문에 지각을 하면 '시간이 곧 돈'인 세상에서 상대방의 소중한 시간을 낭비하게 만드는 셈이다.

동시적 문화에서는 흐르는 시간 중 합의한 때에 도착한다는 의미의 시간엄수를 고집하는 정도가 덜하다. 이것은 시간의 흐름을 사소하게 여기는 것이 아니라 다른 문화가치들과 시간엄수 간에 경합이 발생하는 것이다. 종종 우리는 특별한 관계인 사람에게 '시간을 할애'할 필요가 있다(4장의 보편주의 대 특수주의에 대한 논의 참고). 뜻하지 않게 만난 지인에게도 반가운 감정을 표현해야 할 수 있다(6장의 감정표현 대 감정절제 문화에 대한 논의 참고). 일정이 있다 하더라도 그런 사람들을 그냥 지나칠 수 있는 변명이 될 수 없다. 그렇게 한다면 어머니나 약혼자, 지인의 기분이 심하게 상할 수 있다. 프랑스 인류학자인 레이몬드 캐롤Raymond Carroll은 한 미국 여성이 프랑스인 연인에게 남겨놓은 메모에 대해 말했다. 그녀는 남자친구에게 저녁에 만나고 싶으면 다른 일정을 잡지 않도록 미리 알려달라고 적었다. 프랑스인 남자친구는 기분이 상했다. 여자친구의 다른 일정 때문에 자연스럽게 감정을 표현하는 자신들의 특별한 관계가 방해받아서는 안 된다고 생각했기 때문이다.[4] 우연히 만났다고 하더라도 높은 지위에 있는 사람에게는 시간을 할애해야 한다(8장의 성취지위 대 귀속지위에 대한 논의 참고). 이런 모든 이유로 동시적 문화에서 회의 시간은 대략적일 수 있다. 그 범위는 라틴 유럽의 경우 15분에서 중동이나 아프리카에서는 하루의 일부 또는 전부일 수 있다. 만날 약속이 있는 대부분의 사람들이 다른 활동을 병행하고 있다는 점을 고려할 때 기다리는 시간이 부담스럽지는 않다. 늦게 도착하면 상대방이 계획에 없던 활동을 할 수 있는 시간을 준다는 점에서 종종 편리할 때도 있다.

음식 준비조차도 시간 지향성에 영향을 받는다. 순차적, 시간엄수 문화에서는 대개 정확한 양의 음식을 준비한다. 그렇기 때문에 손님이 제시간에 오지 않으면 음식이 상하거나 식을 수 있다. 동시적 문화에서는 예상치 않은 손님이 더 올 수 있기 때문에 보통 충분한 양보다 더 많이 음식을 준비한다. 대개 음식도 상하지 않거나 원하는 만큼 요리할 수 있는 종류로 준비한다.

시간에 대한 문화차이 측정

이 책에서는 시간에 대한 접근방식을 측정하기 위해 '원(동그라미) 검사법 circle test'을 창안한 톰 코틀Tom Cottle의 방법론을 사용한다.[5] 질문은 다음과 같다.

> 과거, 현재, 미래를 원 모양으로 생각해 보시오. 아래 주어진 네모 공간에 과거, 현재, 미래를 각각 나타내는 세 개의 원을 그리시오. 과거, 현재, 미래의 관계에 대한 자신의 생각을 가장 잘 보여줄 수 있도록 원들을 배치하시오. 크기가 다른 원을 사용할 수도 있으며 원을 다 그리고 나면 각각에 어떤 원이 과거, 현재, 미래인지 표시하시오.

코틀은 가능한 테스트 결과를 네 가지 유형으로 도출했다. 첫째, 원 사이에 관계가 없는 유형이다. 그림 9.1은 러시아와 베네수엘라의 시간에 대한 접근방식이 이에 해당한다는 점을 보여준다. 러시아의 관점에서 과거, 현재, 미래 사이에는 연관성이 존재하지 않는다. 두 번째는 시간통합 temporal integration 유형이다. 말레이시아와 일본이 좋은 예이다. 이 유형에서 과거, 현재, 미래는 온전히 겹친다. 세 번째는 원이 부분적으로 겹치는 유형이다. 그림 9.1은 좋은 예들을 보여준다. 이 유형은 벨기에와 독일의 특징에 해당하며 원 사이에 겹치는 영역이 작다. 이 점에서 벨기에와 독일은 영국과 다르지 않다. 하지만 영국은 과거와 더 강한 연관성을 보인다. 영국인은 현재를 덜 중요하게 생각한다. 독일인은 현재를 가장 강조하는 반면, 벨기에인은 시간의 세 가지 측면이 동일하게 중요하다고 본다. 네 번째 접근방식을 보면 과거, 현재, 미래가 서로 맞닿아 있지만 겹치지 않는다. 따라서 과거, 현재, 미래 사이에 '공유' 시간영역이 없다. 인도와 나이지리아가 대표적인 예인데, 시간이 논리적으로 흐르면서 기간들이 서로 영향을 미치지 않는다.

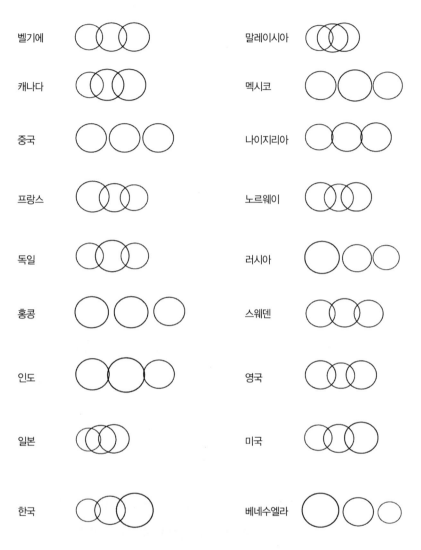

그림 9.1 과거, 현재, 미래

이 원형 다이어그램에서 나온 해석과 추론은 우리 연구조사에 의한 다른 차별화된 질문들과 이어지는 내용에서 논의하는 시간차원의 다른 측면을 통해 더 자세히 살펴보겠다.

시간지평

원 검사법을 통해 여러 문화권마다 과거, 현재, 미래에 어떻게 다른 의미를 부여하는지를 비교해보았다. 코틀이 개발한 또 다른 방법을 사용하여 사람들이 단기와 장기 시간지평time horizon 중 어떤 쪽을 선호하는지를 알아보았다.[6] 시간지평 진단은 사람들이 과거, 현재, 미래를 구분하는 경계를 인식하는 방식과 그 기간을 조사한다. 아래는 진단지에 있는 58개의 질문 중 우리가 필요한 한 가지 질문만 골라서 짧게 수정한 것이다.

질문은 다음과 같다.

> 과거, 현재, 미래의 상대적 중요성을 생각해보시오. 당신이 생각하는 과거, 현재, 미래의 상대적인 시간지평을 숫자로 표시하시오.
>
> 7 = 년
> 6 = 개월
> 5 = 주
> 4 = 일
> 3 = 시간
> 2 = 분
> 1 = 초
>
> 나의 과거는… 전에 시작되었다. 그리고 … 전에 끝났다.
> 나의 현재는… 전에 시작되었다. 그리고 지금으로부터… 후에 끝난다.
> 나의 미래는 지금으로부터… 후에 시작된다. 그리고 지금으로부터… 후에 끝난다.

6개의 항목에 부여된 기간을 계산하여 국가별 평균을 도출하였고 여기에서 유의미한 차이점을 발견하였다.(그림 9.2 참조) 시간 지평이 가장 긴 곳은 홍콩이며 가장 짧은 곳은 필리핀이다.

시간지평은 비즈니스 수행방식에 중대한 영향을 미친다. 상대적으로 앞날을 길게 내다보는 일본인은 '분기 단위로 생각하는' 미국인과 분명히 대조적이다. 이런 차이점은 일본인이 미국 캘리포니아의 요세미티 국립공원의 운영권을 매입하려 했을 때 두드러지게 나타났다. 맨 처음 그들은 향후 250년 동안의 비즈니스 계획을 제출하였다. 캘리포니아 당국은 이렇게 반응하지 않았을까? "이런. 1,000분기짜리 보고서이군."

스웨덴의 긴 시간지평은 길고 어두운 겨울로 설명된다. 스웨덴에는 밝

7 = 년 1 = 초

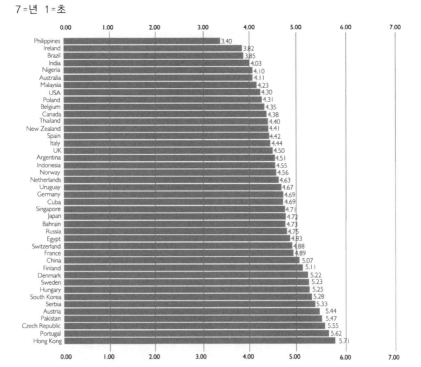

그림 9.2 장기 대 단기

은 계절이 연중 몇 개월에 지나지 않기 때문에 그 동안에 한 해 전체를 계획해야 한다.

하지만, 장기의 과거지향형 문화와 시간의 흐름을 현재의 연장으로 인식하는 문화, 미래에 대한 장기관점을 지닌 문화 사이에는 몇 가지 뚜렷한 차이점이 있다. 설문에 대한 점수가 그림 9.3과 9.4에 나와 있다.

기간에 대한 위의 설문을 통해 시간 지평들이 겹치는 정도, 즉 동시성의 정도도 파악할 수 있었다. 원 검사법에서 원들이 겹치는 것과 비교해서도 더 높고 중대한 상관관계를 발견할 수 있었다.

시간을 보는 관점과 시간관리

기업들이 시간을 어떻게 인식하느냐에 따라 조직화 방식도 영향을 받는다. 기업에서는 기획, 새 트렌드 포착을 위한 환경분석, 생산속도 향상, 시장진출기간, 고객의 제품 수요와 제품 디자인, 생산, 운송에 걸리는 시간의 간격 등의 역할을 수행하는 전담부서를 두고 있다. 전략과 목표는 모두 미래 지향적이다. 합작투자와 파트너십은 어떻게 미래에 함께 참여할지에 대한 합의다. '동기부여'는 직원이 미래에 일을 더 잘 할 수 있도록 그 사람에게 무엇을 줄 수 있는지에 대한 것이다. 진보, 학습, 개발은 모두 시간이 흐름에 따라 능력이 향상된다는 점을 가정한다. 오래 근무한 직원에게 그 동안 축적한 경험을 고려하여 더 높은 연봉을 주는 관행이 있는 것도 같은 맥락이다. 여러 국가에서 활동하는 기업에서 시간에 대한 경향성 차이를 보일 때 혼란이 발생할 수 있다. MCC의 젊은 관리자인 존슨의 사례로 돌아가 보자. 멋진 점심을 함께 하면 근본적인 문화차이로 인한 오해도 호수 위의 잔물결에 지나지 않는 것처럼 보일 수 있다. 존슨

7 = 년 1 = 초

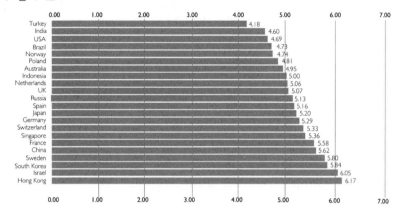

그림 9.3 평균 시간지평 : 과거

7 = 년 1 = 초

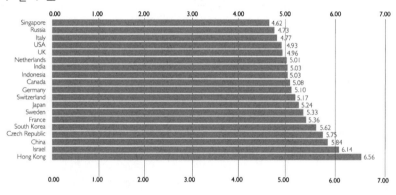

그림 9.4 평균 시간지평 : 미래

은 참석자들에게 정확히 오후 2시에 다시 회의를 시작할 것을 요청했다. 왜냐하면 오후에도 다루어야 할 의제들이 많기 때문이었다.

대부분 참석자들은 오후 1시 50분에 회의실로 돌아왔다. 2시 5분이 되자 존슨은 안절부절 서성이기 시작했다. 무노즈와 지알리가 아직 홀에서 전화통화 중이었다. 그들은 2시 20분이 되어서야 들어왔다. 존슨이 말했다. "이제 드디어 회의를 시작할 수 있나요?" 싱가포르와 아프리카 대표들은 의아해하는 모습이었다. 그들은 회의가 이미 시작됐다고 생각했다.

의제의 첫 번째 안건은 보너스와 성과를 결정하는 시간 간격이었다. 미국인, 네덜란드인, 기타 북서유럽 대표들을 제외한 나머지 사람들은 평가 주기가 너무 짧다고 불평하였다. 존슨과 네덜란드, 스칸디나비아의 대표들은 그렇게 자주 평가하는 것이 마땅히 바람직하다고 생각했다. "강화하려는 행동 바로 뒤에 보상이 뒷받침되어야 합니다. 그렇지 않으면 서로 연관성을 잃어버리게 됩니다." 이에 싱가포르 관리자가 응수했다. "그럴 수도 있지요. 하지만 당장 눈앞에 있는 돈을 추구하는 철학 때문에 우리는 고객을 잃고 있습니다. 고객들은 우리가 분기 말에 실적 압박이 생기는 것을 좋아하지 않습니다. 그들은 우리 대표들이 개인 실적에 신경 쓰는 것이 아니라 자신들에게 제대로 된 서비스를 제공하기를 원합니다. 우리는 고객을 장기간 유지해야 합니다. 영업사원이 경쟁자를 이기기 위해 고객에게 구매하도록 밀어붙여서는 안 됩니다."

미국인은 개인이 성취와 의지로 인한 노력을 통해 미래를 주도할 수 있다고 본다. 이러한 이유로 존슨은 네덜란드와 스칸디나비아의 관리자들의 지지를 받아 정기적으로 성과와 연동하여 보상하는 제도를 원했다. 하지만 개인이 먼 미래에 대해서는 많은 것을 할 수 없기 때문에 미국은 미래를 현재에서 통제할 수 있도록 단기적으로 본다. 그래서 "당장 눈앞의 돈을 추구한다"는 비판을 받기도 한다. 더 나은 미래를 위해서는 점점 매출과 이익을 증가시켜야 한다. 지금 더 나은 행동을 하지 않으면 변명의 여지가 없다. 현재의 성공이 미래의 더 큰 성공을 가져오기 때문이다.

프랑스인 응답자와 미국인 응답자를 비교해 봄으로써 통찰을 얻을 수 있다. 프랑스 문화에서는 과거의 존재감이 훨씬 크고 현재를 이해하는 맥락으로서 과거를 사용한다. 과거, 현재, 미래는 동시적으로 겹친다. 따라서 과거가 현재를 규정하고, 과거와 현재가 미래를 규정한다. 예를 들면, 필자는 21세기로 접어드는 시점에 프랑스 파리의 라데팡스La Défense 비즈니스 지구를 방문한 적이 있다. 프랑스 동료가 약속 시간이 되어도 도착하지 않아 시간이 남아서 리셉션 데스크에서 안내책자를 집어 들었다. 그 회사가 1980년대에 이룬 업적들에 대한 내용이었다. 필자는 흥미를 갖고 그것을 읽었고 동료가 더 늦어지자 안내직원에게 최근 브로셔가 있으면 달라고 했다. 안내직원은 필자가 방금 읽은 것과 같은 브로셔를 건네주었다. 그 브로셔는 겨우 두 달 전에 만든 것이라 가장 최근 것이라고 말했다. 이 회사의 미래 성공기회는 과거의 성공과 매우 명백하게 연결되어 있었다.

인간관계와 시간을 보는 관점

시간을 보는 관점은 또한 조직 내 인간관계의 질에서뿐만 아니라 기업과 그 파트너와의 관계에도 반영되어 있다. 관계가 오랫동안 유지되려면 과거, 현재, 미래가 애정과 기억으로 결합되어야 한다. 그렇게 만들어진 관계는 그 자체가 정당성을 가지며 먼 과거로부터 미래로 이어지는 변치 않는 우정의 형태로 향유된다. 동시적 시간관념을 가진 문화는 보다 '우리' 지향적(공동체주의)이고 특별하다고 알려진 사람들을 평가할 때 특수주의적인 경향을 보인다.

순차적인 시간관념을 지닌 문화에서는 관계를 도구적으로 바라보는 경향이 더 크다. 시간에 간격을 두어 구분하는 것이 또한 목적으로부터 수단을 분리시키는 것처럼 보인다. 이에 따라 높은 연봉은 더 높은 성과를 위한 수단이며, 내 고객의 구매는 내가 더 높은 보너스를 받을 수 있는 수단이 된다. 관계는 그 자체를 위한 것이 아니라 각 당사자의 소득이나 조직의 이익을 높이기 위한 것이다. 여기서 미래는 중대하다. 현재의 활동은 원하는 미래를 실현하기 위한 수단으로 보기 때문이다. 중요한 결과는 가까운 미래에 있다. 만족하는 행위는 나중으로 미룬다. 왜냐하면 미래에는 더 큰 만족이 기다리고 있기 때문이다.

현대 비즈니스의 복잡성과 증가하는 의사소통 정보의 양을 생각했을 때, 파트너들이 과거, 현재, 미래를 함께 하며 공동으로 진화하는 지속적, 동시적 관계가 더 효과적인 경영방법일 수 있다. 물론 엄격하게 일정을 준수하지 않기 때문에 동시적 문화가 다소 '원시적'이라는 생각은 근거가 희박하다. 인적자원을 물리적 공장, 장비, 현금과 같은 자원의 변형으로 보는 순차적 문화에서는 비즈니스 관계를 우리 대 그들 관계 또는 마틴 부버Martin Buber를 인용하자면 나 대 그것it의 관계로 본다.[7]

시간을 보는 관점과 권위

과거를 중시하면서 과거, 현재, 미래가 중첩되는 국가에서는 나이, 계급, 성별, 인종, 전문자격 등 지속적 특성들에 기반한 귀속지위가 정당화된다. 가령, 그랑제꼴(엄격한 선발과정을 거쳐 소수 정예의 신입생을 선발하고, 각 분야에서 최고 수준의 교육을 통해 사회의 엘리트를 양성하는 프랑스의 전통적인 고등교육연구기관 - 역주)에서 공부한 경력 같은 과거의 자격이 현재의 저명함과 유망한 미래를 설명해준다. 그 모든 것이 서로 긴밀하게 연결되어 있고 동기화된다.

다른 한편으로 보면, 허리우드에서 개인의 경력이 '가장 최근 출연작의 성패에만 달려있다면' 미래는 상대적인 성공과 실패 에피소드들의 연속이 된다. 사람들은 자기 앞으로의 경력발전에 유용하지 않은 관계와 의존성들을 떨쳐 버리고자 할 것이다. 마치 초기 미국 이민자들이 자신의 가족적 뿌리를 끊어버린 것과 같다. 개인의 권위는 가장 최근의 성취에 달려있다. 따라서 오늘 최정상에 있다 하더라도 내일 사라져버릴 수 있다. 또한 개인의 권위는 쉽게 도전받고 평가받을 수 있다. "그 사람이 가장 최근에 이룬 게 뭔데?"와 같은 접근방식은 미항공우주국NASA이 선도하고 북미와 북서유럽에서 인기있는 프로젝트 조직에서 찾을 수 있다. 조직의 다양한 부서들은 각자 진행 중인 프로젝트가 미래에 창출할 수익에 따라 평가받고 보상받는다. 성공하면 부서의 규모가 점점 커지고 실패하면 정리된다. 그룹 내에서도 프로젝트에 대한 기여도에 따라 차등적으로 보상을 받는다.

승진과 성과평가 정책

순차적 문화와 동시적 문화, 그리고 과거를 상대적으로 더 중시하는 문화와 미래를 더 중시하는 문화는 평가와 승진에 있어서 다른 모습을 보일 수 있다. 순차적 문화에서 관리자는 부하직원이 최근에 어떤 성과를 거두었는지에 관심을 둔다. 그 직원이 회사의 수익 증감에 책임이 있다면 더 쉽게 판단할 수 있다. 관리자는 자신의 역할이나 그 직원과 자신의 관계를 최소한으로 고려한다. 이를 통해 평가받는 직원이 최근 자신의 성과를 객관적으로 구분하여 이익이나 손실의 증가로서 볼 수 있도록 한다. 한편, 동시적 조직에서는 자신의 관리자와 긍정적인 관계를 형성한 직원이 좋은 평가를 받거나 승진할 수 있다. 독일의 도제 제도처럼 관리자는 자신이 부하직원의 경력개발에 한 역할을 한다는 점을 기쁘게 받아들인다.

과거지향형 문화에서의 변화관리

저자는 최근 에티오피아에서 네덜란드인 관리자와 함께 있었다. 그는 에티오피아 관리자들과 함께 변화경영 세미나를 준비하려 했지만 뜻대로 되지 않아서 스트레스를 받고 있었다. 에티오피아 관리자들은 모두가 하나같이 과거 번영을 누렸던 에티오피아의 문명기를 언급하면서 그 과거에 바탕을 두지 않은 어떠한 발전 원칙도 받아들이려하지 않았다. 그들과 논의한 후 우리는 에티오피아 역사책을 학습하여 현대 경영학의 관점에서 검토해보기로 했다. 그 당시에 에티오피아는 어떻게 도시와 상거래를 번영시킬 수 있었는가? 그 회사는 에티오피아에서 유구한 역사를 지니고 있었고 관련 기록들도 연구대상이었다. 네덜란드 관리자는 도전과제를 새롭게 규정했다. 이제는 미래를 과거의 영광을 재현하는 하나의 방식으로 보았다. 갑자기 변화경영 세미나는 모두의 열성적인 지원을 받게 되었다.

이 사례는 에티오피아에서만 적용할 수 있는 먼 나라 이야기가 아니다. 모든 변화는 연속성을 포함한다. 즉, 변화 속에서도 정체성을 보존하기 위해 몇 가지 측면에서 동일하게 남아있어야 한다. 많은 문화들이 자신의 정체성을 보존하는 방법과 일치하지 않는다면 서구 컨설턴트가 제시하는 변화 제안을 거부한다. 동시적 문화는 과거를 현재와 미래로 계승하며 자신들의 전통이 안전하다는 확신이 없으면 변화를 고려하지 않는다.

한 미국 대형 통신회사가 기술적으로 우월한 제품을 글로벌 시장에 출시했다. 회사는 이전까지 별로 성공을 거두지 못했던 남미시장에서 매출을 증가시키는데 중점을 두자고 구체적인 계획을 세웠다. 치열한 경쟁을 벌일 수 있는 유일한 상대는 프랑스 통신사였는데 제품 품질은 떨어지지만 탁월한 애프터서비스 지원으로 평판이 높았다.

미국인들은 멕시코에서 있는 첫 설명회를 준비하기 위해 심혈을 기울였다. 설명회는 회사소개와 회사의 중장기 성장 잠재력에 대한 영상으로 시작할 예정이었다. 이후에는 부사장이 멕시코의 통신부 장관을 대상으로 설명을 진행하기로 했다. 또한 두 시간 예정의 점심식사도 치밀하게 준비되었다. 멕시코의 문화를 알고 있기 때문에 그들은 점심식사 자리에서 담판을 지어야 한다고 생각했다. 오후 순서는 질의응답으로 예정했다. 그리고 나서 회사 전용기를 타고 마지막 순서에 멕시코시티를 떠날 예정이다. 빈틈없고 효율적인 일정처럼 보였다. 그런데 정말 그랬을까?

아니었다. 멕시코인 일행은 한 시간 늦게 도착하면서 시작하자마자 일정이 흐트러져 버렸다. 그뿐이 아니었다. 미국인들이 당일의 의제를 소개할 때 멕시코 장관은 급한 전화 때문에 호출을 받아 회의실 밖으로 나가야 했다. 그는 잠시 후에 돌아오기는 했지만 자기가 없는 중에 회의가 진행되었음을 알게 되었다. 멕시코인들은 몇 가지 이유로 기분이 상했다. 자신들의 대표가 없는데도 설명회를 진행시켰다는 점, 애프터서비스 계약은 제품 판매계약과는 별도로 해야 하는 점, 설명 내용이 장기적인 관계보다는 설치 후 2년까지에만 초점을 맞추고 있다는 점 때문이었다.

한편 프랑스 회사에서는 의제를 느슨하게 구조화시켜서 준비했다. 그들은 2주간의 방문 기간이 끝날 때 쯤 주요 목표를 달성하기로 했다. 타이밍, 장소, 방법은 자신들이 통제할 수 없는 요소들에 달려있으므로 상황을 보고 정하기로 했다. 장관과 그의 팀을 위해서는 프랑스 국영기업으로서의 역사적 배경을 담은 긴 설명자료를 준비했다. 그 회사는 멕시코의 전화망 시스템과 1930년부터 함께 사업을 해왔고 역사적인 파트너십을 다시 구축하기를 원했다. 프랑스 회사는 애프터서비스를 무기한 제공하며 계약의 일부로 생각하고 있었다. 업계에서는 기술적으로 뒤떨어지는 제품이라는 평가가 있었지만 결국 수주에 성공한 쪽은 프랑스 회사였다.

위의 사례에서 미국인들은 무엇을 잘못한 것일까? 가장 큰 실수는 일정을 연속으로 빡빡하게 계획한 것이었다. 멕시코 관료들은 그런 일정은 거의 무시해버린다. 그들은 절차를 진행할 때 일부러 여분의 시간을 두면서 여러 개의 (미국인이 봤을 때는) 산만한 의제를 다룬다. 기술적으로 우월한 제품을 보유한 회사가 계약을 따내야 한다는 생각은 전체에서 일부만 별도로 취급하는 문화가 본래 지닌 편향성이다. 멕시코인들은 제품을 지속되는 관계의 일부분으로 생각하며 관심을 보인 것이다. 동시적 문화의 프랑스인들도 이점을 신경 써서 강조했다. 미국인들은 애프터서비스 계약을 나머지와는 별도로 맺으려 했다. 아마도 이후 기간에 발생하는 사안이라고 생각해서였을 것이다. 반면 프랑스와 멕시코 문화는 모두 제품판매와 애프터서비스를 하나의 기간으로 보았다.

프랑스와 멕시코 사이의 관계를 새롭게 강조한 점 또한 자신을 스페인과 동일시하며 유럽에 뿌리를 두고 있는 멕시코 문화에 다가서는데 효과적이었다. 반면 미국 회사의 방식은 동시적 문화에게는 공격적이고 인내심이 부족하며 고객을 개인적 이득을 위한 수단으로 이용하려는 것처럼 보인다. 오래가는 관계를 맺으려 한다면 그렇게 급할 게 뭐가 있는가? 멕시코인들은 기술적 완벽성이 중점 이슈가 아니라고 여겼기 때문에 미국인들이 떠나기 직전일정에 맞춰진 상세 설명을 전달받는 입장이 되고 싶어하지 않았다. 그들은 자신들이 부분적으로 조절할 수 있는 관계를 경험하고 싶었다. 하지만 설명시간 동안 보여준 미국 기업의 태도는 멕시코인 입장에서 탐탁스럽지 않았다.

이 점에서 프랑스 회사가 지닌 가장 큰 우위는 상대방과 합의하는데 2주일이나 시간을 할애하고 유연한 일정 안에서 시간사용의 주도권을 고객에게 맡긴 것이다. 프랑스인과 멕시코인에게 중요한 점은 목적을 달성했다는 사실이지 그 목적을 달성하는 과정에서 사용한 특정 경로나 순서가 아니다. 또한 멕시코인들은 제품의 세부사항 보다는 장래에 발생할 수 있는 문제에 공급자가 어떻게 대응할 것인가를 중시했다. 이런 점을 고려할 때 멕시코인들이 정말로 필요한 것은 자신들의 편의를 위해서 기꺼이 일정을 조정할 수 있는 파트너였고, 프랑스인들은 자신들이 그렇게 할 수 있다는 점을 보여주었다.

게다가 미국인들은 협상을 어떻게 마쳐야 하는지를 너무 편협하게 규정해버렸다. 멕시코인들로부터 "예스"라는 대답을 끌어내야 하는 데드라인을 두고 협상에 임했다. 프랑스인들에게, 그리고 동시적 문화에서는 일반적으로 '마감일'은 존재하지 않는다. 왜냐하면 파트너십은 계속되기 때문이다. A에서 B로 최단시간에 도달하는 효율성의 자리를 대신해서 장기적으로 관계를 발전시키는 효과성이 들어선다. 미국인들은 게다가 한 가지 심각한 실수를 저질렀다. 멕시코인들이 이전에 몇 번 그랬던 것처럼 점심식사를 하고 늦게 돌아온다고 예상하여 미국인들이 30분 동안 자기들끼리 회의를 한 것이다. 미국인들은 이런 행동으로 인해 바이어를 존중하는 모습을 보이지 못했다. 상대방이 늦더라도 합류할 때까지 기다리면서 그들에게 시간을 주어야 한다. 상대방이 회의실에 들어왔을 때 동참할 수 없는 활동을 하는데 그 시간을 사용해서는 안 된다. 상대방에게 언제든지 '맞추어 줄 준비가 되어 있음'을 보여주어야 한다.

계획된 순차성인가 아니면 계획된 수렴성인가?

순차적으로 조직된 문화에서 계획은 주로 예측으로 구성된다. 즉, 기존 추세를 미래로 확장하여 미래를 현재의 연장선에서 바라본다는 의미이다. 전략은 바람직한 목표를 선택하고 분석을 통해 가장 논리적이고 효율적인 달성방법을 발견하는 것이다. 현재와 미래는 인과관계가 있고 현재의 보상이 미래의 성과를 낳을 것이며, 이것이 더 큰 성과와 보상으로 이어진다는 일반적인 통념이 있다. 마감일정은 중요하다. 왜냐하면 마감일정이 인과관계에서 한 단계의 종료와 다음 단계의 시작을 알려주고 이를 통해 '일정에 맞게' 일을 처리할 수 있다.

순차적 문화와 동시적 문화에서 계획은 상당히 다르다. 순차적인 계획에서는 모든 수단과 단계를 잘 사용하여 일정에 맞게 완료하는 것이 필수적이다. 영국에서 근무하는 한 이탈리아 연구자가 말했다. "시작부터 완료까지 모든 것을 계획해야 합니다. 환경이 바뀌면 모든 것을 처음부터 다시 계산해야 합니다." 영국보다 상대적으로 동시성을 지향하는 문화인 이탈리아 사람들에게는 목표가 가장 중요하다. 그리고 목표에 도달하기 위한 경로가 더 많을수록 예상치 못한 사건이 발생하여 앞길을 가로막는 상황에 더 잘 대처할 수 있다.

이런 점을 1990년에 이탈리아에서 열린 월드컵을 통해서도 알 수 있다. 월드컵은 결승전이 열리는 특정일까지 모든 일정을 완료해야 한다. 이탈리아인들은 이런 결과를 달성하기 위해 전체 프로그램을 수차례 재편성하고는 했다. 영국과 다른 북서유럽 국가에게는 당혹스러울 수밖에 없는 사고방식이다. 그렇지만 다른 문화의 관점에서는 놀랍게도 이탈리아인들은 이를 해낼 수 있었다. 1992년 스페인 바르셀로나에서 열린 올림픽도 이탈리아식의 계획과 많은 점에서 비슷했다. 1996년 미국 애틀랜타 올림픽에서 순차적 문화권인 미국인들은 예상치 않은 환경에 적응하는데 훨씬 많은 문제점을 보였다.

여러 증거들이 순차적 계획 프로세스가 변화무쌍한 환경에서 잘 작동하지 않는다는 점을 알려준다. 그런 계획은 너무 깨지기 쉽고 예측할 수 없는 사건 때문에 망치기 쉽다. 순차적 계획이 가까운 미래에 집중하는 경향이 있다는 사실은 이 장기적 계획에는 취약하다는 점을 증명한다. 동시적 계획은 순차적 계획이 종종 간과하는 추세 사이의 통합과 관계를 고려하여 미리 결정한 달성목표로 수렴하는 경향을 보인다.

거대 기업이 동시적 계획 스타일로 전환한 흥미로운 예가 있다. 1980년대 당시 석유회사 쉘Shell이 시나리오 플래닝을 도입한 것이다. 이를 통해서 미래에 대한 세 가지 시나리오를 작성하였다. 시나리오 작성자는 어떻게 비즈니스가 특정한 지점에 도달했는지를 설명해주는 해설자와 같았다. 즉, 과거, 현재, 미래가 상상 속에서 동기화되어 과거로부터 현재를 통해 미래로 갈라지는 세 가지 전개 양상을 추적하여 스토리나 서사적 형태로 작성하였다. 예를 들어 2003년 시나리오는 다음과 같다.

"돌이켜보면 캘리포니아가 전기자동차의 출발점이 되는 것은 불가피했다. 로스앤젤레스 지역의 대기 오염은 너무 심각해서 세계에서 가장 엄격한 배출기준을 1980년대에 도입하였고 덕분에 부분적인 전기자동차가 1995년에, 완전한 전기자동차가 그 8년 뒤에 나온다. 천천히 대기의 오염도가 낮아지기 시작했다. 획기적인 차량의 종결자는 하룻밤 만에 재충전할 수 있는 배터리를 장착한 '1,000마일 전기차'였다. 드디어 내연기관의 종말이 온 것인가?"[8]

이런 유형의 계획에서 우리는 순차적 사고와 동시적 사고가 결합되어 있음을 볼 수 있다. 시나리오 안에서는 예측내용을 다시 설정할 수 있다. 이를 통해 각각의 '동시적 상황'에 따라 일어나는 일들이 달라진다.

문화 경향성 차이가 있다고 해서 양자택일을 해야만 하는 것이 아니라 서로 다른 문화를 통합하여 활용할 수 있다는 점을 다시 한 번 확인할 수 있다. 현명한 관리자는 다양한 문화마다 선호하는 방식을 인식한다. 시나리오 플래닝에서 순차적 문화와 동시적 문화는 통합된다.

순차적 문화와 동시적 문화의 조정

동시적 문화의 사람들과는 비즈니스를 하기가 어렵다는 주장이 많다. 마감일정을 무시하는 경향이 있고 약속을 정확히 지키지 않기 때문이라는 것이다. 다음 예를 살펴보자.

얀 카이퍼스Jan Kuipers는 이탈리아 고급 여성복 도매 유통사의 네덜란드인 관리자이다. 그는 자신의 네덜란드 고객에게 납기가 지연되고 있어 점점 걱정이 커졌다. 네덜란드에서는 여름이 짧기 때문에 고가품이 일주일 늦게 배송된다면 이만저만 낭패가 아니었다. 그런데 이탈리아에서는 그 정도 지연은 다반사였다. 카이퍼스는 이 문제를 해결하려고 여러 방법을 시도해봤지만 소용이 없었다. 조기에 주문해도 이탈리아인들은 변화가 없었다. 납기가 지연되면 무조건 의류를 회수해 간다는 내용으로 계약서에 서명하도록 하기도 했다. 카이퍼스는 현재 이탈리아 운송업체와 다툼을 벌이고 있다. 의류제조업체 측에서는 자기 책임이 아니라며 버티고 있기 때문이다. 납기지연 문제를 해결하기 위해 카이퍼스에게 어떤 조언을 해 줄 수 있을까?

지속적으로 납기를 맞추지 못하고 있다면 밀라노의 이탈리아 디자이너들이 일종의 신호를 보내고 있는 것이다. 그것은 이탈리아 업체가 카이퍼스와 맺고 있는 비즈니스 관계를 존중하지 않는다는 의미였다. 이탈리아인들도 제 시간에 납기를 맞출 수 있다. 하지만 그들은 객관적인 시계시간보다 관계에 따른 주관적 시간을 더 선호한다.

독일인이나 미국인처럼 네덜란드인도 시계시간을 따르는 한편, 이탈리아인은 상대방이 누구인가에 따라 납기에 신경을 더 써주기도 한다. 얀 카이퍼스는 밀라노로 가서 물류업체의 대표를 만나 친한 관계를 맺었다. 그는 제 시간에 배송해야 한다는 계약이 오히려 납기를 지연시켰다는 점을 알게 되었다. 이후 납기 지연 문제는 다시 발생하지 않았다.

자가진단

다음 문제에 대해 생각해보시오.

> 일부 관리자들은 사이클 타임을 개선하여 제품이 필요할 때 시장에 내놓
> 는 최선의 방법에 대해 논의하고 있다.
> 여기에는 다음 네 가지 관점이 있다.
>
> 1. 작업 속도를 높여서 시장진출 시간을 줄이는 것이 관건이다. 시간은 곧
>   돈이다. 업무 중 잡담과 교제활동을 하는 사람들이 바쁜 일정과 신속한
>   배송을 방해하는 주범이다.
> 2. 작업 속도를 높여서 시장진출 시간을 줄이는 것이 관건이다. 일을 더
>   빨리 마칠수록 릴레이 경주에 있는 동료나 고객에게 더 신속하게 "바
>   통을 넘길 수" 있다.
> 3. 적시생산 시스템식 프로세스 및 고객과의 동기화가 사이클 타임을 단
>   축하는 관건이다. 프로세스가 겹치고 동시에 진행될수록 시간을 더 많
>   이 절약할 수 있다.
> 4. 적시생산 시스템식 프로세스 및 고객과의 동기화가 사이클 타임을 단
>   축하는 관건이다. 일을 빠르게 하다보면 피로가 쌓이고 급하게 처리한
>   나머지 완성도가 떨어진다.

1번과 4번 의견은 각각 고속 순차작업high-speed sequences과 적시적
동시작업just-in-time synchronicity을 찬성한다. 하지만 반대편 의견은 거부
하는 입장이다. 2번 의견은 고속 순차작업을 찬성하고 그것을 동시 프로

세스와 연결시킨다. 3번 의견은 고속순차작업과 연결시킨 적시적 동시작업을 찬성한다.

다음 표는 과거, 현재, 미래 지향적인 문화에서 비즈니스를 할 때 참고할만한 실용적인 팁을 보여준다.

문화차이 인식하기

과거 지향성	현재 지향성	미래 지향성
역사와 가문, 회사, 국가의 근원에 대해 많이 이야기 한다.	지금 순간의 활동과 즐거움이 가장 중요하다.	전망, 잠재력, 열망, 미래 성취에 대해 많이 이야기 한다.
사람들은 황금기를 재현하는 데 동기를 부여 받는다.	계획에 반대하지는 않지만 거의 실행으로 이어지지 않는다.	계획과 전략수립에 열성적이다.
조상, 선배, 연장자에 대해 존경을 나타낸다.	현재 관계 즉 '여기, 지금'에 지대한 관심을 보인다.	젊음과 미래 잠재력에 지대한 관심을 보인다.
모든 것을 전통이나 역사의 맥락에서 바라본다.	모든 것을 당대의 영향과 양식의 관점에서 바라본다.	미래의 이익을 위해 현재와 과거를 이용한다.

이문화 비즈니스 팁

과거와 현재 지향적인 사람들과의 비즈니스에서는…	미래 지향적인 사람들과의 비즈니스에서는…
상대방이 지닌 커다란 잠재력에 대한 증거로 그들의 역사와 전통, 풍부한 문화유산을 강조한다.	상대방 회사와 직원의 자유와 기회, 무한한 가능성을 강조한다.
변화를 고무시키고자 할 때 내부 관계가 그것을 지지하는지 여부를 확인한다.	비전으로 삼고 있는 미래로 어떤 핵심역량과 연속성을 계승하고자 하는지 파악한다.
원칙적으로 추후에 회의를 열기로 합의하지만 완결지어야 하는 데드라인을 정하지는 않는다.	구체적인 데드라인에 합의한다. 또한 그런 데드라인이 없을 경우 작업이 완료될 것으로 기대하지 않는다.
상대방 회사의 역사, 전통, 과거의 영광에 대하여 숙지한다. 그 중 어떤 모습의 재현을 제안할 것인지 고려한다.	상대 회사의 미래와 전망, 기술적 잠재력에 대하여 숙지한다. 원대한 도전과제를 제시할 것을 고려한다.

문화차이 인식하기

순차적 시간 지향성	동시적 시간 지향성
사람들은 한 번에 하나의 활동에만 참여한다.	사람들은 한 번에 하나 이상의 활동에 참여한다.
시간은 유형적이며 측정할 수 있다고 생각한다.	시간은 연속적, 확산적이라고 생각하며 시계를 보는데 신경을 덜 쓴다.
사람들은 약속을 엄격하게 지킨다. 미리 일정을 잡으며 늦지 않는다.	약속은 대략적인 것이며 중요한 사람들에게 '시간을 할애하는' 것이 우선한다.
관계는 일반적으로 일정에 종속된다.	일정은 일반적으로 관계에 종속된다.
최초 계획을 따르려는 경향이 강하다.	관계의 흐름을 따르려는 경향이 강하다.

이문화 조직관리 팁

순차적 시간 지향적인 사람들	동시적 시간 지향적인 사람들
직원들은 목표에 의한 관리로 계획한 목표를 달성함으로써 보람과 성취감을 느낀다.	직원들은 상사, 고객과의 관계가 개선될 때 보람과 성취감을 느낀다.
인사평가시 직원의 미래에 대한 헌신을 믿을 수 있는지와 더불어, 가장 최근 성과가 주요 고려사항이다.	직원이 회사에 근무해온 전체 이력과 미래 잠재성을 맥락으로 하여 현재 성과를 평가한다.
직원의 커리어 계획은 본인과 함께 세우며 특정 시기에 도달해야 하는 이정표를 강조한다.	회사라는 맥락에서 직원이 이루고자 하는 궁극적인 열망이 무엇인지 함께 이야기 한다. 어떻게 해야 이를 실현할 수 있는가?
기업은 가장 직접적이고 효율적이며 신속한 경로를 통해 일직선으로 목표에 도달하는 것을 이상으로 여긴다.	기업의 이상적인 모습은 과거의 경험과 현재의 기회, 미래의 가능성이 상호작용하는 조직이다.

10
자연과 어떻게 관계를 맺는가?

이 책에서 다룰 마지막 문화차원은 사람들이 자연환경에 부여한 역할에 대한 것이다. 이 관계는 다른 차원과 같이 인간 존재의 중심에 있다. 인간은 존재하기 시작했을 때부터 바람과 홍수, 화재, 추운 날씨, 지진, 기근, 포식동물 같은 자연요소에 둘러싸여 있었다. 생존한다는 것 자체는 자연을 지속가능하게 이용하는 방식으로 환경을 극복하거나 환경과 조화를 이루는 것을 의미했다. 인간은 원래부터 불가피하게 자연에 지속적으로 대응하면서 살아가야 했다.

인간의 경제발전은 점진적으로 도구를 강화하여 자연을 길들이는 것으로 볼 수 있다. 그 과정에서 자연이 인간 존재를 소멸해버릴 것이라는 거대한 두려움으로부터 벗어나 이제는 정반대로 인간의 자연파괴를 우려해야 할 정도로 큰 변화가 있었다. 풍요로운 생명의 보고인 아마존 우림이 불도저에 밀려서 순식간에 흔적도 없이 사라질 수도 있다.

자연을 통제하는가 아니면 수용하는가

비즈니스를 수행하는 사회는 자연에 대하여 두 가지 주된 지향성을 발전시켰다. 첫 번째는 "생육하고 번성하여 땅에 충만하라, 땅을 정복하라"는 성경의 명령처럼 인간의 의지를 투영하여 자연을 통제할 수 있고 그렇게 해야 한다고 믿는 지향성이다. 두 번째는 인간도 자연의 일부이므로 자연의 법칙과 방향, 힘을 따라야 한다고 믿는 지향성이다.

이 책에서는 첫 번째 지향성을 내부적 통제inner-directed로 설명할 것이다. 이런 종류의 문화는 기계적 세계관을 갖고 있다. 즉, 조직을 조종자의 뜻대로 움직이는 기계로 생각한다. 두 번째, 외부적 통제outer-directed 지향성은 조직 그 자체를 자연의 산물로 보는 경향이 있다. 조직의 발달은 자연에 있는 영양분과 성장에 유리한 생태계의 균형 덕분으로 생각한다.

미국 심리학자 로터J. B. Rotter는 1960년대 연구를 통해 이를 측정하는 도구를 개발하였는데 사람들이 통제의 근원이 자기 안에 있다고 보는 내부적 통제위치internal locus of control를 갖고 있는지, 통제의 근원이 외부에 있다고 보는 외부적 통제위치external locus of control를 갖고 있는지 측정하고자 하는 목적이었다.[1] 전자는 성공을 거둔 미국인과 같고, 후자는 불리한 환경이나 경쟁자 때문에 성공하지 못한 미국인과 같다.

우리는 응답자와 자연적으로 발생하는 사건과의 관계를 측정하기 위해 로터가 개발한 질문을 사용하여 문화를 조사하였고 답변에서 지역 간에 중대한 차이가 있음을 알 수 있었다. 그 질문들은 모두 선택형이고 리더와 관리자들에게 현실을 가장 잘 반영한다고 생각하는 것을 선택하도록 요청하였다. 첫 번째 질문은 다음과 같다.

A. 날씨와 같은 중요한 자연의 힘을 통제하려고 하는 것은 가치가 있다.

B. 자연을 거슬러서는 안되며 우리는 단지 자연 그대로의 모습을 받아들이면서 할 수 있는 최선을 다해야 한다.

그림 10.1은 A 주장, 즉 내부적 통제지향성을 선택한 응답자의 비율을 보여준다. 어떤 국가도 이 주장에 대하여 완전히 내부 통제 지향적인 반응을 보이지는 않는다. 가장 높은 비율이 68퍼센트이다. 하지만 국가 사이에 그 결과가 상당히 다른 점을 볼 수 있다. 다만 대륙별로 뚜렷한 패턴이 나타나지는 않는다. 일본인은 19퍼센트만이 날씨를 통제하려고 노력하는 것이 가치가 있다고 생각한다. 중국과 스웨덴도 각각 22퍼센트, 21퍼센트의 낮은 비율을 보였다. 영국은 36퍼센트로 이들 국가보다 내부 통제 지향성이 다소 높았다. 영국, 독일, 미국은 중간 보다는 높은 순위이지만 비율이 가장 높은 국가들 안에는 들지 못했다. 하지만 선택지를 보다 개인과 연관되는 것으로 바꿔 물어보면 다른 결과를 얻는다.

그림 10.2는 다음 양자택일 질문 중 A를 선택한 응답자의 비율을 보여준다.

A. 내게 일어나는 일은 내가 한 것이다.
B. 때때로 나의 삶이 어디로 가는지 스스로 충분히 통제할 수 없다고 느낀다.

이번에는 국가들 다수가 거의 완전히 내부통제 지향적으로 나타났다. 가령, 미국은 관리자 82퍼센트가 스스로 운명을 통제한다고 믿으며 프랑스에서 그 비율도 76퍼센트였다. 유럽국가 대부분도 비율이 높게 나타났는데, 러시아는 예외였다. 45년간의 공산주의 체제가 일부 영향을 미친 것으로 보인다. 마찬가지로, 공산주의 체제인 중국이 이번에는 일본보다

자연을 통제하려는 시도가 가치있다고 응답한 사람들의 비율

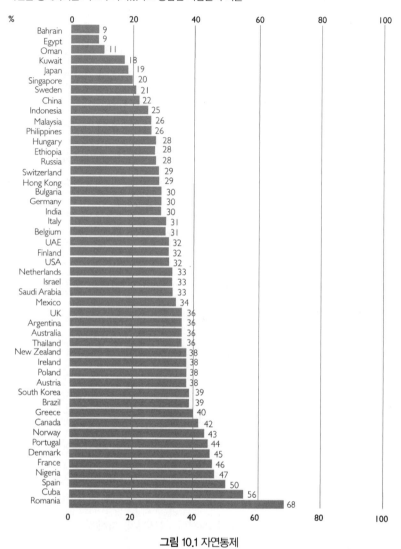

그림 10.1 자연통제

낮았다. 일본과 싱가포르에서는 관리자들이 북미나 유럽보다 내적통제
지향성이 훨씬 낮게 나왔다.

자신의 운명은 자신이 선택하는 것이라고 생각하는 응답자들의 비율

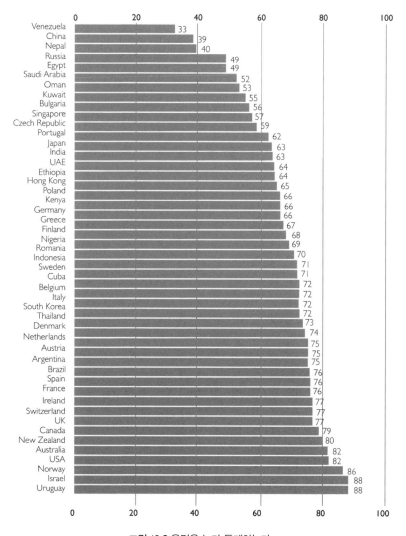

그림 10.2 운명은 누가 통제하는가

통제와 성공

인간과 자연 사이의 가능한 관계 중 극단적인 모습은 고대 그리스인과 20세기의 미국인을 대비시켜보면 아마도 가장 잘 나타날 것이다. 그리스인에게 세계는 아름다움(아프로디테), 진리(아폴로), 정의(아테나), 열정(디오니소스) 등 신과 같은 자연의 힘이 지배하는 것이었다. 이런 신들은 인간의 충성을 얻기 위해 경쟁하였으며 종종 갈등을 빚고 비극으로 치닫기도 했다. 그리스인에게 미덕은 하르모니아(조화의 여신)를 이룩하는 것이었고 그것은 자신을 통해 작동하는 자연의 힘 사이의 조화였다. 자신의 의지가 승리하기를 바랐던 오이디푸스나 이아손과 같은 인물은 자기 운명과의 싸움에서 종종 좌절한다. 한편, 산업혁명 이후 사회는 자연을 길들이려는 노력이 비극으로 끝나기는커녕 대성공을 거둔 기업가를 영웅으로 만들었다. 이것은 특히 광대하면서도 원주민이 적었던 신대륙을 발견하고 황무지를 새로운 국가로 일군 경험이 형성한 미국적 시각이다. 성공은 외부 환경에 대한 통제와 동일시된다.

하지만 미국 외의 문화권에서는 내적 통제위치와 외적 통제위치를 구분하는 것이 꼭 성공적인 사람과 그렇지 못한 사람을 구별하는 기준이 되지는 않는다. 외부 영향력에 적응하는 방법이 경제적으로 더 효과일 때가 있다. 고객, 시장의 힘 또는 신기술의 흐름을 수용하는 편이 자기 마음대로 이런 영향력을 거스르는 것보다 더 유리할 수 있다. 미국인에게는 '명백한' 장점인 내적 통제지향성이 일본이나 싱가포르의 관리자에게는 전혀 그렇지 않을 수 있고 이탈리아나 스웨덴, 네덜란드에서도 그다지 명백하지 않을 수 있다. 외적 통제지향성이 꼭 신이나 운명의 통제를 받는다는 의미는 아니다. 그게 지식혁명이나 다가오는 오염위기일수도 있고 합작투자 파트너일 수도 있다. 자신이 유리할 수 있도록 외부의 힘에 맞추어야 이상적이다.

내적, 외적 통제에 대한 원래의 미국적 개념에서는 외부통제 지향적인 사람이 실패로부터 새로운 지혜를 얻기보다는 변명을 한다는 함의를 담고 있다. 다른 나라에서는 거대한 외부의 힘이나 우연히 발생하는 사건을 인정하는 것을 개인적인 약점으로 보지 않는다. 외적통제 관점에서 판단의 기준은 사람들 외부에 있다. 이미 1장에서 설명한 바 있는 소니 워크맨의 역사가 쉬운 예이다. 인터뷰에서 모리타 아키오 소니 회장은 옆 사람을 방해하지 않고 음악을 즐길 수 있는 방법을 찾다가 워크맨이라는 아이디어를 떠올리게 되었다고 설명했다. 이 점은 북서유럽과 북미에서 워크맨을 사용하는 일반적인 동기와 극명한 대조를 이룬다. 거기서는 사용자 대부분이 다른 사람들로부터 방해받고 싶지 않기 때문에 워크맨을 사용한다. 우리는 마케팅에 대한 지속적인 연구를 통해서 MP3 플레이어용 헤드폰은 물론 iPod를 원하는 소비자들에게 이와 동일한 동기가 있다는 점을 발견했다.[2]

북미와 북서유럽 일부지역은 압도적으로 내부통제 지향적이기 때문에 '고객지향'과 '비즈니스 환경 분석'에 대해 더 배워야 할 필요가 있다. 일본이나 싱가포르 같이 외부통제 지향적인 문화에서는 그와 같은 개념이 자연적으로 배어 있다. 또한 외부통제 지향성은 라이벌이나 경쟁을 배제하지 않으며 오히려 그것에 형태와 양식을 줄 수 있다는 점도 주목해야 한다.

유도에서와 같이 고객이나 상대방의 힘에 이끌려가는 것은 경쟁력이 없어서가 아니라 더 효과적이고 조화를 이루며 상대방의 힘을 이용하기 위해서이다. 유도, 검도, 무사도에서 끝글자 '도'는 '~의 길'을 의미한다. 자신의 일부가 될 때까지 검(검도)의 길이나 무사(무사도)의 수련과 규율을 따르는 것이다. 그 결과로 더 막강한 경쟁자가 될 수 있다. 서핑하는 사람처럼 파도를 타면서 다른 사람들은 넘어져도 자신은 균형을 유지하는 것이다.

상대방의 힘을 자신의 힘으로 역이용하는 여러 동양 스포츠와는 대조적으로 미식축구와 야구 같은 서양 스포츠는 제로섬 게임이다. 맞수 사이의 충돌, 내적 통제의지 간의 경쟁, 일대일의 싸움이다. "상대방을 꺾을 수 없다면 그들과 한 편이 되어야 한다." 협상에서 조차도 애초에 원하던 것을 얼마나 얻었는가에 따라 승패가 갈린다. 반면 타협은 모든 관계자의 도덕적 위상을 떨어뜨린다.

아시아인들이 "아이디어를 훔쳐간다"라는 서구의 주장 또한 자신 안으로부터 나온 것은 '내 것'이라는 소유관념에 의해 형성되었다. 아시아인들은 서구의 기술을 나무에 달린 과실같이 환경의 일부로 간주할 수 있다. 현명한 사람들은 과실을 따서 영양을 자기 안으로 섭취한다. 카이젠 kaizen(개선), 정제refinement와 같은 개념은 고도의 문화적 시사점을 담고 있다. 외부 환경으로부터 가져온 것을 정제하거나 개선하는 것은 '모방'이 아니라 그 환경을 칭송하고 최고의 힘이 자신의 인격을 형성할 수 있도록 하는 것이다. 파괴, 항복, 미국의 점령과 같이 그 힘이 폭력적이거나 굴욕을 주더라도 일본인들은 외부 환경에 적응하여 성공한 모습으로 재기하는데 대가의 면모를 보였다. 일본인들이 즐겨 쓰는 말대로, "위기는 곧 기회이다."

내적 통제 메커니즘 : 르네상스의 이상

서구세계는 코페르니쿠스와 뉴턴의 우주관에 지대한 영향을 받았다. 이관점은 우주를 신이 자신의 충실한 추종자들이 발견하도록 만들어놓은 영구기관으로 본다. 우주의 법칙, 시간과 운동의 법칙을 발견하는 것은 창조자를 숭배하는 행위이다. 그 메커니즘의 법칙을 이해하기 위해서는 자연 기계장치의 조작을 예측하고 통제할 수 있어야 했다. 즉, 자연법칙을 자기 것으로 만들어 자연을 복종시켜야 했다. 이러한 배경으로, 내부 통제를 지향한다는 것은 과학적 정확성의 증거가 되었다. 우리는 가설을 세우고 추론한다. 그리고 예측한 결과가 이어진다면 그 법칙은 정확한 것이다.

초기 물리학자들은 인간 존재에 대한 설명을 종교에 맡겨놓았지만 17세기와 18세기에 이르러 과학과 종교의 역할 구분은 무너졌다. 자크 엘륄Jacques Ellul에 따르면, 마술을 믿었던 사람들은 이제 기술을 믿었고 외부 자연뿐만 아니라 인간의 두뇌와 육체에 적용했다. 엘륄은 다음과 같이 적었다. "기술은 이성을 사용하여 사물을 정복하고자 하는 인간의 관심을 행동으로 옮긴 것이다. 즉, 무의식을 이해하고, 질적인 것을 계량화하고, 자연의 윤곽을 선명하고 정확하게 하며 무질서를 정복하여 거기에 질서를 부여하는 것이다."[3]

르네상스 이후 자연은 객체화되었고 수동적 객체를 마음대로 다루는 모습이 더 쉽게 나타났다. 정량화와 측정은 과학의 중심이 되었고 여기에는 사회과학도 포함되었다.

자연에 대한 새로운 관점 : 사이버네틱스

그리스인에게 자연은 살아있는 유기체였고 르네상스 시대의 사람들에게 자연은 잠재적으로 인간의 이성으로 통제할 수 있는 기계였다. 이에 비해 현대의 역동적인 사이버네틱스 시스템은 이 두 가지 관점을 뛰어넘어 더 수용적인 개념으로 발전한다. 이 신개념 시스템은 개인을 육성하면서도 개인이 주도적으로 시스템을 발전시킬 수도 있는 생명을 지녔다.[4] 인간은 자연에 대한 통제력을 쟁취하기 위해 노력하던 모습에서 탈피하여 자연의 자기조절과 균형을 배우기 위해 애쓴다.

관리자가 시스템에 개입을 하더라도 발생하는 일들을 통제할 수는 없다. 조직과 시장의 시스템은 자체적인 동력이 있기 때문이다. 우리가 영향을 미칠 수는 있지만 주도할 수는 없는 것이다. 경제에 영향을 미치는 동인이나 힘이 넘쳐나면서 외부의 힘에 더 크게 영향을 받지만 동시에 우리 자신이 영향을 미칠 수 있는 공간을 만들어내려 노력한다. 그림 10.3은 이렇게 변하는 관점을 요약한 내용이다.

자연에 대한 문화의 지향성은 얼마나 중요한가?

자연에 대한 지향성은 우리가 어떻게 일상생활을 하고 기업을 경영하는지와 크게 관련 있다. 문화마다 자연을 지배하려 할 수도 있고 자연을 받아들이고 순응하려 할 수도 있다. 혹은 자연과 가장 효과적으로 조화를 이루며 살아가려 할 수도 있다. 자연은 사람의 통제를 받는 것처럼 보이다가도 급격한 상대적 힘의 반전을 보여주면서 사람의 노예가 아니라 주인으로 군림할 수도 있다. 두 상황 모두 매우 안정적이거나 바람직한 것은 아니

시대	자연의 종류	생산기능	철학	통제의 초점
원시시대	유기적 자연	예술 : 형성	자연적 : 자연세계	외부적 통제
르네상스	기계적 자연	기술 : 변혁	기계적 : 자연세계	내부적 통제
현대	사이버네틱적 자연	응용과학 : 개발	과학적 : 사회적 세계	내적통제와 외적통제의 조화

그림 10.3 자연에 대한 관점 변화

다. 인간에게 종속된 자연은 지속가능하지 않을 수 있기 때문이다.

인간과 자연간의 관계와 매우 유사한 것은 조직과 시장 사이의 관계이다. 단순히 우리가 원해서 또는 특별한 기능이 고객에게 만족을 준다고 해서 제품이 성공할 수 있는 것은 아니다. 제품의 성공은 내부의 시각보다는 외부 환경 속의 다른 사람들이 어떻게 생각하는가와 더 관련 있다. 그렇다면 우리는 원래 가고자 했던 방향이 아니더라도 기꺼이 고객이 원하는 방향으로 갈 것인가? 고객의 선호도가 우리와 다르다는 점이 분명해지면 기꺼이 마음을 바꿀 것인가?

외적 통제 지향성을 가장 잘 보여주는 한 가지 예는 진화이론이다. 진화 생물학자들에 따르면 어떤 생물이 적합한지 여부를 결정하는 주체는 환경이다. 연장선상에서 비즈니스에서는 경영자가 아니라 시장이 결정한다. 비즈니스 세계에서는 서로 싸우기로 작정한 메커니즘에 따른 적자생존이 아니라 외부의 틈새 및 조건과 관계를 가장 잘 형성하는 기업들이 살아남는다. 일부 외부 지향적인 문화의 국가들이 뛰어난 경제 발전을 거두고 있는 점도 이런 이유일 수 있다. 환경이 미래를 결정하는 데에 절대적인 영향력이 있다는 믿음이 운명주의나 패배주의로 이어질 수 있지만 미래가 모두 우리 자신에게 달려있다는 믿음도 희생양삼기나 피해자에 대한 비난, 불행에 고통스러워하는 사람들에 대한 무정한 태도 등을 낳을 수 있다.

내적 통제지향성은 다른 기업들에 비해 경쟁우위를 획득하기 위한 사전 포석인 비즈니스 전략에서 중요하다. 전략이라는 은유는 군사영역에서 비롯되었으며, 조직은 전략에서 승리를 거두거나 환경 때문에 패배하거나 둘 중 하나이다. 헨리 민츠버그Henry Mintzberg는 일본을 비롯한 외적 통제 지향성 문화들이 전략 자체에 관심이 없어 보이고 전략이라는 '군사적' 개념에 비판적이라는 점을 간파했다. 민츠버그에 따르면 어느 조직이라도 고객과 상호작용하는 사람들은 이미 나름대로 전략을 고안해서 일상적으로 발생하는 문제에 대처하고 있다.[5] 따라서 최고경영진이 해야 할 일은 이렇게 나타나는 전략을 평가하여 가장 가치가 있다고 증명되면 인정하고 지위를 부여하며 공식적으로 장려하는 것이다. 이것은 조직 하부에서 이미 시작된 전략을 선택하는 외부 지향적 프로세스이자 환경의 요구를 내부로 수용해야할 필요가 있음을 보여주는 또 다른 예이다.

자연에 대한 서로 다른 지향성 사이에서의 경영

획일적인 절차와 방식을 외국의 외적통제 지향적인 문화에 강요하는 서구의 내적통제 지향적인 관리자들이 역설적으로 기대 이상의 성공을 거두는 경우가 종종 있다. 이는 외부통제 문화가 외부 원인으로부터 큰 영향을 받고 있으며 환경에 맞추어서 행동하는 것에 익숙해져 있기 때문이다. 하지만 외부의 가르침을 받아들인다고 해서 이를 내면화 하거나 성공적으로 활용할 것이라고 단정한다면 실수이다. 일부 외부통제 지향적인 문화에서는 논쟁이나 대립을 꺼린다. 그러나 상대방이 거부한다는 뜻을 밝히지 않는다고 해서 해당 가르침이 그 문화에 적합하다는 의미는 아니다. 외부통제 지향적 문화는 종종 자연을 자비로운 존재로 여긴다. 따라서 적대적으로 해석할 수 있는 행동을 보인다면 상대방은 더 이상 그 가르침을 받아들여야 할 '자연의 힘'으로 여기지 않을 것이다.

저자는 한 프랑스 석유회사의 가봉 지사에서 본사가 시작한 변화관리 프로그램이 처참하게 실패하고 있다는 점을 발견했다. 인터뷰를 했을 때 프랑스 관리자들은 일어나고 있는 상황을 제대로 설명하지 못했다. 가봉 직원들은 회사의 사명선언에 완전히 동의하고 있는 것처럼 보였다. 그들은 상세하게 논의하고 기획한 운영방안도 받아들였을 정도였다. 그러나 막상 계획을 실행하려 했을 때는 아무런 변화가 없었다. 직원들의 행동은 이전과 조금도 다름이 없었다.

면밀하게 조사해보니 가봉 직원들은 변화에 대해서는 동의했지만 자신들 개인이 그 변화를 이끌어야 한다고 생각하지 않은 것으로 나타났다. 가봉 직원들은 행동을 지시할 수 있는 자연적 권위를 지닌 프랑스인 상사로부터 변화의 신호가 오기를 기다리고 있었다. 아무런 지시가 없으니 아무런 행동도 취하지 않았을 뿐이었다. 합리적인 원칙을 세우면 자기주도적 변화가 일어날 것이란 생각을 모든 문화가 공유하고 있지는 않은 것이다.

MCC가 도입한 성과연동 보상제도 마찬가지다. 이 제도는 직원 각자의 힘으로 컴퓨터 판매 실적을 늘릴 수 있고 개인이 노력을 더 기울이면 판매도 이에 따라 늘어날 것이라는 점을 가정한다. 아시아 관리자들은 이런 가정에 의문을 제기했다.

인도네시아의 드자와는 존슨에게 두 가지 이의를 제기했다.

"성과연동 보상제는 제가 있는 판매지역에서는 통하지 않습니다. 그 제도로 인해 고객은 원하지 않거나 불필요한 제품을 사도록 엄청나게 권유받을 것입니다. 게다가 우리 직원의 성과가 시원치 않을 때 실적향상을 재촉하거나 직원을 비난하는 것은 실수입니다. 좋을 때도 있고 나쁠 때도 있습니다. 직원에게 성과대로 보상한다고 해서 불가피한 추세가 바뀌지는 않습니다."

이 주장에 수긍할 수 없었던 존슨과 서구 국가의 대표들이 반박했다. "우리는 본사에서 직원 모두에게 동기를 부여할 무엇인가를 개발해 주었으면 합니다. 보상과 성공을 연동시키는 것이 아무런 효과가 없다는 말입니까? 분명 그 둘 사이에는 어떤 연결고리가 있다는 점에는 동의하셔야 합니다."

"당연히 효과는 있습니다."라고 드자와가 인정했다. "하지만 호경기냐 불경기냐가 그 효과를 상쇄하고도 남지요. 더불어 우리는 고객을 지원하고 이런 경기변동으로부터 보호해야 합니다. 고객이 필요 이상으로 구매하도록 유도하는 행위는 현명하지 않습니다. 우리는 불황을 함께 헤쳐 나가고 호황이 오면 같이 누려야 합니다."

여러 아시아와 라틴계 국가 대표들도 드자와의 의견에 동의했다. 존슨은 화가 났다. "그렇다면 여러분이 한 번 효과적인 방법을 제안해보시지요?"

이 사례에서 스스로 외부환경에 상대적으로 더 통제를 받는다고 여기는 인도네시아인들은 고객과 직원이 서로 하나 되어 불가피한 파도를 '헤쳐 나가려' 한다. 이들에게도 동기부여가 필요하기는 하지만 현지 문화와 조화를 이루는 방향으로 가야한다. 즉, 성공하기 위한 의지와는 상관없이 그들이 '자연스럽게' 경험하는 변화에 능숙하게 적응할 수 있도록 지원하는 것이다. 그들은 환경 변화 자체가 조직 구성원들에게 충분히 도전이 된다고 여기기 때문에 하강기를 겪은 사람을 비난하거나 상승기에 있는 사람에게 보상할 필요를 느끼지 않는다. 환경 변화로 인한 상승과 하락에 더하여 개인에게 책임을 묻는다면 앞날에 대한 불확실성이 증가하여 집단의 사기는 저하되고 영업직원은 고객보다는 자신의 이익을 우선시하려는 유혹을 받을 것이다.

반면, 인간에 대한 기계적인 관점으로 보면 영업직원들은 궂은 날씨에도 불구하고 경로를 이탈하지 않고 파도를 가르며 정해진 목적지를 향해 가는 배와 같다. 유능한 엔지니어나 MBA임을 입증하는 방법은 처음부터 올바르게 일을 처리하고 자기 판단의 정당성을 결과를 통해 인정받는 것이다. 좋은 회사라면 책임지고 일할 수 있도록 직원을 "운전석에 앉힌다"고 약속한다. 이상적인 기계는 운전자의 의지에 따라 움직이고 운전자가 자연적인 장애물을 극복하고 개인의 목표를 달성할 수 있도록 돕는다.

현대 경영은 개인 아젠다 사이의 다툼인가?

내부통제 지향적인 사람이 자연을 지배하려할 때 발생하는 한 가지 문제점은 자신을 제외한 나머지 사람들이 '자연'을 의미할 수도 있다는 점이다. 우리 모두는 권력을 원한다. 그런데 권력 획득은 다른 사람들을 우리 목적달성을 위한 수단으로 볼 때만 가능하다. 정의상 우리는 내부적인 의지로 환경을 통제할 수 없다. 우리 자신이 환경의 일부이기 때문이다. 타인에게 '참여'하도록 요청하는 것이 사실 논의를 시작하기도 전에 우리가 먼저 도달한 결론으로 그들을 몰고 가려 하는 것이라면 그 의미가 크게 손상된다. 하지만 내부통제 지향성이 완고한 사람은 다른 선택의 여지가 없다. 이들은 사회적 관계를 체스판 위에서 움직이는 말들처럼 객체화하여 정의한다. 크리스 아지리스Chris Argyris는 이를 '모델 I 행동'으로 불렀다. 이는 관리자가 미리 구조화해 놓은 행위를 하도록 직원에게 동기를 부여하는 행위를 뜻한다.[6] 존슨 역시 이런 의미로 동기를 부여하려 했다. 즉, 영업인력이 어떤 환경에 있더라도, 그들의 입장이나 요구 또는 문화적인 차이와 상관없이 판매실적을 향상시키도록 유도하는 방법으로 사용하려 했다. 헤이방식 인사평가는 기능을 중심으로 관리자를 파악한다는 점에서 내부통제 지향성과 유사하다. 이 시스템에서 평가는 직원이 아니라 과제를 완수하는 효율성을 대상으로 실시한다. 그 과제는 상사의 내부적 통제와 조직의 내부적 통제에 따른 임무로 가정한다. 권위는 이런 관계에서 그 타당성과 정당성을 얻는다. 기업이 자연에서 얻은 원재료를 제품으로 만들기 위해서 존재한다고 생각해보라. 기업은 분업을 통해 이런 기능을 수행해야 한다. 그리고 그런 기능을 수행하기로 합의한 사람들을 고용한다. 직원들은 조직의 내부통제적 목적을 상징하는 최고경영자가 지시한대로 움직인다. 이런 기능을 하는 사람들은 업무의 복잡도와 난이도, 얼마나 그 기능을 잘 수행했는지, 그리고 자신의 (내부통제적인) 판단을 어떻게 활용했는지에 따라서 보상을 받는다. 이런 제도는 모두 논리적이고 깔끔하며 분명하다. 하지만 물리적, 사회적 환경을 객체로 다루고 있으며 세계 경제 상당수가 생각하는 바와는 동떨어져 있다. 그것은 또한 대화를 나누는 동안 당사자가 마음을 바꿀 수 있고 사고 프로세스도 더 새롭고 나은 방식으로 개선할 수 있다는 점과 같이 명백한 사회적 사실을 간과하고 있다.

내부통제 지향성과 외부통제 지향성의 조정

상당히 오랜 기간 동안 비즈니스 세계에서는 신제품을 개발할 때 기술 중심의 푸시push방식과 시장 중심의 풀pull방식 중 어느 쪽을 따를 것인가에 대한 논의가 있었다. 내부통제 지향적인 문화에서는 기술혁신에 중점을 둔다. 노키아의 사례는 이런 방식이 어떤 결과를 낳을 수 있는지를 보여준다. 휴대폰 제조사인 노키아는 얼마 전까지도 성공적이었던 자신의 기술 푸시방식의 희생자가 되었다. 의심할 나위 없이 당대 최고의 휴대폰을 연달아 출시하면서 노키아는 고객이 없었던 신시장을 개척할 수 있었다. 그런데 애플의 아이폰이 그 지위를 가져갔고 이후에 노키아가 어떤 상황에 처했는지는 누구나 알고 있다.

한편 외부통제 지향적인 문화에서 사람들은 시장에 주로 초점을 맞춘다. 이 또한 한계가 있다. 고객이 항상 자신이 무엇을 원하는지를 완전히 인식하지는 못한다. 때로는 고객이 원하는 바를 이해하는데 시간이 너무 오래 걸려 타이밍을 놓친 나머지 제품을 시장에 내놓자마자 비슷한 상품이 넘쳐나기도 한다. 재차 강조하지만, 어쩌면 우리는 두 문화를 조정할 수 있는 가능성을 볼 수도 있다. 기술을 선도하는 푸시방식이 우리가 경청하고자 하는 고객의 선택을 결정할 수 있다. 시장에서 요구하는 바에 맞추어가는 풀방식은 기술의 발전 방향을 제시할 수도 있다.

우리 모두는 살면서 실수를 한다. 얼마 전에 저자는 시내에서 스피커를 운반할 일이 있어서 아내가 몰고 다니는 미쓰비시 왜건을 빌려 운전한 적이 있었다. 운전하던 중 횡단보도가 나와서 정지했는데 갑자기 누군가 뒤에서 차를 박았다. 차 밖으로 나와서 보니 충돌로 인해 적어도 차량의 오분의 일 정도가 찌그러져 있었다. 차량 뒷면 전체가 박살나버린 기분이었다. 사고를 낸 차량은 볼보 200 모델로 탁월한 견고함 때문에 일명 '탱크'로 더 잘 알려져 있었다. 가까이서 봐도 그 차에는 긁힌 자국도 하나 없었다. 그렇지만 차에서 나온 볼보 운전자는 머리에 난 심한 상처를 한 손으로 가리고 있었다. 그가 사과하며 말했다. "차가 많이 찌그러졌네요. 그런데 선생님은 괜찮으신지요?" 저자는 괜찮았다. 충돌을 거의 느끼지 못했을 정도로 충격이 약했기 때문이다.

외부통제 지향적인 일본인들은 무술의 원리를 안전에 적용한다. 일본 자동차는 상대방의 에너지를 활용할 수 있도록 설계된다. 반면 볼보나 BMW는 흡사 미식축구 선수처럼 보인다. 상대방보다 더 힘이 세면 안전하다는 것이다. 그럼에도 불구하고 결과적으로 일본차를 운전한 저자는 거의 충돌을 느끼지 못한 반면, 볼보 운전자는 그 충격을 모두 받았다.

최신 자동차 안전설계는 유연성과 강인함이 조화를 이루도록 한다. 이는 네덜란드의 간척지 시스템과 상당히 유사하다. 물의 흐름을 막기 위해 강한 힘에도 견딜 수 있는 제방을 만든다. 압력이 너무 커지면 수문을 열어 완화시킨다. 차례로 다음 제방 시스템이 물을 막는다.

우리 조직은 기술의 푸시와 시장의 풀 사이에 균형을 맞추기 위해 애쓰고 있는가? 기술의 푸시를 극단적으로 추구하면 결국 틈새시장으로 끝난다는 것을 우리는 직관적으로 안다. 거기에는 아무런 고객이 존재하지 않는다. 그러나 고객이 원하는 대로만 따라가면 어떻게 되는가? 속도에서 뒤쳐지고 고객 마음대로 좌지우지될 것이다. 가장 효과적인 조직은 기술의 푸시와 시장의 풀을 훌륭하게 연결시킨다. 미국인이 시장 기술과 혁신적인 제품 개발에는 우수하면서도 정작 미국 가전제품 시장은 일본이 휩쓸고 있는 사실이 의아스럽지 않은가? 일본인은 다른 곳에서 개발한 것을 연결시키는데 특히 뛰어나다. 그들은 또한 무술의 원리를 중요한 경제 법칙에 적용한다.

그림 10.4는 내부통제 지향성이 지나치면 시장을 잃을 수 있음을 보여준다. 반대로, 고객에 지나치게 초점을 맞추면 시장의 힘에 조직이 좌지우지될 수도 있다. 내부적 통제와 외부적 통제는 조정되어야 한다.

자가진단

전략 담당자들이 회사 전략에 대해 논의하고 있다. 전략은 회사 최고 경영진이 수립해서 아래로 전파하고 이를 지역마다 실행해야 하는가 아니면 고객과의 접점과 같이 아래로부터 나타나야 하는 것인가? 다음은 그 의견이다.

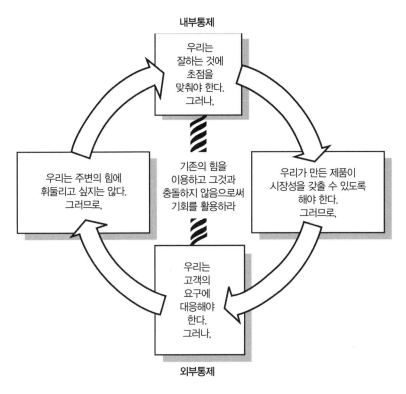

그림 10.4 내부통제 지향성과 외부통제 지향성의 조정

1. 전략없이 고객을 상대하는 사람은 없다. 우리의 과제는 이런 전략들 중 어떤 것이 효과적이고 어떤 것은 그렇지 않은지, 그 이유는 무엇인지를 알아내는 것이다. 우리끼리 추상적인 전략을 수립하고 강요한다면 혼란만을 퍼뜨릴 뿐이다.

2. 전략없이 고객을 상대하는 사람은 없다. 우리의 과제는 이 전략들 중 어떤 것이 효과적인지를 알아내어 가장 우수한 방안을 장려하고 통합하는 방식으로 가장 성공적이라고 입증된 최고의 전략을 만들어내는 것이다.

3. 리더가 된다는 것은 전략 수립의 최고 책임자가 되는 것이다. 우리는 동원할 수 있는 모든 경험과 정보, 지성을 활용하여 혁신적인 전략을

수립하고 아래로 전파하여 적극적으로 실행한다.

4. 리더가 된다는 것은 전략 수립의 최고 책임자가 되는 것이다. 우리는 동원할 수 있는 모든 경험과 정보, 지성을 활용하여 폭넓은 대의를 생성하고 이를 부하직원들에게 맡겨두어 고객의 요구에 맞추도록 할 수 있다.

본인이 가장 선호하는 의견을 1로, 두 번째로 선호하는 의견을 2로 표시하시오. 그리고 직장에서 가장 가까운 동료가 선호할 것으로 생각하는 의견을 앞에서와 같이 1과 2로 표시하시오.

1번 의견이 외부통제 지향적인 전략을 옹호하고 내부통제 지향성을 거부하는 반면 3번 의견은 그 반대이다. 2번 의견이 외부통제 지향적 전략을 내부통제 지향적 전략과 연결시키는 것을 옹호하는 반면 4번 의견은 그 반대방향의 연결을 옹호한다.

요약

문화마다 주어진 환경에 대한 접근방식이 다르다. 개인이 환경을 통제할 수 있다고 믿는 문화가 있고 개인이 외부 환경에 반응해야 한다고 믿는 문화가 있다. 하지만 우리는 내부통제 지향성과 외부통제 지향성이 상호배타적이라고 여기는 실수를 범해서는 안 된다. 모든 문화는 겉과 속을 두루 살펴야 한다. 그렇게 하지 않으면 내부통제 문화는 독불장군식으로 가다가 완전한 실패에 봉착할 것이고 외부통제 문화는 모두를 만족시키려고 지나치게 외부에 순응하다가 에너지를 소진해버릴 것이다.

내부통제적 관리자들은 다른 사람들을 움직여 자기 생각에 따르도록 할 때 가장 흡족해 한다. 이것이 그들이 추구하는 이상이지만 외부통제 지향적인 문화에서는 공격적이고 무례하게 비칠 수 있다. 외부통제 지향적 문화의 리더들은 자신들이 시행착오와 다른 사람들의 반대, 비판으로부터 얼마나 많이 배웠는지를 강조한다. 직원들의 제안이 일부 아시아의 조직들을 풍부하게 하고 참여도도 높은 한 가지 이유는 주장보다는 경청을 더 존경할만한 특성으로 여기고 있기 때문이다. 그런 문화에서는 공개적으로 대립하지 않는다. 다른 사람의 말을 부정하는 것은 자연을 무시하는 것이다.

피드백은 서구 경영 용어 중에서도 의아스러운 단어이다. 주기적으로 현재의 방향이나 기능을 수정해야 할 필요성을 인식하고 있기 때문에 나온 말이지만 피드백을 원래의 방향만큼 중요하게 여기는 경우는 드물다. 실제로 피드백은 원래 방향을 유지하기 위한 수단이다.

외부통제 지향 문화에 온전히 참여하기 위해서 내부통제 지향적 관리자는 피드백이 조직 전체의 방향을 바꿀 수 있다는 점을 받아들여야 한다. 고객의 소리를 경청해야 하고 고객충성도를 얻으려는 것과는 반대로 그들의 필요를 채워주려 해야 한다.

큰 변화는 내부와 외부 모두에서부터 시작될 수 있다. 조직을 더 큰 시스템 안에서 작동하는 열린 시스템으로 인식한다면 내부통제 지향성과 외부통제 지향성 모두 발전할 수 있다.

다음 표에서는 내부통제적 문화와 외부통제적 문화에서 활용할 수 있는 실용적인 비즈니스 팁을 보여준다.

문화차이 인식하기

내부통제	외부통제
사람들이 환경을 향하여 공격성에 가까울 정도로 지배하려는 태도를 보이는 경우가 많다.	사람들이 유연한 태도로 타협하고 평화를 유지하려는 모습을 보이는 경우가 많다.
갈등과 저항은 신념이 있다는 의미이다.	조화와 반응성은 상대방에 대한 감수성을 전달해준다.
자아, 기능, 자신이 속한 집단과 조직에 초점을 둔다.	고객, 파트너, 동료와 같은 '타인'에게 초점을 둔다.
사람들은 환경을 통제할 수 없거나 변화시킬 수 없을 때 불편해한다.	사람들은 자연적으로 발생한다면 변동, 전환, 순환에 편안함을 느낀다.

이문화 비즈니스 팁

내부통제 지향적인 사람들과의 비즈니스에서는	외부통제 지향적인 사람들과의 비즈니스에서는
상대방의 회복탄력성을 시험해보기 위해 강경한 태도를 보이는 것은 적합하다.	부드러움, 지속성, 예의바름, 기나긴 인내에는 보상이 따른다.
'자기 목표를 달성하는 것'이 가장 중요하다.	'관계를 유지하는 것'이 가장 중요하다.
얻는 것이 있으면 잃는 것도 있다.	함께 얻고 각자 잃는다.

이문화 조직관리 팁

내부통제 지향적인 사람들	외부통제 지향적인 사람들
명확한 목표에 대하여 동의하고 주인의식을 가질 수 있도록 한다.	사람들의 다양한 목표들 사이에 조화를 이루도록 한다.
구체적인 목표가 구체적인 보상과 연결되어 있음을 분명히 한다.	현재 방향을 강화하고 직원들 업무를 용이하게 한다.
공개적으로 이견과 갈등에 대해 논의한다. 이견이나 갈등은 모두가 자기 신념이 있음을 보여준다.	사람들이 고민하고 있는 갈등을 조용히 해결할 수 있도록 시간과 기회를 준다.
모든 당사자가 공유한 목표를 위해 자기 주도적으로 헌신하고 그 목표가 지속된다면 목표에 의한 관리는 효과를 거둔다.	모든 당사자들이 변화하는 외부 요구에 자신을 맞추고자 한다면 환경에 의한 관리가 효과를 거둔다.

11
국가문화와 기업문화

사람들은 주로 자신에게 친숙한 모델이나 이상적인 모습에서 착안하여 조직을 설립한다. 조직은 2장에서 논의한 바와 같이 주관적인 구성체이고 구성원들은 자신의 특수한 문화적 배경에 기초하여 환경에 의미를 부여한다. 구성원의 경험이 조직의 의미를 형성하는 것이다. 그러므로 조직을 가족과 유사하게 생각할 수도 있고 목표를 달성하기 위해 설계된 비인격적 시스템으로 여길 수도 있다. 조직을 어딘가를 향해 항해 중인 배에 비유하거나 고객과 전략적 목표를 겨냥하는 미사일에 비유할 수도 있다. 이전 장에서 설명한 문화차원에 따른 지향성은 사람들이 조직에 적용하는 모델과 부여하는 의미에 영향을 준다.

　이번 장에서는 네 가지 유형의 조직문화를 살펴보고 국가문화 차이가 어떻게 기업문화에 영향을 주는지 보여주고자 한다. 직원들은 조직에 대한 인식을 공유한다. 그리고 직원들의 인식이 조직문화 형성에 실질적인 영향을 미친다.

기업문화의 다양성

조직문화는 기술이나 시장뿐만 아니라 리더와 직원들의 문화적 선호에 의해서 형성된다. 일부 글로벌 기업의 유럽, 아시아, 미국, 또는 중동 자회사는 로고나 보고절차를 제외하고는 같은 회사로 알아볼 수 없을 정도로 다르다. 이런 자회사는 그 구조와 공통활동에 부여하는 의미가 근본적으로 다른 경우가 많다.

조직구조의 세 가지 측면이 기업문화를 결정하는데 특히 중요하다.

1. 구성원과 조직 사이의 일반적인 관계
2. 상하관계를 규정하는 수직적 또는 위계적 권위 시스템
3. 조직의 미래와 목적, 목표 및 이 점에 있어서 자기 위치에 대한 구성원의 일반적인 견해

지금까지 우리는 단일(선형적) 차원에 따라 문화를 구분하였다. 예를 들어 보편주의 대 특수주의나 개인주의 대 공동체주의와 같은 식이다. 조직을 바라볼 때 우리는 두 가지 차원에서 생각할 필요가 있다. 그렇게 하면 사분면이 도출된다. 조직문화 유형을 구분하기 위해 사용한 차원은 평등 대 위계 지향성과 사람 대 업무 지향성이다.

이 과정을 통해 우리는 네 가지 유형의 기업문화를 정의할 수 있다. 이 유형들은 사고, 학습, 변화, 동기부여, 보상, 갈등해결에 있어서 상당히 다른 양상을 보인다. 이런 방법이 유형을 너무 쉽게 일반화하는 위험성이

있기는 하지만 조직을 분석하는데 매우 유용한 도구로 활용할 수 있다.

네 가지 유형은 다음과 같다.

1. 가족
2. 에펠탑
3. 유도탄
4. 인큐베이터

이 네 가지 은유는 구성원과 구성원의 조직에 대한 인식간의 관계를 나타낸다. 그림 11.1은 유형별로 조직이 지닌 이미지를 요약한 것이다.

각 기업문화 유형은 하나의 '이상형'이다. 실제로는 하나의 문화유형이 우세한 가운데 다른 유형들이 서로 섞이고 겹치는 모습을 보인다. 다수 조직에서는 동일한 조직 문화가 모든 곳에 스며들어가 있지만 어떤 조직에서는 기능영역마다 상당히 다른 문화가 자리 잡고 있기도 하다. 가령 연구개발 부문의 조직문화는 마케팅이나 영업부문과 비교했을 때 매우

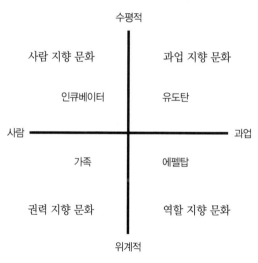

그림 11.1 기업문화 유형 은유 이미지

다르다. 그럼에도 불구하고 이렇게 네 가지 구별되는 유형으로 분류한 것은 구성원의 학습, 변화, 갈등해결, 보상, 동기부여 등의 측면에서 각 유형을 살펴보는 것이 유용하기 때문이다. 예를 들어 어떤 문화에서 매우 효과적인 규범과 절차가 다른 문화에서 그렇지 못한 이유는 무엇인가?

가족형 문화

가족이라는 은유는 얼굴을 맞댈 수 있을 정도로 개인적이고 가까우면서도 동시에 위계적인 문화를 나타낸다. 가족 중에서도 '아버지'는 '자녀' 보다 훨씬 경험이 많고 권위가 높으며 '자녀'가 어릴 때는 더욱 그렇다. 이런 문화유형에서는 권력 지향적인 조직문화가 형성된다. 리더는 마치 가족을 돌보는 아버지처럼 부하직원이 무엇을 해야 하며 무엇이 그들에게 좋은지 더 잘 알고 있다고 여겨진다. 이런 유형의 권위는 무섭다기보다는 본질적으로 친밀하고 인자한 성격을 띤다. 가족 문화에서는 대개 업무를 진행하는 모습이 여러 면에서 가족의 분위기와 닮아 있다.

일본인들은 조직 내에서 전통적인 가족의 모습을 재창조한다. 기업의 주된 덕목은 아마에amae로서, 지위고하와 상관없는 인간적인 사랑을 의미한다. 나이 든 선배는 젊은 부하 직원에게 인자한 모습을 보이고, 젊은 부하 직원은 나이 든 선배에게 존경을 표시한다. 계약이나 합의한 내용 이상으로 해주는 것을 바람직하게 여긴다. 이상적인 관계는 센파이-코하이senpai-kōhai, 즉 형과 동생같은 선후배 사이이다. 연공서열에 의한 승진에 따라 일반적으로 연장자가 리더가 된다. 개인은 회사와 장기적이며 헌신하는 관계를 맺는다.

이런 조직문화에서는 일과 성과창출, 갈등해결의 많은 부분이 그런 관계에서 파생한다. 상사를 만족시키는 것은 그 자체가 일종의 보상이다. 외부인에게는 이런 애정이 잘 보이지 않을 수도 있다(가령 일본인은 종종 감정을 절제한다). 그렇지만 절제하는 일본 스타일이든 음성, 표정, 몸동작 등으로 분명히 표현하는 이탈리아 스타일이든 그런 정서는 존재한다.

가족형 문화의 리더는 조직의 패턴을 만들어낸다. 기조를 설정하고 회사에 대하여 취하여야 할 적합한 자세가 무엇인지 본보기가 되며 부하직원도 동일하게 생각하기를 기대한다. 권력지향적인 가족문화 유형은 구성원이 한마음 한뜻으로 행동하며 힘을 발휘할 때 최고의 모습을 보인다. 권위가 구성원 위에 군림할 수도 있지만 꼭 그래야 하는 것은 아니다. 주된 제재수단은 가족으로부터의 애정과 자신의 위치를 상실하는 것이다. 금전적, 법적 압력보다 도덕적, 사회적 압력이 더 크게 작용한다. 가족유형 문화를 지닌 기업 중 다수는 그리스, 이탈리아, 일본, 싱가포르, 한국, 스페인 등 뒤늦게 산업화를 이룬 국가들에 있다. 봉건사회에서 산업사회로 신속하게 변화했던 나라에는 봉건사회의 여러 전통이 남아 있다.

가족 스타일의 기업문화에서는 상당량의 정보와 문화적 내용을 구성원들이 당연하게 여기고 있어서 고맥락high context(7장 참조)적인 경향이 있다. 집단 내 조크와 '가족' 스토리, 전통, 관습, 관계가 많을수록 고맥락적 성격을 띠게 되어 외부인이 소속감을 느끼거나 올바른 행동이 무엇인지 알기 어렵다. 그런 문화에서는 부지불식간에 외부인이 배제되고 구성원만이 이해할 수 있는 코드로 의사소통이 일어난다.

관계는 확산적인 경향을 보인다(7장 참고). 해당 문제에 대한 지식보유 여부와는 무관하게 '아버지' 또는 '큰형'이 모든 상황에서 영향력을 행사한다. 그 일이 직장에서 발생하든, 매점이나 귀가 길에서 발생하든, 심지어 더 나은 자격을 갖춘 사람이 함께 있어도 마찬가지이다. 가족 유형의 집단에서는 모든 직원의 일반적인 행복과 복리후생이 주된 관심사이다. 그래서 종종 사택을 제공하거나 직원의 가족규모를 생각하여 급여가 충분한지도 고려한다.

리더의 권력 위에는 국가, 정치시스템, 사회 또는 신의 권력이 있다. 권력은 수행하는 역할이나 업무에서 비롯되는 것이 아니라 권위에 의해 포괄적으로 부여되었다는 점에서 정치적이다. 이것은 권력을 갖고 있는 사람들이 서툴다거나 제 역할을 하지 못한다는 의미가 아니다. 그런 조직이 성과를 내기 위해서는 필요한 지식과 기술을 권력의 중심으로 흡수해서 기존 구조를 정당화해야 한다는 의미이다. 영국 관리자의 다음 사례를 살펴보자.

> "나는 이탈리아에서 애플리케이션 엔지니어링 관리자를 만난 적이 있다. 그에게 소속회사와, 부서, 참여하고 있는 업무에 대해 물어보았다. 몇 분 지나지 않아 그는 여러 사람의 이름을 알려주며 그들의 회사 내 정치적 영향력, 연줄, 취향, 선호도 등과 자신의 개인적 평가를 말해 주었다. 하지만 그들의 지식, 기술 또는 성과에 대해서는 거의 아무런 언급도 없었다. 내가 말할 수 있는 것은 그들에게 구체적인 역할이 없거나 있더라도 내가 만난 사람은 모르고 있다는 점이다. 놀라웠다. 어떤 일을 해야 하며 어떤 도전과제나 복잡성이 있는지에 대해서는 아무 개념도 없어 보였다."

이 영국인 관리자는 '가족 모델'이 스스로를 목적달성을 위한 기능적 도구로 인식하지 않으면서도 복잡한 문제를 처리할 수 있다는데 까지는 생각이 미치지 않았다. 가족 모델의 권위는 과제수행이 아니라 귀속적 지위에 바탕을 두고 있기 때문에 도전의 대상이 될 수 없다. 따라서 최고 위치에 있는 사람들이 인식하고 이해하며 행동할 수 있도록 하는 것이 주된 이슈가 된다. 연장자에게 더 많은 권한이 있다면 그 귀속지위에 걸맞게 철저하게 보고하고 충성스럽게 보필해야 한다. *문화는 스스로의 기본가*

정을 정당화하는 방향으로 작동한다.

연구를 통해 우리는 다양한 문화에 따라 관리자들이 어느 정도까지 자신의 리더를 '일을 해내는' 사람으로 혹은 그와 대비되는 일종의 '아버지와 같은 존재'로 바라보는지 알아보았다. 그림 11.2에 나와 있는 그 결과를 보면 응답의 국가별 편차가 크다는 점을 알 수 있다. 그 중에서도 아시아 국가들이 주로 아버지와 같은 리더상을 갖고 있다는 점이 눈에 띈다. 또한 이 연구 과정에서 관리자들에게 제시된 다이어그램(그림 11.3) 중 자신의 회사를 가장 잘 나타낸다고 생각하는 삼각형을 고르도록 요청하였다. 가장 경사가 가파른 삼각형이 5점이고 가장 완만한 삼각형이 1점을 나타낸다.

리더를 일을 해내는 사람으로 여기는 비율(그림 11.2)은 그림 11.3의 삼각형 경사도와 밀접한 상관관계가 있었다. 터키, 베네수엘라, 일부 아시아 국가와 같은 가족유형 문화에서는 경사가 가파른 삼각형이 우세했다. 또한 이 국가 중 거의 대부분이 그림 11.2에서 상대적으로 점수가 낮은 편에 속한다는 점을 알 수 있다.

가족 유형 문화는 리더를 존경이라는 바다 위에서 떠오르게 하기 위해 부하직원의 에너지와 충성심을 소진시킬 때 최악의 효과를 낸다. 리더는 자신을 따르는 사람들로부터 힘과 자신감을 얻는다. 전폭적인 신뢰와 아이같은 믿음이 리더 카리스마의 원동력이다. 동시에 그런 문화에 있는 유능한 리더들은 에너지를 촉진시키고 배가되게 하여 부하직원의 깊은 감정과 소망에 호소할 수 있다. 그들은 미국 민권운동처럼 사회와 그 구성원의 해방, 개혁, 갱생, 계몽을 도모하는 사회운동 지도자를 닮았다. 또한 그런 사회운동은 근본적으로 가족유형의 구조로 조직되어 새로운 양식의 행동을 하도록 구성원들을 재사회화하였다.

가족유형 문화는 권한이 분산된 프로젝트 그룹 조직이나 매트릭스형

리더는 일을 해내는 사람이라고 선택한 응답자 비율

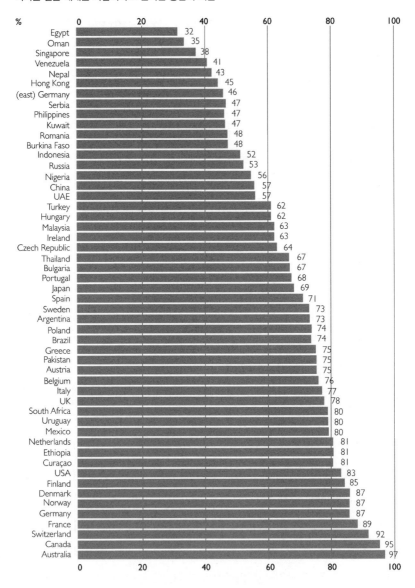

%

국가	값
Egypt	32
Oman	35
Singapore	38
Venezuela	41
Nepal	43
Hong Kong	45
(east) Germany	46
Serbia	47
Philippines	47
Kuwait	47
Romania	48
Burkina Faso	48
Indonesia	52
Russia	53
Nigeria	56
China	57
UAE	57
Turkey	62
Hungary	62
Malaysia	63
Ireland	63
Czech Republic	64
Thailand	67
Bulgaria	67
Portugal	68
Japan	69
Spain	71
Sweden	73
Argentina	73
Poland	74
Brazil	74
Greece	75
Pakistan	75
Austria	75
Belgium	76
Italy	77
UK	78
South Africa	80
Uruguay	80
Mexico	80
Netherlands	81
Ethiopia	81
Curaçao	81
USA	83
Finland	85
Denmark	87
Norway	87
Germany	87
France	89
Switzerland	92
Canada	95
Australia	97

그림 11.2 훌륭한 관리자의 조건은 무엇인가?

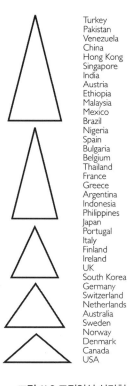

Turkey
Pakistan
Venezuela
China
Hong Kong
Singapore
India
Austria
Ethiopia
Malaysia
Mexico
Brazil
Nigeria
Spain
Bulgaria
Belgium
Thailand
France
Greece
Argentina
Indonesia
Philippines
Japan
Portugal
Italy
Finland
Ireland
UK
South Korea
Germany
Switzerland
Netherlands
Australia
Sweden
Norway
Denmark
Canada
USA

그림 11.3 조직인식 삼각형

조직과는 어울리지 않는다. 자신이 수행하는 기능에 한 명의 상사가 있고 참여하고 있는 프로젝트에 또 다른 상사가 있는 경우 어떻게 둘 중 한 명에게 온전하게 충성할 수 있겠는가? 또 다른 문제는 조직에서 진짜 가족과 함께하는 경우 영향을 주고 받는다는 점이다. 누군가가 형제나 사촌이라면 그 사람은 이미 집에서 가족으로서 관계를 맺고 있기 때문에 직장에서도 가깝게 관계맺기 쉽다. 역할 또는 프로젝트 문화는 정실주의를 부패이자 이해관계의 충돌로 간주하지만 가족유형 문화는 정실주의가 현재 규범을 강화한다고 본다. 집과 직장에서 가족과 관계있는 사람이라면 더 믿을수 있다는 생각이다. 가족주의는 보편주의가 약한 곳에서 강세를 보인다.

네덜란드 대표는 대형 제조회사의 브라질 사주가 상대적으로 어린 회계사를 1,500만 달러 규모 합작투자의 주요 책임자로 소개하는 것을 보고 당황했다. 왜 신출내기 회계사에게 그런 중책을 맡겼는지 이해할 수가 없었다. 브라질 관계자는 그 젊은이가 1,200명의 직원 중 가장 그 일을 잘 할 수 있다고 지적했다. 그가 사주의 조카이기 때문이라는 것이었다. 그보다 더 신뢰할만한 사람이 누가 더 있겠는가? 네덜란드 대표는 불만을 표시하는 대신 오히려 그 사람이 담당자여서 운이 좋다고 생각해야 한다는 말이었다.

맏이

가족형 문화에서 직원은 부모의 빈자리를 채우는 '맏이'처럼 행동하는 경우가 많다. 하지만 '부모'가 돌아오면 그 권위를 곧바로 반납한다. 마이애미에 소재한 어느 공장의 미국인 공장장은 베네수엘라인 부공장장에게서 이런 관계를 볼 수 있었다. 플로리다에 소재한 이 공장은 PVC를 처리하고 포장하는 곳이었다. 이 과정에는 높은 수준의 품질관리가 필요했다. 제조할 때 재료를 정확한 비율로 혼합하지 않으면 위험했다. 혼합과정에서 어떤 이상이 발생하면 즉시 보고를 하고 해당 라인을 바로 멈춰야 했다. 그렇지 않으면 불량품이 쌓이게 되어 있었다. 이상여부에 대해 의사결정을 내리기 위해서는 전문지식이 필요했다. 조치가 몇 분만 지연되어도 엄청난 비용이 발생한다. 너무 늦게 행동을 취하는 것보다 일단 가동을 중단하는 것이 더 나았다.

그 베네수엘라 부공장장은 품질이 만족스러울 때와 그렇지 않을 때를 잘 알고 있었다. 공장장이 공장을 비울 때는 그가 책임을 맡았고 어떤 라인이라도 품질이 만족스럽지 못하면 즉각 정지시켰다. 그의 판단은 신속하고 정확했다. 하지만 공장장이 있을 때 이상이 발생하면, 그는 공장장을 찾아 진행경과를 보고하고 의사결정을 받았다. 그렇게 소요되는 시간에 제품의 상당량을 낭비하였다. 여러 차례에 걸쳐서 그에게 알아서 조치를 취하고 그의 판단과 의사결정을 존중한다고 말했지만 부공장장의 행동은 변하지 않았다.

이 이야기는 미국인의 업무지향성과 베네수엘라인의 가족지향성 사이에 충돌이 발생한 사례이다. 미국인 공장장은 PVC 생산의 품질관리 업무 권한을 위임하였다. 그가 봤을 때 자신이 공장에 있건 없건 그 업무는 이제 부공장장 담당이었다. 프로세스상 이런 위임은 꼭 필요했다. 공장장의 견해는 분명히 타당할 수 있다. 하지만 부공장장 입장에서 자신의 권한은 공장장이 없을 때 커지지만 '부모'가 돌아오면 다시 가장 권위가 높은 사람이 의사결정권자가 된다. 그는 부모가 집에 돌아오면 더 이상 부모의 권한을 침범하지 않으려 했다. 마치 임시로 집을 보고 있는 아이처럼 말이다.

각각 이탈리아와 프랑스의 연구자인 인저릴리Inzerilli와 로랑Laurent이 수행한 잘 알려진 연구에 따르면 "모르는 게 없는 관리자"가 이탈리아인, 프랑스인, 일본인에게 훨씬 더 큰 호소력이 있음을 보여주었다[1](8장 참조). 그 결과는 "부하가 제기하는 대부분의 질문에 대하여 관리자가 즉석에서 정확하게 답하는 것이 중요한가?"라는 질문에 대한 응답을 기초로 도출한 것이다. 복잡한 현대 사회에서 관리자는 부하직원이 집단에서 알고 있는 것의 일부분을 아는 것도 점점 어려워지고 있다. 하지만 자기 관리자가 모든 것을 알고 있다는 가정은 관리자와 모든 것을 논의하게끔 한다. 따라서 정보의 상향이동이 촉진되어 조직의 가장 상층부로 정보가 수렴되고 이 과정은 학습을 돕는다. 따라서 우리는 가족이라는 은유를 원시적이며 봉건적이라고 매도하는 태도를 경계해야 한다. 가족 유형의 친밀성 덕택에 복잡한 정보를 효과적으로 처리할 수 있다. 또한 '아버지'가 우월한 지식을 갖고 있기를 원하는 것은 아예 기대하지 않거나 상사가 많이 아는 것을 꺼려하는 것보다 더 바람직한 결과를 얻을 수 있다. 비전을 품은 리더라면 자기 직원들이 고차원의 목표를 달성할 수 있도록 결집시킬 수 있어야 하기 때문에 그들의 신뢰와 충성, 지식이 필요하다. 가족모델이 종종 그 세 가지를 제공한다.

회사가 주거를 제공할 책임이 있는가에 대하여 7장에서 제기한 질문의 응답결과(그림 7.6 참조)는 또한 가족관계가 자연스러운 모델인 국가들을 보여준다. 이런 문화에서는 고용하고 있는 사람들을 조직이 어디까지 책임질 것인지 한도가 거의 없다. 이런 책임은 직원이 어디에서 어떻게 거주할 것인가에 미치기도 한다. 일본에서 고용주들은 직원이 결혼을 했는지, 자녀는 몇 명인지를 알아보고 이에 따라서 급여수준을 책정하기도 한다. 집을 구하고, 자녀를 학교에 보내는데 회사가 도움을 주기도 한다. 회사가 직원들이 할인된 가격에 물품을 구입하고, 휴양시설을 사용할 수 있도록 복리후생을 제공하며 심지어 동료 직원들과 휴가를 같이 보내도록 장려하기도 한다. 여기에는 *회사가 직원의 가족에게 신경을 많이 쓸수록 가족은 가장이 회사를 위해 더 헌신하기를 바란다*는 믿음이 깔려있다.

사고, 학습, 변화

가족형 기업문화는 논리적 지식보다 직관적 지식을 중시하고 직원의 배치나 활용보다는 직원의 발전에 더 관심이 많다. 또한 어떤 개인에 대한 경험적 지식보다 그 사람을 개인적으로 잘 아는 것을 높이 평가하다. 지식은 가설과 추론보다는 시행착오를 통해 습득되는 것이라고 여긴다. 연구 설문보다는 대화를, 객관적 데이터보다는 통찰을 선호한다. 누가 할 것인가가 무엇을 할 것인가보다 더 중요하다. 일본인에게 회의 참석을 요청하면, 그들은 의제에 대하여 구체적으로 묻기 전에 누가 참여하는지 먼저 알고 싶어 한다.

권력지향적 가족 모델에서 변화는 본질적으로 정치적이어서 주요인물이 정책을 수정해야 한다. 변화를 일으킬 때 선호하는 방법에는 새로운 비전 제시, 카리스마적 어필, 영감을 주는 목표와 방향 설정, 중요한 사람들의 진정어린 관계 형성 등이 있다. 반란이나 리더에게 심각하게 도전하는 것이 아니라면 아래로부터의 변화는 일어나기 어렵다.

훈련과 멘토링, 코칭, 견습은 개인이 교육받는 주요 원천이 된다. 하지만 이런 활동은 가족의 뜻에 따라서 이루어지고 그 자체로 권위에 도전하지 않으며 오히려 권위를 공고하게 한다. 가족 스타일 문화는 권력에 영향을 미치는 환경변화에 신속하게 대응할 수 있다. 그들의 정치적인 안테나는 종종 고도로 민감하다.

한 네덜란드 기업이 있었다. 프랑스 지사에 변화를 일으키기 위해 대표로 파견된 네덜란드 관리자는 자신의 제안에 프랑스 관리자들이 보여준 정확성과 지성에 매우 인상 깊었다고 설명하였다. 하지만 3개월 후 다시 찾았을 때 그는 아무런 변화도 일어나지 않았음을 알았다. 그는 경영팀을 교체할 필요가 있다는 점은 미처 깨닫지 못했다. 전략적 제안은 겉모습에 불과했고 그 뒤에서 가족유형 조직은 계속해서 이전과 같이 움직였던 것이다.

동기부여, 보상, 갈등해결

가족 구성원들은 서로와의 관계를 향유한다. 그래서 돈보다는 서로의 칭찬과 감사가 더 큰 동기를 부여한다. 성과연동 보상제는 이들에게 정착되기 어렵다. 또한 가족관계를 위협하는 어떤 동기부여수단도 마찬가지이다. 그들은 '리스크를 관계 속으로 흡수'하여 구성원들이 불확실한 환경에서도 잘 헤쳐 나갈 수 있도록 한다. 그들의 주요 약점은 가족 내부의 갈등이 필요한 변화를 가로막을 때 나타난다.

갈등해결은 리더 역량에 달려있는 경우가 많다. 공개적으로 비판하는 목소리를 내는 경우는 거의 없다. 그런 일이 발생하면 가족은 혼란에 빠진다. 부정적인 피드백은 간접적으로 전달하고 직접 전달하더라도 이따금씩 있는 '허가받은' 상황에 국한된다. 핵심 가족구성원들의 체면이 손상되지 않도록 특별히 신경을 써야 한다. 이들이 집단 전체의 구심점 역할을 하기 때문이다.

에펠탑 문화

서구세계에서는 다양한 역할과 기능이 있는 관료적 분업을 우선적으로 규정한다. 이런 역할 할당은 계층구조의 최상층에서 조정한다. 각 역할을 시스템으로 구상한 바와 같이 수행한다면 계획한대로 과제를 완수할 수 있을 것이다. 한 명이 여러 과제 수행을 감독할 수 있고 관리자는 다시 여러 감독자의 업무를 감독할 수 있다. 이런 체계가 계층구조를 타고 이어진다.

우리는 이런 문화유형을 상징하는 것으로 파리의 에펠탑을 선택하였다. 에펠탑은 경사가 가파르고, 좌우대칭형이며, 위쪽은 폭이 좁고 아래는 넓다. 또한 안정적이고, 단단하며, 견고하다. 더불어 탑의 구조가 기능보다 더 중요하다. 에펠탑은 자신이 상징하는 정식 관료제와 같이 기계시대의 상징물이다.

에펠탑 모델의 계층구조는 가족모델과는 확연히 다르다. 위의 계층에는 저마다 아래 계층을 결속시키는 분명하고 명시적인 기능이 있다. 상사에게 순종하는 이유는 부하직원을 지도하는 것이 그 사람의 역할이기 때문이다. 회사의 합리적 목표는 상사를 통해 부하직원에게 전달된다. 상사는 아랫사람에게 해야 할 일을 지시할 수 있는 법적 권한이 있다. 그리고 고용계약은 그런 지시를 따르도록 명시적 혹은 묵시적으로 규정한다. 부하직원이 지시를 따르지 않으면 시스템이 제 기능을 하지 못한다.

에펠탑 조직에서 보스는 사람이라기보다는 본질적으로 역할이다. 보스가 당장 내일 갑자기 죽는다 하더라도 다른 누군가가 그 자리를 대체할 것이다. 업무나 조직이 존재하는 이유에는 하등의 변화가 생기지 않는다. 그 뒤를 잇는 사람이 다소 불만족스러워 한다거나 역할을 약간 다르게 해석할 수도 있다. 하지만 그 차이는 미미하다. 업무는 명확하게 정의되어 있고 수행평가도 그 정의에 따라 이루어진다. 확률이나 개인의 성향에 좌우되는 것은 거의 없다.

권위는 맡고 있는 역할에서 나온다. 골프코스에서 보스를 만난다고 하더라도 앞서 가도록 그라운드 한쪽으로 비켜주며 양보할 필요가 없고 보스도 그것을 기대하지 않는다. 관계의 범위는 제한적(7장 참고)이고 귀속지위(8장 참고)를 지향한다. 하지만 이것은 가족 모델에서 우리가 봤던 개인적인 귀속지위가 아니다. 에펠탑 문화에서 지위는 역할에 의해 귀속된다. 이런 귀속지위는 도전이 불가능하다. 따라서 에펠탑 문화에서의 관료제는 객관화된 합리적이고 합법적 시스템이다. 여기에서 모든 구성원은 자신이 속한 곳의 규칙에 종속된다. 그리고 이 규정대로 계층구조가 규칙을 지지하고 시행한다. 보스의 힘이 막강한 유일한 이유는 규칙이 허용하고 있기 때문이다.

전문자격이 있다면 에펠탑 문화의 회사에서 커리어 개발에 상당히 도움이 된다. 에펠탑 모델의 전형인 독일과 오스트리아 회사의 고위층에서는 사무실 문에 교수나 박사라는 타이틀이 흔하다. 이런 관행은 미국에서 극히 드물다.

가족문화가 받아들이는 거의 모든 것을 에펠탑 문화는 거부한다. 조직에서 사적인 관계를 맺으면 판단을 왜곡시킬 수 있고 정실주의를 낳으며, 원칙에 대한 예외가 많아진다. 뿐만 아니라 역할과 책임의 경계가 모호해진다. 부하직원을 인간적으로 좋아한다거나 그 사람의 개인적인 충성을 필요로 하다면 업무에서 그 사람의 성과를 제대로 평가할 수 없다. 조직의 목적은 권력이나 애정에 대한 개인적인 필요를 논리적으로 분리시키는 데 있다. 공적인 영역에서 개인적인 필요는 초점을 분산시키고 편견을 조장하며 부당한 개입을 낳을 뿐이다.

계층구조의 각 수준이 맡는 역할은 난이도와 복잡성, 책임정도를 고려하여 평가되며 그에 따라 보상수준이 정해진다. 이어서 그 자리를 채울 사람을 찾는다. 역할을 수행할 지원자를 선정하는데 있어 인사부서는 모든 사람을 평등하고 중립적으로 취급하고 각 사람의 기술과 적성을 직무 요구사항에 맞추어볼 것이다. 그리고 역할과 궁합이 가장 잘 맞는 사람을 선택할 것이다. 평가나 승진에서도 동일한 절차를 따른다.

사람중심 문화와 대비되는 역할중심 문화의 영향을 알아보기 위해 관리자들에게 다음 딜레마를 제시하였다(그림 11.4).

관리자 두 명이 회사의 조직구조에 대하여 말한다.

> A "조직구조가 존재하는 주된 이유는 누가 누구 위에 권한을 갖고 있는지 모든 구성원이 알 수 있도록 하기 위해서이다."
>
> B. "조직구조가 존재하는 주된 이유는 기능이 어떻게 할당되고 조율되는지 모든 구성원이 알 수 있도록 하기 위해서이다."

이 둘 중 일반적으로 조직구조를 더 잘 나타내는 의견은 무엇인가?

기능의 할당을 위해 조직구조가 존재한다고 응답한 사람의 비율(B)

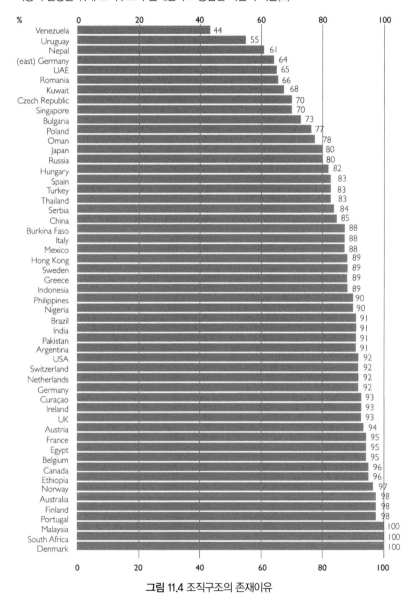

그림 11.4 조직구조의 존재이유

역할을 사람보다 우선시하는 경향을 보이는 국가들은 주로 북미와 북서유럽 국가들로서, 압도적으로 A유형보다는 B유형을 선택하였다. B유형은 조직 내 종속관계가 뚜렷하게 합리성과 조정의 논리에 따른다. 이에 비해 A유형은 그에 대해 상세하게 규정하지 않는다. 조직은 기존의 권력 차이를 정당화한다.

에펠탑 문화에서는 설정한 조직의 목표가 상대적으로 경직적이며 이를 다른 방향으로 전환하기가 어렵다. 예를 들어, 에펠탑 유형의 조직이 기존 계층구조에 따른 역할과 조화를 이루지 못하는 목표를 달성해야 하는 경우에는 조직 구조가 목표달성을 방해하는 경향이 있다. 다른 한편으로, 여권 갱신이나 보험청구 확인과 같이 사전에 규칙을 마련하여 일관성 있게 적용하는 것이 법적으로 요구되는 일에는 에펠탑 유형 조직구조가 적합하다.

우리가 개최한 워크숍에서 한 독일 대기업의 전략기획 부서장이 자기 회사의 전략기획에 대해 한 시간짜리 설명을 한 적이 있다. 그는 회사가 어떻게 조직되어 있는지 설명하는데 45분을 사용하고 나머지 15분 동안만 전략적 이슈를 다루었다. 점심식사 시간에 저자는 그에게 왜 전략적 이슈에 60분 전체를 할애하지 않았는지 물어보았다. 그는 "저는 그렇게 했는데요."라고 대답했다. 그에게는 조직의 구조 자체가 전략이었다.

사고, 학습, 변화

역할 중심의 에펠탑 유형 조직에서 사람들의 사고, 학습, 변화 방식은 가족모델과 상당히 다르다. 에펠탑 조직은 가족 문화를 임의적, 비합리적이며 음모와 연줄, 부패를 낳을 수 있다고 인식한다. 모두가 이해할 수 있는 정해진 절차를 밟으며, 직원들이 따르기로 합의한 객관적인 기준을 설정하는 대신 가족유형의 조직은 항상 이리저리 목표를 옮겨놓거나 경쟁력 있는 역할수행을 가로막는다고 여긴다.

에펠탑 조직에서 학습은 역할수행에 필요한 기술을 습득한다는 의미이다. 잘 된다면 더 높은 자리에 오르는 자격을 충족하기 위해 추가적 기술을 배울 수도 있다. 에펠탑 유형의 기업에서는 사람 또는 '인적자원'을 자본이나 현금자원과 유사하다고 간주한다. 자격을 갖춘 인력을 일정에 따라 계획하고 배치하며 다른 물리적 개체와 같이 보유기술에 따라 재편할 수 있다. 인력계획, 평가센터, 인사평가 시스템, 훈련 프로그램, 직무순환은 모두 규정된 역할에 알맞은 인적자원을 분류하고 양성할 수 있도록 돕는다.

에펠탑의 변화는 규칙을 변화시켜야 가능할 수 있다. 회사의 목적에 변화를 주려면 직원의 업무에도 공식적인 변화가 있어야 한다. 이러한 이유로, 에펠탑 문화는 변화무쌍한 환경에는 잘 적응하지 못한다. 이론적으로는 지속적인 규칙변화가 필요하지만 실제로 그런 변화가 일어나면 직원들의 혼란과 사기저하를 초래하고 규칙과 일탈의 경계가 모호해진다. 에펠탑 문화의 변화는 복잡하고 시간이 많이 소요된다. 매뉴얼 재작성, 절차 개정, 직무기술서 수정, 승진 재검토, 자격 재평가 등이 뒤따라야 하기 때문이다.

독일 조직에서 변화를 주도하려했던 미국인 관리자는 독일 관리자들이 심도 있게 새로운 전략을 논의하고 전략수립에 상당히 기여를 했음에도 불구하고 일을 진척시키는데 어려움을 겪었다고 토로했다. 비공식적 경로를 통해 그는 자신의 실수가 조직 구조나 직무기술을 공식적으로 변화시키지 않은데 있다는 점을 결국 알게 되었다. 새로운 조직도가 없는 상태에서 에펠탑 조직은 변화가 불가능했다.

동기부여, 보상, 갈등해결

에펠탑 조직에서 이상적인 직원은 정확하고 꼼꼼한 사람이다. 이들은 질
서와 예측가능성이 없을 때 긴장한다. 역할 지향성을 지닌 직원에게 직무
는 중요한 개념이다. 그것은 특정 개인을 향해 느끼는 의무가 아니라 자
기 내면에서 느끼는 의무이다.

갈등은 비이성적인 모습이고, 질서정연한 절차에 해를 끼치는 병리현
상이자 효율성을 저해하는 요소로 바라본다. 비판과 불만이 생기면 더 많
은 규칙을 생성하고 사실을 확인하는 절차를 거쳐 해결하려 한다.

가족형 문화와 에펠탑 문화의 충돌

이 책에서 계속 다루고 있는 사례의 주인공인 존슨이 다니고 있는 MCC
라는 회사는 대체적으로 업무지향적인 조직이다. 존슨이 겪고 있는 어려
움의 상당부분은 조직에 대하여 가족 모델에 가까운 기대를 하고 있는 동
료들과의 갈등 때문이다. 두 모델이 공존할 때 어떤 일이 발생하는지 독
일의 글로벌 대기업 관리자인 하인즈의 사례를 통해 알아보자.

하인즈는 경험이 많고 탁월한 성공을 거둔 관리자인데 한 콜롬비아 포
장소재 회사의 적자문제 해결을 지원하기 위해 발탁되었다. 콜롬비아 정
부를 포함한 모든 이해관계자는 현대화와 전문경영이 필요하다는 점을
공감했다. 하인즈는 새로운 생산과 품질 표준 도입을 통해 공장의 수익성
과 효율성을 향상시키고자 하였다.

회사에서 하인즈 다음으로 권한이 높은 사람은 안토니오였다. 안토니
오는 콜롬비아인으로서 하인즈가 임무를 완수하고 나면 그 자리를 이어

받는 것으로 내정되어 있었다. 거의 1년 동안 콜롬비아에서 근무한 후 하인즈는 자신이 최선의 노력을 다했지만 공장 활동이 크게 개선되지 않았다는 결론을 내렸다.

다음은 하인즈와 안토니오를 각각 인터뷰한 컨설턴트의 보고서 중 일부이다.[2]

안토니오의 이야기

안토니오는 하인즈의 기술적, 조직적 역량을 매우 긍정적으로 생각한다. 조직 전체적으로 분명히 효율성을 높여야 하고 생산 프로세스도 여전히 개선의 여지가 많다. 하인즈도 이 점을 올바로 인식하고 있다.

하지만 안토니오는 하인즈가 자신의 방법과 아이디어를 콜롬비아인들에게 강요하려 애쓰는 모습을 보고 크게 놀랐다. 그는 하인즈의 그런 조치가 사람을 로봇으로 만들어버리고 조직 전체를 비인간화한다고 설명한다.

안토니오는 하인즈가 시간과 돈에 집착하는 것처럼 보인다고 말한다. 하지만 작은 것 하나까지 따지는 직원은 거의 없다. 하인즈는 직원들이 예정보다 길게 휴식을 취하면 소리를 지른다. 그 전 주에 직원들이 시간 외수당도 받지 못한 채 묵묵히 초과근무를 했다는 사실은 기억하지 않는다. 하인즈는 절대적인 시간엄수가 불가능하다는 사실을 깨닫지 못한듯하다. 버스가 고장 나는 바람에 걸어서 출근한 직원들에게 늦었다며 호통을 친 경우도 있었다. 안토니오는 그 직원들이 출근한 것만으로도 놀라울 따름이다.

직원 두 명은 홍수 때문에 다리가 휩쓸려 가버렸을 때 강물을 걸어서 건너 출근하기도 했다. 그런데도 하인즈는 늦은 시간만큼 급여에서 차감하려했다. 안토니오는 이를 거부했다. 그는 하인즈에게 말했다, "사람들이 일터에 오고 싶어 하고 여기에서 가치를 인정받아야 합니다. 그렇지 않으면 지금보다 결근이 훨씬 잦아질 것입니다."

하인즈의 이야기

하인즈는 자신이 처음 왔을 때 공장이 정말 엉망이었다고 설명한다. 무질서와 무절차, 무원칙, 무책임이 팽배했다는 것이다.

그는 안토니오가 항상 변명하기 바쁘다고 불만을 표시한다. 모든 것을 특수한 경우나 예외적인 상황이라고 변명한다. 안토니오는 유모처럼 이리저리 뛰어다니며 직원들이 불만스러워하거나 불편해하는 이유를 살핀다. 그런 안토니오에게 하인즈는 직원들이 스스로 할 수 있도록 내버려두라고 늘 말한다.

직원들은 전원 출근 전까지는 생산라인을 가동할 수 없다는 사실을 알고 있음에도 자신이 편한 시간에 일터에 나올 수 있다고 생각한다. 그들은 일이 잘못 될 때까지 기다렸다가 이상이 발생하면 마치 자기를 희생하는 영웅처럼 행동한다. 하인즈는 직원들이 늦게까지 근무하는 것을 원하지 않으며 단지 제 시간에 출근하기를 바란다고 거듭해서 말해 왔다.

> "직원들은 서부극은 저리가라 할 정도로 다양한 변명거리를 늘어놓습니다. 형이 약속을 지키지 않아서 혹은 다리가 무너져서 늦었다는 둥 기상천외하지요. 여기서는 매일 드라마와 같은 일이 생깁니다."

하인즈는 자신이 직원을 괴롭히거나 귀찮게 하려는 뜻은 없으며 계약과 마감시간, 업무일정을 지키고 싶을 뿐임을 안토니오에게 말했다고 덧붙였다. 그는 이것이 너무 큰 요구라고 생각하지 않는다.

다소 극단적인 위의 예에서 하인즈는 매우 정교한 에펠탑 유형 문화를 나타내고 안토니오는 소박한 가족유형 문화를 나타낸다. 문화가 반드시 배타적이어야 하는 것은 아니다. 가족문화를 가진 조직이 에펠탑 문화의 엄격한 규칙을 '흡수'하여 막강한 경쟁자가 될 수도 있다. 최고의 조합을 위해서는 스테레오타입과 단순한 차이 비교를 넘어서야 한다.

유도탄 문화

유도탄 문화는 수평적 관계를 지향한다는 점에서 가족, 에펠탑 문화 둘 다와 다르다. 그러나 비개인적, 직무중심적이라는 면에서 가족문화와만 다르고 에펠탑 문화와는 비슷하다. 에펠탑 문화의 근본 성격이 수단 지향적인 반면, 유도탄 문화의 근본성격은 목적 지향적이다. 전략적 의도를 유지하고 목표에 도달하기 위해 모든 일을 해낸다.

유도탄 문화는 과제에 초점을 맞춘다. 대체로 팀과 프로젝트 그룹이 맡는 과제가 대상이다. 유도탄 문화는 구성원이 하는 업무가 사전에 고정되지 않는다는 점에서 역할중심 문화와 다르다. 사람들은 "무슨 일이 있어도" 과제를 완수해야 한다. 그리고 무엇이 필요한지 불분명한 경우가 많기 때문에 파악해야 할 수도 있다.

미항공우주국이 우주탐사 연구를 수행하면서 프로젝트 그룹 운영의 선구자 역할을 하였다. 이 프로젝트 그룹은 과제완료가 최종목표라는 점에서 유도탄 조직과 유사했다. 달착륙선을 만들기 위해서는 각각 다른 약 140명의 엔지니어가 필요하다. 이들이 해야 하는 과제는 하나하나가 매우 중요하며 정확한 타이밍에 수행해야 하지만 그때가 언제일지는 미리 알 수 없다. 모든 종류의 엔지니어링이 다른 파트와 조화롭게 협업해야 하기 때문에 프로젝트를 진행하면서 최선의 통합이 필요하다. 각자는 자신 역할을 알고 있다. 전체 기능은 모두가 참여해서 만들어 나가야 한다. 구성원의 상대적 기여도가 알려지지 않았기 때문에 모두가 동등하거나 잠재적으로 동등하다.

이런 집단에도 중간단계나 최종단계 조립을 담당할 리더나 조정자가 존재한다. 하지만 제너럴리스트generalist는 각 분야 전문가에 비해 지식이 부족할 수 있기 때문에 모든 전문가를 존중하며 대해야 한다. 혹시라도 목표를 향해 방향을 전환할 때 어떤 전문가의 도움이라도 받을 수 있어야 하므로 이 집단은 수평적인 관계를 맺고 학문간 제휴도 활발하다.

유도탄 문화에서는 돈이 많이 든다. 전문가들은 몸값이 비싸기 때문이다. 집단은 일시적으로 결성했다가 흩어진다. 인간관계도 프로젝트처럼 일시적이며 대체로 프로젝트 완수를 목적으로 하는 도구적 성격을 띤다. 직원들이 별개의 목적으로 수일이나 수주 안에 다른 집단에 가입하여 동시에 여러 집단구성원으로 활동할 수도 있다. 이런 유형의 문화에서는 감정표현을 절제하는 경향이 있으며 6장에서 논의한 감정절제 문화의 전형을 보여준다.

유도탄 문화에서 인간의 가치를 평가하는 궁극적인 기준은 어떻게 역할을 수행하고 공동으로 목표하는 결과에 어느 정도 기여하는가이다. 실제로 각 구성원은 해결해야 할 문제를 공유하고 있다. 한 사람 한 사람의 상대적인 기여도는 각자의 역할을 상세하게 규정하고 결과를 계량화하는 에펠탑 문화만큼 명확하지 않을 수도 있다.

현실에서는, 에펠탑 조직에 유도탄 문화를 덧입혀서 내구성과 안정성을 기한다. 이런 유형은 매트릭스 조직으로 알려져 있다. 매트릭스 조직에서는 기능상의 보고라인(에펠탑)과 더불어 참여 프로젝트 상의 담당라인(유도탄)이 공존한다. 따라서 기능상 보고라인의 보스와 참여 프로젝트의 리더에 대한 책임이 모두 존재한다. 프로젝트는 성공해야 하고 그러기 위해서는 전문성이 우수해야 한다. 조율이 가능하지만 기능상의 책임과 프로젝트상의 책임은 서로 다른 방향으로 갈 수도 있다.

사고, 학습, 변화

유도탄 문화는 피드백 신호를 이용하여 목표를 겨냥하고 따라서 선형이라기보다 인공두뇌적이다. 하지만 '유도탄'은 웬만해서 목표를 바꾸지 않는다. 따라서 유도탄 조종은 새로운 수단과 목적을 받아들이기보다는 기존의 것을 교정하는 보수적 성격을 보인다.

학습에는 사람들과 가까워지면서 서먹한 분위기를 깨고 팀에서 역할을 수행하는 것이 포함된다. 이론보다는 실용, 규율보다는 문제해결이 중심이 된다. 인사평가는 계층구조상 위에 있는 사람보다는 동료나 부하직원에게 받는 경우가 많다.

유도탄 문화에는 변화가 빠르게 찾아온다. 목표물은 움직인다. 목표물이 더 많이 나타나면 새 그룹을 형성하고 묵은 그룹은 해체시킨다. 한 그룹에서 다른 그룹으로 옮겨가는 사람들은 직장도 여기저기 옮겨 다니는 편이다. 따라서 이직율이 높은 경향이 있으며 회사에 대한 충성심보다 자기 직업이나 프로젝트에 대한 충성심이 더 크다. 유도탄 문화는 여러 가지 면에서 친밀하고 오래가며 깊은 애정으로 인간관계를 맺는 가족문화와는 대척점에 서 있다.

동기부여, 보상, 갈등해결

유도탄 문화에서 동기부여는 내재적으로 일어나는 편이다. 즉, 팀 구성원은 최종 결과를 향해 열정을 보이고 그것과 자신을 동일시하며 애써 달성하려 한다. 애플의 경우 미치도록 훌륭한insanely great 제품을 만드는 데 열정을 쏟는다.('insanely great'는 스티브 잡스가 애플 제품의 탁월함을 뽐내며 매킨토시 컴퓨터를 소개할 때 사용해서 유명해진 표현임 - 역주) 개발 중인 제품이 최상위 목표이며 이를 달성하기 위해 팀 구성원간 갈등이나 적개심은 무시할 수도 있다. 참여도가 높지 않으면 폭넓은 헌신을 기대할 수 없다. 최종합의는 제품과 관련된 모든 사람들을 포괄할 수 있을 정도로 충분히 폭넓어야 한다.

유도탄 문화는 단기간 협업해야 하는 각기 다른 분야 전문가들이 모인 집단이기 때문에 개인주의적인 경향이 있다. 구성원 얼굴도 자주 바뀐다. 유일하게 변하지 않는 것은 자기발전을 위해 선택한 길을 추구한다는 점이다. 팀은 구성원이 공유한 열정을 실현시키기 위한 도구이다.

하지만 프로젝트가 끝나고 팀의 효용성이 다하면 일회용품처럼 버릴 수 있다. 구성원들은 말이 많고, 개성이 뚜렷하며, 지적이다. 하지만 이들의 상호관계는 목적이 아니며 수단이다. 그것이 프로젝트라는 여정을 즐기는 방법이다. 서로를 밀접하게 알 필요도 없고 그렇게 하려고 하지도 않을 것이다. 사람들은 목표에 의한 관리로 평가하며 성과에 따라 보상한다.

인큐베이터 문화

인큐베이터 문화는 개인의 자아실현에 있어 조직은 부차적이라는 실존적 사상을 바탕으로 한다. "실존은 본질에 앞선다."가 실존주의 철학자들의 모토였던 것처럼, "실존은 조직에 앞선다."가 인큐베이터 문화의 신념이다. 조직은 개인의 자기표현과 자기실현을 위해 존재해야 한다. 여기에서 사용한 은유를 창업보육센터라는 의미의 '비즈니스 인큐베이터'와 혼동해서는 안 된다. 비즈니스 인큐베이터는 신생 기업들에게 일상적인 유지보수 서비스, 공장 장비, 보험, 사무공간 등을 제공하면서 중요한 창업 초기 단계의 간접비를 절감할 수 있도록 지원한다.

하지만 비즈니스 인큐베이터의 논리가 문화 인큐베이터와 유사하다는 점은 주목할 필요가 있다. 두 가지 경우 모두 목적은 개인을 판에 박힌 활동으로부터 자유롭게 하여 더 창의적인 활동에 참여하고 자기유지에 소요하는 시간을 최소화하는 것이다. 인큐베이터 문화는 개인적, 수평적 성격을 보인다. 특별한 조직구조가 없으며 구조가 있다 하더라도 난방, 조명, 문서작성, 커피 등 개인의 편의를 위한 것일 뿐이다.

전형적인 예로 미국 캘리포니아의 실리콘밸리, 스코틀랜드의 실리콘 글렌Silicon Glen, 미국 보스턴의 루트Route128을 들 수 있다. 이런 곳의 회사들은 보통 도전적인 기업가정신에 바탕을 두고 있거나 창의적인 사람들이 다니던 대기업을 그만두고 창업한 곳들이다. 이들은 개인주의자이기 때문에 조직에 대한 충성심에 얽매이지 않고 자신이 품고 있는 알이 부화할 때까지 현재 회사에 '무임승차'할 수도 있다.

인큐베이터 문화가 작고 혁신적인 기업에만 해당되는 것은 아니다. 합동병원의 의사, 로펌의 파트너, 컨설턴트, 공인건축사 등 일은 대부분 단독으로 수행하지만 경험과 자원을 공유하고자 하는 전문가 집단이 여기에 속한다. 일부 사람들은 인큐베이터 유형을 미래 조직의 문화로 보기도 한다. 하지만 실리콘밸리가 약간이라도 쇠퇴하는 기미를 보이면 인큐베이터 문화는 성숙단계까지 살아남을 수 없고 임시상태에서 조직을 갖추어 나갈 때 거쳐 가는 한시적 단계라고 주장하는 사람들도 있다. 여전히 인큐베이터 문화가 미국과 영국을 비롯한 영어권 국가의 '고립된 개인주의 영토'를 벗어나면 찾아보기 힘들다는 점을 지적하는 이들도 있다.

인큐베이터 조직에 최소한의 구조만 있듯이, 계층구조도 최소한으로 존재한다. 권위는 엄밀하게 개인적으로 작동하며, 흥미로운 아이디어와 영감어린 비전을 제시하는 리더가 사람들이 함께 일하도록 이끌 수 있다.

항상 그런 것은 아니지만 인큐베이터 조직은 강렬한 정서적 몰입이 있는 환경에서 운영되는 경우가 많다. 하지만 이런 몰입은 사람 자체 보다는 세상을 바꾸고 사회를 회복시키고자 현재 하고 있는 일을 향한 것이다. 개인용 컴퓨터는 '개인이 힘을 갖도록' 해주었다. 유전자 조합으로 작물을 보호하고, 생명을 살리며, 경제를 구할 수 있다.

인큐베이터 문화에서는 창조와 혁신 과정을 즐긴다. 정서적 몰입, 공유하고 있는 열정, 최고 우선 목표가 있기 때문에 인큐베이터 문화가 이상적으로 작동한다면 그 안에 정직, 효과성, 육성, 치유, 재미 등이 넘쳐날 것이다. 이는 인큐베이터 문화가 얼굴을 마주하는 인간관계와 함께 일하는 친밀감에 의지하고 있기 때문이다. 금전적으로 부족할지라도 자발적으로 모여서 희망과 이상을 공유하기 때문에 일생일대의 가장 중요하고 강렬한 경험일 수 있다.

그러나 이 경험을 되풀이하거나 유지하기는 어렵다. 프로젝트가 성공하면 새 인력을 채용해야 하고 창업자의 특별한 관계는 희석되기 때문이다. 인큐베이터 문화는 리더의 '통제가능 범위'에 따라 규모에 한계가 있다. 조직규모가 75명에서 100명을 넘어선다면 필요할 때마다 비공식적으로 커뮤니케이션하는 것이 문제가 된다.

사고, 학습, 변화

인큐베이터 조직은 구성원들이 서로에게 익숙해져 있기 때문에 변화가 신속하고 자연스럽게 일어날 수 있다. 로저 해리슨Roger Harrison은 이 과정을 즉석 연주하는 재즈밴드에 비유하였다. 밴드의 리더가 새로운 연주를 시작하면 다른 멤버들은 그 테마를 들어보고 마음에 들면 따라 연주하고 그렇지 않으면 무시한다.[3] 모든 참여자들이 일심동체로 감정을 이입하여 공동의 문제에 대한 해결책을 찾는다. 하지만 고객이 어떠한 목표도 정의하지 않았기 때문에 문제 자체를 재정의해야 할 수도 있다.

인큐베이터 문화를 지닌 미국의 스타트업 회사들 중 제품과 시장이 성숙하면서 살아남는 곳은 드물다. 인큐베이터 문화에서의 학습은 창조를 위한 것이지 달라진 수요 패턴에 대응하여 살아남기 위한 것이 아니기 때문이다. 신개념 제품 탄생을 진두지휘한 '위대한 설계자'는 관심의 초점이 고객서비스와 마케팅으로 넘어간 이후에도 계속 회사의 영웅으로 남는다.

동기부여, 보상, 갈등해결

동기부여는 진심어리고, 내재적이며, 강렬하다. 애플 창업초기에 직원들 티셔츠에 적혀있던 "주당 70시간 근무. 하지만 나의 일을 사랑한다"라는 문구가 이를 잘 보여준다. 경쟁적으로 새로운 무엇인가가 탄생하는데 기여하고자 한다. 자신의 손을 거쳐 간 흔적을 모두가 남기려 하는 것이다. 개인의 안정에 대해서는 별로 염려하지 않는다. 이익에 욕심내거나 새로운 것을 만들어내는 과정으로부터 떨어져서 권력을 얻고자 하는 사람도 거의 없다. 전체가 성공하면, 모두에게 풍족한 혜택이 돌아갈 것이다. 그렇게 되지 않으면 인큐베이터 자체가 사라질 것이다. 가족문화와는 대조적으로 인큐베이터 문화의 리더십은 성취하는 것이지 귀속되는 것이 아니다. 사람들은 가장 인상깊은 발전을 보이고 자신의 아이디어로 문제를 해결하는 사람을 따른다. 집단의 성취를 방해하는 권력다툼은 욕을 먹는다. 갈등이 일어나면 서로 갈라서거나 대안을 시도해보고 최선의 방법을 모색하면서 해결해나간다.

나라마다 선호하는 기업문화는 어떻게 다른가?

이미 언급했듯이, 순수하게 한 가지 문화유형에만 해당하는 조직은 거의 존재하지 않는다. 실제로는 유형이 섞이거나 겹치면서 한 가지 문화유형이 우세를 보인다. 그럼에도 불구하고 다양한 국가문화에서 하나 또는 그 이상의 유형들이 분명하게 지배적인 모습을 보인다. 네 가지 조직문화 유형의 주요 특징들을 이전 장에서 논의한 국가문화 차원과 함께 정리해본다면 참고하기에 용이할 것이다. 다음 표는 네 가지 조직문화 모델에서 직원의 관계형성, 권위에 대한 관점, 사고, 학습, 변화, 동기부여, 비판과 갈등해결이 어떻게 다른지를 보여준다.

하지만 독자는 이 분석내용을 조심스럽게 해석해야 한다. 어느 국가라도 소기업은 가족이나 인큐베이터 형태를 보일 가능성이 높다. 안정을 위한 구조를 필요로 하는 대기업은 에펠탑이나 유도탄 형태를 보일 가능성이 높다. 예를 들어 프랑스에서는 작은 기업들이 가족유형을, 대기업들은 에펠탑 유형을 띠는 경향이 있다. 미국에서는 대기업 중 상당수가 유도탄 문화일 것이고 실리콘밸리의 패러다임에서 원형에 가까운 인큐베이터 문화를 발견할 수 있다.

요약

우리는 기업문화의 네 가지 유형을 정의했다. 이 유형들은 이전 장에서

4가지 기업문화별 특징

	가족	에펠탑	유도탄	인큐베이터
직원간 관계	개인이 소속된 유기적 조직 전체로의 관계확산	정해진 상호작용을 하는 기계적 시스템 내에서의 특정역할	인공두뇌 시스템 내에서 공동 목표를 겨냥하는 특정 과업	창조적 프로세스를 공유하면서 파생된 확산적이고 자발적인 관계
권위에 대한 태도	지위는 친근하고 권력을 가진 부모와 같은 존재에게 귀속	지위는 권력을 지니며 뛰어난 역할을 수행하는 사람에게 귀속	지위는 겨냥한 목표달성에 기여하는 프로젝트 그룹의 구성원이 성취	지위는 창의성과 성장을 몸소 보여주는 개인이 성취
사고와 학습 방식	직관적, 전체적, 시행착오를 통한 학습	논리적, 분석적. 합리적 효율성	문제중심. 전문적, 실용적, 통섭적	문제중심, 창의적, 영감의지
사람에 대한 태도	가족구성원	인적자원	전문가, 숙련가	공동 창조자
변화 방식	"아버지" 주도	규칙과 절차 개정	표적 이동에 따른 목표변경	즉흥적 변통과 조율
동기부여와 보상 방식	애정과 존경에 따른 내적 만족. 주관에 의한 관리	높은 지위와 더 큰 역할을 맡는 위치로 승진	성과와 문제해결에 대한 금전적 보상 또는 인정. 목표에 의한 관리	새로운 현실을 창조하는 과정에 참여. 열정에 의한 관리
비판과 갈등해결	한 쪽 뺨을 맞으면 다른 쪽 뺨도 내민다. 타인의 체면 존중. 파워게임에서 패하지 마라.	갈등조절 절차가 없다면 비합리성에 대한 비판이 따름	과업과 관련된 건설적 비판. 비판 수용과 신속한 수정	비판은 창의적 아이디어를 부정하는 것이 아니라 개선하는 것

설명한 국가의 문화차이와 긴밀하게 연관되어 있다. 국가의 문화차이로 인해 갈등이 발생하고 상호 오해와 불신으로 이어지듯이, 기업 문화도 서로 충돌한다. 가족 문화에 매트릭스 조직을 도입하려고 했다가는 분노와 경악을 불러올 수 있다. 에펠탑 문화에서 부하직원들과 격의 없이 편하게

지내는 모습은 부적절하게 보일 수 있다. 유도탄 문화에서 절친한 지인이 있는 그룹에 자신을 넣어달라고 요청하는 것은 조직을 깨뜨리는 행위이다. 상사를 "버디buddy"라 부르고 등을 툭툭 건드린다면 에펠탑 문화에서는 쫓겨날 것이다.(어떤 문화적 규범이 있는지는 그것을 어겨보면 알 수 있다. 이번 장의 내용이 그 보다 덜 고통스러운 대안이 되기를 바란다.)

문화유형은 존재하고 우리는 이를 존중해야 한다. 정말 성공적인 기업은 모든 문화유형으로부터 아이디어를 얻어서 그 차이를 조정하려 끊임없이 노력한다. 마지막 장에서 우리는 이런 과정을 살펴본다. 그러나 그 전에 존슨에게 작별인사를 해야 한다.

미국 세인트루이스에서 열린 MCC 경영층 회의에서 존슨은 성과연동 보상제 도입에 대하여 보고했다. 여러 곳에서 저항하였고, 남유럽 일부국가, 중동, 아시아 등 도입했던 나라들의 초기 실적도 이 제도가 실패했음을 보여준다. 경영층은 아무 말 없이 존슨의 얘기를 들었다.

매우 냉랭한 분위기였다. CEO가 입을 열었다. "그렇다면 이 문제에 어떻게 대처할 계획인가요? 전 세계에 사람들이 너무 다르고 의견도 너무 다양하다는 말을 하려고 HR부서가 존재하는 것은 아닐 텐데요."

존슨은 이제 잃을 것이 없다고 생각했다. 그래서 여러 달 동안 자신이 느꼈던 문제점에 대해서 목소리를 냈다. "우리는 기계를 만드는 회사입니다. 하지만 우리가 조직을 운영할 때도 기계를 만드는 것처럼 접근했던 것은 아닌지 저는 이따금씩 스스로에게 물어봅니다. 이들은 사람이지 고장이 나면 교체하는 마이크로프로세서나 집적회로가 아닙니다."

"저는 우리가 컴퓨터처럼 조직을 운영해야 한다고 생각합니다."라며 재무 담당 관리자가 끼어들었다. "우리는 인재들을 채용하고 이들은 우리 지시에 따라 일하면서 자신들이 훈련을 통해 배운 바 대로 기능을 발휘하는 것입니다. 그렇게 하거나 아니면 다른 사람을 쓰는 거죠. 그게 뭐가 문제인거죠?"

CEO는 분위기를 진정시키고자 했다. "나는 거기에 동의할 수 없어요," 그가 말했다. "나는 우리 회사가 일종의 생명체라고 생각합니다. 세상 어디를 가나 머리가 잘리면 당연히 몸도 죽습니다. 우리가 일부 자회사의 오른팔을 못 쓰도록 하면 장래에 잘 할 것이라고 기대할 수 없습니다. 제가 이해할 수 없는 것은 우리가 모두 하나의 생명체이고 그 손과 발이 모든 방향으로 뻗어나갈 수는 없다는 점을 왜 그들에게 보여줄 수 없었냐는 점입니다."

존슨은 일순간에 지난 몇 달 동안의 모든 분노가 치밀어 올라왔다. 잠시나마 CEO가 자신을 지지한다고 생각했지만 결국 "전 세계가 우리 발에 맞추어 행진하도록 하자"는 구닥다리 메시지일 뿐이었다.

존슨이 경영진에게 말했다. "제가 지난 8개월간 겪은 바는 원활하게 작동하는 컴퓨터나 살아있는 생명체와는 전혀 다릅니다. 그것이 어떤지 말해드리겠습니다. 제가 아이에게 읽어주었던 이야기와 비슷합니다. 이상한 나라의 앨리스에 등장하는 플라밍고(홍학. 조류의 일종–역주) 망치로 고슴도치 공을 쳐서 카드들이 허리를 휘어 만든 후프를 통과시키는 기상천외한 크로케 게임(잔디 위에서 작은 철문 사이에 나무공을 나무망치로 쳐 넣어 그 속도를 겨루는 구기의 일종–역주)과 같습니다. 플라밍고는 앨리스를 보기 위해 머리를 비틀고, 후프들은 여기저기 헤매고 볼은 저 멀리 기어가지요. 그 결과는 혼란입니다."

존슨은 결론으로 말했다. "다른 문화들은 기계나 초국가적인 신체의 일부가 아닙니다. 그 국가들은 저마다 다른 생명체입니다. 모두에게 자기 고유의 논리가 있습니다. 그들이 어떤 게임을 하고 있으며 규칙이 무엇인지 설명할 수 있도록 한다면 우리가 망치가 아닌 엉뚱한 것을 들고 있다는 것을 깨달을 수 있을 것입니다. 그리고 공을 올바른 방향으로 보낼 수 있을 것입니다."

존슨이 승진했을까? 아니면 MCC 연금 수급자의 복지관리 담당으로 좌천되었을까? 경험을 토대로 추측해보면, 그는 이문화 경영을 전문으로 하는 작지만 빠르게 성장하는 컨설팅회사를 운영하고 있을 것이다.

12
국제적 경영과 초국적 경영을 향해

이 책에서는 국가와 기업의 문화를 조명하여 여러 차이점을 발견하였다. 그 차이가 너무나 광범위하고 깊이 스며들어가 있기 때문에 보편적이거나 일반적인 원칙으로 이를 관리할 수 있다는 생각에 의구심이 생길 수밖에 없어 보인다.

그럼에도 불구하고 이 책이 주는 시사점은 보편성이 또 다른 차원에서 존재한다는 것이다. 어느 문화에서든 효력을 발휘하는 만병통치약 같은 조언이 있을 수 없고, 경영의 일반적 원리들이 대체로 미국 문화에 뿌리를 두고 있다 하더라도 인간이 직면하는 보편적인 딜레마나 문제는 존재한다. 모든 국가와 조직은 다음과 관련된 딜레마에 직면하기 마련이다.

- 사람들과의 관계
- 시간과의 관계

▪ 사람과 자연환경 사이의 관계

　국가마다 이런 딜레마에 대한 접근방식이 현저하게 다르지만 이에 대응해야 할 필요가 있다는 점은 같다. 인간 존재에 대한 도전에 맞서야 한다는 점에서 모두가 동일하다.

　이번 장에서 우리는 구조, 전략, 커뮤니케이션, 인적자원 등 국제경영이 직면한 몇 가지 구체적인 문제점을 살펴보고 그 해결책에 대한 보편적 접근방식을 검토해보고자 한다.

　우리는 연구방법으로 도덕 또는 원칙이 상충하는 스토리, 장면, 상황, 질문을 활용하였다. 관리자들에게 두 가지 상충하는 원리 중 한 가지만을 선택하도록 요청하였다. 예를 들어, 일부 관리자들은 보편적인 원칙(보편주의)에 우선 순위를 두고 개별적 상황에서도 보편적 원칙에 따라 행동해야 한다고 느꼈다. 한편 특정 사람들에 대한 애착관계에 따라 거기에 우선순위를 두고(특수주의) 그런 관계적인 의무로부터 일종의 보편성을 도출해야 한다고 느끼는 관리자도 있었다. 하지만 통계수치에서 보여주듯이 국가별로 보편주의와 특수주의 중 어느 한 가지 선택안을 100퍼센트 선호하는 경우는 없었다. 우리가 제시한 거의 모든 문제와 그에 대한 해결안들은 전 세계에서 인정할 수 있는 것들이었다.

　전 세계 모든 관리자들이 공통적인 모습을 보이는 또 다른 중요한 측면이 있다. 처음에 어떤 원칙을 갖고 시작하더라도 비즈니스 환경에 대응하고 조직관리 경험을 하다보면 우리가 논의해온 딜레마를 조정해야 할 수 밖에 없다는 점이다. 예외가 있다고는 하지만, 특수성을 최대한 보편적 원칙으로 다스릴 수 있을 때 번영할 수 있다. 관계의 한정성과 확산성을 모두 고려해야 효과적으로 생각할 수 있다. 각 부분들은 전체만큼이나 의미가 있다. 개인주의자이든 공동체주의자이든 개인들은 스스로 체계화할 수 있는 능력이 있어야 하고 얼마나 좋은 공동체인지는 각 구성원의 건강과 부, 지혜 수준에 달려 있다.

모든 국가는 고유의 윤리적 이상을 위해 각자 다른 경로를 추구한다. 따라서 문화는 이런 딜레마를 조정하는 방식이다. 우리는 이런 조정이 일어나는 정도만큼 기업들이 성공할 것이라고 주장한다.

이문화 관리자가 직면한 문제

우리가 가장 먼저 이런 차이점에 주목한 것은 아니다. 기어트 홉스테드 Geert Hofstede는 IBM 직원의 글로벌 표본집단을 대상으로 이에 대해 연구하였다.[1] 인저릴리Inzerilli와 로랑Laurent도 이탈리아와 프랑스의 관리자와 미국, 일본, 유럽의 관리자를 비교 연구한 바 있다.[2] 이 연구자들이 알아냈던 바를 우리도 몇 장에 걸쳐 MCC사에서 존슨이 겪었던 경험을 따라가 보면서 깨달을 수 있었다. 즉, 각광받는 미국적 해결책이 항상 다른 나라에서 일어나는 딜레마를 해결하지는 못한다는 점이다. 미국이 경영이론의 주요 원천지이기 때문에 비즈니스 기법을 배우는 모든 사람에게 이는 중요한 정보이다.

예를 들어, 매트릭스 조직은 한편으로 훈육방식과 기능을 통해 조직화하려는 요구와 다른 한 편으로는 프로젝트, 개발 중인 제품, 고객세분화에 대응해야 하는 요구를 반영한 똑똑한 조정방법이다. 그러나 매트릭스 시스템이 미국과 영국, 네덜란드, 스칸디나비아 국가들의 딜레마 문제를 해결할 수 있을지는 몰라도 11장에서 논의한 가족지향적 문화에는 직접적인 위협이 되고 충돌을 일으킨다. 따라서 이탈리아와 스페인, 프랑스, 아시아의 기업들은 다른 해결책을 고안해야 할 것이다.

마찬가지로, 피터 드러커가 주장한 목표에 의한 관리는 미국적인 딜레마에 대한 잘 알려진 조정방법으로서 비슷한 문화의 국가들이 채택하였다. 평등 대 위계, 개인 대 공동체 사이의 갈등은 개인을 중심으로 그들이 자유롭게 공동체와 계층구조의 주요한 목표를 달성하도록 자유를 부여함으로써 조정이 이루어진다. 자발적으로 협의한 계약을 통해 개인은 집단과 하나가 된다. 이는 좋은 방법이다. 하지만 개인의 성과를 상사와의 관계 중 일부로 여기며 탁월한 성취를 전체 '가족'이나 관계 덕분이라고 생각하는 국가에서는 그 효과가 반감된다.

성과연동 보상도 마찬가지로 성취 대 귀속 사이에 발생하는 딜레마를 해결하려는 노력의 일환이다. 왜 성취를 이룩한 정도와 비례하게 직원에게 지위를 부여하고 금전적인 보상을 하지 않는가? 이런 방법은 성취를 우선시하는 사람들에게는 큰 호소력을 발휘하지만 귀속지위를 우선시하고 부하직원 성공의 정서적 '장본인'이 되고자 하는 사람들에게는 그렇지 못하다. 우리는 8장에서 이 문제를 상세하게 논의한 바 있다. 여기에 또 다른 일화가 있다.

한 미국 컴퓨터 회사는 성과연동 보상제를 미국과 중동지역에 도입했다. 그 제도는 미국에서 효과를 발휘했다. 그런데 중동지역에서는 잠시 매출이 향상되다가 이내 심각한 실적부진에 빠졌다. 분석해보니 중동지역의 영업사원 중 우수 성과자들은 이전보다 더 좋은 실적을 보였지만 상당수 영업직원들의 실적이 더 나빠진 탓이었다. 경쟁심이 동료의 성공을 바라는 마음을 좀 먹는 바람에 전반적으로 사기가 저하되고 판매도 하락했다. 나쁜 것은 쉽게 전염된다. 일부 영업직 부하직원이 상사보다 돈을 더 많이 버는 사실이 알려지면서 개인이 높은 실적을 올리는 모습도 자취를 감추었다. 분명 문제가 있었다. 하지만 성과연동 보상제를 결국 폐지하게 된 주요 원인은 고객들에게 불필요한 제품을 강매하는 현상이었다.

보너스를 받기 위해 A가 B를 앞서려고 할 때마다, 고객에 대한 서비스는 뒤로 밀리고 당장은 아니라도 결국 심각한 결과를 초래하게 된다.

중앙집중화 대 분권화

이문화 경영을 할 때 직면하는 가장 큰 딜레마는 어느 정도까지 중앙집중화 혹은 분권화할 것인가이다. 즉, 외국 문화에는 모욕적일 수도 있는 규정과 절차를 어느 선까지 강요할 것인가(중앙집중화)와 문화마다 각자 길을 가도록 어느 정도까지 허용할 것인가(분권화)라는 물음이다.

분권화는 일부 기업문화에서 더 쉽게 이루어질 수 있다. 분권화하려면 권한을 위임해야 한다. 11장에서 설명한 4가지 모델 중 에펠탑 문화와 유도탄 문화에서 권한위임이 상대적으로 용이한 반면 부모의 존재가 그대로 남아있는 가족지향적 문화에서는 권한위임이 쉽지 않다.

우리가 살펴본 대부분 사례와 일화가 보여주듯이, 오해는 대화보다 훨씬 더 자주 일어난다. 그럼에도 불구하고 중앙집중화와 분권화는 이 책에서 소개한 다른 차원처럼 잠재적으로 조정가능한 프로세스이다. 생물학적 유기체는 분화와 통합의 과정을 통해 질서와 복잡성에 있어서 더 높은 수준으로 성장한다. 기업이 더 많은 부서와 부문, 기능, 차별화된 활동을 추구할수록, 도전과제도 더 커지고 그 모든 다양성을 조율하는 일의 중요성도 커진다. 폴 로렌스Paul Lawrence와 제이 로르슈Jay Lorsch는 1960년대 후반, 과도하게 중앙집중화 되거나(과잉통합), 과도하게 분권화된(과잉분화) 기업들이 상당히 성과가 떨어진다는 점을 밝혔다. 분화와 통합에는 시너지와 조정이 필요하다.[3] 가장 훌륭하게 다양성의 통합을 이뤄내는 기업이 탁월한 성과를 낸다.

본사의 요청에 의해 움직이기는 하지만 실제로는 문제해결을 막연히 기다리는 수준에 머무르는 해외 지사의 행동 때문에 그룹 경영은 어려움을 겪는다. 현지 관리자는 아무런 변화도 일어나지 않을 것임을 알고 있다. 하지만 본사에서 직원 모두의 자격과 급여를 비교하기 위해 자료를 요구한다면 순순히 제공할 것이다. 개인별 현행 급여수준에 끼워 맞추어 자격을 작성했을 수도 있지만 신경 쓰지 않는다. 자격과 급여수준이 완벽하게 들어맞는 자료가 넘어오면 본사에서는 해외 지사를 '통제하고 있다'고 느낀다. 물론 그것은 착각이다. 사내 지침 편람에는 "우리는 뇌물을 주지 않는다."라고 적어놓았지만 뇌물 제공은 여러 나라에서 발생할 것이다. 선물을 주지 않으면서 관계 맺기란 불가능하기 때문이다.

중앙집중화─분권화 딜레마는 기업 정체성의 일관성 대 유연성의 문제로 경험하는 경우가 많다. 쉘Shell사가 필리핀에서 돼지 농가를 지원하며 성공적으로 관계를 형성하는 것이 더 중요한가 아니면 에너지 기업을 추구하는 전략의 계속성을 유지하는 것이 더 중요한가? 실제로 돼지 사육을 지원한 활동은 공산 반군이 석유 파이프라인을 폭파하지 않도록 하는 데 일정부분 기여하였다. 어차피 나이지리아에서 유전개발을 위해 굴착을 할 것이라면 수맥을 찾아 절대적으로 필요한 우물을 만들어주지 않을 이유가 없다.

이런 종류의 사례를 보면 중앙집중화와 분권화의 관계가 미묘하다는 점을 알 수 있다. 차별화 활동들이 단지 그 차이 때문에 핵심 비즈니스와 멀어질 수 있다는 주장은 사실이 아니다. 우물과 돼지 농장이 저개발국에서 비즈니스 기회를 확보하느냐 마느냐를 결정할 수도 있다. 왜냐하면 우리 모두는 다르므로 서로와 주고받을 것이 아주 많기 때문이다. 문화라는 문제는 남녀관계처럼 서로 다르기 때문에 끌릴 수 있는 것이다. 우리가 살펴본 바와 같이 이탈리아의 디자인과 네덜란드의 엔지니어링이 상호 충돌할 수 있지만, 그 차이 덕분에 지상에는 없던 탁월한 제품을 만들 수도 있다.

그렇다면, 이상적인 모습은 차별화를 하면서도 더 효과적인 통합을 이루거나, 활동들을 분권화하면서도 그로 인해 생기는 폭 넓은 다양성을 회사의 '중추신경계'가 조율하는 것이다. 문화적 다양성의 문제에는 언제나 도전과제가 있다. 하지만 이를 극복하면 매우 중요한 연결이 생겨난다.

분권화에서는 양이 아닌 질이다

얼마나 많이 분권화할 것인가는 문제가 아니다. 문제는 *무엇을* 분권화하고 무엇을 본사의 권한으로 유지할 것인가이다. 정보를 중앙으로 모으지 못하는 기업은 결코 일관성을 유지할 수 없다. 그렇다고 해외 현지에서 의사결정을 내릴 수 없다는 뜻은 아니다. 분명, 정유시설을 운영하는 규정과 표준, 절차와 같은 기술적 내역들은 중앙에서 결정할 수 있다. 하지만 어떤 조합의 제품을 정제할 것인지에 대한 의사결정은 국가별로 내릴 수 있다. 고객의 요구변화를 더 가까이서 볼 수 있기 때문이다. 경쟁사들과의 차이, 생산과잉 정도에 민감하게 반응해야 하는 가격 또한 현지의 결정사항일 수 있다.

자금조달은 일반적으로 그 규모에 따라 중앙 본사에서 또는 현지에서 의사결정을 내린다. 현지 국가의 회사들은 본사에 표준 고정비용을 지급하고 법률, 재무, 기획, 인사 서비스를 무상으로 제공받는 경우가 많다. 이런 협정은 중앙집중화된 기능의 역할을 보호하는 경향이 있다. 비용을 지불해야 하니까 서비스를 이용해도 좋다는 것이다. 또 다른 방법으로, 본사 스태프가 현지 국가 회사들의 요청이 있을 때마다 컨설팅 서비스를 제공할 수도 있다. 이런 체계에서는 아무도 원하지 않는 불필요한 본사의 스태프 서비스는 자연스럽게 고사해버리므로 분권화가 가속화되기 쉽다.

국제 기업과 초국적 기업

중앙집중화와 분권화 이슈는 크리스토퍼 바틀렛Christopher Bartlett과 수만트라 고샬Sumantra Ghoshal이 글로벌global 기업 대 다국적multinational 기업, 국제international 기업 대 초국적transnational 기업에 대한 자신들의 분석에서 논의한 바 있다.[4] 이들이 정의내린 것처럼, 글로벌 기업과 다국적 기업은 둘 다 본질적으로는 중앙집중화되어 있다. 이들 기업의 자회사는 다른 기업이나 국가들보다 본사나 본국과 더 긴밀하게 관계 맺는다. 이런 기업들에서는 최고 경영층에 다수의 외국인이 있을 가능성이 거의 없으며 경영기법의 보편적 적용이라는 미신을 추구하는 경향이 강하다. 대조적으로, 국제 기업과 초국적 기업 구조에서는 중앙집중화 대 분권화의 딜레마를 극복하기 위해 상당히 노력을 기울인다. 둘 다 각자의 방법으로 다양성을 관리하고 특별한 역량을 지닌 다양한 국가에 위치하면서 경쟁 우위를 얻으려 한다.

이 두 가지 형태는 중앙집중화와 분권화의 조화를 이루기 위해 다른 경로를 취한다. 국제 기업은 영향력을 중앙으로부터 타 지역과 국가들로 분산시키면서도 이들을 조율하는 역할은 유지한다. 반면 초국적 기업은 자기 네트워크의 다양한 부분으로부터의 다중심적 영향력을 추구하면서 중앙으로서의 역할을 내려놓는다.

IBM과 엑손Exxon, 디즈니월드와 같은 *국제 기업*은 본사가 중심축이고, 현지 조직들은 이를 둘러싼 바퀴살이라는 통념을 깨뜨렸다. 이런 유형의 조직은 다국적 기업과 글로벌 기업의 중간 형태이며 일부 전략적 영역은 중앙집중화 시키고 일부 영역은 분권화한다. 이들에게는 엑손의 석유, 디즈니월드의 엔터테인먼트와 같이 중앙집중화된 주요 제품과 서비스가 있다. 그러나 해외 현지 운영에 있어서는 환경에 맞게 약간 변화를 준다. 엑손의 고객 충성도 프로그램과 디즈니월드에서 현지의 음료를 제공하는 것이 그 예이다. 현지 조직들은 고객의 필요와 국제 시스템 내 최고 공급처에 바탕을 두고 서로와 적합한 관계를 맺고 있다. 본사의 역할은 지시나 평가보다는 한 나라에서 미래가 기대되는 방향으로 발걸음을 내딛으면 다른 나라에서 또한 이런 경험으로부터 배울 수 있도록 조정하는 것이 된다. 본사는 이런 학습을 촉진하고 다른 국가 현지회사끼리 서로를 본받을 수 있도록 지원한다.

기업이 다지역 형태에서 국제적 형태로 변화하면서 *본사는 경찰관보다는 컨설턴트처럼 행동한다.* 기능별, 지역별 리더들은 조정자라는 의미의 코디네이터라고 부르고 이들의 권한은 여러 기능, 지역 또는 국가의 사정을 이해하고 있다는데서 나온다.

초국적 기업은 중앙에서 조정하기보다는 여러 거점을 둔 형태를 보인다. 초국적 기업은 조직이 직면한 도전과제에 따라 권한과 영향력을 행사하는 전문적 탁월성을 갖춘 다수의 센터로 구성되어 있다. 스웨덴의 군나르 헤드룬드Gunnar Hedlund 교수는 이케아와 에릭슨 등 일부 스웨덴 기업이 전형적으로 이런 구조임을 발견했다. 바틀렛과 고샬은 초국가주의를 중요한 방향으로 인식했고 필립스와 마쓰시타의 경우에는 실제 현실이 되기도 하였다. 미국 학자인 제이 오길비Jay Ogilvy는 수평적 복합질서heterarchy가 수직적 위계질서hierarchy를 대체할 것이라고 말한 바 있다.[5] 초국적 기업들은 최고경영층 자체가 전체 시스템의 축소판과 같은 모습을 보일 것이다. 독일, 네덜란드, 프랑스, 이탈리아, 일본에서 중요 비즈니스를 수행한다면 이 국가 출신들이 최고경영층을 구성한다. 이 임원들은 외국의 '대표'가 아니라 초문화적 경영에 적극 기여하는 존재이다.

가령 이탈리아의 문화적 특성은 현지 지사 내부뿐만이 아니라 중앙의 조정센터에도 반영된다. 대표적인 예가 어플라이드 머티어리얼즈Applied

Materials이다. 이 회사에서는 경영진 100명의 국적이 50개가 넘고 7인으로 구성된 이사회의 CEO는 미국인, COO(최고운영책임자)는 이스라엘인, R&D 책임자는 이라크인, 제조부문은 중국인, 마케팅은 독일인, HR은 러시아계 아르헨티나인이 맡은 적도 있다. 문화적으로 다양한 경영진 외에도 초국적 조직들은 현지의 우수사례를 결합하여 자신들이 글로벌화하려는 다음 제도를 만들어나간다. 또한 이러한 조직은 가치지향적이며, 그 가치들은 종종 서로 상반되는 것을 통합한 것이다.

미래의 성공적인 초국적 조직형태에 대한 이 모든 예측은 다양한 전문성을 활용하는 보다 평평한 기업구조를 내포한다. 어떤 회사가 새로운 글로벌 스포츠카를 설계한다면, 전자부품은 일본, 엔진과 서스펜션은 독일, 디자인은 이탈리아, 유리섬유는 네덜란드, 마호가니 마감목재는 영국에서 들여와서 조립은 스페인에서 할 것이다. 나라별 마케팅 부서는 차량을 판매하기 위해 다른 전략을 채택하는 한편, 서로의 경험을 공유하고 각자 경영 전문성을 활용한다. '부가가치 사슬' 각 요소는 자신의 문화적 강점과 관련된 이슈에 대하여 권한을 발휘할 것이다. 미국 정치학자인 로버트 라이히Robert Reich는 미국 주주든, 유럽인이나 아시아인이든 회사를 누가 소유하는지는 중요하지 않다고 주장했다. 가장 중요한 것은 초국가적 네트워크에서 가장 많은 부가가치가 어디에서 발생하는가이다.[6] 국가들은 이 '가치사슬'에 기여하는 기술에 따라 번영하거나 정체할 것이다. 미래 경제에서는 지식이 왕이고 지식이 머무는 곳으로부터 영향력이 흘러나온다.

초국가적 기업에서는 어느 나라든 다른 나라에 영향력을 미칠 수 있고 언제라도 가치 축적과 문화적 강점을 조정하는 활동을 시작할 수 있다.

중요한 것은 초국가주의가 4장에서 10장까지 매 장 끝부분에 제시한 순환적 조정방식을 따른다는 점이다. 이를 통해 다양한 문화의 특성을 결

합한다. 조정의 방법은 13장에서 자세히 다룬다.

이탈리아의 특수주의를 독일의 보편주의와 통합하거나 미국의 개인주의와 내부통제적 창의성을 일본의 공동체주의에 바탕을 둔 신속한 신제품 개발과 타인 지향적인 고객만족 스킬과 결합할 수 있다. 국가마다 가장 잘하는 분야를 전문화하여 형성한 초국가적 회로에는 적수가 없을 것이다. 남은 질문은 중앙통제가 완전히 사라진다면 초국가적 조직은 어떻게 살아남아야 하는가이다.

미래의 인적자원 관리

우리는 인적자원이라는 일반적인 주제 하에서 문화차이에 대한 분석을 해왔다. 미래의 관리자를 채용하는데 있어서 현재 대기업은 다소 불리한 처지에 있는 것처럼 보인다. 큰 조직에서 높은 자리까지 올라감으로써 '힘'를 얻는 것이 바람직하다는 인식은 한물 간 생각이다. 이제는 자율성을 더 추구하고 있으며, 여러 문화에 대한 경험과 지식에서 글로벌 인재의 매력을 찾는 경향이 있다. 인재들은 미래의 국제 기업과 초국적 기업에서 자신의 커리어를 개발하고자 할 것이다. 그리고 커리어를 쌓으면서 거쳐야 하는 과정을 올라가야 하는 '사다리'라기 보다 지나가는 '통로'처럼 생각할 수 있다. 중앙집중화 대 분권화의 딜레마를 조정하는데 성공하는 기업은 글로벌 영역에서 직원들을 어떻게 배치하고, 어떻게 다양한 언어로 업무를 수행하며, 여러 글로벌 비즈니스 거점에서 어떻게 의사결정하고 그 효과를 전파하는지에 대하여 배우고 체화할 것이다.

미래의 초국적 기업을 지향하는 조직이라면 일단 명석한 관리자들을 확보하는 즉시 이들에게 이문화 인식에 대한 교육을 실시할 것이다. 그 시작은 우리가 앞서 살펴본 것처럼 종종 그냥 넘어가곤 하는 문화적 문제를 어떻게 인식하는지를 배우는 것이다. 우리는 문화적 이슈를 문제로 보지 않고 특정 문화권 사람들의 완고한 고집으로 치부하고는 한다. 미국적인 보편성에 저항하는 사람들은 전통적이고, 비즈니스에는 적합하지 않거나 심지어 후진적이라고 여겨진다. 이에 대한 더 많은 내용은 필자의 저서 〈문화의 경계를 넘어 사람들을 관리하기*Managing People Across Cultures*〉에서 확인할 수 있다.

정보의 성장

한 번은 저자가 태국에서 세미나를 열었는데 그 덕분에 한 기업이 150만 달러를 절감할 수 있었다. 아쉽게도 그것은 저자가 전달한 통찰력의 결과가 아니었다. 한 프랑스 임원이 같은 회사의 태국 임원 옆에 앉게 되었다. 그런데 그 프랑스 임원은 얼마 전에 프랑스에서 완공한 시험공장pilot plant과 동일한 공장을 태국 임원이 태국에 건설하려 한다는 사실을 알게 되었던 것이다. 이것은 기업 내의 커뮤니케이션이 자주 실패하고 있음을 나타낸다.

하지만 정보기술의 발달로 인해 새로운 문제가 대두되기도 한다. 정보기술에는 특유한 형태의 절대주의가 있다. 컴퓨터의 대용량과 빠른 속도, 높은 비용을 고려할 때 장비를 설치하고 나면 최대한 신속하게 엄청난 양의 정보를 만들어서 바이트 당 원가를 줄이고자 하는 충동이 따라온다.

그 결과 본사에서는 자회사에 대한 모든 통계 정보를 자회사 스스로가 알기도 전에 파악하고 있는 것을 매우 중시 여긴다. 어떤 자회사들은 시차 때문에 아침식사 시간 중에 통조림 제조공장에서 손실률이 50퍼센트 상승한 것을 지적하는 전화가 본사에서 걸려오기도 한다.

이런 접근방식은 문화 간 커뮤니케이션에 있어 비참한 결과를 가져올 수 있고 국제적 또는 초국적 구조를 개발하는데 불리하게 작용한다. 현지 자회사 사장이 돈을 받는 부분적인 이유는 본사의 감독으로부터 자유로운 자신의 재량권을 사용하기 때문이다. 해외 자회사로부터 진정한 문화적 기여가 일어나기를 바란다면 일일이 그 회사를 점검해서는 안 된다. 정보는 최우선적으로 그와 관련된 운영을 직접 담당하고 있는 사람들에게 가야 한다. 본사가 정보를 획득하는 것은 그 다음이다. 이 절차는 현지에서 답을 찾고 행동을 취할 수 있는 시간을 준다.

정보를 권력과 이익을 위해 사용하는 한 기업은 중앙집중화된 채로, 지시적인 모습을 가진 글로벌 조직으로 남아있을 것이다. 정보는 쉽게 왜곡된다. 기대목표를 충족시키지 못하면 불이익을 당한 자회사들은 다음 번에는 목표수준을 낮출 것이다. 정보기술 덕분에 통제하고 있다는 환상을 가질 수 있지만 자세히 살펴보면 그렇지 않다.

국제적, 초국가적 구조를 가진 경우 각국의 현지 운영 회사들끼리는 서로 커뮤니케이션을 한다. 왜냐하면 비슷한 활동을 하는 근처의 다른 기업체들은 기회이자 자원이기 때문이다. 이런 구조에서 모든 현지 법인은 사전 협의 없이도 주요한 이니셔티브를 자유롭게 시도하고 네트워크 상에서 그 정보를 공유한다. 현지 기업들은 자율성을 갖고 있지만 그 자율성에 의해 행한 일들을 공유해야 한다. 모든 이해관계자는 어떤 일이 있었는지 알아야 한다. 이를 통해 이해관계가 있는 자회사나 중앙집중화된 기능부서에서는 자신과 관련이 있는 활동에 대한 정보를 얻는다. 이 시스템을 통해 임시 프로젝트 그룹은 중첩되는 연구나 활동을 얼마든지 이용할 수 있다. 전체 네트워크에게 유익한 촉매역할을 할 수 있는 활동들 간의 수평적 연결은 국제적 또는 초국적 구조의 대표적인 특징이다. 이 구조에서 자회사는 다른 자회사와 연결된다. 여우를 좇는 사냥개와 같이 누구든지 먼저 냄새를 맡으면 큰 소리로 짖어서 다른 개들이 새로운 방향으로 따라오도록 한다.

비즈니스 전략에 대한 시사점

문화는 국제화를 지향하는 노력에 매우 쉽게 장애가 될 수 있다. 보편주의 문화에서는 본사가 있는 국가의 가치관을 세계 어디서나 우선시하는 글로벌 구조를 만들어내는 경향이 있다. 각 국가의 개체성을 존중함으로써 개인주의가 다국적 구조를 만들 수 있다. 평등과 타인지향성, 성취 지향성 문화는 국제화를 촉진하는데, 이런 특성을 지닌 네덜란드와 스웨덴 인들이 성공적인 국제화를 이룬 점은 주목할 만하다. 가족지향적 기업문화는 본국에서는 효과적일 수 있겠지만 다른 나라로 가져가기는 어려울 것이다. 에펠탑 문화는 가족 스타일의 전통이 있는 국가에서는 거부당할 것이다. 특히, 추구하는 '보편성'이 외국에서 온 것이면 더욱 그러하다. 유도탄 문화도 필요에 따라 관계를 맺는다는 점과 때로는 한 명 이상의 직속상사를 두게 되어 '두 명의 아버지'를 모신다는 점 때문에 가족문화의 감정을 상하게 한다.

비즈니스 전략에 대한 주요 시사점은 상대방 문화의 기반이 되는 신념을 건전하게 존중해야 한다는 것이다. 우리 눈에 '이상해 보이는' 문화는 대개 우리 문화에서 무시하는 가치들을 추구하고 있으며 그런 가치들을 발견함으로써 우리 고유의 문화적 유산 중 잃어버린 부분을 되찾는 것이다. 따라서 가족 문화는 우리에게 일이라는 영역에서 항상 개인적인 감정을 배제하고 자기만을 추구해야만 하는 것은 아니라는 점을 상기시켜준다. 굳이 친척을 낙하산으로 자리에 앉히거나 상사 앞에서 어린아이와 같이 작아지지 않고서도 우리는 그런 통찰로부터 유용성을 얻을 수 있다. 국제적, 초국적 구조에서 우리는 *과도한 선을 넘지 않으면서도 모든 문화의 장점을 통합할 수 있다.* 문화를 넘나드는 경영에서 자신의 목표에 도달하는데 이용할 수 있는 경로를 더 많이 발견하게 된다.

진정한 국제적 기업이 될 수 있는 유일한 전략 시스템은 마이클 굴드 Michael Goold가 *전략적 통제*라고 설명한 시스템이다.[7] 여기서 전략은 중앙에서 하달하거나 엄격한 재무적 기준에 매여 있지 않고 각 국의 현지 회사에서 중앙으로 공급하는 것이다. 현지 회사들이 제안을 하면 중앙에서 이를 조정, 평가, 승인하고 예산에 반영한다. 일종의 다문화간 교섭 multicultural negotiation이 발생하는 것이다.

국제적 또는 초국가적 구조는 특정한 국가 또는 문화의 특성이 방종에 빠지지 않는 한, 중앙의 권한 행사를 상당히 절제한다. 비즈니스 전략은 국가 문화에 따라 달라지는 경향이 있다. 따라서 내부통제 지향, 보편주의, 관계한정 지향, 성취지향적 문화에서는 비즈니스 전략을 군사작전과 같이 접근한다. 소비자들에게 광고 세례를 퍼부어 시장을 정복하고 차지하려 한다. 영어권 문화가 전형적인 예이다. 이와 대조적으로, 외부통제, 특수주의, 관계확산 지향, 귀속지위 지향적 문화에서는 비즈니스 거래를 시작하기 전에 고객에게 구애하듯이 접근한다. 대표적으로 일본이 그 예이다. 이들은 고객과 동반성장하는 방법을 분명히 지니고 있지만 전략이라는 단어를 사용하지 않는다. 순차적인 시간관념을 지닌 미국, 영국과 같은 개인주의 문화에서는 비즈니스 전략을 단기로 수립한다. 동시적 시간관념을 지닌 독일, 일본과 같은 공동체적 문화에서는 장기 비즈니스 전략을 수립한다.

비즈니스 파트너가 장기적 관점에서 현재의 보상을 몇 년 뒤로 미루는 것을 허용하지 않는 국제적 또는 초국가적 구조는 독일과 일본이 이룬 경제력의 비밀을 간과하는 것일 수 있다. 국제적 또는 초국가적 구조 안에서도 국가간 경제적 경쟁이 압축적으로 나타난다. 누가 그 경쟁에서 이겼는지, 왜 이길 수 있었는지를 파악하지 않고 그 교훈을 적용하지 않는다면 어리석다 할 것이다.

현지의 HR과 역량 평가

본사에서 정립한 보편적 가치와 특수한 현지사정에 따른 유연한 대응, 그리고 국가별 문화의 영향력을 통합하는 한 가지 주목할 만한 방법을 평가절차에서 찾을 수 있다. 본사 또는 글로벌 HR부서는 평가항목 리스트를 작성한다. 하지만 그 항목의 우선순위는 국가별 현지 회사가 결정한다. 예를 들어, 쉘은 기본평가 시스템으로 HAIRL을 운영했다.

HAIRL은 헬리콥터Helicopter(위에서 폭넓게 볼 수 있는 능력), 분석력 Analysis, 상상력Imagination, 현실감각Reality, 리더십Leadership을 의미한다. 우리는 이런 구성요소가 쉘의 다양한 각국 현지법인에게 동등하게 중요한지에 대해 알아보기 위해 세미나 참석자들에게 HAIRL에 우선순위를 매기도록 요청하였다. 그 결과는 다음과 같았다.

> 네덜란드 : 현실감각, 분석력, 헬리콥터, 리더십, 상상력
> 프랑스 : 상상력, 분석력, 리더십, 헬리콥터, 현실감각
> 독일 : 리더십, 분석력, 현실감각, 상상력, 헬리콥터
> 영국 : 헬리콥터, 상상력, 현실감각, 분석력, 리더십

모든 국가가 모든 가치들에 동등한 가중치를 부여해야 할 필연적인 이

유는 없다. 네덜란드인이 현실을 강조하기를 원한다면 그대로 받아들이면 된다. 네덜란드인들은 대부분 상상력을 발휘하여 탐사하기보다는 실제 매장되어 있다고 확인된 곳에서 원유를 시추한다. 평가 가치들에 부여한 우선순위를 보면 문화가 얼마나 다양한지 확인할 수 있다. 이 책의 주제는 모든 문화가 보편성과 특수성, 개인주의와 공동체주의, 귀속지위 지향성과 성취지위 지향성, 내부통제 지향성과 외부통제 지향성을 함께 추구해야 한다는 것이다. 다만 그 가치들의 우선순위와 '시작점'이 되는 가치에 차이가 있을 뿐이다. 우리는 가치들의 본질적인 보완관계에 대하여 살펴보았다. 개인주의자인 직원을 공동체주의 문화인 싱가포르로 파견한다면 공동체주의 조직이 개인의 요구에 더 민감하게 대응할 수 있을 것이고 싱가포르인이 미국으로 파견된다면 그 반대의 경우도 성립할 것이다.

우리는 우선순위를 다르게 부여하는 것이 항상 동일하게 성공하는 것은 아니라는 점을 잊지 말아야 한다. 하지만 다양한 문화에서 다르게 부여한 가치의 우선순위를 연구해 봄으로써 어떻게 더 효과적으로 경영을 할 수 있을지에 대한 단서를 얻을 수 있다.

보상에 대한 현지의 자율성

마찬가지로 "성공에는 그 크기에 상응하는 보상이 있어야 한다."라는 보편적 원칙을 적용하더라도 그 보상의 형태는 현지 회사가 결정하도록 맡겨두어야 한다. MCC의 사례연구에도 이런 메시지가 담겨 있다. 성과와 보상을 연동한다는 중심 철학을 견지하더라도 그 적용은 분권화할 필요가 있다는 점을 MCC 본사는 받아들일 수 없었다. 글로벌 관리자들도 그 원칙에는 동의한다. 하지만 '보상'과 '성과'의 의미를 다르게 인식한다는 점에서 어려움이 발생한다. 공동체 문화의 사람이 성공적인 결실을 맺은 자신의 노력에 대하여 팀 구성원 모두에게 보상이 돌아가기를 바라는 것은 합리적이다. 개인은 자신이 기여해서 얻은 보상을 팀원들과 나누는 대신 동료들로부터 존경과 애정, 감사를 받는다. 상당히 괜찮은 거래인 셈이다.

개인주의 사회에서 높은 성과를 올리는 사람이 보상에 있어 동료와 거리를 유지하려 하는 행동도 합리적이다. 이런 차이에 대한 해결책은 공동체주의 문화와 개인주의 문화가 자율적인 판단과 결과에 따라 집단과 개인에게 보상할 수 있도록 하는 것이다. 어찌 되었건, 개인의 노력에 대한 보너스만으로 급여를 지급하는 문화는 없다. 개인성과에 대한 상대적인 강조 정도에 따라 고정된 비율로 보상의 일부분을 보너스로 할당할 뿐이다. 진정한 국제적 또는 초국적 기업에서는 모든 국가의 조직들이 개인과 집단 보상 사이에 최적의 조합을 찾을 수 있도록 하고 성공적인 운영에 대하여 더 많은 보상이 이루어질 수 있도록 할 것이다.

위계적 보상구조 대 수평적 보상구조에 대한 문제는 각국의 현지 회사 사정에 달려 있을 수 있다. 상대적으로 동등한 급여로 인해 협력이 향상될 수 있다. 상대적으로 불평등한 급여 때문에 직원 간 경쟁이 증가할 수도 있다. 각각의 접근방식이 어느 정도일 때 가장 잘 작동하는가? 회사는 수익 중 배분하기에 적절하다고 판단하는 일정한 비율을 정해 놓아야 한다. 국가별 현지 회사는 소비자 가격을 인하하기 위해 재량으로 임금수준을 낮추는 '시장점유율 확대' 전략을 펼칠 수도 있다.

모든 사람이 주로 금전적 보상에 따라 동기부여가 된다는 인식은 의심해 봐야 한다. 가족 이미지에 기반한 기업문화는 임금수준에 대해 너무 많이 신경 쓰지 않을 수 있다. 일하는 주된 목적이 서로간의 정서적인 친밀감에 있다면 일본인들이 1990년대에 보여주었듯이 상당한 원가경쟁력을 갖출 수 있다. 반면, 성과와 연동된 보상제도에는 큰 비용이 소요되는 경향이 있다.

특히 경제수준이 낮은 경우, 집단 또는 공동체 지향성은 도약의 기반이 되는 결정적인 요소이다. 예를 들어, 쉘 나이지리아Shell Nigeria가 채택한 집단 보너스 제도는 직원이 사는 마을에 우물과 관개 시스템을 제공함으로써 직원의 가족과 이웃에게 물질적 도움을 제공했을 뿐만 아니라 공동체에서 직원들의 위신을 높여주었다. 이런 프로젝트에 소요되는 비용을 돈으로 나누어주는 것보다 위와 같은 제도가 직원 개인에게 훨씬 더 가치가 있다는 점은 자명하다.

실수를 통해 배우는 관리자

나와 다른 문화는 이상하고, 모호하고, 충격적이기까지 하다. 우리는 다른 문화에 적응하는 과정에서 실수를 저지르고 혼란스러워할 수밖에 없다. 진짜 이슈는 우리가 실수를 통해서 배우기 위해 얼마나 준비가 잘 되어 있는가이다. 이 게임에서 '만점'을 받는 것은 불가능하다. 낯선 영역을 힘들게 통과해야 겨우 조정에 이를 수 있을 뿐이다.

우리와 다른 문화를 발견하기 위해서는 어느 정도 겸손과 유머감각이 필요하다. 아무 것도 보이지 않는 어두컴컴한 방에 들어가 여기저기 부딪쳐 고통을 느껴가며 물건이 어디에 있는지 알아가는 과정에서 겸손과 유머감각은 필수품이다. 세계의 문화는 일상생활과 비즈니스를 영위하는데 필수불가결한 요소인 윤리적 온전성integrity에 이르는 수많은 방법으로 이루어져 있다. 여기에 보편타당한 해답은 없다. 다만 보편적인 문제와 딜레마가 있을 뿐이다. 그 곳이 우리 모두가 시작해야 하는 지점이다.

13
문화의 딜레마 조정하기

이 책을 통해 설명한 바와 같이 모든 나라와 조직은 특정한 보편적 딜레마에 직면한다. 국가의 문화는 국민들이 이런 딜레마를 해결하는 방식에서 드러난다. 그런 차이를 인식하고 문화마다 스스로 결정할 수 있는 권리가 있다는 점을 존중하게 되면 다음에 해야 할 일이 있다. 그것은 바로 빈번히 발생하는 오해를 극복하고 서로 다른 관점을 연결시킴으로써 비즈니스에서 다양성의 이점을 활용하는 것이다.

문화 차이에 대한 의식

미국인 CEO가 일본인 CEO와 관례적인 정중한 인사를 나누었다. 이들은 함께 회의를 하면서 문제의 근본 원인에 도달했다. 그런데 일본 CEO는 모든 직접적인 질문에 답하기를 꺼려하면서 먼저 '선의와 진정성'을 보여야만 그런 질문에 만족스럽게 답할 수 있다는 입장만 반복하였다.

양측은 처음 만나 인사를 나눌 때 서로 명함을 교환하였다. 미국인 CEO는 일본 관습을 의식하여 명함을 자신 앞 쪽 테이블 위에 일본대표단이 앉은 순서대로 올려놓았다. 그렇게 하면 자기 앞의 명함을 참조하면서 모든 사람을 이름으로 호칭할 수 있었다.

회의에서 점점 스트레스가 쌓이고 답변을 회피하는 상대방에 대한 조바심이 커지고 있을 때 미국인 CEO는 무심코 명함 하나를 집어 들어 돌돌 말았다 다시 펴더니 명함 모서리로 손톱을 청소하기 시작했다. 순간적으로 그는 일본 대표단 전체가 충격을 받은 눈으로 자신을 쳐다보는 것을 느꼈다. 긴 침묵이 흐른 후 일본인 CEO는 일어나서 회의장을 나가버렸다. "휴식시간을 갖고 싶습니다." 일본인 통역사가 말했다. 미국인 CEO는 자신의 손에 들려있는 구겨진 명함을 바라보았다. 일본인 CEO가 자신에게 주었던 명함 중 하나였다.

이 예는 문화차이를 충분히 인식하지 못했을 때 생길 수 있는 치명적인 결과를 잘 보여준다. 미국인 CEO가 다른 문화에 대하여 해야 할 것과 하지 말아야 할 것이 담긴 목록을 참고한다고 하더라도 "명함을 함부로 다루지 마라."라는 항목까지 그 목록에 포함되어 있지는 않을 것이다. 어찌 되었건, 수천가지 실수가 일어날 수 있다.

일부 실수는 불가피하다. 하지만 문화차이를 체계적으로 이해했다면 사례에 나온 미국인 CEO는 함정을 피할 수 있었을 것이다. 일본인들은 직접적으로 대답하는 경우가 드물고, 용건을 다루기 전에 먼저 관계를 형성하고자 한다. 일본 회사의 장은 매우 일반적이고 주로 의례적인 일을 맡기 때문에 자세한 실무내용은 모를 수 있고 명함은 그 사람의 지위를 상징한다. 미국인 CEO가 이 점을 알았다면 상대방 면전에서 명함을 함부로 다루는 우를 범하지는 않았을 것이다.

문화인식은 나와 내가 만나는 타인의 마음상태를 이해하는 것이다. 잠재적으로 범할 수 있는 실수의 여지가 무한하기 때문에 상대 문화에 대해 결코 완전히 숙지할 수는 없다. 하지만 우리가 살펴본 문화의 일곱 가지 차원을 참고하여 사람들이 자신을 둘러싸고 있는 세계에 의미를 부여하는 방식을 분석할 수 있다.

따라서 이문화 교육의 목표 중 하나는 사람들로 하여금 자신이 관찰하는 행동과 대상에 의미를 부여하는 과정에 스스로가 지속적으로 참여하고 있다는 사실을 일깨워주는 것이어야 한다. 이문화 교육이 성공을 거두기 위해서는 다른 나라와 문화에 대하여 상세 정보를 전달해주는 수준에 머물러서는 안 된다. 그런 식으로 한정할 경우, 아무리 정교한 이문화 모델을 배우더라도 다른 문화에 대하여 갖고 있는 특정 스테레오타입이 더 굳어지는 결과만 낳을 뿐이다. 저자가 교육을 진행한 후 참가자가 다가와서 "박사님, 감사합니다. 저는 프랑스인들과 함께 일하기가 힘들다는 점을 이미 알고 있었어요. 정말 유별난 사람들이죠. 박사님께서 그 점을 실증적으로 증명해주셨어요. 박사님 말씀을 들어보니 제 생각이 맞았네요"라고 말한다면 무언가 잘못된 것이다.

문화역량 개발을 추구하는 이문화 경영 전문가들은 자신들이 구축한 모형을 방어하는 수준을 넘어서야 할 필요를 점점 느끼고 있다. 정신모형 mental model을 갖는 것은 합당하다. 우리는 모두 문화의 산물이기 때문이다. 문제는 오랫동안 견지해온 확실성이 무너지는 것을 두려워하지 않으면서 우리 자신의 모형을 넘어서는 것을 배우는 것이다. 다른 사람들에게 우리의 관점을 관철시키고 상대방의 사고방식이 열등하다는 점을 증명할 필요가 있다는 점은 우리 정체성에 대한 스스로의 불안과 의심을 드러낸다. 진정한 자기인식은 우리가 특정한 정신모형을 따르고 있으며 타문화 구성원들에게는 나와 다른 모형이 있다는 점을 수용하는 것이다. 그런 차이점을 탐색하면서 우리는 자신에 대해 더 많이 알 수 있다.

우리가 살펴본 일곱 가지 문화차원은 다른 문화가 겉보기에는 '상반된' 전제에서 출발한다는 점을 보여준다. 하지만 이런 태도가 우리 인식의 틀을 무효화시키지는 않는다. 우리는 우리와 다른 접근방식으로부터만 배울 수 있다. 이문화 연구자인 밀턴 베넷Milton Bennett은 외국 문화와 만나는 사람들이 자신을 고립시키고 자신의 규범과 가치를 외국 문화로부터 분리시킨다는 점을 발견했다.[1] 이런 반응은 자기인식을 지체시킬 뿐이다. "나는 A와 같지만 B와는 같지 않다."는 깨달음처럼 다른 문화와의 공통점과 차이점 둘 다 우리가 누구인지 말해준다.

문화 차이 존중하기

문화 차이에 대한 존중을 발전시키기 위한 첫 걸음은 자신의 삶에서 다른 문화의 사람처럼 행동했던 상황을 찾아보는 것이다. 이렇게 과거와 현재를 연관시킴으로써 한국 공급자와 주문 협상을 벌이고 있던 한 유럽 석유회사의 구매부서 직원은 도움을 얻을 수 있었다. 첫 번째 회의에서 한국인 상대방은 유럽 관리자에게 실버펜을 선물로 주려 했다. 하지만 유럽관리자는 뇌물수수로 보일 수 있다는 두려움 때문에 이를 거절했다(그는 한국인들이 선물을 주는 관습이 있다는 사실은 알고 있었다). 그런데 두 번째 회의에서 한국인들은 오디오 시스템을 선물로 주려 했다. 다시 한 번 유럽 관리자는 거절했고 뇌물에 매수당할 수도 있다는 그의 두려움은 커졌다.

세 번째 회의에서 한국인들이 도자기를 선물로 내밀었을 때 유럽 관리자는 마침내 어떤 상황인지 깨달았다. 상대방은 그의 거절을 "단도직입적으로 비즈니스에 대해 논의합시다."라기 보다는 "우리와 비즈니스를 하려면, 더 좋은 선물을 준비하는 것이 나을 것입니다."로 받아들인 것이었다. 유럽 관리자는 비슷한 상황을 겪었던 과거를 회상하자 자신이 거절했을 때 상대방 한국인이 얼마나 당황스러워했을지 분명하게 느껴졌다. 결혼 전 아내와 사귀기 시작한 지 얼마 되지 않았을 때 그는 아내를 위해 작은 선물을 준 적이 있었다. 그런데 그것이 아내가 기대했던 선물이 아님을 얼굴 표정에서 쉽게 알 수 있었다. 이런 경험을 떠올리자 유럽 관리자는 한국인 상대방이 단지 관계를 맺고 싶어 할 뿐이고 매수하려는 의도는 없다는 사실을 받아들일 수 있었다. 추후 한국인과 대면할 때 비슷한 오해를 막기 위해 유럽 관리자는 자신이 우호적인 관계에는 관심이 많지만 값비싼 선물을 주고받을 필요는 못 느낀다는 점을 전달하려 노력하기로 다짐했다(값이 저렴하면서도 감사와 관심을 보여주는 선물을 건네는 방법도 하나의 대안이 될 수 있다).

이 사례는 나와 다른 행동과 가치관을 이해하고 존중하는 법을 어떻게 배울 수 있는지 보여준다. 자기 삶에서 벌어졌던 비슷한 상황에 대해 생각해보면 겉으로는 자신과 다르게 보이는 행동도 종종 관찰하는 상황에 따라 그렇게 보일 뿐이라는 점을 이해하는데 도움이 된다. 이런 사고과정을 밟아 가면 어떤 행동을 섣부르게 부정적으로 평가하지 않을 수 있다. 더 중요하게는 다른 사람이 무엇을 위해 그렇게 행동하는지를 더 쉽게 이해할 수 있다. 상대방 의도를 이해하고 자신이 이해했다는 신호를 보낸다면 상대방과 의미를 공유하는 첫 걸음을 내딛는 것이다.

일반적으로 다른 문화에서 두드러진 특성은 우리 자신의 문화에서도 어떤 형태로든 존재한다. 우리가 아직 인식하지 못하더라도 대부분의 문화차이가 우리 안에 있음을 깨달을 때 존중하는 태도를 가장 효과적으로 배양할 수 있다. 예를 들어, 우리는 일본인이 모호하고 신뢰할 수 없다고 생각하는 경우가 많다. 일본인이 어떤 감정을 느끼고 어떤 생각을 하는지 알 수가 없다. 게다가 무엇인가에 대해 부정적으로 생각할 때마저도 항상 "예"라고 대답한다. 하지만 우리도 그와 동일한 상황을 겪지 않는가? 어린 딸이 학교 콘서트에서 첫 솔로 공연을 하는데 너무 긴장해서 실수를 연발했다고 가정해보자. 우리는 그 공연이 훌륭하지 않았더라도 딸에게 자신감을 주기 위해 "정말 멋진 무대였어."라고 말할 것이다.

아니면 피부색이 다른 직원이 직장 내에서 차별을 당해 절망에 빠진 모습으로 찾아왔다고 생각해보자. 그 직원이 자해하거나, 회사를 고소하거나 상사를 폭행할까봐 걱정이 되더라도 관계회복에 노력을 기울이며 신뢰감을 얻고 나서 그 직원에게 지금과는 다르게 행동하도록 제안할 수 있다. 물론 이런 제안을 할 때는 눈치를 살펴가며 간접적으로 메시지를 전달할 것이다. 이런 점에서 우리는 일본인처럼 행동한다. 상황이 그렇기 때문이다.

요약하면, 인식하기와 존중하기 두 가지 모두 이문화 역량 개발에 필요하다. 그렇지만 그 두 가지를 모두 합쳐도 충분하지 않을 수 있다. 워크숍 참가자들은 "왜 우리만 다른 문화를 존중하고 그들에게 적응해야 하는가? 왜 그들은 우리를 존중하고 우리에게 적응하지 않는가?"라는 질문을 종종 던진다. 이 점에 대해서는 뒤에서 다시 살펴볼 것이다.

또 다른, 어쩌면 더 흥미로운 문제는 밀턴 베넷이 얘기한 상호공감이라는 개념일 것이다. 두 사람이 동시에 상대방의 문화로 관점을 전환한다면 어떤 일이 벌어질까?

모토로라의 직원교육을 위해 설립한 모토로라 유니버시티에서 한번은 중국에서 진행할 설명회를 신경 써서 준비한 적이 있었다. 많은 생각 끝에 발표자들은 그 설명회의 제목을 "관계는 은퇴하지 않는다.Relationships Do Not Retire."로 정했다. 모토로라가 중국에 진출하는 이유는 중국에 머무르면서 경제가 부를 창출하는데 도움이 되기 위해서라는 내용이 설명회의 요지였다. 모토로라와 중국 공급업체, 협력업체, 직원들과의 관계는 중국의 경제 인프라 구축과 수출을 통한 외화획득에 대한 항구적인 약속의 일부가 될 것이다.

중국인 청중은 이 설명회에서 정중하게 경청하였다. 하지만 질문은 좀처럼 던지지 않았다. 질문을 해달라고 요청하자 마침내 한 중국 관리자가 손을 들고 질문했다, "성과연동 보상에 대해 설명해 주시겠습니까?"

이런 상황은 빈번하게 발생한다. 우리가 상대방의 관점으로 이동할 때 상대방도 우리의 관점으로 이동하기 시작하여 깜깜한 밤에 서로를 보지 못하고 지나치는 두 척의 배처럼 엇갈린다. 서양 회사에서 진행하는 설명회에 참가한 중국인들은 이미 친서양적이고 서양의 관점을 알고 있다는 점을 염두에 두어야 한다. 이런 모습은 작고 경제수준이 낮은 국가일수록 더 두드러지게 나타난다.

우리는 외국문화에도 일부 구성원이 포기할지 몰라도 대부분은 지키고자 하는 윤리integrity가 있다는 점을 인식해야 한다. 베트남 전쟁에서 미국은 적군의 베트남 민족주의자가 아군의 기회주의적 동맹자보다 훨씬 강하다는 점을 깨달았다. 자신의 문화를 포기하는 사람들은 약화되거나 변질된다. 파트너십이 제대로 작동하기를 원한다면 외국인들이 자기 본연의 모습을 지킬 수 있도록 해야 한다. 관계에 가치를 더하는 것은 바로 이런 차이이다.

우리가 차이를 조정하고, 우리 자신의 모습을 유지하면서도 상대방 관점이 어떻게 우리 관점을 도울 수 있는지 이해해야 하는 이유가 여기에 있다.

문화 차이 조정하기

자신의 정신모형과 문화 경향성을 인식하면 다른 문화가 우리와 다른 나름대로의 이유가 있다는 점을 알게 되고 문화차이에 대한 조정이 가능해진다. 문화차이를 조정하는 이유는 무엇인가? 비즈니스는 부와 가치를 창출한다. 이것은 우리 자신뿐만이 아니라 다른 문화 세계에 살고 있는 사람을 위한 것이기도 하다. 사고, 팔고, 제휴하고, 파트너십을 구성하여 일하는 가치를 함께 공유해야 한다.

네덜란드와 벨기에에 있는 두 회사를 예로 들어보자. 네덜란드 회사는 혁신을 지향하고 벨기에 회사는 전통적인 평판과 벨기에 문화가 부여한 명성에 의존하였다. 두 회사의 지위는 각각 성취와 귀속에서 파생하였다. 양 사는 각자의 비교적인 '가치'를 두고 끝없이 다툴 수도 있었다. 하지만 그렇지 않았다. 오히려 혁신과 품질 모두가 우수하다는 평가를 받기 위해 함께 노력했고 결국 이루었다.

조정을 달성하는 데는 다음과 같이 10가지 유용한 단계가 있다.

1. 상호보완성 이론
2. 유머의 사용
3. 문화적 공간들의 매핑
4. 정태적 방식에서 동적 방식으로
5. 언어와 메타언어
6. 틀과 맥락
7. 시퀀싱
8. 파동/순환
9. 시너지와 선순환
10. 이중 나선

상호보완성 이론

덴마크 과학자 닐스 보어는 상호보완성 이론the theory of complementarity
을 제안했다. 물질의 궁극적 본질은 입자와 파동으로 나타난다. 자연은
인간이 사용하는 측정도구에 대한 반응으로써 자신을 드러낸다. '외부에'
독립적으로 존재하는 형상이란 없다. 형상은 우리가 어떻게 인식하고 측
정하는가에 따라 달라진다.

이 책 전반에 걸쳐, 일곱 가지 문화차원은 모두 양 극단 사이의 연속선
을 제시한다. 보편주의와 특수주의는 분리된 것이 아니라 서로 다른 것이
며 원칙과 예외 사이의 연속선상에 존재한다. 세상 일은 원칙과 다소 가깝
거나 멀리 존재하고, 어느 정도 다르다면 예외에 속한다. 예외가 무엇인
지 모른다면 원칙을 정의할 수도 없다. 따라서 이 둘은 상호보완적이다.

일곱 가지 차원 모두가 마찬가지다. 개인은 집단으로부터 어느 정도
분리되어 있다. '자신의 개성을 견지하기' 위해서는 집단이 필요하다. 그
래야 차별화라는 개념이 성립하기 때문이다. 확산된 전체라는 개념 없이
특정한 부분은 존재할 수 없다. 내부에서 외부로 자신을 이끌어가는 것은
외부 환경을 내부로 수용하는 것과 대비를 이룬다. 우리가 가치관을 통합
하기 위해 노력하며 모든 문화가 조정을 추구한다는 점은 가치가 근본적
으로 포괄적인 성격을 띤다는 점을 시사한다.

유머의 사용

우리는 유머를 통해 딜레마를 인식하는 경우가 많다. 유머는 두 가지 관
점이 갑작스럽게 충돌하는 것이다.

유머는 한 가치와 정반대되는 가치를 극단적인 수준에서 서로 대비시

킨다. "TV 설교에서 목사들이 말하는 수사의 화려함이 올라갈수록 왜 이들의 바지는 점점 내려가는 것인가?"라는 뉴욕타임즈의 질문이 그 예이다.(유명 목사들이 성추문에 휩싸이는 것을 풍자함 - 역주)

"우리는 직원을 신뢰합니다."라고 말하는 기업이 결국 밤에 사무실로 몰래 들어가 직원의 책상을 뒤질 수도 있다. 기업은 대외적으로는 직원을 불신한다고 드러낼 수 없지만 혹시라도 있을지 모르는 내부의 도둑에 신경이 쓰이기 때문이다. 기업에서 실제로 벌어지는 일의 내막을 알고 싶다면 사무실 벽에 걸려있는 풍자만화를 보길 바란다. 그런 풍자는 회사가 외부에 말하는 바를 예리하게 비틀어서 진짜 딜레마가 무엇인지 드러낸다.

문화적 공간들의 매핑

딜레마를 탐색하는 또 다른 효과적인 프로세스는 두 가지 상반되는 가치를 축으로 하여 문화 매핑 영역을 만들어보는 것이다. 일곱 가지 차원 중 일부 또는 모두를 이런 식으로 매핑할 수 있다. 매핑 내용은 인터뷰나 설문조사를 통해 구성할 수 있다. 최근에 매핑한 이슈에는 다음 사례들도 포함되어 있다.

A. 유럽 현지에서 추구하는 이니셔티브가 제각기 다른 상황에서, 미국 본사가 모든 관련된 사람들에게 전략적 리더십을 발휘하는 것이 가능한가? (보편주의-특수주의 간의 딜레마)

B. 가치달성도에 따라 최고의 제품을 시장에 내놓는 것이 명백히 바람직한 상황에서, 키울 필요가 있는 잠재력이 높은 제품을 위해 자율적인 연구개발 활동공간을 제공하면서도 이러한 목표를 달성하는 것이 가능한가? (성취주의-귀속주의 간의 딜레마)

C. 빠르게 변화하는 미국시장에 신속하게 대응해야 한다는 점을 감안할 때, 한국 본사에서 만든 장기적 비전에 충실히 따르는 것이 가능한가? (단기적-장기적 관점 간의 딜레마)

응답자들은 다음과 같이 처음 세 가지 딜레마에 관심을 보였다.

A. 보편주의-특수주의 간의 딜레마

- 미국 본사가 이곳 현지의 특수한 요구사항을 이해할 수 있다면 유럽 시장을 더 효과적으로 지원할 수 있을 것이다.
- 유럽인들이 진정 글로벌 기업이 되기 위해 무엇이 필요한지 이해할 수만 있다면 좋으련만.
- 이곳 미국에서는 서로 다른 시장 니즈에 대해 잘 알고 있다. 하지만 고객은 만족스럽더라도 정작 이익이 남지 않는 덫에 걸리지 않으려면 여러 현지 법인을 함께 교육해야 한다. 규모의 경제를 고려할 때 우리가 제안할 수 있는 내용은 제한될 수밖에 없다.

B. 성취주의-귀속주의 간의 딜레마

- 우리 R&D 부서에서 장래가 매우 유망한 제품을 개발할 수 있는 시간을 더 확보하고 마케팅 부서에서 지속적으로 압박하지 않는다면 우리는 장기적으로 훨씬 더 좋은 제품을 내놓을 수 있을 것이다.
- 시간이 주어지지 않는다면 혁신할 수 없다. 당분간은 연구에 몰두할 수 있도록 내버려 두어야 한다.
- R&D 사람들은 이제는 시장이 필요로 하지 않는 때 지난 제품을 내놓은 경우가 빈번하다. 우리 마케팅부서는 더욱 책임감을 갖고 R&D에 엄격한 가이드라인을 주며 마감시간을 지키도록 해야 한다.
- 회사에서 우리는 개발하고 있는 제품에 더 큰 신뢰를 받아야 한다.

C. 단기적–장기적 관점 간의 딜레마

- 미국인들의 분기실적에 너무 집착하기 때문에 우리가 장기 성과를 달성하는데 방해가 된다. 눈 앞의 돈벌이에 급급하다보면 우리 비전은 위태로워진다.
- 극동지방과 유럽에서는 주주가 존재감이 없어 보인다. 분기손실을 순순히 받아들이는 아량은 미국에서라면 어림도 없다.

이런 의견은 대부분 이문화에 대한 논의의 장에서 다루는 기본적인 딜레마를 선명하게 보여준다. 서로 다른 문화가 만날 때 과도한 대립이 일어나고 다양한 문화를 대표하는 다양한 주체의 노력을 조화시키는데 무력하다는 점 때문에 사람들은 종종 불만을 호소한다.

딜레마 A는 현지 이니셔티브의 다양성을 가로축으로, 본사의 보편성 추구를 세로축으로 설정하여 매핑할 수 있다.(그림 13.1 참조). 딜레마 B의 경우 고객의 관점에서 제품이 달성한 가치를 중시하는 성향을 가로축으로, R&D부서의 입장에서 고객의 요구에 휘둘리지 않고 제품개발에 몰두할 수 있기를 원하는 성향을 세로축으로 구성하였다.(그림 13.2 참조) 딜레마 C는 단기주의 대 장기주의 사이에 있다. 한 축에서는 시장은 신속한 결과를 요구하고 미국 주주들은 매 분기마다 탄탄한 수익성을 기대한다. 다른 축에서는 단기적인 의미를 장기적인 필요를 담은 비전의 테두리에서 찾는다.(그림 13.3 참조)

조정을 시작하기 전에 딜레마는 반드시 매핑과정을 거쳐야 한다. 이를 통해 무엇을 조정할 것인지를 명확하게 정의할 수 있다. 조정 과정의 나머지 단계들은 진정한 조정을 어떻게 달성할 수 있는지 보여준다.

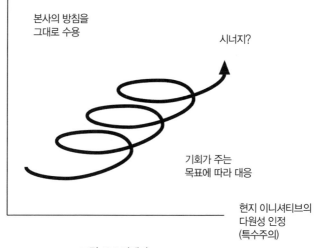

본사 정책의 보편적
적용(보편주의)

본사의 방침을
그대로 수용

시너지?

기회가 주는
목표에 따라 대응

현지 이니셔티브의
다원성 인정
(특수주의)

그림 13.1 딜레마 A

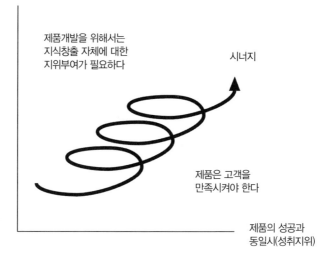

학습과정으로서
R&D에 몰두
(귀속지위)

제품개발을 위해서는
지식창출 자체에 대한
지위부여가 필요하다

시너지

제품은 고객을
만족시켜야 한다

제품의 성공과
동일시(성취지위)

그림 13.1 딜레마 B

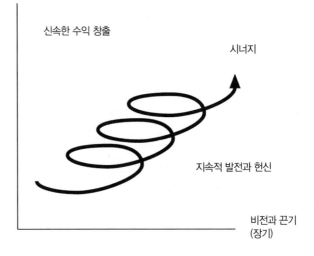

기회발생시
즉각 대응(단기)

신속한 수익 창출

시너지

지속적 발전과 헌신

비전과 끈기
(장기)

그림 13.1 딜레마 C

정태적 방식에서 동적 방식으로

명사는 '사람이나 장소, 사물'로 정의한다. 하지만 가치는 이러한 표현방식 안 어디에도 들어있지 않다. 우리가 보편주의나 특수주의와 같은 딜레마의 축을 설명할 때 어려움이 여기에서 발생한다. 현상을 눈에 보일 수 있도록 실체적으로 나타내는 것이 사회과학의 전통이기 때문에 이 책에서도 가치를 명사로 표현했지만 여전히 오도할 수 있는 위험이 있다.

그래서 조정에 이르기 위한 단계의 하나로 우리는 정태적 의미만 지닌 명사형 표현방식을 진행상태를 의미하는 표현으로 변환하여 문화차원을 일종의 프로세스 관점으로 인식하려 한다. 즉, 보편주의universalism는 보편화하기universalizing로, 특수주의particularism은 특수화하기particularizing로 바꿀 수 있다.

보편화하기Universalizing 또는 특수화하기Particularizing

개인화하기Individualizing 또는 공동화하기Communing

한정하기Specifying / 분석하기Analyzing 또는 확산하기Diffusing / 종합
하기Synthesizing

감정억제적 소통하기Communicating neutrality 또는 감정표현적 소통하
기Communicating emotion

성취하기Achieving 또는 귀속화하기Ascribing(지위)

시간 순차화하기Sequencing time 또는 시간 동기화하기Synchronizing
time

자기내부의 통제를 받기Directing oneself from inside 또는 환경 흐름에
따라가기going with the flow of the enironment

모든 명사를 이렇게 변환할 수는 없다. 하지만 우리가 원하는 바(가치
를 사람들의 참여를 필요로 하는 프로세스로 활용하는 것)를 알고 있다면 적합
한 단어를 찾을 수 있을 것이다. 프로세스는 정태적 사물과는 다른 방식
으로 상호작용하므로 이제 일곱 가지 차원이 음양의 원리와 같이 양 극점
에 상반되는 프로세스를 둔 연속선이라는 점을 더 잘 이해할 수 있다. 또
한 상충하는 명사 또는 '~주의'가 만들어내는 적대적 구도를 완화할 수도
있다. 이것이 에드워드 드 보노Edward De Bono가 "물의 논리water logic"라
고 불렀던 것이다(요소들의 정태성을 전제로 하는 전통적인 논리를 탈피하여
요소들의 변화와 동적인 상호작용을 중시하는 논리. 보노는 전자를 "바위의 논리
logic of rock"로 후자를 "물의 논리logic of water"로 칭함 – 역주).[2]

언어와 메타언어

우리는 언어 구조에 갇혀 있기 때문에 어떻게 언어가 조정역할을 달성할 수 있는지를 고려해보는 것은 바람직하다. 추상화의 사다리를 이용하여 한 가치를 다른 가치 위에 두는 방식을 사용할 수 있다. 즉, 대상언어object language와 메타언어meta-language를 모두 사용하여 서로 긴밀하게 연관시키는 것이다.

스콧 피츠제럴드F. Scott Fitzgerald의 유명한 인용문을 생각해보자.

"일류 지성을 가늠하는 시금석은 상반된 두 개의 관념을 동시에 생각하면서도 제 기능을 발휘하는 능력을 유지하는 것이다. 가령, 세상에 희망이 없음을 보면서도 세상을 바꾸겠다고 다짐할 수 있어야 한다."

위의 인용문 중 두 번째 문장은 모순되는 것처럼 보이지만 그렇지 않다. 모순은 서로를 상쇄해 버리므로 무의미하다. 하지만 작가는 두 어절을 서로 다른 언어차원에서 연결하였다.

메타수준 : "세상을 바꾸겠다고 다짐한다."
대상수준 : "세상에 희망이 없음을 본다."

대상수준은 절망적인 세상에 대한 것이다. 메타수준은 그런 세상을 아는 사람의 결의에 대한 것이다. 두 문장은 모순되지 않는다. 왜냐하면 동일한 대상을 말하고 있지 않기 때문이다. 이 문장의 두 번째 어절은 세상을 보는 사람에 대한 것이지 세상에 대한 것이 아니다.

이런 전제는 일곱 가지 차원 전체에 동일하게 적용된다. 우리는 "일류 관리자를 가늠하는 시금석은 상반된 두 개의 관념을 동시에 생각하면서도 제 기능을 발휘하는 능력을 유지하는 것이다"라고 말할 수 있다.

예를 들어 특정한 고객 요구가 회사가 수립한 보편적인 규정을 위반한다는 사실을 알 수 있어야 한다. 그러면서도 기존 규정을 준수하거나 그 사례에 기초한 새 규정을 만들어 내고자 하는 의지도 있어야 한다.

> 메타수준 : 기존 규정을 준수하거나 그 사례에 기초한 새 규정을 만들어 내고자 한다.
> 대상수준 : 특정한 요청을 받아들이면 기존 규정을 위반하게 된다.

우리는 일곱 가지 차원 중 어느 것이라도 이와 동일하게 적용할 수 있다. 기업의 소규모 사업부서에서 탁월한 성공을 거둔 경우를 예로 들어보자.

> 메타수준 : 사업부서가 구사한 전략에 전사적 중요성을 부여한다.
> 대상수준 : 사업부서가 이룬 성취를 칭찬하고 보상을 제공한다.

최고 경영진은 특정한 부서에서 이룬 업적을 장려한다. 그리고 거기에 사용된 전략에 보편적인 중요성을 부여한다. 그리하여 다른 사업부서가 그 특정부서의 업적을 모방함으로써 이익을 얻을 수 있다. 바로 여기서 특수화하기와 보편화하기, 그리고 성취하기와 귀속하기 등이 모두 조화를 이룰 수 있는 것이다.

틀과 맥락

앞에서 살펴본 언어수준의 사례에서 알 수 있듯이 메타수준이 대상수준의 틀을 만든다고 말할 수 있다.

나는 세상을 바꾸겠다고	이 전략이
세상에는 희망이 없다	특수한 성취에 대하여 보상을 제공한다
다짐한다	일반화되도록 지위를 부여한다

틀(액자)과 맥락Frames and Contexts은 각각 '그림'과 '텍스트'를 안에 담아 한정할 수 있다는 점에서 유용하다. 사람들의 극단적 가치가 제 멋대로 나갈 위험은 늘 존재한다. "세상을 바꾸겠다고 다짐"하지 않는다면 "세상에 희망이 없음을 보는 것"은 절망으로 이어질 수 있다. 회사내 특정 사업부문이 탁월한 성과를 올렸을 때 앞으로 최고경영층이 그 사업부문을 간섭해서 괜히 방해하지 않아야 한다고 결론을 내릴 수 있다. 하지만 그렇게 한다면 그 부분의 성공사례를 전체 조직이 학습할 수 있는 기회를 차단해버리는 결과가 초래될 것이다.

절망적인 상황을 해결할 수 있는 자리에	이 전략에 따르는 사람들이
문제를 해결하겠다는 다짐	최근에 성공한 전략에 지위를 부여한다
사람을 배치한다	더 많이 성취할 수 있도록 한다

여기에서 내용과 맥락이 서로 자리를 바꿀 수 도 있다는 점을 이해하는 것이 중요하다. 이점은 그림과 틀(액자)에도 동일하게 적용된다.

시퀀싱

우리가 상반되는 가치들을 동시에 표현해야 한다고 전제하면 가치들 간 서로 충돌하고 갈등하는 것처럼 보인다. 옳음과 그름, 보편화와 특수화, 내적 통제와 외적 통제를 동시에 달성하는 것은 가능하지 않다. 이렇게 상반되는 가치들은 서로를 배제하기 때문이다.

하지만 잘못된 판단을 하더라도 후에 교정할 수는 있다. 특수화를 추구한 다음에 일반화시킬 수도 있고 외부의 동향과 역학관계를 지켜보고 난 후에 목표를 향해 스스로를 이끌어갈 수도 있다. 따라서 가치들을 조정하는데 있어 중요한 요소는 프로세스를 순차적으로 배열하는 것(시퀀싱 Sequencing)이다.

다음은 현재 행동이 추후 기대한 결과로 이어지는 틀/맥락의 시퀀싱 사례이다.

이를 통해 추후에	이를 통해 추후에
현재 나는 성공사례에 대해 공부한다	나는 우선 이 프로젝트/기술에 지위를 부여한다
그로부터 얻은 교훈에 지위를 부여하려 한다.	성공으로 이어지기를 기대한다.

파동 / 순환

가치들이 사물(예 : 충돌하는 당구공)이라고 가정하는 대신 파동 형태라고 가정하면 어떤 일이 생길지 궁금해 본 적이 있는가? 일반적으로는 가치들이 동전이나 보석, 바위 등 사물과 같다고 가정한다. 하지만 우리는 가치들이 파도, 전자기파, 음파, 광파 등과 같다는 관점을 취할 수도 있다. 가정을 바꾸면 상당한 차이가 발생한다.

그림 13.4와 같은 모습의 수면상태와 깨어있는 상태의 주기를 생각해 보자.

아니면 다양한 주파수의 음악을 생각할 수도 있다.(그림 13.5)

50Hz 주파수와 60Hz 주파수를 결합하면 겨우 10Hz 정도의 비트주파수가 된다. 즉, 파동 두 개를 조화시켜서 낮은 주파수를 생성한 것이다. 고주파수 사운드가 이제는 저주파 비트 '내부에' 존재한다. 가치가 음파와 같다면 가치들 간의 조화가 더 아름다울 수 있다는 점은 의심할 나위가 없다.

파동 형태가 가치를 표현하는 데 합당하고, 수면과 깨어있음, 편안함과 흥분됨, 실수와 교정 등과 같이 가치들이 서로 번갈아 변동한다면 우

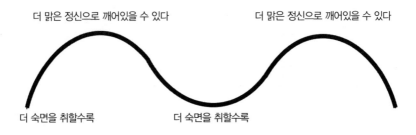

<table>
<tr><td>더 맑은 정신으로 깨어있을 수 있다</td><td>더 맑은 정신으로 깨어있을 수 있다</td></tr>
<tr><td>더 숙면을 취할수록</td><td>더 숙면을 취할수록</td></tr>
</table>

그림 13.4 수면상태와 깨어있는 상태

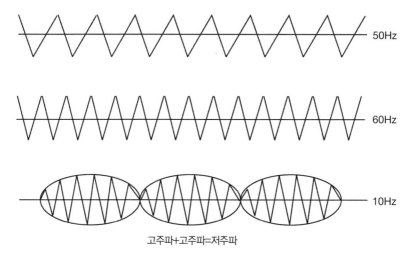

그림 13.5 고주파와 저주파

리는 두 축 간의 파도 형태를 그림 13.6에서와 같이 나타낼 수 있다.

여기에서 처음에 오류에 빠지지만 이후 수정이 뒤따르는 시행착오의 과정이 계속된다. 이 전체 프로세스는 오류수정 시스템error-correcting system이라고 부른다. 우리는 치명적인 오류를 저지르지 않으면서도 오류

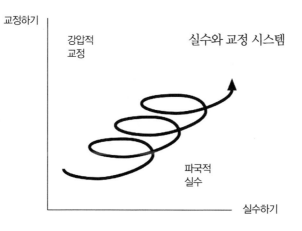

그림 13.6 지속적인 개선 과정

를 용납하지 않는 갑갑함에 빠지지 않을 수 있다. 빠르게 배우고자 한다면 작은 시행착오를 여러 번 거치는 방법이 최선이다. 물론 '오류'는 상대적이다. 우리가 성과 하위 35퍼센트를 오류수준이라고 부른다면 지속적으로 개선해야 할 것이다. 반면 하위 5퍼센트를 '오류'라고 정의한다면 무시하거나 조용히 수습할 수도 있다.

오류수정을 통해 학습한다는 개념은 너무나 중요해서 우리는 모든 딜레마 상황에 이를 적용하였다. 우리가 보편화와 특수화 사이에 파동형태를 생성한다고 가정해보자. 그 모양은 그림 13.7과 같을 것이다.

이 다이어그램은 특수한 예외들이 생겼을 때 어떻게 대응하고 주목해서 변경, 개선한 규칙에 포함시킬 수 있는지를 보여준다. 어떤 과학적 법칙도 예외적인 사례가 증가한다면 무시할 수 없다. 어떠한 법규라도 압도적인 반대에 부딪히면 개정해야 한다. 기업의 어떤 업무절차라도 예외가 증가한다면 개선을 생각해봐야 한다. 그 모든 위기상황에서 오래된 규칙은 개선하고 새로운 규칙을 생성해야 한다.

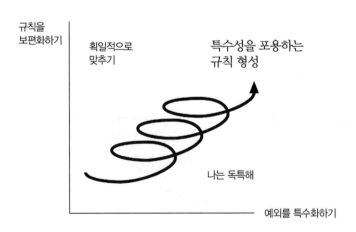

그림 13.7 새 규칙 마련하기

시너지와 선순환

가치 연속선상의 양 극단을 포함하면서도 더 훌륭한 조화 속에서 최적의 조정이 이루어졌는지를 판단하는 중요한 테스트의 기준은 시너지이다. 시너지라는 단어는 "함께 일하다"라는 뜻을 지닌 시네르고스synergos라는 그리스어에서 유래하였다. 시너지가 일어나면 두 가치는 상호 촉진하며 상승작용을 일으킨다. 가령, 큰 프로젝트에 중요성을 부여한다면 실무그룹이 그 프로젝트를 성사시키기 위해 더 고무될 것이다. 또한 회사가 최근에 그 프로젝트에서 성과를 올리는 모습을 보였다면 경영진은 내년 전략을 실행할 때 그 프로젝트를 한층 더 중요하게 생각할 것이다. 이 선순환는 그림 13.8과 같다.

시너지는 자연에도 존재한다. 제트 엔진용 합금은 모든 구성요소의 강

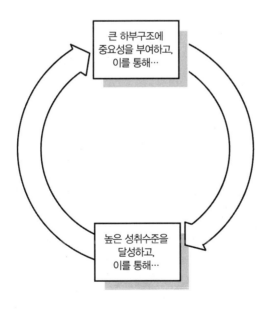

그림 13.8 선순환

도를 합한 것보다 더 단단하다. 합금의 분자사슬이 더 강한 구조를 이루기 때문이다.

이중나선

마지막으로 우리는 모형 중의 모형이라고 할 수 있는 DNA의 이중나선 분자구조를 살펴보려 한다.(그림 13.9) 우리는 이 모델을 생명과학적 개념이 아닌 하나의 은유로써 사용하고자 한다는 점을 분명히 하고자 한다. 전부는 아니더라도 사회과학 대부분은 은유에 기반을 두고 있다. 문화는 살아있기 때문에 우리는 일부러 생명과학으로부터 이 은유를 빌려 왔다.

이중나선 모형은 조정의 단계들을 요약하는 데 도움이 된다. DNA는 단백질 합성을 위한 사다리 구조로 되어 있다. 마찬가지로, 우리에게도 가치를 합성하기 위한 사다리 구조가 있다. 꼬여 있는 사다리는 상호보완성으로 가득 차 있다. 단백질 합성 과정에서 예기치 않게 쌍이 맺어지면 재미있는 상황이 전개된다. 사다리의 수직 대를 문화 매핑 영역으로 이해할 수도 있다. 사다리의 꼬인 요소들은 성장하는 '프로세스'이다. 꼬인 나선은 성장의 '언어'와 암호화된 정보를 담고 있다. 각 나선은 내부와 주변 나선의 '프레임'과 '컨텍스트'에 제약을 받는다. 이런 과정은 '순차적(시퀀

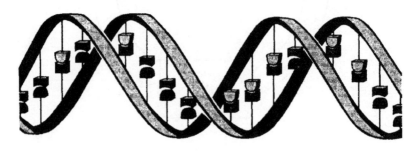

그림 13.9 이중나선

싱)'이다. '파동'과 '순환'이 이를 구성하며 성장과 '시너지'를 낳는다. 이중 나선은 가치들을 조정하는 앞서 설명한 아홉 개의 과정을 도움이 된다. 그것은 "어떻게 서로 대척점에 있는 가치들을 연결하고 결합할 수 있을까?"라는 질문을 반복하는 지속적인 과정이다.

14
두 세계가 충돌할 때

문화의 충돌

독자와 고객 조직의 많은 요청에 따라 우리는 본 장에서 좀 더 실용적인 접근 방식을 취하고자 한다. 우리의 목표는 전문적인 업무에 도움을 주면서도 이론적 근거를 설명하는 것이기 때문에 본 장의 논의는 다른 장과는 스타일과 형식이 다르다. 또한 출발점으로 삼을 수 있는 상세한 프레임 워크가 제공될 것이며 독자는 이를 개별적 필요에 맞추어 응용할 수 있을 것이다.

합병, 인수 및 전략적 제휴는 글로벌 전략을 구현하기 위해서뿐만 아니라 정치, 금융, 규제 통합의 결과로서 점점 더 증가하고 있다. 통합과정에서는 서로 결합하기 어려운 가치를 결합시켜야 하기 때문에 비즈니스적 이익을 얻고 부를 창출하는 일이 쉽지 않다. 때문에 셋 중 둘은 본래

기대했던 효과를 달성하는 데 실패한다.[1]

인수 합병은 일반적으로 완전한 통합을 목적으로 하기보다는 인수되는 조직이 평가받은 고유한 가치를 기준으로 이루어진다. 그러나 인수합병의 동기와 기대이익은 시너지적 가치(교차판매, 공급망 통합 및 규모의 경제 등)나 전략적 가치(시장선점, 상대기업의 기존 고객층 확보 등) 등 그 범위가 점점 다양해지고 있다. 그런데 인수 합병 이전 또는 이후 단계에서는 기계적인 관점으로 어떻게 하면 새로운 기회를 신속하게 활용 수 있을지에 주로 방점을 찍기 일쑤이다.[2] 단순히 기술과 운영, 재무 시스템과 시장접근의 통합만으로 이익을 얻을 수 있다고 생각하는 경우가 많다.

우리가 연구와 실제 컨설팅 사례를 통해 파악한 점은 인수합병을 통한 기대이익 실현에 실패하는 이유가 지나친 낙관론과 더불어 보다 근본적으로 체계적이고 구조화된 방법론적 틀이 없기 때문이라는 것이다. 길잡이 역할을 해줄 프레임워크가 없다는 사실은 시니어 관리자가 무엇을 통합해야 할지, 또는 기대이익을 얻기 위해서 어떤 유형의 의사결정이 중요한지 모른다는 뜻이다. 다시 말해 자원배분과 작업의 우선순위를 결정하고 시너지 효과를 달성할 수 있는 이론적 근거가 없다는 말이다.

모든 통합프로그램이 기본적인 운영사항을 포함해야 하겠지만, 지금보다 훨씬 더 많은 관심과 노력을 기울여야 할 부분은 새로운 파트너 또는 기업과의 문화적 차이를 관리하는 영역이다. 비즈니스 미디어에 따르면 통합이 실패로 돌아가는 경우의 70퍼센트가 문화적 차이나 신뢰부족 등 관계적 측면 때문이다.

신뢰구축 자체가 문화적인 도전이다. 신뢰부족은 신뢰할 수 있는 파트너의 요건에 대한 관점 차이에서 비롯된 경우가 많다. 문화 간 결합은 기업문화뿐만 아니라 국가문화, 심지어 마케팅과 R&D 등 기능적 분야 간의 문화차이까지 포함한다. '공공연한' 문화 차이 때문에 문제가 발생하기도 하지만, 서로에 대한 양측의 인식차이, 기업문화나 한 나라의 문화에 대해 갖고 있는 인식의 차이 때문에 문제가 발생하기도 한다.

따라서 리더십 스타일, 조직 구조, 업무 관행 및 시장에 대한 광범위한 인식까지 고려해야만 한다. 단적으로 말해 문화는 모든 부문과 관련이 되어 있다. 전략가나 고위 관리자가 문화의 중요성을 인식하는 경우에도 번번이 실패할 수밖에 없는 이유는 문제의 원인과 결과를 평가하고 정량화할 수 있는 수단이 없기 때문이다.

결국 성공적인 통합이란 다양한 문화적 관점을 지닌 사람들이 새로운 비즈니스 환경에서 의미있는 논의를 할 수 있느냐에 달려 있다. 이 책의 기본개념 중 하나이자 우리가 개발한 방법론은 '딜레마를 생각해 보기'로서, 서로의 공통점과 차이점을 발견하기 위해 반드시 필요하다. 우리는 또한 "측정할 수 없는 것은 통제할 수도 없다"는 영국의 수리물리학자 켈빈의 말을 따른다. 따라서 통합 과정은 양적(질적) 진단, 진행상황 모니터링, 의사결정과 자원배분을 위해 구체적 증거를 제공하는 검증수단 또는 도구의 지원을 받아야 한다. 다시 말해 어떤 필요를 '추정'하지 않고 '평가'함으로써 특정 접근방식이나 관련조치를 취하게 된다는 뜻이다.

통합의 유형

통합 과정에서 기본적으로 고려해야 하는 사항은 인수를 하는 쪽인지 인수되는 쪽인지 여부이다. 일부 관계자들은 합병이란 존재하지 않으며 장기적으로 언제나 인수만 있을 뿐이라고 주장한다. 하지만 여기서 우리는 '인수하는 쪽'과 '인수되는 쪽'이라는 양 극단의 패러다임을 요약할 수 있는 메타 딜레마를 생각해 보고자 한다.(그림 14.1 참조)

제휴 또는 합병시 나타날 수 있는 행동유형 범주는 다섯 가지로 나눌 수 있다.

패러다임

첫째, 한 파트너가 "나의 가치가 우선!"이라며 자신의 가치를 고수하는 경우다.(1/10)

둘째, 자신의 방향을 포기하고 상대방을 따르는 유형이다. 즉 "로마에 가면 로마법을 따르라"는 접근방식이다. 그러나 가식적으로 이런 태도를 보인다면 상대는 반드시 알아채고 나를 불신할 것이며 합병에서 내가 지닌 강점을 제공할 수 없게 될 것이다. 합병을 하는 회사가 피합병 조직의 기존 관행과 문화를 수용하는 경우가 여기에 해당한다.(10/1)

셋째, 리더십을 발휘하지 않은 채 일정 거리를 두고 경영함으로써 가치의 딜레마를 회피 / 무시하면서도 저절로 시너지가 발생할 것이라고 짐작하는 유형이다.(그림 14.1에는 표시되지 않음)

넷째, 신규 파트너십을 형성하여 양자의 가치를 타협하는 유형이 있다. 새로 탄생한 조직은 때와 상황에 따라 인수 기업의 방식을 따르기도 하고, 피인수 기업의 방식을 따르기도 한다.(5/5)

마지막으로 기대이익을 실현 혹은 넘어서는 효과적인 합병/제휴로서, 서로의 가치가 조화되어 진정한 통합에 이른 경우다.(10/10)

우리가 실제 컨설팅에 적용하며 수집한 방대한 연구증거에 따르면, 문화 차이를 해소하는 체계적 방법을 적용하면 그림 14.1의 오른쪽 상단 모서리에 있는 10/10 패러다임을 통해 애초에 의도했던 합병과 제휴의 이익을 지속적으로 실현할 수 있게 된다.

우리는 조직들의 장점만 결합하여 상승효과를 내는 순조로운 진행을 위해 조정전략을 사용한다. 이 전략을 구사하기 위해서는 각 조직이 다른 조직과 차별화되는 점만큼이나 공통점에도 관심을 기울여야 한다. 전략의 구사과정은 진자에 비유할 수 있다. 진자의 운동처럼 아래쪽에서 다양성을 오갈 수 있는 이유는 위에서 단단한 못이 구심점이 되어 붙잡아주고 있기 때문이다.

진자 줄의 품질은 경영과 리더십의 질을 의미한다. 여기서 필요한 과정은 '삼위일체 접근법Trinity Approach'이다.[3] 이 접근법은 세 가지 주요 관점으로 구성되어 있다.

영역 1 : 우리를 묶어주고 연결시켜주는 것은 무엇인가? 우리가 표방하고 지향하는 것이 무엇인가? 이런 질문들을 통해 비전과 가치의 틀을 창출할 수 있다.

그림 14.1 문화통합 관리 전략

영역 2 : 우리를 분리시키는 것은 무엇인가? 파트너 조직 간의 비전과 (문화적) 가치의 다양성으로 인해 발생하는 딜레마를 어떻게 해결할 것인가?

영역 3 : 첫 번째 영역에서 이익을 얻고 두 번째 영역을 관리하기 위해서 무엇을 할 수 있을까?

- 비전과 가치의 틀을 실제 삶에서 적용함으로써 공통된 행동을 창조
- 비즈니스 딜레마를 조정하고 원원을 실현
- 인식, 존중, 용기, 의지, 겸손, 훈련 등 주요 리더십 행동을 개발

이 접근방식에서는 'NEWCO(new company, 신설회사)'의 문화 및 기업가치를 통합하고 재정의하는 것이 통합과정에서 필수적이다. 특히, 새로운 가치들이 재정립된 비전을 뒷받침해야 한다. 차이를 조정하면 미래를 향한 공동의 플랫폼을 구축한다는 뜻이다.

이 과정에서 사람 측면이 기술적이고 기계적인 부분과 완전히 통합되는 것이 중요하다. 통합으로 효과를 최대한 이끌어낼 수 있으려면 반드시 전략, 구조, 인적자원, 공급사 및 고객 차원이 체계적으로 정렬되어야 한다. 이러한 넓은 맥락에서 우리가 소개하는 새로운 접근 방식은 최대효과를 내기 위해 다양한 목표, 가치, 구조, 기능, 문화적 차이를 조정하는 과정으로 정의할 수 있다. 이 야심찬 목표를 달성하려면 다음 세 가지 단계에 적합한 프로세스를 설계해야 한다.

A 단계 : 설득력 있는 비즈니스 케이스 만들기
B 단계 : 목표와 핵심성과지표를 통한 실행전략 수립
C 단계 : 이익의 실현과 정착화
이제 각 단계의 핵심요소를 살펴보자.

A 단계 : 설득력 있는 비즈니스 케이스 만들기

이 단계에서는 다섯 가지 스텝을 통해 설득력 있는 비즈니스 케이스를 만들어낸다.

단계	초점		Step
A :	설득력 있는 비즈니스 케이스 만들기	1	비전과 사명 재정립
		2	비즈니스 평가
		3	가치 평가
		4	핵심가치 행동의 구체화
		5	통합을 위한 설득력 있는 비즈니스케이스 재검토

연구와 전문적인 실무 경험을 통해 우리는 성공적인 통합을 위해서는 우선 설득력 있는 비즈니스 케이스를 만드는 것이 필수적임을 분명히 알게 되었다. 첫 단계의 목적은 신설법인의 비전과 사명에 대한 명확한 아이디어를 도출하고 설명하는 것이다. 조직이 통합될 때는 리더십의 비전과 사명을 명시하는 것이 중요하다. 또한 재정립한 사명이 영감어리고 동기를 부여할 수 있는지 확인해야 한다. 조직의 공유 가치와 행동이 그 비전을 뒷받침하는 것도 중요하다.

이 프로세스는 조직이 성공하기 위해서 비전을 구성하는 '미래상'과 '핵심이념'이 정렬되어야 함을 보여준 콜린스Collins와 포라스Porras의 연구에서 비롯되었다.[4] 이를 요약하면 그림 14.2와 같다.

A 단계 – Step 1 : 비전과 사명 재정립

훌륭한 비전은 앞서 언급한 두 가지 요소, 즉 핵심이념과 미래상으로 구성된다. 콜린스와 포라스의 연구에서 '음'에 해당하는 핵심이념은 조직이

핵심이념 : 핵심목적(존재이유) 핵심가치(표방하는 바)	미래상 : 10년에서 30년을 내다보는 크고 위험하고 대담한 목표 생생한 기술
우리가 표방하는 바는 무엇인가? / 우리는 어떤 목표를 추구하는가?	

Source: Collins & Porras.

그림 14.2 새로운 조직의 비전 수립

표방하는 바와 존재이유를 정의한다. 성공적인 조직은 핵심이념이 불변하며 '양'이라고 할 수 있는 미래상을 보완해 준다. 미래상이란 조직이 되고자 하는 것, 달성하고 창조하고자 하는 것으로서 대대적인 변화와 진보가 필요한 것을 의미한다.[5]

핵심 이념은 설정하는 것이 아니라 발견하는 것이기 때문에 이념을 찾아가는 과정 자체가 양 조직의 강점을 탐색하고 상대에게 전달하며 타협할 수 없는 조직의 강점들을 통합하는 방법을 모색하는 이상적인 수단이다. 이 과정에서 조직이 인수된 이유가 분명히 드러나기도 한다. 그리고 문화차이를 조정하는 전략을 구사하며 진행한다면 인수되는 조직 구성원들의 자신감을 높일 수 있으며, 경영진의 헌신도 이끌어낼 수 있다.

사례

모든 조직의 리더가 이탈리아의 대형은행 유니크레딧Unicredit의 CEO 알레산드로 프로푸모나 독일기업 린데Linde AG의 CEO 볼프강 라이츨레 박사처럼 선견지명이 있는 것은 아니다. 이들은 비전과 사명을 명확히 제시하였기에 대대적인 인수를 성공으로 이끌 수 있었다. 유니크레딧의 비전은 사람 개개인에 초점을 맞추고 이들의 잠재력을 높이며 그들의 계획과 아이디어를 실현시키면서 새로운 금융방식을 창출한다는 철학에 기초한다. 사명은 혁신적인 솔루션을 고객에게 제공하기 위해 노력함으로써 새로운 금융방식을 창출하는 것이다. 유니크레딧의 직원들은 윤리에 기반한 공통 원칙과 뚜렷한 가치들을 준수하면서 지속가능성을 추구한다. 이를 통해 이익을 모든 이해관계자를 위한 가치로 전환하는 것이 가능하다.

대조적으로, 세계 최대 가스제조회사인 린데는 하향식 접근방법을 취했다. CEO인 볼프강 라이츨레의 비전은 전형적인 독일의 엔지니어링 조직인 린데가 '세상을 바꾸는 혁신적인 솔루션을 제공하는 직원들로 인하여 칭송을 받으며 세계를 선도하는 가스엔지니어링 회사'가 되는 것이었다. 영국의 BOC를 인수하기 전 린데는 다양한 관련/비관련 사업을 영위하는 일반적인 독일 기업이었다. 시장의 세계화 흐름을 지켜보면서 라이츨레는 린데의 규모와 접근방식이 앞서 언급한 비전을 실현하기에 적합하지 않음을 확신하게 되었다. 린데는 가스 비즈니스에만 집중하며 그 분야의 지식을 심화하고 독일중심적인 사고에서 벗어날 필요가 있었다. 대규모 주식 매각 이후 린데는 합리적인 인수 대상으로 BOC를 주목했다. 석유 사업부문에서 린데에 비해 전문성이 떨어지지만 매우 국제적이고 주주 중심적인 기업이었기 때문이다. 혁신적인 솔루션을 통해 세계를 변화시키는 유일한 방법은 BOC와 같은 기업과 합병하는 것이었다. 라이츨레의 비전은 올바른 선택을 위한 촉매제였다. 이후 린데는 성공을 거두며 소기의 목적을 달성하였다.

NEWCO의 주요 비전과 사명이 재정립된 후 조직의 리더들이 각각의 사업과 가치를 평가할 수 있는 기반이 만들어지게 되었다. 이는 인수합병 결정과 마찬가지로 하향식 과정일 경우가 많다.

음에서부터 시작하느냐 양에서부터 시작하느냐는 중요하지 않다. 정말 중요한 것은 그 두 가지 사이의 연관성이다. 어느 쪽 끝에서부터 시작하느냐 자체도 문화적으로 결정될 때가 많다.

A단계 – Step 2 : 비즈니스 평가

통합의 비즈니스 논리를 평가하는 장점은 경영진이 새로운 공동의 미래 구상에 전념하며 "애초에 합병을 한 이유가 무엇인가?"라고 스스로에게 질문을 던져보는 데 있다.

서로 차이점을 먼저 바라보기 쉽지만, 통합의 원래 목적을 되새겨보는 것이 훨씬 바람직하다. 공통분모가 명확해지면 차이점은 오히려 통합과정에 도움이 된다.

이 단계는 미래상을 창조하기 위해 '크고 위험하고 대담한 목표Big, Hairy, Audacious Goal'를 정의하는 것부터 시작한다. 여기서 목표란 발전을 촉진하기 위한 대담한 사명이다.(예 : '달에 사람을 보내는 것' 등) BHAG란 문구를 만들어 낸 저자에 따르면, BHAG는 다음 기준을 충족해야 한다.[6]

1. 명확하고 설득력이 있어야 한다.
2. 단체정신을 고양하는 기폭제가 되어야 한다.
3. 최종목표가 명확해야 한다.
4. 사람들을 참여시킬 수 있어야 한다.
5. 실질적이고 활기를 주며, 목표기준이 높아야 한다.
6. 모든 사람이 이해하기 쉬워야 한다.

대담한 목표란 극단적인 노력을 통해 도달할 수 있는 고무적이고 용감한 목표를 말한다. 경영 석학 하멜과 프라할라드는 이를 도전적 목표 stretched goal라고 부른다.

BHAG의 예는 다음과 같다.

- 2000년까지 1,250억 달러 규모의 기업으로 거듭난다. (월마트, 1990)
- 자동차를 대중화한다. (포드 자동차 회사, 1900년대 초)
- 일본 제품은 조악하다는 국제적 이미지를 뒤바꿨다는 평가를 받는 기업이 된다. (소니, 1950년대 초)
- 각 시장에서 1위 또는 2위 기업으로 등극하고, 대기업의 강점과 소기업의 합리성 및 민첩성이 조화를 이루는 조직으로 변모한다. (GE, 1980년대)
- 자전거 산업의 '나이키'가 된다. (지로 스포츠 디자인, 1986)

두 번째 스텝에서는 통합된 기업들이 새롭게 정의된 BHAG 목표 아래 사업적 시너지 개발이 가능한 주요 영역을 발견하는 것이다. 사실 이것이 두 조직이 파트너가 된 주된 이유일 것이다. 참여자들로 하여금 양 기업의 BHAG를 결합하여 시너지를 낼 수 있는 부분이 있는지 확인해 보는 것도 가치 있는 시도다.

두 회사의 BHAG를 모두 유지하거나 다양한 BHAG를 두는 것은 위험하다. 최종목표가 불명확해지기 때문이다. 여러 분야에 다양한 핵심성과 지표KPI를 부여하는 '균형성과표balanced scorecard'처럼 BHAG를 취급해서는 안 된다. 영감어리며 생생하게 기술된 BHAG를 도출 할 수 있어야 한다.

BHAG는 사람들을 단결시키고 그 실현에 동참하려는 마음을 북돋아야 한다.

딜레마의 발견을 통한 비즈니스 평가 조직 통합을 위한 비즈니스 케이스를 평가하기 위해서는 재정의된 비전과 사명에 비추어 비즈니스 딜레마를 찾아내야 한다.

이 과제는 대면 인터뷰와 우리가 개발한 온라인 설문지 WebCue를 통해 효과적으로 수행할 수 있다. 전제는 통합과정에서 비즈니스 및 문화적 성향 차이로 인해 다국적 조직 환경에서 일할 때 문제가 발생한다는 것이다. 조직마다 일하고 관계맺는 방식이 다르며, 그 차이가 신규 조직에서 구성원간 협업의 성공여부에 결국 영향을 미친다.

이 단계에서 통합이 진정 성공하려면 근본적인 문화적 틀을 구성하는 네 가지 요소가 필요하다.

1. 비즈니스와 문화적 성향의 차이에 대한 인식
2. 그 차이에 대한 존중
3. 구성요소 1, 2에서 비롯된 비즈니스 및 문화 딜레마들의 조정
4. 실현과 정착. 다양한 성향을 연결함으로써 얻을 수 있는 비즈니스 상의 이익이 조직 전체적으로 뿌리 내림

다음 예는 딜레마를 통해 통합 과정의 핵심 도전과제를 파악할 수 있음을 보여준다.

대형 제약 회사가 혁신역량 부족을 보완하기 위해 중소기업을 인수하는 경우 다음과 같은 딜레마에 빠질 수 있다.

한편으로는	다른 한편으로는
유통과 규모의 경제를 위해 조직의 덩치를 키워야 한다.	작은 규모에서 나오는 혁신 역량을 발전시키고 그 유연성을 활용해야 한다.

중앙집중화 및 분권화 사이의 딜레마는 여러 통합사례에서 자주 표면화되는 문제다. 고도로 중앙집중화된 조직인 린데사가 BOC를 인수하기로 결정한 주된 이유는 BOC가 글로벌 비즈니스에서 분권적인 접근방식을 취하는 기업이었기 때문이다. BOC 경영진은 권한을 가능하면 조직 최하부까지 분산하는 것이 바람직하다는 기본 철학을 갖고 있었다.

이 주요 딜레마를 해결하는 데 합병의 성공여부가 달려 있다.

글로벌 조직이 비즈니스 활동의 중앙집권화와 분권화라는 딜레마에 직면하는 경우 다음 네 가지 선택을 할 수 있다.

선택 방식	특징
중앙집중화	'본부'가 명령을 하는 패러다임이다.
분권화	현지법인을 따르는 방식이다.
타협	일부는 중앙집권화하고 일부는 분권화 하는 등 양측이 공동목표를 위해 서로 조금씩 포기하는 것이다.
조정(중앙집중화와 분권화)	훨씬 더 어렵고 일견 불가능해 보인다. 분명하게 상충되는 두 가지 관점을 조정한다는 것은 'A 아니면 B'라는 양자택일 사고방식을 취하지 않고 두 관점의 최대 장점을 결합함으로써 새로운 가치를 창출하는 것이다.

합병 전후, 두 조직은 서로 공통된 관점과 비슷한 가치성향을 갖고 대화에 임한다고 생각하겠지만 실제로는 각자 관점에서 이야기하고 있다는 점은 깨닫지 못한다.

합병 시의 비즈니스 딜레마 합병 시 두 조직 사이의 상이한 업무방식을 결합하려고 한다는 점 자체가 비즈니스 딜레마를 내재하고 있다.

린데와 BOC 합병의 경우 딜레마는 다음과 같다.

한편으로는	다른 한편으로는
글로벌화된(표준화된) 제품/서비스를 제공해야 한다.	각국 현지의 취향과 필요에 맞는 제품/서비스를 제공해야 한다.
직원의 역량을 개발해야 한다.	직원들이 NEWCO의 성공에 중추적인 역할을 하면서 성과를 내는데 계속 집중하도록 해야 한다.

이러한 딜레마, 특히 첫 번째 딜레마를 조정하는 것이 NEWCO의 성공 여부에 핵심적인 영향을 미친다.

유니크레딧의 경우 독일의 히포페라인스방크Hypovereinsbank와 오스트리아의 바카Baca를 인수하여 통합할 때 다음과 같이 중요한 딜레마에 직면했다.

한편으로는	다른 한편으로는
'진정한 유럽 은행'으로서 통합된 모습으로 변해야 한다.	다지역multilocal 은행으로서 현지 고객/클라이언트와 친밀한 관계를 유지해야 한다.

같은 논리로 운송 및 물류기업인 지오디스윌슨Geodis-Wilson이 티엔티익스프레스TNT Express를 인수했을 때도 다음과 같은 딜레마가 발생했다.

한편으로는	다른 한편으로는
단기적 재무 목표를 달성해야 한다.	중장기 전략을 개발해야 한다.
규모의 경제를 실현하고 글로벌 고객의 필요에 부응하기 위해 덩치를 더 키워야 한다.	경쟁에서 뒤쳐지지 않기 위해 질적으로 더 나아져야 한다.
생산성을 높이기 위해 프로세스를 표준화해야 한다.	고객의 요구에 대응하기 위해 유연성을 갖추고자 한다.
명확하고 초점이 있는 IT 전략이 필요하다.	단기적으로 다수의 이질적인 시스템을 운영해야 한다.
타사 인수와 효율성 제고를 통해 사업을 성장시켜야 한다.	불확실한 시기에도 직원들이 의욕적으로 일할 수 있도록 해야 한다.

이런 딜레마는 합병 상황과 맥락에 따라 특정한 방식으로 나타나며 우리는 이를 '골든' 딜레마라고 부른다.(16장 참조)

성공적인 통합에 도움을 주기 위해 딜레마 데이터베이스(부록 B 참조)의 골든 딜레마 리스트에 새로운 조직이 해결할 필요가 있는 잠재적인 비즈니스 딜레마들도 포함시켰다.

비즈니스 딜레마의 조정 비즈니스 딜레마를 해결하는 과정은 본질적으로 통합을 위해 노력하고 있는 새로운 조직들의 전략에서 핵심적인 부분을 차지한다. 우리는 여기에서 '비즈니스 딜레마'를 논의하고 있지만, 모든 문화는 이러한 딜레마를 안고 있다는 사실을 기억해야 한다.

양 조직이 각자의 장점을 통해 시너지를 추구하려는 의식적인 노력을 기울이고 있다면 성공할 확률이 가장 높다.

통합과정에서 지오디스윌슨이 분명히 알고 있었던 점은 단기적 재무목표달성(티엔티익스프레스의 주요 강점)이라는 필요와 프랑스 모회사인 지오디스의 장점에 기반을 둔 중장기 전략개발이라는 필요를 결합해야 한다는 것이었다. 이 조정을 통해 훨씬 더 저력 있는 조직으로 변신할 수 있을 것이라고 생각했고, 그 결과는 그림 14.3과 같다.

토의 프레임워크의 묘미는 과도한 가치판단 없이 양측 접근방식의 장점과 단점 모두를 공개적으로 논의한다는 데 있다. '투자 전략에 있어 보다 까다로운' 태도는 모든 참여자들이 환영했다. 이 조정을 통해 티엔티익스프레스가 전형적으로 보이는 성급한 대응('돈이 모든 것을 말해주기 때문에')을 막을 수 있고 지나치게 고민하다 기회를 놓쳐버리는 전형적인 프랑스식 사고방식도 피할 수 있기 때문이다.

장기 비전을 실현하면서도 단기 결과를 활용할 수 있는 방법에 따라 투자 결정을 내린다는 것은 양 측의 장점을 조합한다는 의미가 있다.

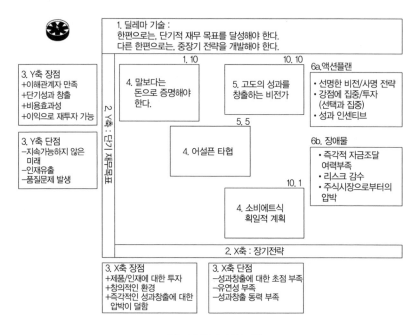

그림 14.3 딜레마의 조정

지속적이고 창조적인 대화로서 반대편을 통합　모든 통합 과정은 HR, 고객보상 프로그램, IT, 재무 등 기타 많은 영역에서 비슷한 딜레마에 봉착하게 될 것이다. 우리가 지금까지 설명한 과정을 통해 '창조적인 공간'이 생성된다. 이 창조적인 공간에서는 초기에 제안된 그 어떤 일차원적 솔루션보다 최종 솔루션이 훨씬 나을 수 있다. 우리는 이를 시너지가 실현되는 영역이라고 부를 것이다.

여기에서는 상이한 조직단위 사이에 치열하고도 보람 있는 대화가 진행된다. 미래에 겪을 수 있는 통합 과정들을 감안한다면 이 대화의 가치를 인정하는 것은 큰 도움이 될 것이다.

사람들이 이런 유형의 시너지를 성공적으로 달성하는 이유는 둘 중 하나를 선택해서가 아니라 서로 상충되는 것처럼 보이는 가치를 조정할 수 있기 때문임을 알 수 있다. 긴장관계에 있던 두 개의 바람직한 목표를 통합하면 풍성하고도 새로운 현실을 창조할 수 있다.

유니크레딧의 경우 현지특성을 반영한 이탈리아 은행이 되느냐 이탈리아적인 특성이 없는 범유럽적인 은행이 되느냐를 선택하는 문제가 아니었다. NEWCO가 어떻게 하면 이탈리아적인 특성을 가진 범유럽적인 은행이 될 수 있을 것인가, 어떻게 하면 이탈리아 최고의 NEWCO가 다른 유럽지역에서 도약할 수 있을 것인지가 관건이었다. 차이점을 조화시킬 수 있는 조직은 경쟁력을 창출하게 된다. 차이점을 조화시킬 수 없다면 70퍼센트의 실패한 합병에 속하게 될 것이다.

핵심 목적을 발견하기 위한 접근방식 새로운 조직의 목적을 찾기 위해서는 일상적인 업무를 뛰어넘어 생각해야 한다. 매일 반복하는 업무를 넘어서는 목적이 없다면 성장가능성이 없으며 반드시 정체의 위험이 따르게 된다. 유도 유단자 아베 켄시로의 말처럼 "현상유지란 뒤처지는 것과 같다."

어떻게 하면 조직의 높은 목표 또는 주요 목적을 발견할 수 있을까? 속전속결은 불가능하겠지만, 조직의 궁극적인 본질을 발견하기 위해 다양하게 접근해볼 수 있다. 다음 프레임워크에서 우리는 일련의 단계로서 다양한 접근방식을 요약했다.

우선, 조직의 특성을 발견하는 일부터 시작하면 도움이 된다. 즉, 결합된 초기 비즈니스 기회 평가의 결과를 반추하고, 새로운 조직에 맞는 행동 및 의사소통 유형이 무엇인지 찾아보는 것이다.

그런 다음에는 사람들이 새 조직에 대해 갖고 있는 포부가 무엇이며 동료에게 동기를 부여해 주는 것이 무엇인지, 경쟁사나 기타 이해당사자들과 차별화 될 수 있는 부분이 무엇인지 질문해 보아야 한다. 목적은 명확하고도 간결해야 하지만 단순한 구호나 진부한 표현을 사용하지 않도록 주의해야 한다. 그리고 회사의 존재 이유를 나타내야 한다. 품격이 떨어지거나 조악하지만 않다면 구호라 하더라도 상관은 없다. 표현한 목적이 너무 모호해서도 안 된다. 목적은 암호가 아니다. 그것은 사람들의 마음에 즉시 와 닿아야 한다.

마지막으로, 목적을 새로 도입하는 과정에서 출신 회사를 막론하고 조직 구성원의 참여를 요청하는 것이다. 그렇게 함으로써 사람들이 새 회사가 공유하고자 하는 바를 중심으로 응집할 수 있다. 우리는 이 과정에서 이전 조직의 목적을 그대로 차용하는 것은 지양하라고 조언한다. 그 목적이 새 회사에 적용해야 할 만큼 좋다면 어차피 나중에 수면 위로 떠오를 것이기 때문이다.

A단계 – Step 3 : 가치 평가

이제 뚜렷한 사명과 핵심 목적을 설정하였으면 조직이 추구하는 가치를 발견해야 할 시간이다.

가치는 목적과 사명을 뒷받침하는 요소이다. 가치와 규범의 근거는 목적과 사명 속에서 찾을 수 있다. 그리고 가치와 규범을 보면 그 조직이 어떤 유형의 행동을 지향하는지 알 수 있다. 가치는 좋음과 나쁨을 판단하는 기준이고, 규범을 통해서는 옳고 그름을 규정한다. 행동은 이런 가치와 규범의 표현일 뿐이다.

가치는 큰 역할을 하기 때문에 그저 CEO가 즐겨 입에 담는 말에 불과해서는 안 되고 조직의 사명과 연결되어 있어야 한다. 둘 이상의 조직이 하나가 될 때 조직의 가치를 표상하는 심층의 구조를 무시할 수는 없다. 자기 조직이 추구하는 가치가 상대 조직의 가치보다 우월하기 때문에 상대방은 그냥 수용해야 한다고 말한다면 생각이 얕은 것이다. 모든 가치에는 무시할 수 없는 존재의 이유가 있다. 문화적 다양성은 조직의 관점과 가치, 운영상의 우선순위, 일하는 방식에서 드러난다. 우리는 국경을 넘어선 인수와 합병, 전략적 협력으로 초래된 복잡성에 직면한 조직들을 컨설팅하면서 문화차이에 뿌리를 둔 이슈들은 쉽게 딜레마 형태로 바꿀 수 있다는 점을 깨달았다.

문화가 조직성과에 있어 사람의 행동을 이끌어내는 핵심 동인이기 때문에 통합 과정에서 보편적인 비즈니스 이슈를 해결하기 위해 다양한 배경을 지닌 사람들이 선택하거나 제시하는 구체적인 해결책은 다를 수밖에 없다. 따라서 경영 스타일, 의사결정 프로세스, 커뮤니케이션 스타일, 지향하는 고객, 보상체계 등 여러 영역에서 서로 다른 모습을 보인다.

조직가치 프로파일OVP(Organization Values Profiler) 우리는 11장에서 기업 문화가 조직의 효과성에 얼마나 큰 영향을 미치는지 살펴보았다. 기업 문화는 의사결정 방식, 인적자원 활용 방식, 조직이 환경에 대응하는 방식에 영향을 준다.

인수나 합병에 도전이 되거나 영향을 미치는 조직가치를 도출하기 위해서 우리는 조직가치 프로파일 모형을 사용한다. 48개 항목으로 구성된 이 도구를 통해 인수나 합병에 관련된 조직 문화들 간 유사점과 차이점을 파악할 수 있다. OVP는 응답자들이 서로 간의 관계와 조직전체와의 관계를 어떻게 해석하는지 검토할 수 있도록 해주는 다기능 도구이다.

다른 기업문화 진단도구와 우리가 앞서 제시한 4분면 모형(11장 참조)과는 달리 OVP는 단순한 진단도구를 넘어 합병, 인수, 전략변화, 다양성, 글로벌화 등으로 발생하는 주요 갈등을 해결할 수 있는 기초가 되는 역할을 한다. 또한 OVP는 문화적 편향성을 제거하였기 때문에 전 세계 여러 문화에 적용할 수 있다는 장점도 있다.

OVP는 통합 과정에 참여한 당사자들의 서로 다른 기업문화를 진단할 수 있기 때문에 새 회사가 직면한 가치 딜레마를 선명하게 보여준다. OVP는 형식화와 유연성의 정도, 계층화와 환경에 대한 개방성의 정도에 따라 조직문화를 탐색한다.

네 개의 기본 사분면은 태스크 / 전략 / 사명, 역할 / 효율성 / 일관성, 권력 / 인간관계 / 참여, 사람 / 학습 / 적응성 측면에서 조직이 어떤 지향성을 보이는지를 보여준다. 각 세부 부분 안에서 우리는 중요 지향성을 결정하는 구체적인 측면을 탐구한다.

또한, 양극단을 축으로 하는 척도(즉, 하나의 선택안에 가까워지면 다른 하나의 선택안으로부터는 멀어지는 척도)가 우리가 추구하는 평가유형에는 근본적으로 적합하지 않다는 기본 철학을 반영하여 진단설문을 설계하였다. 그리고 통계분석과 면대면 인터뷰, 온라인 인터뷰 등을 포함해 광범위한 공식연구와 현장 테스트를 거쳐서 최종 질문을 확정하였다.

응답자들은 평가하는 항목을 구성하는 일련의 하부요소에 높거나 낮은 점수를 줄 수 있다. 이런 방식으로 모든 사분면 항목과 12개 세그먼트에 높은 점수를 주는 것이 가능하다. 그러므로 단 한 가지 스테레오타입에만 해당하는 조직은 도출되지 않는다. 이런 방식은 통합된 조직이 모든 지향성의 강점을 활용하고 상반되는 대안 중 하나만 선택해야 하는 상황에 제한받지 않는 우리의 개념적 프레임워크를 반영한다.

우리는 교차타당화cross-validating 질문을 활용함으로써 단일 기업문화 안에서 상충과 모순이 조정되었는지 확인하였다. 예를 들어, 우리는 응답자들에게 "미래에 대하여 명쾌하고 선명한 전략이 있다."(유도탄 문화)와 "단기적인 사고를 통해 우리는 신속하게 성과를 올릴 수 있다."(인큐베이터) 같은 진술문을 평가하도록 요청한다. 이들 진술문은 "우리는 장기 비

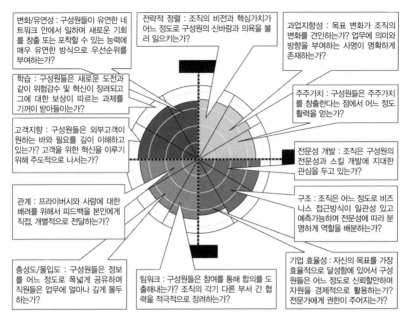

변화/유연성 : 구성원들이 유연한 네트워크 안에서 일하며 새로운 기회를 포착할 수 있는 능력에 매우 유연한 방식으로 우선순위를 부여하는가?

전략적 정렬 : 조직의 비전과 핵심가치가 어느 정도로 구성원의 신바람과 의욕을 불러 일으키는가?

과업지향성 : 목표 변화가 조직의 변화를 견인하는가? 업무에 의미와 방향을 부여하는 사명이 명확하게 존재하는가?

학습 : 구성원들은 새로운 도전과 같이 위험감수 및 혁신이 장려되고 그에 대한 보상이 따르는 과제를 기꺼이 받아들이는가?

주주가치 : 구성원들은 주주가치를 창출한다는 점에서 어느 정도 활력을 얻는가?

고객지향 : 구성원들은 외부고객이 원하는 바와 필요를 깊이 이해하고 있는가? 고객을 위한 혁신을 이루기 위해 주도적으로 나서는가?

전문성 개발 : 조직은 구성원의 전문성과 스킬 개발에 지대한 관심을 두고 있는가?

관계 : 프라이버시와 사람에 대한 배려를 위해서 피드백을 본인에게 직접, 개별적으로 전달하는가?

구조 : 조직은 어느 정도로 비즈니스 접근방식이 일관성 있고 예측가능하며 전문성에 따라 분명하게 역할을 배분하는가?

충성도/몰입도 : 구성원들은 정보를 어느 정도로 폭넓게 공유하며 직원들은 업무에 얼마나 깊이 몰두하는가?

팀워크 : 구성원들은 참여를 통해 합의를 도출해내는가? 조직의 각기 다른 부서 간 협력을 적극적으로 장려하는가?

기업 효율성 : 자신의 목표를 가장 효율적으로 달성함에 있어서 구성원들은 어느 정도로 신뢰할만하며 자원을 경제적으로 활용하는가? 전문가에게 권한이 주어지는가?

그림 14.4 OVP 세그먼트

전을 타협하지 않고도 단기적 요구를 충족할 수 있다."와 같이 조정여부를 판단하는 질문에 의해 검증된다. 다시 강조하지만 모든 문화가 딜레마를 공유한다. 하지만 딜레마에 어떻게 접근하고 어떤 의미를 부여하는가는 문화마다 다르다.

이러한 방법으로, OVP는 12개의 세그먼트와 이들 사이의 조정이 균형을 이룸으로써 한 조직의 문화가 얼마나 건강해질 수 있는지 보여준다.

외적타당성 분석(가령, 부서별 또는 기능별 성과지표와 비교) 결과를 보면 12개 세그먼트와 조정 질문에서의 점수가 조직의 장기적인 성과와 직접적인 상관관계가 있음을 보여준다. 그림 14.5를 살펴보자.

성과가 낮은 조직은 모든 세그먼트에서 낮은 점수를 보인다. 업계 '추종자'는 평균 점수인 반면, '시장 리더'는 모든 세그먼트에서 높은 점수를 나타낸다. 이 선도 기업들은 비즈니스에서 발생하는 모든 모순을 조정하는 중요한 문화를 지니고 있는 것이다.

통합을 원하는 조직들을 비교하는 문화가치 평가는 문화변화에 대한 기회와 장애물을 파악한다. 이를 통해 개인과 조직가치의 정렬화, 집단의 결속력 향상, 구조적인 정렬을 이루기 위한 프로세스 개발에 필요한 지침을 규정하는데 도움을 얻을 수 있다. 또한 가치 경영의 마지막 단계에서 사용할 핵심 성과지표를 파악하는 기초가 된다.

독일회사인 린데와 영국회사인 BOC의 통합 과정을 예로 살펴보도록 하자. 우리는 두 기업의 리더 150명에게 온라인으로 OVP를 작성해보도록 요청하였고 그림 14.6에서 알 수 있듯이 그 결과에서 여러 가지 시사점을 얻을 수 있었다.

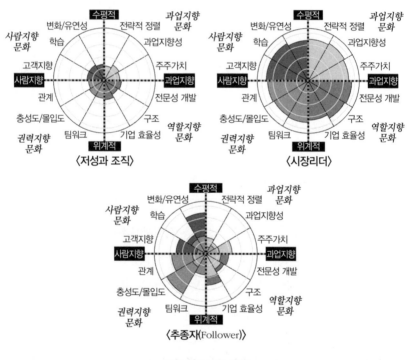

그림 14.5 OVP 결과

잠깐만 살펴봐도 두 회사 문화의 차이가 분명히 드러난다. 린데는 독일에 근거지를 둔 고도로 전문적인 조직으로서 탁월한 R&D 부문을 보유하고 있으며 지배구조는 중앙집중화되어 있다. 또한 CEO인 볼프강 라이츨레의 강력하고도 비전을 불어넣는 리더십 하에 연관성이 없는 여러 다른 사업들을 접고 가스 비즈니스에 집중한 후 큰 성공을 거두었다. 대조적으로, BOC는 프로젝트 기반의 실용적인 접근을 하는 다국적 경영팀을 가동하는 매우 성공적인 글로벌 기업이다. 가능한 영역에서는 과감하게 권한을 위임하며 직원들의 헌신도와 충성도가 높다.

린데의 성공비결은 고도의 전문성을 지닌, 규율이 잘 잡혀있는 사명지향적인 조직으로 요약할 수 있다. 반면 BOC의 강점은 헌신도가 높고 위임을 받은 직원들이 주주가치에 중점을 두고 뚜렷하게 설정한 일련의 글로벌 목표를 추구한다는 점이다. OVP에서 도출한 조직문화와 온라인 WebCue 설문과 면대면 인터뷰를 통해 포착한 딜레마를 비교할 때 그 결과가 상당히 수렴하는 것을 볼 수 있었다.

도출한 6가지 핵심 딜레마는 다음과 같다.

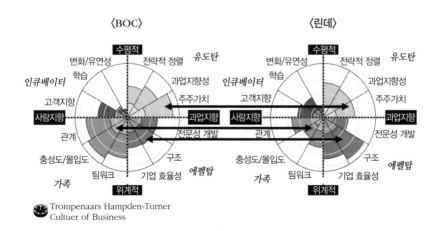

그림 14.6 조직간 비교

1. "주주 이익을 위해 최대한 원가를 절감해야 한다" 대 "장기적인 지속가능성을 위해 투자해야 한다."
2. "글로벌한(표준화된) 제품 / 서비스를 제공해야 한다." 대 "각국 현지의 취향과 필요에 맞는 제품 / 서비스를 제공해야 한다."
3. "직원의 역량을 개발해야 한다." 대 "직원들이 실적을 내는데 계속 집중하도록 해야 한다."
4. "인간적인 요소에 초점을 맞추고 다양성 관리의 경험을 활용해야 한다." 대 "독보적인 첨단기술을 추구하는 문화를 강화해야 한다."
5. "통제를 늦추고 관리 권한위임을 확대해야 한다." 대 "하향식 통제와 절차적인 제한을 강화해야 한다."
6. "리더십 스타일은 참여와 권한위임을 지향해야 한다." 대 "리더십 스타일은 더 단호하고 지시적이어야 한다."

린데그룹의 미래 성공은 이 딜레마를 어떻게 조정할 것인가에 크게 좌우될 것이었다.

리더의 개인적 가치 지향성　일단 딜레마를 도출하여 조직문화 및 다른 관련 문화의 차이를 통해 검증한 후 각 조직의 최고 경영층이 추구하는 가치가 어떻게 해당 딜레마를 조정하는데 기여할 수 있는지 살펴봐야 한다.

이 과정은 리더 집단의 개인적 가치지향성을 프로파일화 함으로써 시작한다.

핵심 리더들의 가치지향성을 평가하기 위해 우리는 개인가치 프로파일PVP(Personal Values Profiler)을 사용한다. 이 도구는 직원이 조직과 맺고 있는 관계에 대하여 중요한 통찰을 제공한다.[7] PVP를 응용한 것이 기업가치 프로파일CVP(Corporate Values Profiler)이다. CVP는 PVP와 본질적으로 같은 도구이지만 응답자들은 어떤 가치가 조직을 이끌어가야 하는지 표시한다.

앞으로 다가올 새로운 직장에서는 개인에게 중요한 것과 조직에게 중요한 것이 일치해야 할 필요성이 더 커질 것이다. PVP와 CVP 결과의 차이는 시간이 흐름에 따른 산업이나 기능 분야의 변화를 드러낼 수도 있다. 예를 들어, 한 젊은 여성이 간호사로 일하는 것이 자신의 개인적 가치지향성 PVP과 부합하기 때문에 간호사를 커리어로 선택했다고 하자. 하지만, 수년 후 이 여성은 도시 중심가의 공립병원에 근무하면 술주정뱅이와 마약 중독자들에게 언어적 신체적으로 시달리고 엄격한 지침(에펠탑)에 따르지 않는 어떤 의료행위에 대해서도 고소를 걱정해야 하는 현실을 깨달았다. 효율성과 절차를 따라야 하는 필요가 반영된 CVP는 이 여성의 PVP 결과와 상당히 다를 것이다. 자신이 처한 현재 상황에 대한 여성의 반응은 사기저하와 성과저조일 수 있다. 아니면 병원을 떠나 자신의 PVP 결과와 잘 맞는 개인 건강클리닉이나 성형외과에서 일하는 것일 수도 있다.

PVP를 통해 변화나 안정성, 지속가능성, 혁신에 대한 개인적 거부감 또는 지원과 관련된 문제들을 이해할 수 있다. 이런 문제들은 조직이 직면하는 도전과 딜레마에 대응하는 능력에 결정적인 영향을 미칠 수 있다.

PVP / CVP 조합은 일반적으로 기업 문화를 분석하는 더 중요한 비교를 제공하는 OVP(조직가치 프로파일)로 상호 연결되어 있다. 인수 합병의 분야에서, 우리는 NEWCO의 핵심 목적을 뒷받침할 가치들과 리더들의 PVP 결과 사이의 불일치에 대해 주의를 기울여야 한다.

PVP / CVP와 OVP는 반구조적이고 연역적 성격을 띠고 있는 반면, 보다 개방적인 인터넷 기반 설문조사와 검증 인터뷰는 주로 귀납적이다. 인터뷰와 웹기반 프로세스에서 선택한 가치 딜레마들을 통해 OVP와 PVP / CVP로부터 도출한 딜레마를 검증할 것이다.

핵심가치의 최종 선택 마지막으로, 조직의 미래상과 핵심목적의 맥락에서 핵심가치를 선택해야 한다. 이런 가치들은 조직이 설정한 목표를 달성하는데 유용해야 하고 조직의 목적에 적합해야 한다.

조직의 핵심가치를 선택하는 데는 몇 가지 접근방식이 있다. 다음은 그 예이다.

- 핵심 비즈니스 딜레마를 해결하는 데 도움이 되는 가치
- 핵심 문화 딜레마를 해결하는 데 도움이 되는 가치
- 목적에 생명력을 불어넣는 가치
- 개인적 가치를 확장하는 가치

가치는 목적에 부합하는 기능에서 발생하고 성공을 통해 강화된다. 핵심가치의 질은 비즈니스 리더들이 직면하는 핵심 딜레마들을 해결하는데 얼마나 연관성이 있는가에서 가장 잘 나타난다. 핵심가치는 딜레마 조정 과정을 뒷받침해야 한다. 따라서, 핵심가치를 도출하기 위한 가장 선호하는 방법은 비즈니스 딜레마 조정의 프로세스에서 "이 딜레마를 조정하기 위해 우리가 어떤 가치와 행동을 발전시켜 나가야 하는가?"라는 질문을 던지는 것이다.

핵심 문화 딜레마 조정에 도움을 주는 구성요소로서의 핵심가치 모든 관련 주체들이 서로와의 차이점에 초점을 맞추기보다 함께 실현하고자 하는 바를 중심으로 결속되어 있는 모습이 필요하다. 통합의 문화적 측면에서 일부 충돌이 있을 수 있다는 점은 분명하다. 이런 가치충돌에 적절하게 대응하지 않을 경우 문제로 치달을 수 있다. 여기에서는 비즈니스 딜레마에 대한 접근방식과 유사한 방법을 사용할 수 있다.

개인 가치의 확장으로서의 핵심가치　어떤 경우에는 기존 조직이 너무나도 다양한 역사를 지니고 있고 이해관계가 복잡하여 조직의 미래를 이끌어나갈 가치를 백지상태에서 재정립하는 것이 최선일 때가 있다. 우리는 최고 경영진에게 기존 핵심가치 중 어떤 것이 NEWCO에 가장 적합할 것인지 브레인스토밍 하도록 지시하기보다는 본인들이 PVP를 참고하라고 조언하는 경우가 많다.

이를 통해 리더들의 개인적 가치를 도출할 수 있고 자신들이 개인적으로 조직에 적합하다고 생각하는 일련의 가치들과 비교할 수 있다. 이상적으로는 이 두 종류의 가치들이 서로 일치해야 하고 일반적으로 일치하는 경우가 많다. 아마도 그렇기 때문이 리더들이 조직을 이끌고 있는 것일 수도 있다. 상황에 따라서는, 최고 경영자 자신들이 추구하는 가치에서부터 조직의 핵심가치를 도출하는 과정을 시작하는 것이 가장 효과적일 수 있다.

A 단계 – Step 4 : 핵심가치 행동의 구체화

이 단계에서는 핵심가치를 실천하는데 적합한 행동을 파악함으로써 일상적인 현실에서 핵심가치가 유의미하도록 변환해야 한다. 이것은 3단계 프로세스이다.

1. 지향해야 하는 행동과 지양해야 하는 행동이 무엇인지 제시한다.
2. 미래를 상상한다.
3. 중요한 결정을 내린다.

지금까지는 OVP와 PVP 등을 통해 통합을 추진하는 조직의 핵심 주체와 개인들의 지향성을 진단하고 공유한 딜레마에 대한 접근방식에서의 유사점과 차이점을 살펴보았다. 이번에는 새롭게 만들어질 조직이 무엇을 공유해야 할지에 초점을 맞춘다. 지속가능하면서도 높은 성과를 올리는 조직을 만들기 위해서는 비즈니스와 문화 측면에서 대응해야 할 딜레마를 철저하게 검토해야 한다.

앞에서 말했듯이, 모든 핵심 딜레마를 잘 조정할 때 높은 성과를 올릴 수 있다.

그렇다면 통합된 조직에서 추구하는 가치는 무엇인가? 조직의 핵심가치는 사람들의 행동을 이끌고 또한 결속시키는 것에 기초하여 정의한다. 핵심가치는 조직의 영속적인 신조이다. 핵심 목적과 함께 핵심가치는 조직이 표방하는 바를 반영하고 그 스토리를 바깥 세상에 이야기하는 것이다.

핵심가치를 행동으로 변환하기 위한 프로세스와 도구(V2B)　경영자나 임원이 멋진 포스터나 브로셔에 나와 있는 핵심가치와 사명을 힘주어 말하며 직원들이 그 원칙들을 실천할 때만 쓸모가 있다고 덧붙이는 모습을 자주 볼 수 있다. 하지만 이에 대해 냉소주의가 팽배한 경우가 너무나 많다.

이런 이유로 사람들이 지향해야 하는 행동과 지양해야 하는 행동을 구체적으로 정의할 수 있는 방법을 제시할 필요가 있다. 최종 산출물은 '행동헌장'과 같은 형태로 표현할 수 있다.

그 목표는 팀 안에서 공동의 이해와 신뢰, 커뮤니케이션, 협력, 효과성을 개선하는 것이다. 행동헌장은 팀이 바람직한 행동과 그렇지 않은 행동을 구체화하는데 도움을 줄 뿐만 아니라 팀 구성원 개인이 헌장 속에 있는 내용을 실천할 수 있도록 해 준다.

이 프로세스에서는 구조화된 워크시트를 활용하여 모든 핵심가치를 행동으로 구체화시키는 활동이 필요하다. 이후 팀은 개인의 의견을 수집하고 이를 함께 토의하며 집단평가와 최종 선정으로 이어진다.

V2B(Values to Behavior) 프로세스는 조직 내부에서 공유하고 있는 가치로부터 나오는 에너지를 이용한다. 핵심가치는 조직 구성원을 결속하고 연결하며 기업 정체성을 이루는 중요한 부분이다. 하지만 핵심가치가 경영진과 직원들에게 에너지를 불어넣는데 실패하는 경우가 다반사이다. 핵심가치가 실제 업무상황에서 지침을 제공하기에는 너무나 추상적이기 때문이다. 따라서 핵심가치와 일상 업무와의 관련성을 나타내기 위해서 해석과 변환이 필요한 것이다. 이것이 V2B 프로세스에서 하는 활동이다.

V2B 프로세스는 "남에게 대접을 받고자 하는 대로 너희도 남에게 대접하라"는 인류의 지혜에 바탕을 둔다. 팀 구성원은 서로에게서 상호 기대하는 행동패턴을 심도 있게 탐색한다. 이어서 일정한 수의 관찰 가능한 바람직한 행동과 피해야 할 행동을 담은 헌장을 작성한다.

A단계 – Step 5 : 통합을 위한 설득력 있는 비즈니스케이스 재검토

첫 번째 단계의 마지막 순서는 모두를 동일한 방향으로 정렬하는 것을 목표로 한다. 이 단계쯤 되면 경영진은 상세한 실행 프로그램을 개발하는데 필요한 정보를 충분히 확보한다. 다음과 같은 사전 필요단계를 완료했기 때문이다.

- 실행 프로그램이 모든 직원들의 핵심동인과 정렬될 수 있도록 커뮤니케이션 맞춤화
- 집단이 나아갈 방향에 대한 선명한 인식 수립 : 비전과 사명
- 핵심가치와 원칙, 목적 파악

- 일상업무에서 의사결정과 활동에 대한 지침을 제공하는 일련의 행동 방식과 동인에 대한 합의

문화적 변화를 포함한 전체 시스템의 통합 프로세스를 실행하기에 앞서, CEO와 이사회는 통합을 해야 하는 설득력 있는 이유를 도출하여 명확히 제시해야 한다. 성과 이슈와 문화 이슈간의 설득력 있는 연결고리를 만들어야 하는 것이다. CEO와 경영진은 명쾌하고 선명한 스토리 라인을 제시하여 전체 시스템 통합과 변화에 대한 이유를 임직원이 이해하고 지지할 수 있도록 해야 한다. 이것은 단지 현재의 성과를 개선하는 수준을 넘어 자신들의 위치를 재설정하여 가치 차이를 활용하고 장기간의 회복력과 지속가능성을 구축하는 것이다.

요약하면, A단계의 활동을 통해 다음 내용이 분명해지게 된다.

1. 공동의 비전 프레임워크와 목적
2. 개인과 팀, 조직 수준의 문화와 가치의 차이점과 유사점
3. 해결해야 할 주요 비즈니스 및 문화 딜레마
4. 성공적 해결을 가능하도록 하는 핵심가치와 행동

이 요소들은 모두 NEWCO의 전략실행, 목표 및 핵심성과지표를 다루는 다음 단계에 필요한 재료들이다.

B단계 : 목표와 핵심성과지표를 통한 실행전략 수립

두 번째 단계는 두 가지 기본 스텝으로 구성되어 있으며 이전 단계에서 진행한 진단과 분석 결과를 적용하기 시작한다. 이제는 합병/제휴의 비즈니

스적 이익을 실현하기 위한 실행계획을 세우는 것으로 초점을 이동한다.

단계	초점	Step	
B :	목표와 핵심성과지표를 통한 실행전략 수립	6	핵심동인의 조사
		7	목표와 핵심성과지표를 통한 실행전략 수립

　우리는 넓은 맥락에서 볼 때 조직의 정체성 쇄신이란 서로 엇갈리는 목표와 가치, 그리고 구조적, 기능적, 문화적 차이를 조정하는 과정이라고 본다. 우리의 접근방식은 전략과 구조, 운영, 인력, 문화를 결합하여 단일한 통일체가 될 수 있도록 하는 것이다. 여기에는 새로운 조직이 활동할 경제, 사회, 문화적 맥락을 고려해야 한다. 회사가 하나의 통일체라는 관점을 갖고 우리는 이런 요소들을 어떻게 정렬화하고 조정하여 최대의 성과를 창출할 수 있을지 파악하고자 한다. 그러기 위해서는 단편적인 가치나 재무 이슈를 넘어 다양한 이슈를 포괄적으로 담아야 한다.

B단계 – Step 6 : 핵심동인 조사

핵심동인을 검증해야 할 필요가 있는 이유는 다음과 같다.

1. 통합과정, 특히 변화에 대한 설득력 있는 이유를 둘러싼 커뮤니케이션을 맞춤형으로 설계하기 위해
2. 문화통합 과정의 방법론과 내용을 맞춤형으로 설계하기 위해
3. 임원과 관리자에게 코칭 목적으로 개인적인 피드백을 제공하기 위해

　단순히 추측을 기반으로 진행시키는 것이 아니라 동인을 객관적으로

평가하기 위해 핵심동인을 가려내는 검증이 필요하다. 여기에는 참여를 통한 동기부여라는 측면도 있다. 우리는 핵심 목적과 가치를 검증하는 프로세스를 이 과정의 모든 참여자를 정렬화하는데 활용한다.

핵심가치에 맥락을 제공하기 위해서는 리더십팀이 조직의 BHAG와 근본적인 존재이유 또는 핵심목적을 검증하는 것이 중요하다. 핵심목적은 조직을 안내하는 역할을 해야 하기 때문에 하향식으로 강제할 수는 없고 최대한 많은 사람들이 참여해서 공동으로 생성해야 한다.

최고경영진이 핵심목적의 초안을 작성하면 아래 단계에서 검증을 해야 한다. 따라서 지나치게 복잡한 언어로 목적을 표현하는 것은 피해야 한다. 그래야 건설적인 비판을 통해 사람들이 이해하고 목적을 더 풍성하게 만들 수 있다.

앞서 설명한 바와 같이, OVP는 조직의 지배적인 가치를 포괄적으로 보여주고 통합을 앞둔 조직들 간에 가치 지향성 측면에서 어떤 주요 차이가 있는지를 나타낸다. 반면, PVP는 조직 리더들의 개인적인 가치지향성을 포괄적으로 보여준다. OVP와 PVP의 결과 사이의 긴장은 잠재적인 문화적 관성cultural intertia의 원인이다. 현대 직장에서는 조직에게 중요한 것과 직원에게 중요한 것을 필수적으로 조정해야 한다.

그런 긴장관계가 있다면 반드시 분석해서 현실과 이상, 개인과 조직의 가치 사이의 간극을 가장 잘 메울 수 있는 핵심동인을 선택해야 한다.

문화적 관성은 계층 간의 가치에서(리더가 지향하는 가치와 중간관리자가 지향하는 가치) 뿐만 아니라 각 계층내 가치 사이에서도(리더 개인이 지향하는 가치와 조직이 지향하는 가치) 조정이 이루어져야 한다.

B단계 - Step 7 : 목표와 핵심성과지표를 통한 실행계획 수립

이 시점에서 CEO와 리더십팀은 세부 실행 프로그램을 개발하기에 충분한 정보를 확보한 상태이다.

성과와 문화, 리더십에 있어서 통합 프로세스 상의 목표를 설정하고 다양한 스코어카드가 존재하는 지표로 담아내는 것이 매우 중요하다.

하지만 앞서 설명한 것처럼, 우리는 '균형성과기록표BSC(balanced score-card)'를 뛰어 넘어야 한다. '균형'이란 한 쪽이 많아지면 다른 한 쪽은 적어진다는 점을 함축하기 때문이다. 우리가 조직간 시너지 효과를 얻으려고 할 때 BSC는 별로 효과적이지 않다. 조정활동의 이점은 차이를 통합하고 서로 다른 관점을 연결하는데 있다. 그렇게 함으로써 실행이 촉진되고 리더들은 조정을 실현할 수 있다. 그래서 우리는 단순한 KPI가 아니라 핵심조정지표Key Reconciliation Indicator를 반영한 통합성과기록표 Integrated Scorecard 상의 성과지표에 기반을 둔다.

KRI에 기반한 접근방식을 따름으로써 높은 성과를 이룩하는 문화와 마인드 변화를 최종 달성하는 데 조정의 이익을 가져올 수 있다.

우리는 다음과 같이 세 가지 유형으로 지표를 분류할 수 있다.

1. 가치 및 행동과 관련한 '원인causal' 지표
2. 성과와 직접 관련한 '산출output' 지표
3. 최종 결과와 관련한 '결과outcome' 지표

원인지표 이 지표는 집단과 개인 수준에서의 가치와 행동 개선을 위해 설정한다. 개선이 일어나면 NEWCO의 균형잡힌 조직가치 프로파일에 반영되어 모든 주요 딜레마가 조정되어 높은 성과로 이어졌음을 나타내는 12개의 세그먼트를 보여준다. 마찬가지로, 개인 수준의 리더십도 개선을 보여줄 것이다.

우리는 행동과 가치 수준에 있어서의 진전도를 모니터링 하는데 PVP와 OVP를 사용하고 반년마다 문화관성의 감소여부를 전반적으로 살펴본다. V2B 또한 팀과 개인 구성원이 가치 및 행동과 관련된 원인지표 상에서 진전을 보이고 있는지를 확인하는 기준점이 된다.

개인 수준에서는 인사평가 과정이 조직에서 지향하는 가치와 행동을 강화시켜야 한다는 점이 중요하다. 관리자는 조직이 지향하는 가치와 행동을 개인이 실천하였는지 여부를 확인한다. 더 포괄적인 접근방식으로 이것은 팀 피드백으로 연결될 수 있다.

다음은 한 고객이 설정한 가치의 사례이다.

1. 창의적인 개인들로 구성된 팀을 위해 노력한다.
2. 학습을 통해 얻은 것을 글로벌 시장에 진출시키기 위해 노력한다.
3. 클라이언트의 필요에 부응하는 첨단 제품과 서비스를 지속적으로 개발하기 위해 노력한다.
4. 주주가치를 창출하기 위해 노력한다.

선형척도 방식을 사용해서는 이 가치들을 실천하였는지 여부를 평가할 수 없다.

다음 질문들은 앞서 말한 가치들에 적합한 것으로서 무엇을 평가해야 하는지를 설명해주는 역할을 한다.

질문 1 : 창의적인 개인과 팀으로 일하는 문제를 해결하기 위해 필요한 가치는 무엇인가?

질문 2 : '확실하게 개선되고 있는 증거'라고 말할 수 있는 핵심 조정 지표는 무엇인가?

질문 3 : '이 가치가 이루어지고 있음을 반영하는 명백한 증거'라고 말할 수 있는 핵심 행동은 무엇인가?

산출 지표   우리는 산출 목표를 생산성, 효율성, 혁신, 직원 및 고객 만족과 같은 성과개선의 지표로 정의한다. 이런 측정치는 조직에서 현재 진행하고 있는 모니터링과 정렬화되어야 한다.

전통적인 변화관리를 넘어서는 독특한 접근방식을 통해, 설정 목표를 추구하는 과정에서 생성한 주요 딜레마를 조정하는데 얼마나 발전이 이루어졌는지를 주기적으로 측정한다.

결과 지표   우리는 결과지표를 시장점유율과 수익성과 같이 신설 조직과 관련한 성과개선 목표로 정의한다.

C단계 : 이익의 실현과 정착화

앞에서 논했던 모든 활동이 끝나면 우리는 마지막 세 번째 단계에 도달한다.

단계	초점		Step
C :	이익의 실현과 정착화	8	체계적 정렬을 이루어가기
		9	가치와 문화의식 프로그램
		10	지속적인 재평가: 높은 성과를 이루는 문화를 향한 변화 모니터링

이번 단계는 모두를 정렬화는 것을 목표로 한다. 그러기 위해서는 두

가지 기본단계를 통해 CEO와 리더십팀을 지원하여 비전과 사명, 가치, 행동이 조직 전반에 스며들 수 있도록 해야 한다.

C단계 - Step 8 : 체계적 정렬을 이루어가기

통합과정에서 개인적, 집단적 행동의 변화를 불러일으키는데 있어서는 세 가지 중요한 요소가 있다.

- 개인의 정렬화
- 집단의 결속력(가치 정렬화와 사명 정렬화)
- 구조의 정렬화

개인 정렬화와 집단결속력을 추구하는 목적은 최고 경영진과 이들에게 보고하는 사람들의 비전 및 사명과 가치를 정렬화하는데 초점을 맞춤으로써 통합단계를 유리하게 시작하기 위해서이다.

C단계 - Step 9 : 가치와 문화 의식 프로그램

조직차원에서 이루어지는 개인 정렬화와 집단 결속력 프로그램은 더 하위수준에서는 가치와 문화 의식 프로그램으로 이어진다. 이렇게 하는 목적은 직원들이 기업과 국가 문화에서의 차이점을 인식하고 공유하는 미래상과 핵심가치, 조직의 목적 안에서 그런 차이들을 어떻게 활용할 수 있을지 생각해보는 것이다.

C단계 - Step 10 : 지속적인 재평가 - 높은 성과를 이루는 문화를 향한 변화 모니터링

통합 프로세스의 진전과 속도는 구체적인 상황에 크게 의존한다. 각 상황에는 맞춤식 계획과 개입, 모니터링 시스템이 필요하다. 본격적인 준비와 그 이후 활동에 착수하면 개인과 조직의 실행 진전도를 모니터링 하는데 사용할 수 있는 점검표가 필요하다. 이 점검표는 직원 설문조사, 참여설문 등과 같은 현행활동과 함께 통합할 수도 있다.

주요 딜레마의 조정상태를 조사하는 온라인 체크, OVP, HR시스템에서 KRI 측정과 다른 관련 프로그램을 조합하여 활용하면 주기적으로 필요한 영역에서 즉각적인 개입이 가능할 것이다.

결론

오늘날의 비즈니스는 복잡하기 때문에 통합을 단순한 방식으로 접근하면 효과가 없다. 이런 이유로 수많은 기업 합병이 기대한 이익을 실현하지 못하고 실패한다.

우리는 조직이 높은 성과를 거두는 문화를 만들어가고 합병과 인수, 제휴의 비즈니스적 이익을 실현, 유지하는 것을 지원하는 포괄적인 솔루션을 설명하였다.[8]

이런 활동의 목표는 단지 문화 차이에서 오는 갈등이나 오해를 피하는 것이 아니다. 그 보다는 서로와의 차이를 새로운 조직에 유리하게 활용하여 다른 관점들을 연결함으로써 통합적 비즈니스적 이익을 달성할 수 있다는 점을 강조하고 싶다.

15
다양성의 다양성

국가 간의 차이뿐만 아니라 다른 변수들 역시 사람들이 딜레마에 접근하는 방식에 영향을 준다. 이번 장에서는 이런 차이를 탐색해보고 문화가 수렴하고 있는지 아니면 여러 방향으로 갈라지고 있는지에 대한 여러 질문에 답하려 한다. 또한 성별, 연령, 인종, 기능적 다양성 등의 이슈에 대해서도 생각해 볼 것이다.

진행중인 증거

이 책을 통해 설명한 바와 같이 우리는 진단 설문을 통해 문화에 대한 주요 데이터를 지속적으로 수집하였다. 이 정보는 몇 가지 데이터베이스에 담겨 있다. 일곱 가지 차원의 모형에 대하여 논의했던 구체적인 진단질문과 더불어, 응답자의 기본 신상정보와 기타 범주의 데이터가 포함되어 있다. 이에 따라 가치 차이의 다른 잠재 원인을 탐색해본 현행 데이터베이스 분석 결과를 공유할 수 있다. 우리는 잠재적인 차이 원인으로 8가지 요소를 평가하는데 주된 노력을 기울였다. 이 8가지는 국가문화, 산업유형, 종교, 직업 또는 기능, 응답자 연령, 회사, 교육수준, 성별이다. 또한 세대 차이가 점점 중요해짐에 따라 학생을 포함한 젊은 세대 응답자들까지 샘플 기반을 확대하였다.

우리는 이 하위 분류와 전체 데이터베이스 사이의 다양도(엔트로피)의 상대적인 양을 측정하였다. 예를 들어, 에너지 산업에서 마케팅 전문가로 종사하는 미국인 여성은 어떤 문화적 경향성을 보이는가? 이들 변수 중 국가 문화가 가장 중요한가 아니면 가장 덜 중요한가? 엔트로피가 낮으면 질서도가 높아지기 때문에 각 분류의 상대적 중요성은 엔트로피와 반비례 관계이다. 다음 표에서 각 분류의 순위는 주어져 있다.

국가 문화는 모든 문화차원에서 가장 중요한 차이이다. 종교는 보편주의, 개인주의, 관계한정성, 성취지향성에 영향을 미친다. 예를 들어 개신교(프로테스탄트)는 성경을 구원에 대한 성문화된 명령인 '하나님의 법'으로 대한다. 개신교는 또한 개인들이 자신의 구원을 위해 애써야 하며 그 노력한 바를 신에게 봉헌하도록 권한다. 산업의 유형도 중요하다. 연속 공정 생산 시스템에서 종사하는가 아니면 특정한 고객을 상대하는 복잡한 맞춤형 서비스업에 종사하는가는 영향을 미친다. 직업 또는 기능도 약간의 영향을 미치며 성별, 교육수준, 연령, 회사는 전반적으로 차이가 작았다.

종교, 인종을 비롯한 다른 변수들이 또한 결합할 수도 있다. 예를 들어, 유대계 미국인은 다른 인종집단보다 법조, 의료, 사회과학, 언론, 대학, 패션계로 진출할 가능성이 더 높다. 특정한 주요 직업이나 산업에서

가치차이의 다양성

엔트로피	보편주의 – 특수주의	개인주의 – 공동체주의	감정절제 – 감정표현	관계한정 – 관계확산	성취주의 – 귀속주의	시간관념	내부통제 – 외부통제
낮음	국가	국가	국가	국가	국가	국가	국가
	산업	종교	산업	산업	산업	산업	산업
	종교	산업	직업	종교	종교	직업	종교
	직업	교육수준	종교	연령	직업	종교	교육수준
	연령	연령	회사	성별	연령	성별	직업
	회사	성별	연령	교육수준	교육수준	연령	연령
	교육수준	직업	성별	직업	회사	교육수준	성별
높음	성별	회사	교육수준	회사	성별	회사	회사

주류 또는 심각한 비주류가 되면서 이들 다양한 문화는 일반적으로 자신들이 받아들이는 핵심 가치를 강화한다. 우리의 데이터 분석에 의하면 거시적 패턴인 국가문화가 연령이나 직업과 같이 미시적 문화보다 더 두드러진다는 점을 보여준다. 거시적 패턴이 더 많은 가치를 더 일관성 있게 구성할 수 있다.

문화는 변동하는가?

이 책 전반에 걸쳐서 다루었던 문화의 구성요소가 관리자들의 경험을 구조화하고 비즈니스 리더와 경영학도들을 위해 개념적인 모형을 형성한다는 점을 강조하고 싶다. 목표는 기업의 리더와 관리자가 다른 문화를 상대할 때 좀더 효과적이 될 수 있도록 돕는 것이다. 우리 연구의 정량적인 측면은 관광객이나 문화탐구 인류학자들을 위한 것이 아니다. 그렇게 된다면 단순히 해야 할 일과 해서는 안 될 일의 목록 수준에서 머물 수도 있다.

우리는 데이터베이스 점수가 어떤 경향을 반영하는지에 대해 질문을 많이 받는다.

우리 모두는 대부분 사회가 다양성이 커지고 있다는 점을 인식하고 있다. 이민과 이주의 결과로 여러 국가들은 스스로를 '다문화' 사회로 설명한다.

어떤 문화가 다른 문화보다 더 개인주의적이라고 시사한다면 그것은 과거에 그랬다는 것인가 현재에 그렇다는 것인가 아니면 미래에 그럴 것이라고 예상한다는 의미인가? 어떤 문화를 가리킬 때 원주민의 문화를 말하는 것인가 아니면 새롭게 진화하고 있는 혼합된 사회를 뜻하는 것인가?

물론, 원주민의 고유한 문화가 그대로 남아있는 곳은 없다. 시간이 흘러가면서 문화를 수용하고 긴장을 해결하는 과정을 통해 문화는 지속적으로 진화해왔다. 세상은 지난 50년 간 현대기술과 통신기술 발달, 세계화를 통해서 한층 빠르게 변화하였다. 따라서 문화도 이런 경향과 함께 지속적으로 진화하는지, 만약 그렇다면 그 진화가 가속화되고 있는지 질문을 던질 필요가 있다.

우리가 제시한 여러 질문에 대한 응답을 기초로한 데이터에서는 일부 변화가 있었음을 관찰 수 있었다. 이에 따라 문화가 근본적으로 변하였다고 해석하고 싶어질 수 있다. 이 주제에 대해서는 철저한 분석을 통해 새로운 이해와 더 통찰력 있는 설명이 이루어졌다.[1] 이 책에서는 지면 상의 제약으로 주요 내용만을 다루었다. 더 자세한 내용을 찾아보고자 하는 독자는 관련 홈페이지 www.ridingthewavesofculture.com을 참고하기 바란다.

근래의 문화변동에 대해 이해하기 위해 우선 개별사례기술ideographic 과 법칙정립nomothetic이라는 개념을 살펴보자.(법칙정립과 개별사례기술이라는 용어는 칸트철학자인 빌헬름 빈델반트가 사용한 용어이다. 법칙정립이란 주로 자연과학에서 사용되는 용어로 일반화 경향으로 볼 수 있다. 이는 객관적 현상을 설명하는 법칙을 찾으려는 노력을 의미한다. 개별사례기술은 사람에게서 전형적으로 나타나는 것으로 특수한 것을 설명하는 경향이다. 이는 상황적이고 독특한 주관적 현상을 설명하려는 노력을 의미한다. - 역주)

- 법칙정립적 관점nomothetic perspective : 이 관점은 일 맥락에서의 근본적인 성향을 말한다. 즉, 업무목표를 달성하기 위해 어떻게 노력하고, 회사의 목표에 어떤 식으로 기여하며, 단독으로 혹은 팀원으로서 어떻게 행동하는지를 살펴보는 것이다 '일과 삶'에서 '일'에 해당하는 부분이다.

▪ 개별사례기술적 관점ideographic perspective ：이 관점은 개인 자신의 근본적인 가치성향을 말한다. 여기에서는 자연인으로서 개인을 다루며 개인 자신의 커리어, 역량, 가정에서 매일의 문제를 해결하는 방식, 집에서 가족들에게 어떻게 행동하기를 선호하는지 등에 부여하는 의미에 대한 것이다. 이 관점은 '일과 삶'에서 '삶'에 해당하는 부분이다.

우리의 진단 설문은 이 두 가지 측면을 조사하기 위한 항목을 포함하였다. '삶의 질'(그림 5.1)에 대한 질문은 본질적으로 개별기술적 지향성에 대해 묻는 것이다. '직무유형'(그림 5.2)에 대한 질문은 법칙정립적 관점에 가깝다. 두 가지 모두 문화차원과 관련되어 있다.

하나의 문화를 단일 차원의 점수로 요약하기 위해 다수의 그런 질문을 결합한다. 우리는 데이터베이스 분석을 통해 이 두 가지 요소(법칙정립과 개별기술)에서 지난 15년간 점점 서로 격차가 커지고 있다는 점을 알아냈다. 그리고 다수의 사례에서 그런 추세를 보여주는 유의미하고 신뢰할만한 데이터를 확보했다. 하지만 우리가 사용하는 척도의 국가별 순위는 거의 동일하게 유지되었다는 점을 강조하고 싶다. 사용 척도에 대한 종합적인 분석과 신뢰도 연구에 근거한 가중치 조정, 알고리즘 수정을 통해 우리는 계속적으로 데이터베이스로부터 신뢰할만한 국가별 점수를 제공할 수 있었다. 선형 프로파일 척도로 표시한 네덜란드인의 보편주의 지향성 정도는 15년간 변화가 거의 없었다.(그림 15.1 참고)

하지만, 하부 구성요소를 들여다보면 이 기간 동안의 변화를 관찰할 수 있다.(그림 15.2 참고)

이 결과에 대한 한 가지 설명은 응답자들이 근본적으로는 개인주의적일 수 있지만 직장에서 대부분의 시간을 팀으로 일하면서 동료들과 성공

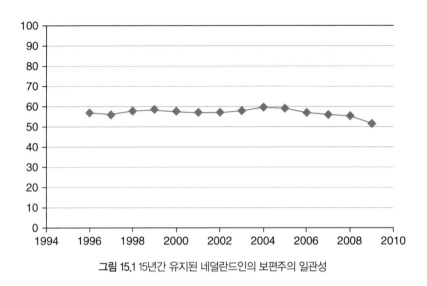

그림 15.1 15년간 유지된 네덜란드인의 보편주의 일관성

두 가지 유형의 질문을 모두 조사차원과 척도에 반영함

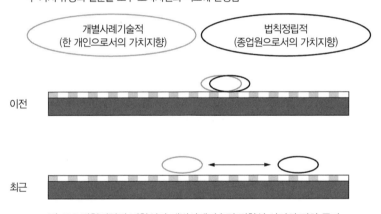

그림 15.2 법칙정립적 경향성과 개별사례기술적 경향성 사이의 격차 증가

적으로 상호작용하는 법을 배우고 처음에는 잘 몰랐던 팀의 장점을 깨닫게 되었다는 것이다. 그래서 법칙정립적으로 갈 경우 개인주의적 성향이 약해질 수 있다.

종단적 변화longitudinal change의 예 : 직장에서 개인주의의 감소.[2]

종단적 변화의 예 : 상사와의 관계한정성 증가.[3](그림 15.3와 15.4. 참고)

물론, 이런 선형척도로는 각 차원척도의 양 끝단을 조정하는 경향성은 보여주지 못한다.

그렇다면 수많은 가치들은 시간이 흐름에 따라 수렴하고 있는가 아니면 격차가 더 커지고 있는가?

세계가 가치관 측면에서 수렴하는가 아니면 분열하는가 하는 질문은 잘못된 것인지 모른다. 우리의 종단연구에서 나온 증거를 보면 네덜란드와 미국, 영국, 프랑스의 관리자들은 지난 20년간 크게 변하지 않았다. 특히 우리의 문화차원 척도의 순위에서 그러했다. 하지만 전술한 바와 같이 판별분석을 적용할 경우 몇 가지 법칙정립적 구성요소에 있어서 공동체 지향적 방향으로 약간 이동한 것을 볼 수 있다.

그런 추세를 살펴보는데 있어서 비슷한 대상끼리 비교하는 것이 중요하다. 왜냐하면 응답자의 범위가 또한 변하기 때문이다. "해외에서 얼마나 오랫동안 근무했는가"라는 질문을 통해 해외경험이 적은 관리자를 선별할 수 있다. 마찬가지로, 자신이 태어난 국가에서 근무하는 관리자는

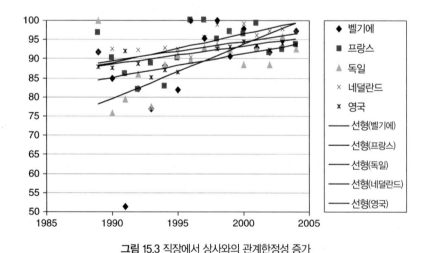

그림 15.3 직장에서 상사와의 관계한정성 증가

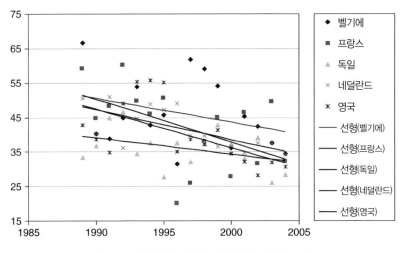

그림 15.4 직장에서의 개인주의 감소(규범적 팀워크 지향)

또한 그 국가의 특성을 반영하는 경향이 있다.

일본 관리자들에게는 급격한 변화가 있었다. 특히 직장생활과 관련하여 개인주의적인 방향으로의 이동이 두드러졌다. 하지만 우리 표본집단에서 연령과 성별에 따른 편차는 줄어든 것으로 나타났다. 이는 전보다 다양한 계층의 관리자들이 비즈니스에 참여하는 현상을 반영한 것으로 보인다.

우리의 예상과 사회변화에 대한 일반적인 관찰을 감안할 때, 지난 수년에 걸쳐, 일본에서 성공적인 여성 관리자의 역할과 기여에 대해 점점 더 큰 관심이 쏠린 것은 그리 놀라운 일이 아니다.

또한 흥미를 끄는 것은 중앙유럽 문화이다. 이들은 때때로 좌우로 왔다갔다하는 '진자'와 같은 문화로 설명된다. 루마니아와 러시아가 그 예이다. 공산주의 체제가 붕괴된 후, 루마니아와 러시아 문화는 극도의 집단주의적 가치에서 극도의 개인주의적 성향으로 이동하였다. 이러한 변화는 집단주의의 향수를 자극하는 병리학적 극단성을 낳았다. 한 러시아인은 자기 언어에는 세 가지 시제, 즉 향수어린 과거와 암울한 현재, 불확실한 미래만이 있다고 자조적으로 말하기도 하였다.

우리가 연구를 시작한 후 25년이 지나는 동안 거의 모든 나라에서 다양성이 더 커졌다. 즉, 다문화 사회로의 전이가 이루어진 것이다.

우리는 90개국이 넘는 광범위한 대상을 문화변동의 관점에서 분석하여 우리의 핵심 이문화 데이터베이스에 포함하였다. 그 결과에 따르면, 가치의 수렴이나 분열을 보여주는 단일한 패러다임은 나타나지 않았다. 법칙정립적 측면과 개별사례기술적 측면 사이에 간격이 증가하는 현상을 일부 관측했을 뿐이다. 유럽에서는 (법칙정립적 측면에서) 어느 정도 수렴현상이 나타난다. 반면 다른 지역과 국가의 사람들은 중심적인 대세를 따르는 흐름으로부터 한 걸음 물러서서 (특히 개별사례기술적 측면에서) 자신의 정체성을 다시 강조하는 것처럼 보인다.

유럽인들도 업무적 영역과 사적 영역에서 보이는 모습에는 차이가 있다. 업무상으로는 하나같이 회사 로고가 박혀있는 표준 템플릿에 따라 파워포인트로 자료를 만들고, '유럽방식'으로 비즈니스를 하며, 영어를 말하고 유로화를 사용한다. 이것만 보면 유럽인들의 문화가 수렴하고 있다고 여기기 쉽다. 하지만 좋아하는 TV 프로그램이나 가족과의 상호작용, 소비성향, 친구와의 어울림, 결혼식 등 개인적인 영역에서는 유럽인들도 각자 고유한 문화적 유산을 향유하며 살아가고 있다.

이와 관련하여 독자와 연구자들은 설문지와 인터뷰에 사용하는 진단질문에서 문구를 약간만 바꿔도 응답결과가 달라진다는 점을 유의해야 한다. 다음은 그 예이다.

질문 1 : "당신은 기본적으로 개인주의자여서 무엇인가를 혼자하기 좋아합니까?"

질문 2 : "직장에서 당신은 기본적으로 개인주의자여서 무엇인가를 혼자
하기 좋아합니까?"

질문 2에서 단순히 '직장에서'라는 맥락을 추가하면 법칙정립적 측면
으로 초점이 옮겨하고 1번과는 다른 응답이 나올 수 있다. 적절한 교차타
당성 검증과 상관관계 연구가 없다면 그런 응답을 해석하는 데 오류가 발
생할 수 있다. 문화의 법칙정립적 측면 대 개별사례기술적 측면에 대한
상세연구는 우리의 동료인 니콜라 브룸 박사가 수행하였다.[4]

국적 외의 변수에서 파생한 문화차이 검토

이번에는 문화차이를 야기하는 구체적인 변수의 예와 더불어 관련된 가
치 차이를 다룬다.

세계의 성별 차이

다음 표는 남성과 여성 관리자들과의 인터뷰를 기초로 전 세계 문화지향
성이 성별차이에 따라 어떻게 나타나는지를 보여준다. 여기에서 남녀간
차이가 크지 않다는 점은 그 자체로 상당히 중요하다.

남녀 점수가 이렇게 비슷한 이유는 무엇인가? 우리가 연구대상으로
삼았던 여성들은 남성주도의 세계에서 관리자로서 인정을 받으며 여성에
대한 고정관념을 벗어나려 노력했다. 그런 환경에 있는 여성이라면 프로
페셔널하고 감정을 절제하는 행동을 취하겠는가 아니면 쉽게 눈물을 터
트리겠는가? 조직에서 정상에 오르는 길은 그 조직의 가장 두드러진 가치

성별에 따른 프로파일

전세계 샘플	남성	여성
보편주의–특수주의	66	64
개인주의–공동체주의	50	52
감정절제–감정표현	59	56
관계한정–관계확산	71	72
성취주의–귀속주의(지위)	60	61
내부통제–외부통제	62	54
시간관념 : 과거/현재/미래	1.28/1.93/2.76	1.23/2.03/2.70
순차성/동시성	5.7	4.4

영어권 민주주의 국가와 북서유럽 국가	남성	여성
보편주의–특수주의	70	73
개인주의–공동체주의	53	56
감정절제–감정표현	59	57
관계한정–관계확산	71	72
성취주의–귀속주의(지위)	60	61
내부통제–외부통제	62	54
시간관념 : 과거/현재/미래	1.25/1.90/2.76	1.07/2.04/2.85
순차성/동시성	6.2	5.1

라틴문화 (남미, 남유럽, 카리브해 지역)	남성	여성
보편주의–특수주의	63	61
개인주의–공동체주의	45	46
감정절제–감정표현	56	53
관계한정–관계확산	66	67
성취주의–귀속주의(지위)	52	51
내부통제–외부통제	61	55
시간관념 : 과거/현재/미래	1.39/1.89/2.68	1.34/2.01/2.61
순차성/동시성	5.7	5.4

아시아 문화	남성	여성
보편주의-특수주의	59	54
개인주의-공동체주의	37	39
감정절제-감정표현	64	62
관계한정-관계확산	60	56
성취주의-귀속주의(지위)	48	43
내부통제-외부통제	51	43
시간관념 : 과거/현재/미래	1.06/2.08/2.83	1.12/2.13/2.66
순차성/동시성	5.7	4.8

를 받아들이는 것이다. 북미와 북서유럽의 여성들이 스스로를 보편적인 잣대로 평가했을 때 성취를 이루어낸다는 것을 증명하기 위해서는 남성보다 더 열심히 일해야 한다.

미국인들이 여성이 남성과 같아지기를 바란다면, 프랑스인들은 여성이 남성과 다르기를 바란다는 증거가 일부 있다. 미국 여성 관리자가 남성보다 더 개인주의적인 반면, 프랑스 여성은 개인주의적인 모습이 훨씬 약하다. 조직에서 여성을 승진시키려는 이유가 여성이 '남성만큼' 유능해서인지 아니면 여성이 남성과 '매우 다르고' 회사가 여성의 차별성으로부터 얻고자 하는 바가 있어서인지 우리는 질문해 볼 수 있다. 이것은 여성 승진에 대한 매우 합당하면서도 서로 다른 두 가지 이유이다.

우리가 조사한 주요 기업의 중간계층 이상에서 분명 '여성 문화'와 같은 요소는 찾을 수 없다. 지금까지는 여성직원의 수가 임계질량을 넘어서 기업의 룰을 만드는 상황을 관측할 수 있는 경우도 없었다. 거의 모든 여성 응답자들은 수적으로 남성에 열세였다. 어떤 기업의 여성직원 수가 충분히 커져서 회사의 전략을 결정하는 수준에 이르면 여성문화가 생길 수 있다. 예를 들어, 뷰티 브랜드인 더바디샵The Body Shop은 전반적으로 여성 문화가 강하고 확실히 남성중심의 기업들과는 다르다.

우리는 또한 여성 관리자들이 '나약하다'는 인식, 즉 보편주의자가 아니라 특수주의자이고, 개인의 성취가 아니라 남편으로부터 지위를 귀속받으며, 냉철하기보다 감정에 휘둘린다는 등 여성이 조직생활에서 인기가 없는 문화경향성을 지니고 있다는 생각을 경계해야 한다. 남성이 강하고 여성은 부드럽기만 하다면 부드러움의 시달림은 끝나지 않을 것이다. 여성들은 미국 기업에서 '부드러운' 역할을 맡고 있지 않다. 그렇게 하면 자리를 잃게 될 것이기 때문이다.

이 모든 것에서 우리는 이전 장들에서 조정을 강조했던 점을 잊지 말아야 한다. 핵심은 강함이나 부드러움을 추구해야 한다는 것이 아니라 문제를 다룰 때는 강해야 하고 사람을 다룰 때는 부드러워야 한다는 것이다. 그리고 원칙과 특수한 예외 중 하나를 선택하는 것이 아니라 예외가 원칙을 증명하고, 공동체가 개인을 양성하며, 귀속가치를 성취할 수 있도록 하는 것이다. 인력에 있어서 여성의 중요성은 남성과 다르지만 상호보완해줄 수 있는 가치를 드러내서 가치를 통합할 수 있다는 점이다.

연령과 세대 차이

우리 데이터베이스에서는 부분적으로 '연령'에 의한 일부 차이가 가려지는 측면이 있다. 왜냐하면 응답자 대부분이 기업체 중간 간부급 이상이라서 모든 연령대를 대표하지 못하기 때문이다. 어린이나 노인을 대상으로 설문조사를 하지는 않았지만, 최근 다양한 국적의 학생들을 젊은 세대를 대표하는 집단으로 추가하였다.

더 나아가 데이터베이스가 커지고 여러 종단연구가 이루어지면서 연령별 차이에 대한 계량화를 시작할 수 있다.

따라서, 우리는 다음과 같은 내용에 관심을 가질 수 있다.

동일한 시기(예를 들어 2012년)에 55세 시니어 관리자와 25세 주니어
관리자의 문화 차이 비교
1992년의 55세 관리자들과 2012년의 55세 관리자들 사이의 문화차
이 비교
관리자의 한 사람의 15년 전과 지금의 문화차이 비교

이중 첫 번째의 경우를, 우리는 보통 세대차이로 설명한다. iPod/iPad
세대와 X세대, 베이비붐 세대의 문화적 가치관은 무엇인가? 부모는 자신
의 신념과 비교하며 자녀의 라이프스타일과 가치관에 대해 강한 의견을
지닌다. 개인적인 특성을 봤을 때 젊은 세대는 상대적으로 더 특수주의와
공동체주의, 관계확산, 귀속지위 지향적이다. 시간관념도 훨씬 더 단기적
이다. 내부와 외부통제 지향성 여부는 국가별 차이보다는 개인차를 따른
다. 따라서 일부 젊은이들은 기업가적 철학을 추구하면서 자신이 원하는
바를 얻기 위해 고등교육을 받는 등 내부통제를 지향하지만, 다른 젊은
이들은 졸업 후 사회진출의 어려움, 집값 상승, 가족의 의미변화, 인간관
계의 아픔 등에 좌절을 느끼며 외부통제에 점점 익숙해질 수 있다. 극단
적인 경우에는 종교로 관심을 돌리거나 알콜 중독, 약물복용 등을 통해
자기 파괴에 이르기도 한다. 이런 변화는 '인재쟁탈전'을 벌이고 있는 기
업들에게 도전과제라고 할 수 있다.
　이런 문화적 경향성 변화가 고객에게서 나타나는 점을 고려할 때 마
케터들은 구매자의 변화하는 특성을 파악해야 할 필요가 있다. 이 주제에
대한 우리의 논의를 살펴보려면 〈*Marketing Across Cultures*〉를 참고
하기 바란다.[5]

우리는 관리자들이 나이가 들어감에 따라 일반적으로 각 문화차원 상에서 중앙으로 이동하는 것을 관찰했다. 젊은 시절에는 사람들이 더 극단적인 선호도를 지니지만 시간이 흐름에 따라 부드러워진다. 하지만 그런 변화를 선형 척도로 모형화하다 보면 관찰결과에 대하여 오해의 소지가 생긴다. 실제로는 나이가 들어가면서(즉, 비즈니스에서 경험이 쌓이고 다른 문화의 사람들과 상호작용하면서) 차이를 조정하는 능력이 늘어나고 자신의 커리어에서 이문화 역량이 발달하는 것이다.

나이와 세대차이에 대한 연구는 우리의 일원인 커스틴 라이히Kerstin Reich 박사가 광범위하게 수행한 바 있다.[6]

문화적 차이와 민족성/다양성

민족집단ethnic group은 구성원이 문화적 전통과 역사, 정체성을 공유하고 더 큰 사회의 하위집단으로 존재하는 사회집단이다. 민족집단 구성원은 특정한 문화적 특성에 있어서 자신이 속한 사회의 다른 구성원과 다르다. 민족집단은 고유의 언어와 종교, 독특한 문화적 관습을 지닐 수 있다.

민족집단의 구성원에게는 고유한 전통을 지닌 사회집단이라는 정체성을 느끼는 것이 매우 중요하다. 항상은 아니더라도 민족집단이라는 용어는 대개 소수집단을 가리킬 때 사용한다. 민족집단이 곧 인종집단racial group인 경우가 있기는 하지만(예 : 아프리카계 미국인) 민족집단을 인종집단과 혼동하거나 동의어로 사용해서는 안 된다. 개념적으로 민족성 ethnicity이란 여러 단계와 결과를 지닌 복잡한 프로세스이다. 이 프로세스는 접촉으로 시작한다. 바로 새로운 민족집단이 들어와서 정착하는 과정에서 자신들의 오랜 문화와 정체성을 유지하려 할 때이다. 더 큰 사회와 문화에 폭 넓게 노출되면서 문화적 동화 과정이 일어날 때 민족적 정체성이 나타난다. 집단 구성원들은 자신의 민족정체성을 유지하려 애쓰지만 점차 지배적인 문화에 적응한다. 외국에서 태어난 구성원은 그 수가 줄어들면서 통합되어 마침내 주류 사회와 문화에 동화된다.

일반적으로 인식하는 미국의 민족집단에는 인도계, 라틴계, 아프리카계, 유럽계 미국인이 있다. 다른 예로서 이탈리아계, 유대계, 아일랜드계 미국인 등도 있다. 민족집단이 어떤 경우에는 아주 느슨한 집단 정체성을 공유하기도 한다. 아일랜드계와 독일계 미국인 집단이 그러하다. 반면에, 어떤 민족집단은 언어와 전통을 공유하면서 일관성 있는 하위 문화집단을 구성한다.

문화적 전통은 일상생활에서 나타나기도 하지만 결혼식이나 출생 등 특별한 상황에서 두드러지게 나타난다.

다민족 사회에서 소수민족을 지원하고자 노력하는 정부기관 국제기구에게 민족성은 유용한 개념이다. 예를 들어, 국제 구호기구들은 개발도상국의 국민을 문화적으로 동일하다고 취급하기보다, 다양한 민족집단의 가치, 제도, 관습을 고려하여 그들의 특수한 필요를 충족시키기 위한 지원에 초점을 맞추고 있다.

사람들은 다음과 같이 다양한 방식으로 자신이 속한 민족집단에 대한 자부심을 드러낸다.

- 독특한 행동양식
- 구성원들끼리의 집단 거주
- 특별한 기능의 발휘
- 전통 의식 수행 (예 : 결혼식)
- 독특한 의상 착용

민족성은 여러 맥락에서 일상적으로 나타나는 집단의 사회적 특성을 구분하는데 가장 중요한 기준이다. 민족적 특성은 일상적인 라이프스타일의 차이로 나타난다. 하지만 훨씬 더 중요한 점은 문화의 심층을 파고들면 민족집단이 그들의 조상과 의미체계를 공유하고 있다는 것이다. 문화의 표층만 보고 겉으로 드러나는 차이를 존중하지 못할 뿐 만 아니라 모든 사람들이 자신이 선택한 방식으로 세상을 해석할 수 있는 권리가 있다는 점을 무시하기 너무 쉽다. 국가문화와 마찬가지로 우리가 제시한 문화의 일곱 가지 차원은 이런 깊이 있는 차이를 이해하는데 도움을 준다.

민족집단 구성원에게는 문화적 전통과 자신이 살고 있는 사회의 지배적 규범과 가치를 조정해야 하는 도전과제가 있는 동시에 적응과정에서 기회가 오기도 한다.

모든 구성원을 다문화 사회로 통합하는 것은 더 큰 사회에 맡겨진 과제이다.

다양성 : 비즈니스적 필요성

오늘날 미국 노동력의 절반 이상이 소수민족과 이민자, 여성으로 구성되어 있다. 따라서 비즈니스 리더의 과제는 다양한 인재풀을 구축하고 관리하는 것이다. 이제 인력의 다양성은 공공정책에서 비즈니스의 전략의 필수적 고려사항으로 진화하였다.

왜 기업들은 다양성에 관심을 보여야 하는가? 얼마 전까지만 해도, 관리자 다수는 이 질문에 대하여 차별이 법적, 도덕적으로 잘못이기 때문이라고 대답하였다. 하지만 오늘날 관리자들은 다른 차원에서 이 이슈를 바라보고 있다. 즉, 다양한 인력이 조직의 효과성을 증진시키기 때문이라는 것이다. 조직의 다양성을 잘 관리하면 사기가 진작되고, 시장의 세분 영역에 훨씬 더 쉽게 접근할 수 있으며 생산성이 향상된다는 말이다. 즉, 다양성이 비즈니스에 유리하다는 주장이다.

다양성 전략은 경제발전, 사회적 이동성, 이주로 인해 대두된 도전과제에 대응하는데 필수적이다. 다양성 전략을 통해 가치와 윤리, 기업의 책임을 조직효과성, 성과, 발전과 연결시킨다.

사람들 대부분은 직장 내 다양성이란 다음 범주에서 사람들의 대표성 representation을 향상시키는 것이라고 받아들인다.

- 인종
- 출신국가
- 성별
- 계급

즉, 충분한 대표성을 갖지 못했던 집단의 사람들을 채용한다는 의미로 생각하는 것이다.

이것은 다양성을 단순히 평등과 공정성 관점에서 접근하려는 모습이다.

하지만 그것은 단순한 접근 방식을 넘어선다. 다양성은 다양한 집단 구성원이 기여할 수 있는 여러 가지 관점과 접근방식으로 봐야 한다.

미국의 다양성

우리는 몇 년 전 미국 플로리다주 올랜도에서 열린 미국 인적자원관리학회SHRM(Society for Human Resource Management) 연례 컨퍼런스 참가자들을 대상으로 설문조사를 실시하였다. 1천명이 넘는 HR 전문가가 기본적인 문화차이를 측정하기 위해 개발한 60문항짜리 질문지에 답을 하였다. 우리는 최근의 SHRM을 비롯한 주요 HR 컨퍼런스에서 데이터를 수집하였고 그 결과는 이번에 소개할 내용과 유사한 패턴을 지속적으로 보였다.

지금부터는 SHRM 컨퍼런스 참가자를 대상으로 한 설문조사 결과를 바탕으로 일곱 가지 문화차원을 차례로 살펴보려 한다. 다음 표는 그 중 여섯 가지 차원과 관련된 결과를 요약한 내용이다.

보편주의 대 특수주의

우리가 4장에서 다루었던 자동차 사고와 관련된 딜레마를 기억할 것이다. 이 딜레마에 대한 응답에서 차이는 상대적으로 작았다.(그림 15.5 참고) HR 컨퍼런스 참가자들은 미국의 높은 보편주의 성향을 그대로 보이고 있

SHRM 컨퍼런스 참가자의 다양성

	아프리카계 (흑인)	아메리카 원주민	아시아계/ 태평양제도민	코카시안 (백인)	히스패닉	기타
보편주의 – 특수주의	51	41	43	65	63	58
개인주의 – 공동체주의	52	43	29	71	62	47
감정절제 – 감정표현	35	62	71	44	32	39
관계한정 – 관계확산	45	32	29	67	34	45
성취주의 – 귀속주의	52	48	56	78	61	55
내부통제 – 외부통제	43	22	34	69	61	46

었다. 미국인 평균 점수는 95점이고 참가자들 평균은 91점으로 편차가 상당히 적었다. 남성과 여성 응답자들은 공통의 규칙에 따른 성공을 추구하는 보편주의적 경향성이 동일한 수준으로 나타났다. 백인과 아메리카 원주민은 보편주의에서 평균보다 높은 점수를 나타냈다.

반면, 미국의 흑인과 아시아인, 히스패닉은 평균 보다 낮은 점수를 기록했다. 이들은 특수주의와 예외주의를 선호하며, 이른바 '공평한 경쟁의 장'이 일반적으로 생각하는 것보다 자기 인종에게 공정하지 않다고 믿는 경향이 있다. 그림 15.5.는 친구가 법정에서 도움을 기대할 권리가 전혀 없다고 생각하는 사람과 그럴 권리가 약간은 있지만 법정에서 거짓말을 하지는 않겠다고 생각하는 사람의 비율을 보여준다.

미국 내 히스패닉과 아시아인들도 진실된 증인으로서 미국 법률제도를 준수해야 할 필요성에 대해서는 그다지 큰 반감을 보이지는 않는다. 미국 내 아시아인과 히스패닉은 동남아시아, 스페인, 남미의 점수와 가깝다.(4장의 그림 4.1 참고) 이들은 미국의 보편주의와 자신들의 전통문화에서 기인한 특수주의 사이에서 분명히 나뉘어 있다.

특수적 사회집단보다 보편주의적 시스템을 선호하는 응답자 비율 (C+E 또는 B+E)

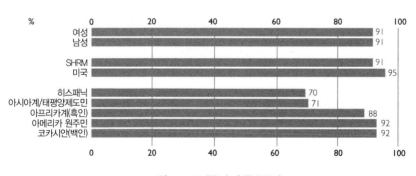

그림 15.5 보편주의 대 특수주의

집단 대 개인

우리는 미국 관리자들에게 다음 질문을 던졌다.

> 두 사람이 개인의 삶의 질을 향상시킬 수 있는 방법을 논의중이다.
> A : "개인이 최대한의 자유와 자신을 개발할 수 있는 최대한의 기회가 있다면, 그 결과로 삶의 질이 나아진다는 것은 자명하다."
> B : "개인이 지속적으로 주변 사람들을 돌본다면, 개인의 자유와 발전이 지장을 받더라도 모두에게 삶의 질이 향상된다."
> 두 가지 추론 중 어느 의견이 일반적으로 타당하다고 생각하는가?

여기에서, 보편주의 대 특수주의와는 달리 SHRM 참가자와 미국인 관리자 사이의 차이는 굉장히 크게 나타난다. 개인주의적 의견을 선택한 비율은 HR전문가가 55퍼센트였고 미국 관리자들은 79퍼센트나 되었다. 24퍼센트 차이는 대부분의 국가간 차이보다 큰 격차이다. 이것은 HR직무의 특성상 업무적인 동기부여 요인인 사회적 양심social conscience과 사회적 소수의 커리어를 개발하고자 하는 바람이 작용한 결과로 보인다. 아메리카 원주민과 아시아계 미국인들은 개인주의보다는 공동체지향적인 것으로 나타났다. 여성이 남성보다 약간 더 개인주의 지향적인데, 아마도 너무 이타적인 모습을 보이면 다른 사람에게 휘둘릴 수 있다는 두려움 때문인 것으로 보인다.

여성의 개인주의는 미국의 특징이다. 대부분의 다른 국가에서는 남성이 훨씬 더 개인주의적이다. 미국에서 여성 '해방'은 남성의 경쟁영역에 진출하게 된 것을 의미한다. 그 결과, 미국 여성은 남성과 비슷한 문화 경향성 점수를 기록하는 경향을 보인다.

감정 표현과 감정 절제

우리가 감정을 표현하는 데에는 마땅한 이유가 있다. 표현하지 않으면 다른 사람들이 우리가 원하는 것을 어떻게 알고 만족시켜 주겠는가? 감정을 절제해야 하는 타당한 이유 또한 존재한다. 중요한 상황에서는 지나치게 요구하거나 상대방을 화나게 해서는 안 되며 우리의 감정 표현을 유보해야 한다. 항상 옳은 방법이란 있을 수 없다. 문화마다 감정을 얼마나 표현해야 하는지에 대한 관습이 있고 그에 따라 기분, 고통, 즐거움 등을 다룬다. 우리는 다음과 같은 질문을 던졌다.

다음 진술에 동의 또는 반대하는 하는 정도를 표시하시오. : 되돌아 보면 나는 열정을 너무 밖으로 표출했다고 느낄 때가 자주 있다.(a = 강하게 동의, b = 동의, c = 잘 모르겠음, d = 반대, e = 강하게 반대)

그림 15.6을 보면 HR전문가 남성들은 과반수 이상(54퍼센트)이 감정 표현을 긍정적으로 생각했다. 이들은 업무에서 자신의 감성지수 높이고 퍼실리테이션 활동을 통해 감수성을 보여준다. 여성들은 훨씬 많이 감정

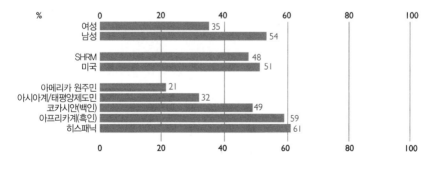

그림 15.6 감정절제 대 감정표현

표현을 지양한다. 65퍼센트가 감정절제를 선택했고 35퍼센트만 감정표현을 선택했을 뿐이다. 이들은 아마도 자신이 성공하기 위해서는 '여성의 히스테리'라는 스테레오타입을 탈피해야 한다고 계산한 것일 수 있다. 다시 한 번, 우리는 미국 여성이 세계 다른 국가의 여성과는 다른 경향성을 보인다는 점을 확인할 수 있다. 나머지 국가에서는 여성이 남성보다 더 활발하게 감정을 표현하는 것으로 나타났다.

문화의 규범에서 봤을 때 소수민족 사이에서는 히스패닉들이 스스로가 가장 잘 흥분한다고 판단하며 그 다음은 흑인이다. 아시아계 미국인과 아메리카 원주민들은 특히 감정을 절제하며 좀처럼 자기 기분을 표출하지 않는다. 집단으로서 HR 전문가들 또한 감성적이라는 스테레오타입과 싸우고 있는 것처럼 보인다. 이들은 일반적인 미국 관리자들 보다 감정표현을 절제하는 것으로 나타났다.

어느 정도까지 관계를 확산시킬 것인가?

다른 사람들을 대할 때 감정을 표현할 것인가와 밀접하게 관계있는 것은 우리가 특정한 삶의 영역에서 다른 사람과 관계를 맺을 것인가 아니면 관계의 영역을 확산시킬 것인가 하는 문제이다.

관계한정 문화에서 관리자는 부하직원과의 업무적인 관계를 다른 일들과 분리한다. 이는 매우 합리적인 것처럼 들릴지 모른다. 하지만 몇몇 문화에서는 인간관계가 모든 삶의 영역으로 확산된다. 관계의 한정성과 확산성에 있어 민족적 차이는 명백하게 나타난다. 그 범위는 다음 제시된 상황에 대한 응답으로 설명된다.

상사가 부하직원에게 자기 집 페인트칠 작업을 도와달라고 요청한다. 부하직원은 그 일을 하고 싶지 않았고 동료와 자신의 상황에 대해 이야기를 나눈다.

A. 동료 : "싫으면 안 해도 되잖아. 그 사람은 직장에서 상사일 뿐이지 밖에서는 권한이 없어."

B. 부하직원 : "싫어도 해야 해. 그 사람은 내 상사이고 직장 밖에 서도 그 점을 무시할 수는 없어."

관계한정적인 사회에서 지위는 현재 맡고 있는 일로 국한되며 일반적인 상황으로까지 확장되지는 않는다. 볼링장에서 상사를 만났을 때 상사는 초보실력이고 내가 고수라면 나는 상사를 초보로 대할 것이다. 이것은 무례한 것이 아니라 현실적인 것이다. 물론, 직장으로 돌아오면 상사는 내게 지시를 내릴 권한이 있다.

이 질문에 대한 응답 결과는 그림 15.7에 요약되어 있다. 전체 미국 관리자들과 SHRM 회원들 사이에 현저한 차이가 나타났다. 미국 관리자들은 89퍼센트가 상사의 확산된 권위와 직장을 넘어서는 영향력을 거부한 반면 SHRM 회원들은 겨우 52퍼센트만 관계확산을 거부하였다. 무엇 때문에 SHRM 회원에게 이렇게 다른 결과가 나왔을까? 왜 이들은 관계확산

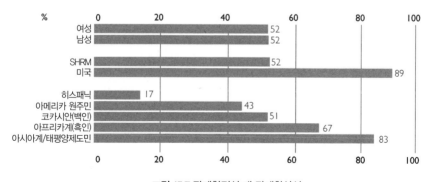

그림 15.7 관계한정성 대 관계확산성

을 지향하는 경향을 보이는 것인가?

한 가지 이유는 인적자원 관리가 기업 내에서 영업, 연구개발, 재무와 같이 관계한정성이 높은 기능이나 업무가 아니기 때문일 수 있다. HR 담당자는 모든 부서의 직원에게도 책임이 있다. HR부서가 관련되지 않는 인적자원 프로세스는 조직 내에 존재하지 않는다. HR 담당자는 회사에 영향을 미치는 모든 인사상 문제에 대하여 관여하고 의견을 제시해야 한다. 이들의 권한이 확산적이고 경계를 넘나들기 때문에 HR 종사자들의 사고방식도 그러하다.

이 주제에 대해서도 역시 남녀간 격차는 없었다. 과반을 약간 넘는 비율로 상사의 요청을 거절할 것이라고 했지만, 남녀 모두 48퍼센트는 이에 응할 것이라고 답했다. SHRM 회원 중 소수인종 집단의 경우 관계확산적 사고방식이 더 강한 것으로 나타난다. HR문제가 모든 부서에 스며들어 있듯이 소수인종 집단의 문제도 그러하다. 소수인종 문제와 그 해결책인 차별금지는 조직 전체로 확산된다. 히스패닉인 것은 단순히 회계부서에서만의 문제가 아니며 모든 부서에서 일반적으로 해결해야 하는 문제인 것이다.

소수민족 집단은 또한 고유의 문화를 미국으로 가져온다. 히스패닉과 아시아인은 멕시코, 푸에르토리코, 콜롬비아, 필리핀, 대만 등 관계확산 지향적인 국가 출신이다. 이들이 사회에 동화되는 데는 시간이 걸린다. 고도로 응집된 민족집단인 일본계 미국인과 유대인은 미국에서 큰 성공을 거두었다. 이들은 일반적으로 자신의 문화를 그대로 유지했다.

높은 지위는 성취하는 것인가 아니면 귀속되는 것인가?

모든 사회는 특정한 구성원에게 다른 이보다 높은 지위를 부여하며 그런 사람과 활동에 특별한 관심을 쏟아야 한다는 신호를 보낸다. 어떤 사회는 사람들의 성취에 기초하여 지위를 부여하는 반면 다른 사회는 연령, 계급, 성별, 교육수준 등에 따라 지위를 귀속시킨다.

HR전문가들은 일반적으로 민족성에 대한 일체감이 없다면 소수민족 구성원의 성공은 단지 지배적인 성취지향성을 강화한다고 생각한다. 성공을 거둔 흑인, 히스패닉, 여성이 소수집단에게 더 이상 지원이 필요 없다는 것을 증명하는데 이용된다는 것이다. 이것은 미국 관리자들이 SHRM 컨퍼런스에 참가하는 HR전문가들보다 성취지향성이 훨씬 높은 현상을 설명하는데 도움이 될 수 있다.

그림 15.8은 다음 질문에 대한 응답 결과를 보여준다. "우리 사회에서 남성과 여성은 현저히 다른 처우를 받는다."

현저히 다른 처우를 받는다고 생각하는 사람은 이런 차이를 귀속적인 규범에 따른 것이라 생각할 것이고, 성별 차이를 부정하는 사람은 여성의

남성과 여성에 대한 처우가 현저히 다르다는 의견에 (강하게)반대하는 응답자 비율

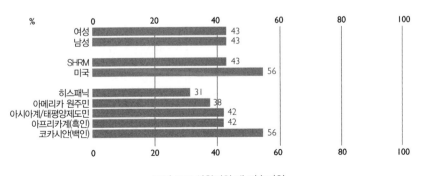

그림 15.8 성취지위 대 귀속지위

낮은 임금과 지위는 남성보다 성과가 못미치기 때문이라고 여길 것이다. 그림은 '다른 처우'를 어느 정도까지 부정하는지를 보여준다. 남성과 여성 모두 동일하게 43퍼센트가 성취에 대한 기회가 남녀에게 거의 균등하다고 여기는 것으로 나타난다. 여성은 처우의 차이에 있어서 남성보다 더 불만을 표현하지는 않는다. 아마도 이것은 적어도 일부 여성이 성취에 대한 자신감이 있고 불평등에 대한 저항보다는 성취를 추구하는 것이 정상에 이르는 경로라고 생각하고 있기 때문인 것으로 보인다.

하지만 비백인들은 전혀 다르게 생각하고 있는 것으로 보인다. 이들은 백인이나 일반적인 미국 관리자보다 차별에 대한 불만이 훨씬 큰 것으로 나온다. 히스패닉의 69퍼센트, 아메리카 원주민의 62퍼센트, 흑인과 아시아계 미국인의 58퍼센트가 여성이 평등한 대우를 받지 못하며 자신들도 공정한 경쟁을 보장받지 못한다고 답했다.

통제하는가 통제 당하는가 : 내적 통제에 대한 미국인의 신념

다음 문화차원은 인간과 환경과의 이상적인 관계에 대한 것이다. 자연에 대한 유기적 관점을 지닌 문화는 인간을 커다란 생태계의 일부로 본다. 생존하기 위해 인간은 자연의 흐름에 따르고 자연의 힘에 적응하며 외부의 통제에 순응한다고 생각한다.

다른 문화들은 더 기계적인 관점으로 인간과 자연을 바라본다. 즉, 인간은 자연을 통제하고, 자연의 주인이 되어 지배한다고 하는 것이다. 이런 관점은 내부적인 통제를 지향하고 헤르츠Hertz의 광고 문구처럼 인간을 "운전석에 앉힌다." 프란시스 베이컨은 "아는 것이 힘이다"라고 했다.

과학의 발전을 통해 우리는 자연을 예측하고 통제할 수 있게 되었다.

10장에서 언급한 바와 같이, 미국 심리학자 J. B. 로터Rotter는 사람들이 내부적 통제위치를 지니고 있는지 아니면 외부적 통제위치를 지니고 있는지를 측정하기 위한 척도를 개발하였다.[7]

우리는 로터가 고안한 질문을 사용하여 SHRM 회원과 미국 관리자의 자연에 대한 인식을 알아보았다. 설문결과는 지리적 영역에 따라서 인식에 상당한 차이가 있다는 점을 시사한다. 관리자들에게 다음 중 현실을 더 잘 반영하는 진술을 선택해 달라고 요청했다. 그 중 첫번째는 다음과 같다.

A. 크게 성공하는 것은 노력의 문제이다. 행운은 성공과는 거의 또는 전혀 무관하다.
B. 좋은 직장에 들어가기 위해서는 때와 장소를 잘 만나야 한다.

그림 15.9는 내부통제 지향적인 A의견을 선택한 응답자의 비율을 보여준다. 남성들이 자신의 운명을 스스로 통제한다고 믿는 경향이 크다는

내부통제 지향적인 의견을 선택한 응답자의 비율

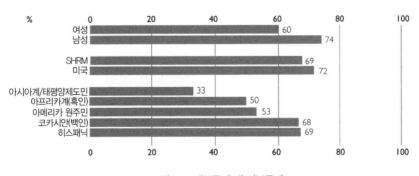

그림 15.9 내부통제 대 외부통제

점에서 이 점수는 다른 국가들에서 나온 결과와 일맥상통한다. 여성은 훨씬 더 외부통제 지향적이다.

HR 전문가들은 69퍼센트로, 72퍼센트인 미국 관리자 집단보다 내부통제적인 경향성이 다소 낮았지만, 차이는 크지 않다. 여성 HR 담당자들은 60퍼센트로 74퍼센트인 남성 HR담당자보다 훨씬 더 외부통제 지향적이다. 여성들은 자신의 커리어가 남성들로부터의 반응에 크게 좌우된다고 느낄 수 있다. 히스패닉은 백인보다 조금 더 내부 통제적인 경향을 보인다. 하지만 아시아계, 아프리카계 미국인, 아메리카 원주민은 자신들의 출신 문화를 반영하듯 외부통제 지향성을 보인다. (33퍼센트~53퍼센트)

미국에서는 시간을 어떻게 조직화하는가?

관리자들은 자기 비즈니스 활동을 조율하기 위해서라도 시간에 대한 모종의 관념을 공유해야 한다. 문화마다 인간관계에 대해 서로 다른 가정들이 있듯이 시간에 대한 접근방식도 다양하다.

시간지향성은 어떤 문화가 과거, 현재, 미래에 부여하는 상대적 중요성에 대한 것이다. 우리가 9장에서 인용한 성 어거스틴의 말처럼 "현재에는 세 가지 차원이 있다. 과거 일의 현재, 현재 일의 현재, 미래 일의 현재이다."

시간에 관해서는 9장에서 언급한 톰 코틀의 원 검사법 질문을 수정하여 물어보았고 그림 15.10에 그 결과가 나와 있다.

여성과 남성에게 원의 상대적인 크기는 서로 별 차이가 없었지만 원들이 겹치는 정도는 상당히 달랐다. 남성의 사고방식은 순차적이다. 과거, 현재, 미래가 기차처럼 우리를 일직선으로 지나간다고 생각한다. 여성은

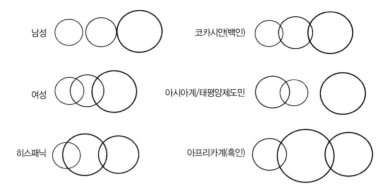

그림 15.10 과거, 현재, 미래

남성

여성

히스패닉

코카시안(백인)

아시아계/태평양제도민

아프리카계(흑인)

시간을 동시적으로 생각한다. 과거, 현재, 미래를 상호작용하는 병행적 프로세스로 본다.

이는 미국 여성이 남성 대부분이 보여주지 못하는 통합 역량과 지향성을 지니고 있다는 점을 시사한다. 더불어 문화차원마다의 양 극단을 통합하여 딜레마를 조정하는데 여성이 더 뛰어난지에 대한 질문을 제기한다. 물론 이것은 검증해봐야 하는 가설이다. 여성은 남성과 아이의 요구를 들어주어야 하기 때문에 동시적으로 입력되는 사항에 더 뛰어나게 대응할 수 있을지 모른다.

데이터베이스를 보면 여성이 시간에 대한 지향성에 있어서 아시아계 미국인 및 일본, 동남아 문화와 닮았다는 점을 알 수 있다.(9장의 그림 9.1을 보면 시간지향성에 있어서 아시아 국가들과의 유사성이 잘 나타난다 – 역주)[8]

사회적인 차별에 노출된 흑인과 히스패닉인이 현재를 가장 중요하다고 생각하는 경향이 있다. 이것은 지금 당장 무엇인가를 실현하고자 하는 강한 욕망과 점진적인 해방에 대해서 느끼는 조바심을 드러내는 것일 수 있다. 하지만 이에 대해 확신하기 위해서는 추가 연구가 필요하다.

기능의 다양성

국가간의 차이만큼은 아니지만 기능영역에서의 차이는 여전히 중요하고 지배적이다.

네덜란드의 다국적 기업 필립스의 한 관리자는 1980년대에 필립스가 탁월한 연구개발과 뛰어난 마케팅, 영업 활동을 하는 기업으로 정평이 나 있었다고 말한 적이 있다. 이런 우수한 평판에도 불구하고 필립스는 1990년대 초에 몇몇 중요 비즈니스 분야에서 거의 망하다시피 하였다. 이 관리자에 따르면 문제는 제조, 마케팅, R&D 사이에 기능적 협의가 잘 조율되지 않았기 때문이었다.

이와 관련하여 서양의학에 대해 생각해보자. 의학 전문분야 내에서는 서양의학이 상당히 효과적인 것처럼 보인다. 하지만 1천여건 이상의 의원성(의사에 의하여 생긴) 질환에 불안감을 느낀 많은 환자들은 효능이 확인되지 않았음에도 불구하고 동종요법homeopathy과 같은 전인적 의료holistic medicine로 발길을 돌린다. 서양의학에서 '부작용'은 증상이 한 전문분야에서 다른 전문분야로 옮겨가는 것을 의미한다.

서양문화의 전체 패턴이 기능통합보다는 기능차별화를 더 크게 강조한다. '분업'에 대해서는 꽤 많이 얘기하지만 업무 통합에 대해서는 그렇지 않다.

기능부서간 커뮤니케이션 상의 오해로 인하여 신제품 출시에 문제를 겪고 있는 대형 화학회사의 사례를 살펴보자. 기능부서의 다음 세 가지 의견은 이 회사가 직면한 문제에 대해 설명한다.

마케팅 : 생산기능이 제대로 정비된다면 우리는 훨씬 더 훌륭하고 신속하게 고객을 만족시킬 수 있을 것이다. 생산기능을 재조정하고 준비하는

데 너무 시간이 오래 걸린다.

R&D : 일반적으로 마케팅, 특히 영업사원들은 제대로 테스트해보기도 전에 제품을 판매한다. 이들이 서둘러서 대강 일을 처리해버리면 제품이 기준에 미치지 못할 경우 우리가 욕을 먹는다.

생산 : R&D와 마케팅 둘 다 우리 문제가 무엇인지 전혀 모른다. 우리는 양 쪽으로부터 속도를 내라는 압박을 지속적으로 받는다. 기술적인 문제가 없더라도 서로와의 관계에는 문제가 있다.

마케팅 : 물론 우리는 시스템에 압박을 가한다. 그렇지 않을 경우 R&D와 생산부서가 역할을 제대로 하는데 평생 걸릴 것이다.

생산 : 기능간 테스크포스를 구성하는 것은 어떠한가? 서로와의 커뮤니케이션에 문제가 있기 때문이다. R&D와 마케팅이 보유한 정보를 우리는 얻지 못하는 경우가 종종 있다.

R&D : 혁신적이기 위해서 우리는 간섭을 받으면 안 된다. 우리에게 기존 제품의 문제점을 보완하라고 요청하는 경우가 너무 많다. 시장을 선도하기 위해 우리는 기술을 계속 발전시켜 나가야 한다.

기능의 다양성

기능	보편주의– 특수주의	개인주의– 공동체주의	감정절제– 감정표현	관계한정– 관계확산	성취주의– 귀속주의	내부통제– 외부통제
행정	64	32	72	75	80	49
재무	76	51	62	76	63	62
HR	78	42	56	67	54	52
법무	79	56	62	72	55	65
생산	63	52	54	78	72	59
마케팅	53	61	57	79	82	80
홍보	53	81	58	92	38	42
R&D	74	52	60	66	78	69

대부분의 사람들은 이런 의견 차이들을 이해할 것이다. 기능부서간 갈등은 부분적으로 조직 유형과 구조에 따라 달라진다. 우리의 연구결과는 기능부서간 커뮤니케이션 문제에 더 심층적인 문화적 이유가 있을 수 있다는 점을 보여준다. 국가문화의 영향을 배제하기 위해 미국인 표본집단만을 대상으로 기능부서간 갈등에 대해 조사하였다. 하지만 추가 연구를 해 본 결과 이런 갈등은 국가와 상관없이 일어나는 현상으로 나타났다. 몇 가지 중요한 차이를 보여주는 다음 표를 살펴보자.

보편주의 대 특수주의

보편주의 점수가 가장 높은 직업군은 법무, 재무, R&D, HR 관리자로 나타났다. HR 종사자들에게 규정준수는 분명한 기본 출발점이다. HR부서에서 보편주의를 지향하는 것은 현업에서 특수한 요청이 너무 많이 들어오는 데에 대한 대처 방법으로 보인다.

반면, 홍보, 생산, 마케팅(영업 포함) 관리자들은 훨씬 특수주의 지향성이 높은 것으로 나타난다. 분명히 이 기능영역은 R&D나 법무, 재무부서의 보편적인 규정보다는 특수한 경우에 관심을 더 기울여야 한다. 이런 현상은 서구의 비즈니스에서 조정해야 할 필요가 있는 한 가지 주요 과제를 반영한다. 즉, 법무와 R&D의 보편성은 마케팅과 영업이 시장의 특수한 필요에 적응하기 위한 기반이 되어야 한다는 점이다.

개인주의 대 공동체주의

우리는 마케팅 종사자들이 개인주의 지향적이고 HR, 생산, 행정직 종사자들이 공동체주의 지향적이라는 예상을 해볼 수 있다. 이런 예상은 연구

결과로 확인되었다. 하지만 가장 높은 개인주의 점수는 홍보업무 종사자였다. 재무, R&D, 법무는 평균 점수를 나타냈다.

감정절제 대 감정표현

데이터 분석결과는 감정절제 문화는 R&D와 재무, 감정표현 지향적인 문화는 마케팅(특히, 영업)에서 잘 나타나는 점을 보여준다. 감정절제 지향성은 행정기능에 종사하는 사람들이 가장 높은 것으로 보인다.

관계한정성 대 관계확산성

관계한정성 측면에서는 마케팅, 생산, 홍보 종사자들이 높은 점수를 보인 반면 HR과 R&D는 분명히 관계확산적인 접근방식을 보인다. HR과 R&D 종사자들은 클라이언트(HR)와 아이디어(R&D)를 자신과 동일시한다는 사실로 확인된다. 아이디어에 대한 비판을 받으면 연구원들은 체면이 손상되는 개인적인 공격으로 받아들일 수 있다. 이에 비해 마케팅 종사자는 브레인스토밍에 훨씬 더 열린 태도를 취한다. 서로 정직한 비판과 의견을 주고받지만 문제가 생기지는 않는다.

성취 대 귀속

성취지위 지향성은 마케팅 종사자들에게서 가장 높은 것으로 나타난다. 한편, 법무, HR, 홍보부서 종사자들에서는 귀속요인(예 : 공식 직함)과 기타 개인적 배경(예 : 나이, 성별)이 지위와 더 연관성이 있는 것으로 보인다.

내부통제 대 외부통제

마케팅과 영업은 지금까지 서로 비슷한 점수를 보였지만 내부통제 대 외부통제 지향성에 있어서는 마케팅 종사자들(80점)이 극도의 내부통제 지향성을 보인 반면 영업 종사자들(41점)은 극도로 외부통제 지향성을 나타냈다. 마케팅과 더불어 R&D가 내부통제 지향성을 보였고 행정직 종사자들은 영업과 홍보 부서와 같이 외부통제 지향적인 모습을 나타냈다. 법무, 재무, 홍보, 생산 종사자는 평균 점수를 보였다.

제품 판매의 본질이 고객의 필요에 공감하는 것이라고 볼 때 이런 결과는 이치에 맞는다. 한편, 마케팅은 영업보다는 고객과 거리가 멀고 시장을 세분화하고 제품/시장 조합을 분석하는 등의 활동을 주로 하므로 내부통제 지향성이 높은 것으로 보인다.

시간 지향성

마지막 차원은 시간에 대한 것이다. 주목할만한 차이를 여기에서 발견할 수 있다. 그림 15.11을 보면 마케팅 종사자들이 미래지향성이 강한 반면 과거지향성은 매우 약한 것으로 나타난다. R&D 종사자들은 미래를 아주 크게 생각하고, 현재는 상대적으로 덜 중시하며, 과거는 다시 매우 중시한다는 점을 볼 수 있다. 이 결과는 R&D가 과거에 축적한 경험과 지식을 통해 기업의 미래를 재창조하는 활동이기 때문인 것으로 보인다.

홍보직 종사자들은 상대적으로 현재 지향성이 강하고 미래 지향성은 약한 것으로 나타난다. 흥미롭게도, 행정과 생산기능 종사자들은 순차적인 시간관념을 갖고 있는 것처럼 보인다. 이들이 그린 원들은 서로 겹치지 않았다는 점이 이를 반영한다. 이들은 현재의 관점에서 문제점을 인식

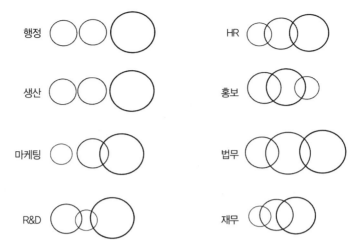

그림 15.11 과거, 현재, 미래

하고 당장 해결해야 할 필요가 있다. HR 종사자들은 시간 지향성 측면에서 가장 균형적인 모습을 보인다. 더불어 동시적 시간관념 경향성을 드러내는 원의 영역이 넓은 것도 특징이다.

산업의 다양성

지금까지 민족과 비즈니스의 기능에 따라서 상당한 문화차이가 발생한다는 점을 알아보았다. 그런데 산업집단도 문화형성에 영향을 미친다(표 참조). 다른 문화집단에서처럼 이런 차이들은 반복적으로 발생하는 문제와 딜레마를 거의 무의식적으로 해결하는 방식에 따른 결과이다. 은행 직원들이 첨단기술 기업의 직원들과 시간관념이 다른 것은 놀라운 일이 아니다. 마찬가지로 은행업계의 문화가 섬유산업 문화보다 귀속지위 시스템을 지향한다고 예상할 수도 있다.

산업별 다양성

산업	보편주의 – 특수주의	개인주의 – 공동체주의	감정절제 – 감정표현	관계한정 – 관계확산	성취주의 – 귀속주의	내부통제 – 외부통제	과거	현재	미래
합계	56	55	45	57	56	56	2.3	1.9	2.1
항공우주	60	46	49	60	61	61	1.9	2.1	1.9
자동차	41	29	45	54	75	75	1.9	1.8	2.1
음료	53	55	41	35	56	56	2.2	1.8	2.0
화학	50	50	56	35	56	56	2.0	2.0	1.9
컴퓨터	53	50	49	57	51	51	1.9	2.1	1.9
건설	25	69	56	44	36	36	1.5	2.0	2.1
세제	36	29	37	36	41	41	1.7	2.1	2.0
전자	50	69	66	41	54	54	2.0	1.9	2.0
금융서비스	60	66	56	53	41	41	2.2	1.9	2.0
식품	41	75	59	47	61	61	1.7	1.9	2.0
정부	36	37	75	57	25	25	2.0	2.0	1.8
레저	75	25	37	51	61	61	1.9	2.1	1.9
금속	38	50	41	60	44	44	1.7	1.9	2.1
광업	67	69	33	75	49	49	1.7	2.1	2.0
석유	41	46	37	25	36	36	2.2	2.0	1.8
제약	63	50	59	55	56	56	1.9	2.0	2.0
통신	44	46	63	25	41	41	2.2	2.0	1.8
섬유	47	37	25	38	33	33	2.2	2.1	1.7

그런데 일부 주목할 만한 차이를 보편주의 대 특수주의 차원에서 찾을 수 있다. 보건산업과 학계에 종사하는 사람들은 매우 보편주의적인 성향을 보이는 반면 금속산업 종사자와 공무원은 특수주의 지향성을 나타낸다. 보편주의 지향성이 가장 강한 문화는 제약산업, 금융서비스 산업, 레저산업에서 찾을 수 있다. 학계, 광업, 금융서비스, 건설산업에서는 높은 개인주의 성향을 보이는 반면 정부와 자동차산업은 집단주의를 더 추구한다.

개인주의가 더 좋은 제품과 서비스를 획득하는데 도움을 주는 학계와 같은 분야에서 개인주의가 잘 발달한 것으로 보인다. 석유, 자동차, 금속, 화학 산업이 공동체주의 지향적이라는 점은 생산설비에서의 팀워크가 결정적으로 중요하기 때문이라고 설명할 수 있다.

레저, 섬유, 광업 종사자는 자동차, 컴퓨터, 전자산업 종사자와 공무원에 비해 감정을 더 잘 표현하는 것처럼 보인다. 이는 산업의 특성상 너무 자명하기 때문에 별다른 설명이 필요치 않다.

항공우주, 세제, 석유 산업에서는 관계확산 지향성을 보이고 정부, 전자, 통신, 식품 산업에서는 관계한정성이 더 우세한 점을 알 수 있다.

산업마다 지위를 부여하는 방식을 분석해보면, 운송장비, 항공, 식품 산업과 정부에서 성취지위 지향성이 높게 나타난 것을 볼 수 있다. 광산, 섬유, 세제 산업에서는 귀속지위 지향성이 우세하였다.

산업별 통제위치의 차이는 크게 나타났다. 내부통제 지향적 문화는 식품, 컴퓨터, 항공우주, 자동차 산업에서 찾을 수 있고 외부통제 지향적 문화는 세제산업과 광산업, 정부에서 더 우세한 것으로 보인다.

마지막으로, 우리는 산업별로 상당히 다른 시간지향성을 보이고 있음을 관찰했다. 금융, 섬유 산업에서는 매우 과거지향적인 시간관념을 보인다. 급속도로 변하는 환경에 늘 초점을 맞추어야 하는 컴퓨터, 우주 항공,

통신 산업은 현재 지향성이 크게 나타났다.

일반적 결론

논의한 데이터는 국가별 특정 집단내의 다양한 점수를 평균한 값이라는 점은 분명히 해야 한다. 우리는 한 사회 내의 민족적 차이가 국가간 차이만큼이나 클 수 있다는 점을 알 수 있었다.

우리는 또한 성별, 연령, 산업, 기능 등 문화차이의 주요 원인변수에 대해 분석해 보았다. 가치 지향성에 있어서 국가차이가 문화적 다양성의 주된 원인이라고 결론 내릴 수 있다. 하지만 다른 요소들도 한 국가의 문화 안에서 찾을 수 있는 다양성의 큰 부분을 설명할 수 있다.

우리는 앞서 문화적 양상을 설명하기 위해서는 개념적 틀이 필요하다고 강조한 바 있다. 그리고 이 틀은 단순한 선형적 차원의 모형을 넘어서야 한다.

우리는 모든 문화를 설명할 수 있는 단순한 모형을 찾으려하면 분명히 실패할 것이라 생각한다. "X국가는 어떤 나라인가?"라는 간단한 질문에도 맥락, 종교, 성별, 세대차이 등의 기준을 설명하지 않고는 제대로 답할 수 없다. 이렇게 문화차원의 편차를 만들어내는 요소들 또는 다른 선형모형은 정교한 통계분석으로만 결정할 수 있다. 이전에 언급한 바와 같이, 우리는 각 문화 차원을 2차원 모형으로 설명함으로써 이 주제에 대한 이해를 상당히 진전시켰다는 점을 알 수 있었다.

16
요약과 결론

지속 가능성 : 조직의 장기적인 성공을 위하여

문화의 차이에 대해 우리가 처음에 흥미를 갖게 된 이후 먼 길을 달려왔고 그 동안 세계는 지구촌으로 더 진화하였다. 그러는 동안 조직들은 힘든 과제에 직면했다. 이를 해결하려는 초기의 노력은 자신들의 문화와 과거의 행동에 뿌리를 두고 있었다. 이 책의 첫 머리에서 언급한 바와 같이 '과학적 관리법'으로부터 인적자원에 대한 'Y이론' 관점, 고객지향, 주주가치, 기업의 사회적 책임에 이르기까지 한 가지 정립된 모형만을 지나치게 고집한다면 개별적으로 적용할 때 과도하게 제한적일 수 있다. 현대 글로벌 비즈니스의 상충하는 요구를 충족하고 문화차이가 가져오는 비즈니스적 이익을 확보하기 위해서는 새로운 프레임워크를 받아들여야 한다.

지금까지 우리는 개인의 문화지향성에서 시작하여, 기업문화, 다양성과 포용, 주요 인구학적 변동, 신기술 등을 살펴보았다. 내용을 돌아보면 기업의 장기적인 성공이 내부 비즈니스 프로세스, 직원, 주주, 사회, 고객 등 고전적인 일반시스템이론의 기본 구성요소들의 상충하는 요구를 조정하는데 기반해야 한다고 결론내릴 수 있다. 조직의 가치에 부합하는 전략을 기반으로 새로운 솔루션이 필요하다. 즉, 우리는 문화차이를 기업의 실적과 더 명시적으로 연결할 필요가 있다.

'조직의 지속가능성'은 오염물질 배출통제, 녹색 에너지, 희소자원 절약, 기업의 사회적 책임과 같이 최근 관심을 끄는 환경 이슈로만 한정되지 않는다. 조직의 미래 경쟁력은 리더와 경영진이 앞서 언급한 다섯 가지 주체인 비즈니스 프로세스, 직원, 고객, 주주, 사회 사이의 갈등을 해결하는 방식에 달려 있다. 이런 갈등에 대처하고 문제를 해결하는 방식이 조직의 미래 경쟁력과 기회를 결정한다. 오늘날 주어진 과제는 단순한 타협을 넘어선 방법으로 이런 주체들을 연결하고 통합하는 것이다.

우리는 웹기반 설문조사를 통해 약 8천 가지의 갈등사례를 수집, 분석하였다. 포춘지 선정 5백대 글로벌 기업 등 이름만 들어도 알 수 있는 기업은 물론 각 국 현지 기업이나 전문기업도 사례에 포함하였다. 이 데이터로부터 다섯 가지 구성요소 사이에 가장 빈번하게 발생하는 '10가지 골든 딜레마'를 파악하였다.(부록 B 참고)

구성요소	이해관계 영역
비즈니스 프로세스	기업 효과성
직원	직원의 발전과 학습
주주	주주이익, 재무성과, 성장
클라이언트, 고객, 공급자	만족
사회전체	사회공헌

다음은 반복적으로 발생하는 딜레마의 조합을 추상화시켜 정리한 내용이다. 실제로 조직에서 적용할 때는 이 딜레마를 더 구체적으로 다시 기술해야 할 필요가 있다.

한편으로는	골든 딜레마	다른 한편으로는
(B : 직원) – 우리는 직원의 역량을 개발해야 한다.	1	(A : 비즈니스 프로세스) – 우리는 원가와 실적에 더 신경을 써야 한다.
(B : 직원) – 우리는 직원에게 동기를 부여하고 보상해야 한다.	2	(C : 주주) – 우리는 주주를 만족시켜야 한다.
(A : 비즈니스 프로세스) – 우리는 현금흐름과 운전자본에 초점을 두어야 한다.	3	(E : 사회) – 우리는 지속가능하고 책임감 있는 방식으로 더 폭 넓은 지역사회에 봉사해야.
(E : 사회) – 우리는 더 폭 넓은 지역사회에서 우리의 평판을 높일 수 있는 제품과 서비스를 제공해야 한다.	4	(D : 클라이언트 / 고객 / 공급자) – 우리는 클라이언트와 고객이 구체적으로 원하는 제품을 제공해야 한다.
(A : 비즈니스 프로세스) – 글로벌한(표준화된) 제품/서비스를 제공해야 한다.	5	(D : 클라이언트 / 고객 / 공급자) – 우리는 각국 현지의 취향과 필요에 맞는 제품/서비스를 제공해야 한다.
(B : 직원) – 우리는 제공할 수 있는 새로운 솔루션으로 고객을 교육해야 한다.	6	(D : 클라이언트 / 고객 / 공급자) – 우리 자신의 개인적인 선호보다는 고객에게 우선적으로 초점을 맞춰야 한다.
(B : 직원) – 우리는 모든 직원을 위해 동등한 기회를 제공해야 한다.	7	(E : 사회) – 우리는 채용에 있어 긍정적 차별제(인종, 종교, 성별, 국적 등에 있어서 불리한 대우를 받는 사회적 소수자에게 채용, 교육, 비즈니스 등에 있어서 혜택을 주는 제도-역주)를 적용해야 한다.
(C : 주주) – 우리는 주주 이익을 위해 최대한 원가를 절감해야 한다.	8	(A : 비즈니스 프로세스) – 우리는 장기적인 지속가능성을 위해 투자해야 한다.
(C : 주주) – 우리는 현재 비즈니스로부터 주주이익을 극대화해야 한다.	9	(E : 사회) – 우리는 사회가 발전함에 따라 미래에 적응해야 한다.
(D : 클라이언트 / 고객 / 공급자) – 우리는 어떤 대가를 치르더라도 클라이언트/고객의 필요를 충족시켜야 한다.	10	(C : 주주) – 우리는 주주를 만족시켜야 한다.

장기적인 성공을 위한 과제

모든 조직은 장기적으로 성공 달성을 위해 조정해야 하는 이런 딜레마들에 초점을 맞출 때 서로 다른 우선순위를 적용한다. 그것은 딜레마의 한 쪽을 선택하거나 타협안을 채택하는 문제가 아니다. 문화의 충돌은 멈추지 않을 것이다. 여기에서 문화란 국가문화뿐만 아니라 서로 다른 분야, 기능, 성별, 계급 등의 문화를 의미한다.

기업 성과 평가

우리는 14장에서 OVP(조직가치 프로파일)에 대해 설명하였다. 골든 딜레마의 영역에서의 기업실적 평가에 OVP를 적용할 때 우리는 딜레마의 양 쪽을 다 담을 수 있는 질문의 조합을 사용한다. 예를 들면, "우리는 장기 비전을 타협하지 않으면서도 단기적인 요구를 충족시킬 수 있다", "우리는 우리가 개발하는 제품/서비스와 클라이언트/고객의 변화하는 요구를 통합할 수 있다."와 같은 내용이다.

우리는 또한 응답자가 자신이 근무하는 조직을 2차원의 그리드에 위치시켜서 각 딜레마와 관련하여 현 상태와 이상적인 상태를 볼 수 있도록 하였다.(그림 16.1 참조)

예상하다시피, 이런 측정은 문화에 영향을 받는다. 가령, 미국 대기업은 자신의 표준제품을 전세계로 수출하는데 보다 초점을 두는 반면, 대만의 수출회사는 소량생산 원가를 낮출 수 있는 첨단 생산시스템을 통해 다품종 제품을 수입국 현지의 필요에 맞추어서 수출하는데 더 신경을 쓸 것이다.

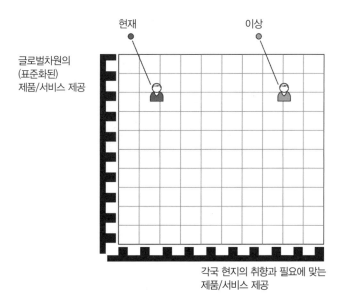

그림 16.1 X-Y 그리드에 딜레마의 현상태와 이상적인 상태를 위치시킨 예

우리는 또한 딜레마를 조정하여 얻을 수 있는 비즈니스 이익이 실현되었을 때 도달가능한 이상적 상태와 비교하여 현재 상태를 평가한다. 그렇게 된다면 비용대비 비즈니스 이익과 그것을 실현하는데 걸리는 시간 등을 평가할 수 있다.(그림 16.2 참고)

이런 유형의 분석을 통해 문화적인 갈등을 해결함에 있어서 가장 큰 투자수익을 어디서 얻을 수 있는지 객관적으로 평가할 수 있다.

이 특정한 예에서 대응해야 하는 가장 중요한 문화 딜레마는 기술 푸시(기업이 자신의 지적자본으로부터 만들 수 있는 것) 대 다양한 시장이 원하는 것(기업이 팔 수 있는 것)이다.

대규모 재무적, 인적 자원을 투입하는 중요한 의사결정에 이런 분석적 접근방식을 적용할 때 리더는 자신의 암묵적 통찰을 가시화하고 논의를 통해 이를 실제로 증명할 수 있다.

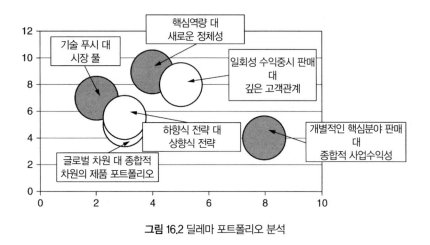

그림 16.2 딜레마 포트폴리오 분석

문화와 비즈니스 성과 연결하기

문화를 분석하기 위한 여러 개념적 프레임워크는 인간관계, 환경과의 상호작용, 시간에 대한 지향성에 대하여 다양한 문화가 어떻게 서로 다른 의미를 부여하는지에 바탕을 둔다. 마찬가지로, 많은 관심을 문화차이에 대한 인식과 존중에 둔다. 하지만 우리가 문화차이 인식Recognize과 존중 Respect이라는 처음 두 단계에서만 머물 경우 문화에 대한 스테레오타입을 강화할 수 있는 위험성이 있다.

그래서 이 책의 내용은 조직이 장기적으로 성공을 거두기 위해서는 다양한 이해관계자 사이의 딜레마를 조정Reconcile해야 한다는 논리를 따른다. 혁신의 본질적 정의가 쉽게 결합되지 않는 가치들을 통합하는 것이라고 했을 때, 조정의 프로세스는 혁신을 통해 이루어지고 또 다른 혁신으로 인도한다. 조직을 지속가능하게 하는 것은 프로세스에서 제품, R&D에서 HR에 이르기까지의 혁신적 역량이다. 그리고 이는 단순한 기업의 사회적 책임을 훨씬 넘어서는 것이다.

문화역량의 평가

우리는 문화를 선형척도로 설명하고 측정하는 연구자들의 전철을 밟지 않겠다고 강조한 바 있다. 그런 방식은 '장님이 장님을 이끄는' 것이나 다름 없다. 반복해서 살펴봤듯이, 선형척도에 기반한 접근방식은 문화적 편향을 제거하는데 어려움이 있다. 선형척도는 문화가 역사적으로 변해가는 것을 탐구하는 인류학자에게는 흥미로운 도구가 될 수 있을지 몰라도 비즈니스 리더와 관리자가 문화차이를 극복하거나 이문화 가치를 활용하여 비즈니스 이익을 창출하는 데 별 도움이 되지 않는다. 우리도 개념설명의 편의를 돕고자 이문화 교육이나 문화감수성 발달의 초기 단계에서 선형적인 문화차원을 사용하기는 하지만 가능한한 신속하게 더 종합적인 접근방식으로 나아가려 노력한다. 여기서는 문화역량 개발에 앞서 우리의 문화역량 평가방법을 소개하고자 한다.

복잡하게 문화적 맥락을 고려하지 않더라도 서로 다른 문화권에서 역량competence이라는 용어를 사용하다보면 의미상 혼동이 발생한다. 역량을 개인의 능력을 나타내는데 사용할 때도 있지만 직무 역할의 요소라는 의미로 쓸 때도 있다.

그런데 역량이라는 용어가 필요에 따라 서로 다른 의미로 사용됨에 따라 문제가 발생한다. 일부 전문가들은 역량을 '인간이 지닌 내재적 특성'으로 정의하기를 선호하는가 하면 다른 사람들은 역량을 '인간이 지닌 내재적 특성'으로 정의하기를 선호하는가 하면 다른 사람들은 역량을 competency로 표기하고 "과업과 기능을 만족스럽게 수행하기 위해 필요한 일련의 행동패턴"으로 정의하기도 한다. 기업 교육훈련 필요분석 또는 조직분석 및 개발에 대한 논의에 있어서 대부분의 전문가들은 자신들이 이 중 어떤 의미를 부여하는지 명확하게 밝히지 않는다. 이 문제는 단순히 미국과 유럽의 용어사용 상 차이를 넘어선다.(다음 표 참고)

역량에 대한 정의 비교

단수	복수	정의
competency	competencies	높은 수준의 성과를 달성하는데 투입하기 위해 종업원이 반드시 보유하거나 습득해야 하는 기술과 지식(즉, 알고 있는 지식과 기술) [미국에서 더 통상적으로 사용하는 정의]
competence	competences	성과와 산출물을 통해 드러나는 최소한의 기준과 효과적인 행동의 체계 (즉, 행동으로 나타나는 지식적용 방식) [유럽에서 더 통상적으로 사용하는 정의]

기업들은 오랫동안 해외파견을 위해 직원을 채용하고 선발하였다. 하지만 그 결과는 기존의 일하는 방식과 패러다임에 익숙한 사람들로 자리를 채우는 것이었다. 글로벌 변화에 대한 필요가 커질수록 조직에는 새로운 피가 더욱 절실해진다. 단순히 은퇴나 인력부족으로 인한 공백을 메우기 위해서만이 아니라 새로운 중요 스킬을 조직이 흡수해야 하기 때문이다. 적임자를 선발하는 것은 HR부서의 핵심적인 의사결정이기 때문에 그런 의사결정 과정을 지원하기 위해 여러 도구와 시스템이 개발되었다.

HR부서는 채용에서 올바른 결정을 내려야 한다는 커다란 압박을 받는다. 한 편으로는 적임자를 채용해야 하고, 다른 한 편으로는 차별하는 모습을 보이지 않아야 한다. 한편으로는 현재의 일을 훌륭하게 수행해야 하는 사람이어야 하고 다른 한 편으로는 미래에 성장할 수 있는 인재이어야 한다. HR부서는 이런 일련의 딜레마에 직면하는 것이다.

우리는 여러 HR 담당자 및 전문가들과 교류하면서 이러한 딜레마를 해결해야 하는 필요를 채워줄 수 있는 개념적 틀이나 도구가 거의 전무하다는 사실을 알고 놀랐다. 대신 MBTI나 16PF, DISC와 같은 기존의 모델들이 도구 내부의 특서에서, 또한 진단결과의 해석이나 적용에 있어서 문화요소에 대한 아무런 고려나 조정 없이 사용되고 있는 현상을 보게 된다. 더불어, 엄격한 검증과정없이 단지 당장 절실히 필요해서 만들어진 어설픈 진단도구들을 사용하는 모습도 볼 수 있다.

문화역량을 향하여

이런 상황을 염두해두고 우리는 최근 문화차이를 탐색하기 위한 문화역량 프로파일Cultural Competence Profiler과 관련 연구 데이터베이스를 개발하였다. 우리가 이 새로운 개념을 설명하는 이유는 단지 도구를 홍보하기 위해서가 아니다. 그 보다는 이에 대한 공론의 장을 제공하여 다른 실무자와 연구자들이 우리의 아이디어를 자신이 처한 상황이나 여건에 맞게 발전시키거나 수정하여 사용하기를 바라기 때문이다. 우리는 이 책에서 제시하는 모델에 버금가거나 경쟁할만큼 탄탄한 모델을 아직까지 찾지 못했다. 우리처럼 공개적으로 검증받을 수 있는 기회를 열어 둔 모델도 보지 못했다.

우리는 이 모델을 통해 초문화 역량hypercultural competence을 형성하는데 기여할 수 있는 생각과 감수성, 지적 기술의 특정한 양식을 설명하고 측정하고자 한다. 우리 연구에서는 몇 가지 패러다임을 포용해야 하는 필요성이 드러난다.

정식 연구를 통해 수집한 증거와 클라이언트 기반 컨설팅 실무 경험을 결합하여 초문화역량을 몇 가지 층위로 구분해야 한다는 시사점을 얻었다. 이어지는 표는 우리가 어떻게 초문화 역량의 요소를 구분하고 정의하는지를 보여준다.

따라서 우리는 모델을 확장하여 문화차이의 통합을 꾀하였다. 이것이 곧 조정의 과정이 된다.

문화모형의 일곱가지 차원 확장 : 딜레마에 대응하기

우리는 알려진 한계를 극복하기 위해 몇 가지 대안을 갖고 실험하였다. 우리의 새로운 설문내용 중에는 딜레마에 대응하는 행동을 고르는 객관식 질문들이 있다. 응답자가 선택하는 답변들을 조합하여 다음과 같은 모습을 보이는지 알아보고자 하였다.

- 자신의 입장만을 고집하고 조정을 거부 (승—패)
- 자신의 가치를 포기하는 경향을 보이며 조정을 거부 — "로마에가면..."(패—승)
- 타협하는 입장을 추구 (패—패)
- 서로 상충하는 것처럼 보이는 경향에서 조정 추구 (승—승)

초문화 역량 하위 구성요소

			결과
문화 역량	Cross-cultural competence	두 가지 이상의 문화체계에서 추구하는 규칙에 따라 기능할 수 있는 능력. 즉, 주어진 상황의 문화적 요구에 따라 문화차이를 인식하여 적절한 방식으로 반응하는 능력	문화차이에 대한 무지에 따른 큰 실수나 당황스러운 상황 예방, 자민족 중심주의 탈피
	Intercultural competence	문화차이 인식과 다른 관점에 대한 존중을 통해 타문화 사람들과 성공적으로 소통하고 협업할 수 있는 능력	타문화와의 소통과 협업
	Transcultural competence	딜레마와 그 조정방안 발굴을 통해 다양한 관점을 연결하는 능력	문화차이 조정
	Intracultural competence (일명 서번트 리더십)	서번트 리더십을 통해 문화를 조정하여 비즈니스 이익을 창출하는 능력	비즈니스 이익 증대
		팀 내의 문화적 그리고/또는 민족적 다양성과 차이를 활용하는 능력	다양한 팀과 구성원의 비즈니스 이익 관리와 증대

각 딜레마의 기저에 있는 가치관은 우리가 제시한 모델의 일곱가지 문화차원에서 나온 것이다. 이는 곧 질문을 활용하여 응답자의 가치지향성(예 : 보편주의 또는 특수주의, 개인주의 또는 공동체주의)과 조정성향을 파악할 수 있다는 말이다.

경우에 따라서는, 응답자들에게 자기 조직의 동료들이라면 어떻게 답할지 나타내도록 요청하기도 하였다.

4장에서 제시한 자동차사고 딜레마에 기반한 질문을 확장하여 예시로 들어보면 다음과 같다.

확장된 질문 : 자동차 사고 딜레마

당신은 절친한 친구가 운전하는 차를 타고 있다. 그런데 친구가 보행자를 치고 말았다. 당신은 친구가 제한속도 시속 30킬로미터인 구간에서 적어도 시속 50킬로미터로 달린 사실을 알고 있다. 다른 목격자는 없다.

변호사는 친구가 제한속도를 지켰다고 당신이 증언해준다면 심각한 처벌을 면할 수 있을 것이라고 말한다.

이런 경우 당신은 어떻게 행동할 것인가?

A. 증인으로서 진실을 말해야 하는 일반적인 의무가 있다. 나는 법정에서 위증을 하지 않겠다. 또한 진정한 친구라면 내가 위증하리라고 기대하지 않아야 한다.

B. 증인으로서 진실을 말해야 하는 일반적인 의무가 있다. 따라서 나도 진실을 말할 것이다. 하지만 친구에게 내 입장을 설명하고 내가 마련할 수 있는 사회적, 금전적 지원을 제공해 주어야 한다.

C. 곤경에 처한 친구를 항상 우선 생각해야 한다. 몇몇 추상적인 원칙 때문에 생판 모르는 사람들로 이루어진 법정 앞에서 친구를 저버리지는 않을 것이다.

D. 친구가 어떤 증언을 하던간에 곤경에 처한 친구를 도울 것이다. 하지만 우리 우정 안에서 강인한 용기를 발견하여 둘 모두 진실을 말하자고 친구를 열심히 설득할 것이다.

E. 친구가 제한속도보다 약간 빠르게 운전했지만 속도계가 얼마를 가리켰는지 잘 모르겠다고 증언할 것이다.

여기에서 우리는 보편주의 지향성과 특수주의 지향성이 동시에 나타날 수 없다고 가정하는 선형모형의 한계를 극복하였다.

우리는 이 책에서 논의한 질문들을 각각 이런 딜레마 형태로 변환하였다.

응답자료를 토대로 척도 도출하기

우리는 이런 딜레마 유형의 질문에 대한 응답결과를 서로 다른 두 가지 척도 상에서 평가할 수 있다.

우선, 우리는 사람들의 응답을 7차원 모델에서 제시한 문화성향에 따라 분류할 수 있다.

따라서 응답자들이 조정을 포함하는 문항을 선택을 하는지 여부와는 무관하게 우리는 이들이 나타내는 문화 성향을 파악할 수 있다. 자동차 사고 딜레마의 시나리오에서 다음 선택항은 보편주의 성향을 보여준다.(보편적인 규칙을 준수)

A. 증인으로서 진실을 말해야 하는 일반적인 의무가 있다. 나는 법정에서 위증을 하지 않겠다. 또한 진정한 친구라면 내가 위증하리라고 기대하지 않아야 한다.

B. 증인으로서 진실을 말해야 하는 일반적인 의무가 있다. 따라서 나도 진실을 말할 것이다. 하지만 친구에게 내 입장을 설명하고 내가 마련할 수 있는 사회적, 금전적 지원을 제공해 주어야 한다.

이와 대조적으로, 다음 선택문항은 특수주의 경향성을 나타낸다.(친구와의 관계가 어떤 추상적인 보편적 진리보다 더 중요)

C. 곤경에 처한 친구를 항상 우선 생각해야 한다. 몇몇 추상적인 원칙 때문에 생판 모르는 사람들로 이루어진 법정 앞에서 친구를 저버리지는 않을 것이다.

D. 친구가 어떤 증언을 하던간에 곤경에 처한 친구를 도울 것이다. 하지만 우리 우정 안에서 강인한 용기를 발견하여 둘 모두 진실을 말하자고 친구를 열심히 설득할 것이다.

각 문화차원과 관련되는 딜레마 질문에 대한 답변들을 분석하여 응답자의 문화 성향을 점수로 환산할 수 있다.

그 다음 답변들을 재분석하여 응답자의 조정성향을 파악한다. 실제로는 분석해야 할 미묘한 차이들이 더 존재한다. 여기서는 응답자의 답변이 특수주의보다는 보편주의 경향성을 보였다고 가정하자.

다음 표는 가능한 응답들을 보여준다.

응답유형	해석	조정점수
A. 증인으로서 진실을 말해야 하는 일반적인 의무가 있다. 나는 법정에서 위증을 하지 않겠다. 또한 진정한 친구라면 내가 위증하리라고 기대하지 않아야 한다.	응답자는 보편주의자로서 조정을 거부하고 있다. 이는 독불장군 방식으로 볼 수 있다.	없음
B. 증인으로서 진실을 말해야 하는 일반적인 의무가 있다. 따라서 나도 진실을 말할 것이다. 하지만 친구에게 내 입장을 설명하고 내가 마련할 수 있는 사회적, 금전적 지원을 제공해 주어야 한다.	응답자는 보편주의자로서 자신의 성향으로부터 시작하여 반대편 성향까지 아우르고 있다. 또한 통합을 통해 차이를 조정하려 노력을 기울이고 있다.	높음 (시계 반대방향 나선)
C. 곤경에 처한 친구를 항상 우선 생각해야 한다. 몇몇 추상적인 원칙 때문에 생판 모르는 사람들로 이루어진 법정 앞에서 친구를 저버리지는 않을 것이다.	응답자가 이 문항을 선택할 가능성은 별로 없다. 이런 답변은 노골적인 특수주의 접근방식이며 조정을 거부하고 있다.	없음
D. 친구가 어떤 증언을 하던간에 곤경에 처한 친구를 도울 것이다. 하지만 우리 우정 안에서 강인한 용기를 발견하여 둘 모두 진실을 말하자고 친구를 열심히 설득할 것이다.	차이를 조정하려는 시도를 보여준다. 이번 경우 응답자는 반대 경향성에서 시작하여 자신의 성향과 조화를 이루기 위해 노력하고 있다.	높음 (시계방향 나선)
E. 친구가 제한속도보다 약간 빠르게 운전했지만 속도계가 얼마를 가리켰는 잘 모르겠다고 증언할 것이다.	이 응답은 딜레마를 회피하려는 모습을 보여준다. 타협안으로서 두 성향의 장점을 살리는데 실패하고 있다.	없음(패-패)

딜레마 질문을 전체적으로 조망해 보면 일련의 척도에 대한 데이터가 다양한 조합으로 나타난다.

- 각 문화차원에 대한 측정치(문화성향 종합 프로파일), 각 문화차원에 대한 다음 성향 측정치

• 타협성향

조정거부 성향

자신의 문화성향에서 시작하여 반대 성향을 통합하는 조정추구 성향

반대 성향에서 시작하여 자신의 문화성향을 통합하는 조정추구 성향

따라서 우리는 다음을 얻을 수 있다.

• 각 차원마다의 조정성향 측정치

• 모든 문화차원에 대한 조정추구성향(시계방향 및 반시계방향), 조정거
  부성향, 타협성향 측정치

결과적으로, 원래 설문으로부터의 선형모델에 기초하여 응답자는 보
편주의 성향 40퍼센트, 특수주의 성향 60퍼센트라는 측정치를 얻는다.
응답자의 프로파일에는 그림 A.1과 같이 해당 결과를 보여주는 문화차원
막대가 나타난다.

그림 A.1. 선형척도에 따라 측정한 보편주의-특수주의

하지만 확장된 모델에 따라 더 큰 시사점을 제시하는 측정치를 얻을
수 있으며 이는 그림 A.2와 같이 나타난다.

여기에서 응답자는 위와 동일하게 특수주의 성향이 60퍼센트이다. 하
지만, 이에 더하여 우리는 응답자가 다양한 딜레마를 조정하는 성향을 어
느 정도 보이는지 알 수 있다. 그리고 이것이 전체 척도를 구성한다. 이
사례의 경우, 나선형이 보여주는 조정추구 성향은 75퍼센트이다.

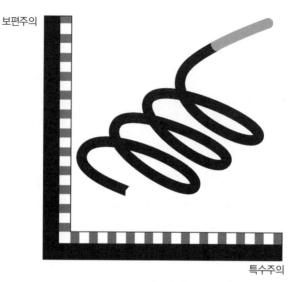

보편주의

특수주의

그림 A.2. 2차원 척도에 따라 측정한 보편주의–특수주의

요약하자면, 응답자는 특수주의 성향 60퍼센트, 조정추구 성향 75퍼센트라는 결과를 얻는다.

이를 통해 조정추구 성향을 개발할 수 있는 맞춤형 피드백을 개인에게 제공할 수 있는 기회가 생긴다.

대조적으로, 두 번째 응답자(그림 A.3 참조)는 보편주의 성향이 훨씬 더 강하다(90퍼센트). 하지만 조정추구 능력은 비슷한 수준으로 나타난다.(75퍼센트)

이제 초점은 단일 차원의 특정결과가 아니라 설문에서 제시한 딜레마 상황에서 응답자가 취하는 접근방식으로 옮겨간다.

따라서 모든 문화가 딜레마 상황이 만들어내는 긴장을 인식하지만, 딜레마에 접근하는 출발점이 어디냐에 따라 한 문화가 다른 문화와 차별화된다. 예를 들어, 미국인은 보편주의에서 출발하여 특수주의 관점을 수용할 수 있는 한편 프랑스인은 특수주의에서 출발하여 보편주의 관점을 받

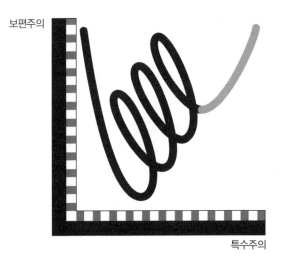

보편주의

특수주의

그림 A.3. 그림 A.2와 반대 성향을 지닌 응답자에 대하여
2차원 척도로 측정한 보편주의–특수주의

아들일 수 있다.

새로운 통합적 프레임크를 개발하면서 우리는 다음과 같은 일련의 방법을 사용하여 새로운 모델을 구성하는 패러다임과 역량요소를 결정하였다.

- 방대한 역량 프레임워크 지식자료에 대한 비판적 검토
- 고성과 창출 리더들의 우수사례 연구(트롬페나스 외, 21세기을 위한 21인의 리더*21 Leaders for the 21st Century* [New York: McGrawHill, 2001] 참고)
- 문화 및 역량에 대한 자체 데이터베이스 귀납적 분석
- 딜레마 대응 방법에 대한 글로벌 리더와 시니어 관리자들의 직무분석
- 자체 운영 아카데미의 연구수행
- 다문화와 다양성 관련 도전과제에 직면한 고객 기업의 우수사례

우리가 제공하는 다기능 도구를 통해 참가자들은 초문화hyperculture의 중요 구성요소를 수용하는 형태로 자신의 현재 문화역량을 평가할 수 있다. 이 도구는 다른 역량도구와는 달리 문화적 지식이나 행동의 단일한 기본영역에만 초점을 국한시키지 않는다. 또한 이문화 인식에서부터 다문화 상황에서의 효과적인 행동으로부터 파생하는 비즈니스 이익까지 폭넓게 다루고 있다. 우리는 광범위한 연구에 기초한 이전 프레임워크와 각 영역을 개별적으로 다루면서 축적된 지식자산을 결합하여 본 도구를 개발하였다. 각 구성요소는 여러 명의 박사급들이 수행하는 프로젝트와 전 세계 다양한 고객기업에서의 실제 적용을 통해 엄밀한 연구와 검증을 거쳤다. 또한 고객 기업의 여러 시니어 관리자와 비즈니스 리더와 더불어 MBA 학생을 포함하는 샘플집단을 활용하여 통합 도구의 신뢰도를 확인하였다.[1]

본 모델에 대한 다양한 피드백과 해석, 이론적 배경은 웹기반 지원센터를 통해 확인할 수 있다. 참가자들은 시사점과 코칭조언, 역량개발을 위한 제안 등의 내용을 제공하는 온라인 튜토리얼을 활용하여 자신의 프로파일을 더 자세히 살펴볼 수 있다. 그림 A.4를 참고하라.

우리는 앞서 점층적인 수준으로 문화역량을 나타냈던 표의 양식을 따르기 보다 문화역량이라는 문제를 전체론적으로 접근하여 4개의 클러스터로 이루어진 12가지 구성요소로 구분하였다 :

1. 인식Recognize : 자신을 둘러싸고 있는 문화차이를 얼마나 능숙하게 인식하는가?
2. 존중Respect : 그런 문화차이를 얼마나 존중하는가?
3. 조정Reconcile : 문화차이를 얼마나 능숙하게 조정하는가?
4. 실현Realization : 문화차이를 조정하기 위해 필요한 행동을 얼마나

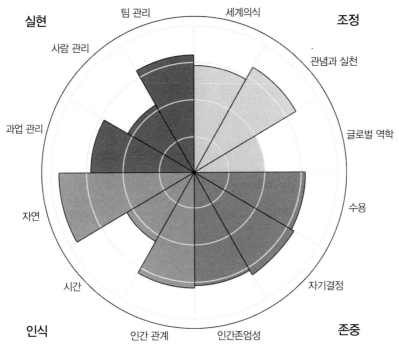

실현　　　　팀 관리　　　　세계의식　　　　조정

사람 관리

관념과 실천

과업 관리

글로벌 역학

자연

수용

시간

자기결정

인식　　　　인간 관계　　　　인간존엄성　　　　존중

그림 A.4. 문화역량 프로파일의 예

능숙하게 실현하는가?

　이 4개 클러스터는 우리가 문화적 편향에 빠지지 않고 이 책을 통해 설명한 논리를 따르는 접근방식을 구축하는데 도움을 준다. 4개의 클러스터를 기초로 하여 우리 도구는 전체 프로파일을 형성하는데 다양한 조합으로 사용되는 약 100개의 질문으로 구성된다. 우리는 각 척도에 해당하는 등급들을 단순히 추가하거나 평균으로 환산하지는 않았다. 많은 경우에 섹터값들은 각 상호작용의 효과를 평가하기 위한 대립 질문들의 제곱평균 제곱근 구적법을 통해 구한다.[2] 이는 클러스터[3]의 조정역량을 평가하는데 특히 중요하다.

다양한 클라이언트와 참가자의 필요를 반영하기 위해 우리는 몇 가지 버전을 개발하였다. 예를 들어, 360° 버전에서는 참가자의 자기평가 결과와 동료 피드백을 함께 반영한다.

본 도구에 대한 더 자세한 설명은 웹사이트 www.ridingthe wavesofculture.com에서 확인할 수 있다.

우리의 문화역량 접근방식에 대한 더 상세한 내용은 〈*The Sage Handbook of Intercultural Competence*〉의 26장 "오늘날 지구촌을 위한 일반적인 역량 프레임워크를 향해Towards a General Framework of Competence for Today's Global Village"를 참고하기 바란다.

트롬페나스 데이터베이스

피터 울리암스 영국 앵글리아 러스킨 대학교 명예교수
트롬페나스 햄든터너 컨설팅 파트너

본 부록에서는 본문을 뒷받침하는 연구데이터베이스의 개발과 분석 내용을 요약하였다. 원래의 단일 데이터베이스가 몇 개의 데이터베이스로 확장되었는데 이는 모두 다양한 이문화 도구에 대한 응답에 기초하였다. 개인별, 기능별, 산업별, 종교 및 성별편차에 대한 방대한 분석이 가능하지만 여기서는 국가문화 관점에서 데이터를 리뷰하고자 한다. 추가한 데이터베이스는 조정 데이터베이스와 텍스트, 키워드 분석 등 우리의 최근 연구결과를 아우르고 있다.

핵심 이문화 데이터베이스의 주된 목적은 관리자들이 자신들의 이문화 경험을 구조화하여 글로벌 비즈니스와 경영 역량을 개발할 수 있도록 돕는 것이다. 국가문화마다 평균적인 관리자의 특성에 대한 예측가능성을 향상시키기 위해 우리는 표본 크기를 늘리되 측정오류를 줄이고, 데이터 동질성을 유지할 수 있도록 상당한 노력을 기울였다. 기본 데이터는

100개국 이상에서 얻은 약 8만 개의 사례로 구성되어 있고 특정 질문에 대한 2만개 이상의 응답이 추가되었다.

각 차원은 일련의 한정된 선택안들의 조합에 기초한 척도이다. 따라서 정규분포가 아닌 이항분포가 생성된다. 하지만 중심극한정리central limit theorem에 따라, 표본 사이즈가 크면 비모수적 데이터nonparametric data에 모수적 방법parametric methods을 적용할 수 있다. 편의를 도모하기 위해 이런 접근방식을 사용하였더라도, 엄밀한 테스트 기준을 적용하여 분석을 실시하였다.

일부는 이들 척도에 대한 트롬페나스의 이론적 근거를 잘못 해석하여 부정확한 결론을 내리고는 하였다.[1] 그 예로, 홉스테드는 일곱 차원 각각마다 척도값을 제공해주는 질문들의 가중 조합보다는 개별 질문으로부터의 부분적 데이터만을 사용하였다.[2] 미국 관리자들 중 65퍼센트가 보편주의를 지향하는 옵션을 선택했다고 말하는 것은 전형적인 미국관리자들이 보편주의-특수주의 척도에서 65퍼센트에 위치한다는 의미가 아니다. 트롬페나스는 서로 다른 질문에 대한 응답을 조합하여 각 차원에 척도를 부여한다. 우리는 이런 조합들을 지속적으로 개선하여 각 척도에서 국가별 차이가 극대화 될 수 있도록 하였다. 개별 질문들은 높은 타당성 뿐 만 아니라 높은 신뢰성을 보여준다.

신뢰도를 평가하기 위해 질문들(조합)의 크롬바하 알파값을 조사하였다. 몇 가지 경우, 특히 기업문화에 해당하는 경우에, 질문들을 계속해서 수정 또는 제거하여 알파값을 높였다. 우리는 각 척도에서 알파값을 극대화하였으며 문화 데이터베이스의 최종 설계에서의 결과는 다음 표와 같다.

원 검사법을 기초로 하는 시간차원 척도는 그 외 차원과는 다르게 다

신뢰도 결과

	척도 다양성	알파값
보편주의–특수주의	216	0.71
개인주의–공동체주의	64	0.73
감정절제–감정표현	25	0.63
관계한정–관계확산	243	0.75
성취주의–귀속주의	1024	0.64
내부통제–외부통제	1024	0.71
시간		0.74

룰 필요가 있었다. 다이어그램이 매우 다양하게 나타나기 때문에 우리는 응답자들이 표현하려고 하는 공통 요소와 기저에 있는 의미 또는 문화적 개념을 파악하는 것을 목표로 하였다. 즉, 응답자들의 그림과 정량적 도간 좌표시스템의 알고리즘 관계를 찾아내어 이문화적인 구별의 기초로 사용할 수 있도록 하는 것이었다.

시간차원과 관련하여, 원들의 상대적인 크기와 서로 중첩되는 정도에 따라 3가지 요소가 도출 된다는 결론에 이르렀다. 초기에는 그림을 육안으로 평가하였으나 응답자들이 직접 컴퓨터 스크린에 원을 그릴 수 있는 인터넷 기반 시스템을 도입하면서 더 쉽고 정확하게 측정할 수 있게 되었다. 첫번째 척도값는 100(최대 중첩=동시적 문화)에서 0(중첩없음=순차적 문화)까지 존재한다. 두 번째 척도는 과거, 현재, 미래 지향성을 평가한다. 세 번째 척도는 "시간지평"(단기적 사고와 계획 대 장기적 사고와 계획)이다. 여러 면에서 이 척도들은 문자화된 질문으로부터 도출하는 다른 차원에 비해서 상대적으로 문제발생이 적었다.

우리는 기업문화에 대한 척도를 검증, 검토하는데 있어도 동일하게 엄밀한 기준을 적용하여 구성요소를 도출하였다. 구성요소의 신뢰도 값은 다음 표와 같다.

크롬바하 알파값	
역할지향 문화	0.79
과업지향 문화	0.75
사람지향 문화	0.63
권력지향 문화	0.74

타당도와 신뢰도에 대한 통계적 검증과 더불어 다른 유형의 분석도 실시하여 이 책이 기반을 두고 있는 가정과 프레임워크를 뒷받침하였다.

특히, 비모수 데이터마이닝을 사용하여 데이터 내부의 다양성을 조사하였다. 이런 접근방식은 다음 두 가지 주요 질문에 답하기 위한 것이다.

1. 각 속성(연령, 성별, 종교, 국가, 직무기능)의 상대적 중요도는 어떠한가?
2. 데이터상의 다양성을 설명하기 위해 얼마나 많은 문화차원이 필요한가?

속성들의 상대적 중요도

이에 대한 논의를 위해 우리의 모형을 다음 형태로 생각해 보고자 한다.

차원점수＝c1×국가＋c2×연령＋c3×종교＋c4×성별＋c5... 기타.

계수들(c1, c2, c3, etc.)의 가능한 값을 파악하기 위해 상관관계 및 편상관관계분석 또는 요인분석을 사용하는 등 기존의 통계기법을 그대로 적용하려는 생각이 들기 쉽다.

데이터를 검증함에 있어 이런 모수적 방법이 전적으로 적합한 것은 아니라는 점을 명심해야 한다. 여러 데이터 항목들은 단순히 성별, 종교, 경영기능과 같은 범주에 불과하다(명목 데이터). 전통적인 비모수적 통계방법은 이런 문제를 해결하는데 사용할 수 없다. 분산과 컨조인트 분석이 설문설계와 테스트에 도움이 될 수는 있지만 여기에서 요구되는 분석결과를 산출하지는 못한다.

따라서 이 데이터에는 우리의 목적에 맞는 다른 종류의 수학적 방법을 적용하는 것이 적합하다. 최근 발달하고 있는 관계데이터베이스 기술과 데이터마이닝 기법 및 지식추출(전문가 시스템) 기술이 그 역할을 한다.

본 데이터베이스는 크기가 방대하며 장기간 수집한 척도 및 범주 값을 포함하고 있기 때문에 국가별 평균수치 이상의 결과를 얻기 위해서는 "단순통계"를 넘어서는 분석이 필요하다.

기본원칙은 목표 속성을 결정하는데 있어 여러 속성들의 상대적인 중요도를 파악하는 것이다. 그 첫 단계는 데이터를 별도 테이블의 제3 정규형third normal form으로 정규화하는 것이다.

전체 데이터베이스와 관련하여, 각 속성별 엔트로피의 양을 계산할 수 있다. 엔트로피가 증가하면 각 속성을 추가함으로 증가하는 불확실성의 양이 증가한다. 하지만 우리의 목적은 특정 속성값이 주어졌을 때 얼마나 많은 정보가 있는지 파악하는데 있다. 단순히 발생건수에 가중치를 부여함으로써 그 답을 찾을 수 있다.

저자들은 관리자들이 자기 경험을 구조화할 수 있도록 몇 가지 차원(속성)에 기반한 모형을 개발하려 노력하고 있다. 여기에서는 속성들의 상대적인 중요도를 연구함으로써 이런 목표를 뒷받침하려는 의도로 분석을 수행하였다.

가장 낮은 엔트로피, 즉 불확실성이 가장 적은 속성은 "국가"였다. 다시 말해, 국가라는 속성으로 데이터를 분석을 하면 가장 많은 정보를 얻을 수 있으므로 해당 차원에서의 문화적 경향성을 설명하는데 가장 도움이 된다. 예를 들어, 관리자의 기능은 문화 경향성을 설명하는데 관리자의 국적보다 상대적으로 도움이 되지 않는다. 이런 연구결과는 응답자 개인차원보다 환경(국가)차원의 분석에 방점을 찍은 이 책의 접근방식을 뒷받침하고 정당화한다. 이 분석결과는 15장에서 더 자세히 논의하였다.

문화차원이 얼마나 많이 필요한가?

얼마나 많은 문화차원을 사용해야 하는가는 답을 내기가 더 어렵다. 우리가 제시한 7가지 차원들이 모두 필요한지, 각 차원이 문화의 서로 다른 측면을 측정하고 있는지를 근본적으로 고려해야 한다. 문화는 이런 개별 차원들로 구성된 것이다. 그렇다면 이 차원들은 통계적으로 상호 연관성이 없다고 할 수 있는가?

아래와 같이 문화 모형을 더 단순하게 만들 수도 있다.

문화=c_1×(계승된 특성)

c_2×(후천적 특성) .... 등식 i)

또는

문화=c_1×(사람들간의 관계)

c_2×(자연과의 관계)

c_3×(시간과의 관계 또는시간 경향성) .... 등식 ii)

전자의 경우 두 가지 차원만을 필요로 한 반면(계수 c_1과 c_2도 결정필요), 후자의 경우는 세 가지 차원으로 충분하다. 따라서 차원들 사이에 있을 수도 있는 상관관계를 파악해야 할 필요가 있다.

다음 표는 차원들 사이의 상관관계를 보여준다. 상관관계가 0이라면 차원들은 문화의 각각 다른 측면을 개별적, 독자적으로 측정한다는 의미이다. 데이터베이스에서 얻은 국가 평균값을 사용하면 0은 아니더라도 0.5 미만의 상관관계 값이 나타난다. 상관계수 행렬이 단위행렬(주 대각선이 전부 1이고 나머지 원소는 0인 행렬)이라는 가설을 확인하기 위해서는 바틀렛의 구형성 검정Bartlett's sphericity test을 사용할 수 있다. 따라서, 상관계수 행렬식에 대한 카이제곱을 계산한다. 이 값은 낮게 나오지 않으므로 상관계수 행렬이 단위행렬이라는 가설을 기각해서는 안 된다.

차원들 사이의 상관관계

	보편–특수	개인–공동	한정–확산	절제–표현	성취–귀속	내부–외부
보편–특수	1.0000	0.1269	0.4669	0.1209	0.4223	0.4013
개인–공동	0.1269	1.0000	0.4236	0.0697	0.4397	0.2753
한정–확산	0.4669	0.4236	1.0000	−0.0239	0.4006	0.0478
절제–표현	0.1209	0.0697	−0.0239	1.0000	0.2177	−0.0444
성취–귀속	0.4223	0.4397	0.4006	0.2177	1.0000	0.4976
내부–외부	0.4013	0.2753	0.0478	−0.0444	0.4976	1.0000

낮은 수치로 나타나는 상관계수 행렬의 비대각 계수들이 유의미한지는 더 조사가 필요하다. 그런데 바틀렛 검정은 다변량 정규 모집단으로부터 얻은 비율데이터에서만 타당성을 갖는 반면 트롬페나스 데이터는 문화 구성요소의 서열 측정치만을 나타내도록 설계되어있다. 게다가 개인의 응답이 아닌 국가평균을 논의로 삼는다. 개별 케이스까지 고려한다면 현저히 낮은 교차 상관관계가 발견된다. 이것은 그 자체로 여기에서 행렬의 비대각 상관계수들이 낮게 나타나는 결과를 설명하는데 충분할 수 있다.

편상관계수는 이를 더 잘 보여준다. 차원들이 공통요인을 공유한다면, 다른 차원들의 선형효과를 통제할 때 상관계수 행렬의 비대각 계수들 값이 낮게 나타나야 한다. 다음 표는 비대각 편상관계수들이 0은 아니지만 낮은 수치로 나온 것을 보여준다.

편상관관계

	보편-특수	개인-공동	한정-확산	절제-표현	성취-귀속	내부-외부
보편-특수	-1.00000	-0.33034	0.28868	0.04792	0.45555	0.05059
개인-공동	-0.33034	-1.00000	0.55267	0.08339	0.22835	-0.03604
한정-확산	0.28868	0.55267	-1.00000	-0.18283	0.18540	0.15654
절제-표현	0.04792	0.08339	-0.18283	-1.00000	0.26277	-0.16338
성취-귀속	0.45555	0.22835	0.18540	0.26277	-1.00000	0.34040
내부-외부	0.05059	-0.03604	0.15654	-0.16338	0.34040	-1.00000

KMO(Kaiser-Meyer-Olkin) 인덱스를 계산해보면 이렇게 효과가 미미한 원인에 대해 더 나은 통찰을 얻을 수 있다.[3] 이 통계량은 관측된 상관계수와 편상관계수를 비교한다. 모든 차원들 사이에서 편상관계수의 제곱의 합이 전체 상관계수의 제곱의 합보다 작다면 KMO가 1에 가까워질 것이다. KMO값이 작다는 것은 차원들 간의 상관관계를 다른 변수로 설명할 수 없다는 것을 나타낸다. 이것은 우리가 제시한 문화차원이 모두 필요함을 뒷받침하는 또 다른 증거이다.

문화 차원들 사이의 관계를 나타내는 요인들을 최소화하기 위해 요인분석을 사용할 수도 있다. 요인의 수를 줄일 수 있다면 모델이 간소해질뿐더러 새로운 통찰을 얻을 수도 있다. 이상적으로는 새로운 요인들이 단순히 측정이 가능해야 한다라기 보다는 해석이 가능해야 한다. 그런 다음에야 구성개념에 기초를 둔 모형을 도출하는 것이 가능하다.

따라서 다음 질문을 제기할 수 있다.

1. 직접 측정할 수 없는 문화의 측면을 관찰가능한 차원으로부터 추출할 수 있는가?
2. 위에서 제시한 등식 i) 또는 ii)를 통해 원래의 데이터를 설명할 수 있는가?
3. 차원들이 공통요인을 공유하기 때문에 상관관계가 관측되었는가?

앞서 논의한 바와 같이 KMO 인덱스는 요인분석이 성공적이지 못할 것임을 보여준다. 요인분석의 목적은 차원들이 알려지지 않은 보다 상위의 요인들로 결합하여 데이터를 설명하는데 필요한 차원의 수를 줄이는 것이다. 요인분석을 통해 더 적은 요인을 도출한다고 해서 문화의 7차원 모델이 타당하지 않거나 차원의 수를 줄여야 한다는 의미는 아니다. 상관계수값이 더 높았다면 타당한 요인을 추출해낼 수 있다고 기대했을 것이다. 왜냐하면 차원들 사이의 상호관계가 이런 요인들의 존재에서 기인할 수 있기 때문이다.

주성분분석principal components analysis을 생각해 볼 수도 있다. 가능한 요인을 예측하기 위해 관측된 차원들의 선형조합을 이용한다. 첫 번째 추출하는 성분은 데이터베이스에서 가장 큰 분산을 설명하는 조합이다. 먼저 추출되는 주성분요인일수록 입력변수들이 갖고있는 총분산을 많이 설명할 수 있도록 주성분요인을 순차적으로 추출한다.

다음 표는 각 요인의 고유값eigenvalue을 보여준다. 등식 i)과 같이 문화를 2개의 요인으로 나타내려 하면 총분산의 50%만 설명할 수 있다. 총분산(문화 다양성)을 설명하기 위해서는 원래의 차원들이 모두 필요하다. 이 결과는 예상했던 바이다. 바틀렛 검정과 KMO 인덱스를 통해 더 단순한

요인들이 있을 가능성이 낮다는 점을 확인했기 때문이다.[4]

고유값

성취-귀속	41.3%(누적치)
개인-공동	52.5%
내부-외부	76.6%
시간	85.7%
절제-표현	92.7%
한정-확산	97.3%
보편-특수	100.0%

요인행렬과 회전

요인행렬과 회전을 사용하여 원래 차원 외의 새로운 요인을 발견하지는 못했다. 회전을 통해 단순한 구조를 만들 수 있었다면 차원들의 군집들이 각 축의 끝이나 교차지점에서 나타났어야 하지만 그런 현상은 나타나지 않았다. 예상한 바대로 원래의 차원들은 요인공간에서 넓게 분산되어 있다는 점을 발견했다.

따라서 더 적은 문화 차원으로 데이터상의 분산을 유용하게 설명할 수 있다고 결론내릴 수 없다. 이 점은 낮은 상관관계를 토대로 예상할 수 있는 내용이다.

혹자는 수집된 데이터가 다변량(비율) 정규 데이터가 아니라는 이유로 앞의 논의를 인정하지 않으려 할 수 있다. 만약 서열 또는 비모수 데이터라면 다양성을 감소시키기 위해 요인분석 보다는 비계량형 다차원척도법 MDS(multidimensional scaling)을 사용해야 한다. 따라서 (각 국가 및 차원에 대하여) 개별 케이스와 모든 다른 케이스들 사이의 차이를 계산할 필요가 있다. 보통 이런 경우에는 유클리드 거리Euclidean distance를 계산해서 차이를 측정한다. MDS 모형에서 각 국가는 다차원의 공간에 나타나고 배열된다. 이를 통해 모든 케이스(국가)의 쌍들 사이의 거리가 이런 차이를 보여주게 된다. 가령, 보편주의—특수주의 차원에서 비슷한 값을 지닌 국가들이 서로 가까운 거리에 위치하는 것 같다.

요인분석에서 처럼 목적인 차원의 수를 줄이는 것이라면 서로 군집을 이루는 문화차원들의 조합을 취할 수도 있을 것이다. 차원들이 군집을 이룬다면 동일한 것을 측정한다는 의미이기 때문이다. 이 때, 데이터가 항상 대칭을 이룬다는 가정이 필요하다. 또한 각 차원에 대하여 반복적으로 분석을 수행해야 한다. 따라서 각 (문화)차원의 차이를 동시에 분석하는데 적용하는 반복비계량형다차원척도법RMDS(replicated nonmetric multidimensional scaling) 알고리즘이 필요하다.[5] RMDS 도표는 차원들이 축들 사이에 퍼져있는 산점도로 나타난다. 문화차원들이 공통요인의 구성요소라면 RMDS 도표에 군집을 이루는 모습으로 나타났어야 했을 것이다. 이와 같이 문화의 모형은 한두개의 차원으로 단순화시킬 수 없음을 다시 한 번 확인할 수 있다.

데이터를 통계적으로 도출한 1~3가지 요인으로 요약할 수 있다는 주장이 트롬페나스의 7차원 모형이 데이터에 의해 뒷받침되지 않는다거나 그 중 불필요한 차원이 있다는 의미는 아니다.

홉스테드의 주장처럼 트롬페나스의 일부 질문에 대한 응답이 여러 나라에서 상관관계를 보이기 때문에 해당 차원들을 결합할 수 있다하더라도, 다양한 케이스를 설명하기 위해서는 분리된 차원이 필요하다.

요약하자면, 우리는 일부 데이터를 설명하는데 더 적은 수의 차원을 사용할 수 있지만, 실제로 전 세계의 다양성을 설명하기 위해서는 7개의 차원이 모두 필요하다. 상황(예를 들어, 두 개의 특정한 문화를 비교하는 경우)

에 따라, 두 문화를 가장 잘 차별화시킬 수 있는 차원을 선택해서 사용할 수 있다. 성별과 키가 상관관계를 갖는 것과 마찬가지로 두 개의 차원이 상관관계를 갖는다는 사실이 둘 다 같은 구성요소를 측정하는 것이라고 말할 수는 없는 것이다.

외적 타당성 연구

우리는 신뢰성과 타당성을 높이기 위한 방법으로 다른 데이터소스를 사용하여 우리의 핵심 데이터베이스에 대한 삼각검증triangulation을 실시하고자 하였다.

예를 들어, 네덜란드 저자는 컨퍼런스에서 미국과 같은 보편의 문화에 변호사들이 더 많다는 말을 종종 하곤 한다. 이것을 전제하고 우리는 몇몇 국가의 국민 1인당 변호사의 수와 우리가 보유한 보편주의 척도 데이터의 상관관계를 조사하였다. 이런 조사는 외부 데이터에 접근해야 하는 문제와 더불어 여러가지 실제적 어려움에 부딪힌다. 가령 표본에 포함해야하는 변호사의 정의가 나라마다 다를 수 있다.

우리는 또한 반대의 접근방식을 취하기도 하였다. 접근할 수 있는 외부 데이터를 확인하고 그 통계와 우리의 측정치간의 연관성을 파악하는 방식이 그것이다. 가령, 우리는 CIA 데이터베이스에서 주거단위(가구단위로 함께 사는 사람의 수)에 대한 방대한 정보에 접근할 수 있다. 우리는 이를 통해 얻은 핵가족 가구 수와 확대가족 가구 수 정보가 개인주의—공동체주의 차원 데이터와 높은 상관관계를 지닌다는 점을 발견하였다. GDP 수준과 같은 다른 변수가 이런 측정치에 영향을 미칠 수도 주요 선진국에서는 적어도 그런 패턴이 나타났다. 있다. 하지만 그와 같은 비교의 표면적 타당성을 제외하고 일반적으로 우리가 도출한 상관관계를 뒷받침하는 증거가 충분하지는 않았다.

더 효과적인 방법은 다른 신뢰할만한 소스가 공개한 조사결과를 활용하는 것이었다. 이런 외부 데이터는 특정 영역에서 직접 비교가 가능하다. 하지만 이중 대부분은 특정한 시기에 수행하였기 때문에 동일한 기간에 해당하는 데이터만 비교할 수 있었다.

타임지는 2001년 3월 시장조사 기관을 통해 1,225명과 일대일 인터뷰를 실시하여 "세계화 현황 조사Going Global Survey" 결과를 내놓았다. 조사는 21세에서 35세 사이의 영국, 프랑스, 독일, 이탈리아인을 대상으로 하였다. 이들은 세계화에 의해 어느 때보다 정치, 경제적으로 연합되어 가는 전환의 시기를 살아가면서도 국가, 지역적 정체성에 굳건하게 뿌리를 두고 있는 세대였다. 젊은 유럽인들은 생명기술과 환경에 대해 공통적으로 우려하고 있었지만 이들을 하나로 묶는 특성은 변화에 대한 적극적인 수용이었다. 조사에 응한 젊은 유럽인들은 자신들을 유럽인이라기 보다는 주로 영국인, 프랑스인, 독일인, 이탈리아인으로 인식하고 있었다. 하지만 현재는 젊은 층의 3분의 1이 자신을 고국의 국민이라기 보다는 유럽인으로 여기고 있다. 그 중 이탈리아인들은 다른 나라 국민보다 자신을 유럽인으로 바라보는 경향이 더 큰 것으로 나타났다(약 40퍼센트). 이들은 또한 통합에 대해서도 가장 적극적으로 반기는 경향을 보였다. 이 조사결과는 우리의 데이터베이스 분석과 높은 상관도를 보인다.

비슷한 시기에 월스트리트저널은 미국과 유럽 5개국의 직장에서 남성과 여성이 직면한 이슈에 대한 비교결과를 내놓았다. 이 데이터도 우리의 문화조정 데이터베이스 상에 있는 성취 – 귀속 차원으로부터 도출한 긴장관계와 높은 상관도를 보이는 것으로 나타났다.

갤럽에서 발표한 글로벌 조사(특히 밀레니엄 조사)도 여러 영역에서 비슷하게 높은 교차타당성을 보여준다.

끝으로, 대규모 사회경제 데이터베이스로 현재도 진행중인 세계 가치관 조사World Values Survey도 우리의 원래 이문화 설문과 상당히 가까운 주요 질문을 포함하였다. 예을 들어, 그림 B.1에서 보여주는 세계 가치관 조사의 질문 V46번은 우리의 내부통제-외부통제 차원 질문과 유사하다.

어떤 사람들은 자신이 삶에 대해 완전히 자유로운 선택과 통제를 하고 있다고 느끼는 반면, 다른 사람들은 무엇을 자신들에게는 실질적인 효과가 없다고 느낀다. 아래 척도에서 1은 "전혀 선택권이 없다"를 나타내고, 10은 "엄청난 선택권이 있다"를 의미한다. 당신이 삶에 대해 어느 정도 자유로운 선택과 통제력을 지니고 있다고 느끼는지 다음 척도에 표시하시오.

전혀 선택권이 없다   엄청난 선택권이 있다
 1   2   3   4   5   6   7   8   9   10

그림 B.1. 트롬페나스와 세계가치관조사의 질문상 유사점

그리고 아래는 우리 설문에 포함된 질문이다.

다음 두 진술 중에 어떤 의견이 더 현실과 부합한다고 생각는가?
① 나는 계획을 세울 때 일이 계획대로 되리라고 확신한다.
② 너무 먼 앞날까지 계획을 세우는 것이 항상 현명하지는 않다. 왜냐하면 많은 일들이 운에 달려있기 때문이다.

딜레마 데이터베이스

15장에서 요약한 바와 같이 우리는 연구와 컨설팅을 통해 1만개 이상의 구체적인 딜레마 사례를 수집하였다. 여기에는 약 2천 개의 인수합병 케이스가 포함되어 있다. 이 딜레마들은 리더와 시니어 관리자들에게 자주 발생하는 10가지 유형으로 분류할 수 있다. 우리는 이를 10가지 골든 딜레마라고 설명했다. 모든 조직들은 이 골든 딜레마에 대응할 때 각자 다른 우선 순위를 갖고 있는 것으로 보인다. 조직이 미래의 성공과 지속가능성을 확보하기 위해서는 이런 딜레마를 조정해야 한다. 골든 딜레마에 대해서는 16장에서 다루었다.

우리는 딜레마들을 분류하고 기업문화와 국가문화의 특성들과의 상관관계를 파악하려 했다. 이를 위해 문맥상의 키워드KWIC(keyword in context) 분석방식을 사용하였고 언어학적 방법을 사용하여 데이터분석을 반자동화하였다. 우리는 자주 검출되면서도 기업문화유형과 높은 상관관계를 보이는 키워드를 수록한 "사전"을 개발하였다. 이런 분석은 언어의 의미론적 구조가 화자가 세상에 대한 개념을 만드는 방식을 형성하거나 제한한다는 사피어-워프 가설Sapir-Whorf hypothesis을 반영한 것이다.

분석을 통해 세상의 모든 문화가 직면하는 빈번히 발생하는 딜레마가 있고 이 딜레마를 어떻게 해석하고 접근하는가는 문화에 의해 결정된다는 점을 다시 한 번 확인할 수 있었다.

우리는 계속해서 응답을 축적하여 기존의 것을 보완하는 데이터베이스를 구축하고 있다. 이를 통해 이문화 역량, 팀 효과성, 원격팀(특히 다문화 팀에서 일하는 딜레마), 리더십(특히 서번트 리더십), 혁신 등을 아우르는 데이터베이스를 보유하고 있다.

향후 연구

우리는 지속적으로 도구를 개선하고 사례의 수와 다양성을 확대하며 추가적인 분석방법을 적용하고 있다. 우리는 특별한 필요나 이해관계가 있는 연구자나 고객회사에게 데이터베이스에 접근할 수 있도록 하고 있다. 여기에서 제시된 내용을 더 종합적으로 알아보기를 원하는 독자들은 홈페이지 www.ridingthewavesofculture.com을 참고하길 바란다.

Notes

01

1. E. Schein, *Organizational Culture and Leadership* (San Francisco: Jossey-Bass, 1985).
2. R. G. Collingwood, *Essay on Metaphysics* (Chicago: Gateway, 1974).
3. See for example: www.cerium.ca/l-europe-et-la-culture?lang=fr.
4. T. Parsons, *The Social System* (New York: Free Press, 1951).

02

1. G. Hofstede, *Culture's Consequences* (London: Sage, 1980).
2. M. Crozier, *The Bureaucratic Phenomenon* (Chicago: University of Chicago Press, 1964).
3. T. Parsons, *The Social System* (New York: Free Press, 1951).
4. A. Schutz, *On Phenomenology and Social Relations* (Chicago: University of Chicago Press, 1970).

03

1. C. Geertz, *The Interpretation of Cultures* (New York: Basic Books, 1973).
2. F. Kluckhohn and F. L. Strodtbeck, *Variations in Value Orientations* (Westport, CT: Greenwood Press, 1961).

04

1. S. A. Stouffer and J. Toby, "ole Conflict and Personality," American Journal of Sociology, LUI-5 (1951): 395–06.
2. 1장에서 설명한 바와 같이, 이와 같은 도표는 주요 국가의 대표 표본집단이 우리의 기초 문화진단 도구에 응답한 결과를 반영하며 우리의 이전 문화 데이터에 기초하여

논의되고 있는 개념들을 설명하기 위해 제시하였다. 이 결과들은 지난 20년에 걸쳐 급속하게 진행된 글로벌화 이전에 발달한 비즈니스와 경영 스타일과 관련된 국가별 문화규범을 설명하는데 도움이 된다. 현 단계의 논의에서는 국가별 점수보다 국가별 순위에 주목하는 것이 더 타당하다.

이보다 더 최근 데이터와 문화변동 및 다른 국가에 대한 상세 내용은 홈페이지 www. ridingthewavesofculture.com를 참고하길 바란다.

3. L. A. Zurcher, A. Meadows, and S. L. Zurcher, "alue Orientations, Role Conflict, and Alienation from Work: A Cross-Cultural Study," American Sociological Review, no. 30 (1965): 539–8.

05

1. T. Parsons and E. A. Shils, *Towards a General Theory of Action* (Cambridge, MA: Harvard University Press, 1951).
2. 이 응답들을 개인지향성 또는 집단지향성을 차별화하기 위한 다른 질문들과 결합하면 본 문화차원에 대한 신뢰할만하면서도 통계적으로 유의미한 지표를 얻을 수 있다.
3. G. Hofstede, *Culture' Consequences* (London: Sage, 1980).
4. F. Tönnies, *Community and Society*, trans. C. P. Loomis (New York: Harper & Row, 1957).
5. A. Smith, *The Wealth of Nations.* (Buffalo, NY: Prometheus Books, 1991 edition). (Originally published in 1776.)
6. M. Weber, *The Theory of Social and Economic Organization* (New York: Free Press, 1947).
7. G. Simmel, *The Sociology of Simmel*, trans. K. H. Wolff (Glencoe, IL: Free Press 1950).
8. D. Bell, *The Cultural Contradictions of Capitalism* (New York: Basic Books, 1976).
9. D. Bell and B. Nelson, *The Idea of Usury* (Chicago: University of Chicago Press, enlarged 2nd edition, 1969).
10. P. R. Lawrence and J. W. Lorsch, *Organization and Environment: Managing Differentiation and Integration* (Homewood, IL: Irwin, 1967).

07

1. K. Lewin, "ome Social-Psychological Differences Between the US and Germany," in *Principles of Topological Psychology*, ed. K. Lewin (New York: McGraw-Hill, 1936).
2. T. Parsons and E. A. Shils, *Towards a General Theory of Action* (Cambridge, MA: Harvard University Press, 1951), 128–3.
3. L. R. Dean, "he Pattern Variables: Some Empirical Operations,"I *American Sociological Review*, no. 26 (1961), 80–0.

08

1. D. McClelland, *The Achieving Society* (New York: Van Nostrand, 1950).
2. A. Laurent in G. Inzerilli and A. Laurent, "he Concept of Organizational Structure"(working paper, University of Pennsylvania and INSEAD, 1979); "anagerial Views of Organizational Structure in France and the USA," *International Studies of Management and Organizations* 13 (1983): 1–, 97–18.

09

1. F. Kluckhohn and F. L. Strodtbeck, *Variations in Value Orientations* (Westport, CT: Greenwood Press, 1960).
2. É. Durkheim, *De la division du travail social*, 7th ed. (Paris, 1960) (1893).
3. E. T. Hall, *The Silent Language* (New York: Anchor Press, Doubleday, 1959).
4. R. Carroll, *Cultural Misunderstandings: The French-American Experience* (Chicago: University of Chicago Press, 1987).
5. T. Cottle, "he Circles Test: An Investigation of Perception of Temporal Relatedness and Dominance," *Journal of Projective Technique and Personality Assessments*, no. 31 (1967): 58–1.
6. T. J. Cottle and P. Howard, "ime Perception by Indian Adolescents,",, *Perceptual and Motor Skills*, no. 28 (1969): 599–12.
7. M. Buber, *I and Thou*, ed. W. Kauffman (New York: Scribners',, Books,

1970).

8. Shell International, Group Planning Department, London.

10

1. J. B. Rotter, *Generalized Expectations for Internal Versus External Control of Reinforcement*, Psychological Monograph 609 (1966): 1–8. (Some items have been designed by Centre for Intercultural Business Studies.)

2. F. Trompenaars and P. Woolliams, *Marketing Across Cultures* (New York: Capstone/Wiley, 2004).

3. J. Ellul, *The Technological Society* (New York: Vintage, 1964).

4. S. Moscovici, *Essai sur l'istoire humaine de la nature* (Paris: Flammarion, 1977).

5. H. Mintzberg, *The Structure of Organizations* (Englewood Cliffs, NJ: Prentice-Hall, 1979).

6. C. Argyris, *Strategy Change and Defensive Routines* (London: Pitman, 1985).

11

1. G. Inzerilli and A. Laurent, "he Concept of Organizational Structure"(working paper, University of Pennsylvania and INSEAD, 1979); "anagerial Views of Organizational Structure in France and the USA," *International Studies of Management and Organizations* 13 (1983): 1–, 97–18.

2. D. R. Denison, *Corporate Culture and Organizational Effectiveness*, Wiley Series on Organizational Assessment and Change (Oxford: John Wiley & Sons, 1990), xvii, 267.

3. R. Harrison, "nderstanding Your Organization' Character," *Harvard Business Review*, May–une 1972.

Bibliography

Hampden-Turner, C. *Corporate Culture*. London: The Economist Books/

Business Books, 1991.

Handy, C. *The Gods of Management*. London: Souvenir Press, 1978.

12

1. G. Hofstede, *Culture's Consequences* (London: Sage, 1980).
2. G. Inzerilli and A. Laurent, "The Concept of Organizational Structure" (working paper, University of Pennsylvania and INSEAD, 1979); ""Managerial Views of Organizational Structure in France and the USA,"" *International Studies of Management and Organizations* 13 (1983): 1—2, 97—118.
3. P. R. Lawrence and J. W. Lorsch, *Organization and Environment: Managing Differentiation and Integration* (Homewood, IL: Irwin, 1967).
4. C. Bartlett and S. Ghoshal, *Managing Across Borders* (London: Hutchinson Business Books, 1990).
5. J. Ogilvy, *Global Business Network* (Ameryville, CA); personal communication.
6. R. B. Reich, *The Work of Nations: Preparing Ourselves for the 21st Century* (New York: Knopf, 1991).
7. M. Goold, *Strategic Control* (London: The Economist Books/ Business Books, 1990).

13

1. M. J. Bennett, "Towards Ethnorelativism: A Developmental Model of Intercultural Sensitivity (revised)," in R. M. Paige (ed.), *Education for the Intercultural Experience* (Yarmouth, ME: Intercultural Press, 1993).
2. E. de Bono, "I Am Right You Are Wrong," from This to the New *Renaissance: From Rock Logic to Water Logic* (London: Penguin, 1992).

14

1. *Economist* 9 (January 1999).
2. KPMG Consulting M&A Report 1999.

3. 이 내용은 트롬페나스 햄든터너 컨설팅에서 시니어 컨설턴트로 몸 담았던 Allard Everts의 연구로부터 큰 도움을 받았다.

4. Collins, J. and Porras, J., *Built to Last*, (New York: HarperBusiness, 1994).

5. Ibid., "Building Your Corporate Vision," *Harvard Business Review*, September—October 1996.

6. Ibid., 73.

7. 보다 자세한 내용은 웹사이트 참고. www.ridingthewavesofculture.com

8. 이 주제에 대하여 더 자세한 정보와 논의를 알아보고자 하는 독자는 다음 도서를 참고. *The Global Tango: Reconciling Cultural Differences in Mergers and Acquisitions*, by F. Trompenaars and M. Nijhoff Asser, published by Infideas, Oxford, UK, 2010.

15

1. 부록 A와 우리의 다른 여러 연구출판자료를 참고.

2. Raw Data의 분포가 상당히 흩어져 있기는 하지만, 추세선들은 통계적으로 유의미한 95퍼센트 수준이며 특히 직무기능과 산업별 데이터를 산출했을 때 그러하다.

3. 역시 95퍼센트 수준에서 유의미하다.

4. N. Broom, "I Work, Therefore I Am: The Ideographic-Nomothetic Dilemma" (thesis for the degree of doctor of business administration, Anglia Ruskin University, UK).

5. F. Trompenaars and P. Woolliams, *Marketing Across Cultures* (Capstone/ Wiley, 2004).

6. K. Reich, ""Exploring Age and Generational Differences in Culture"" (thesis for the degree of doctor of business administration, Anglia Ruskin University, UK, 2006).

7. J. B. Rotter, "General Expectations for Internal Versus External Control of Reinforcement," Psychological Monograph 609 (1966): 1—28.

8. N. Adler, ed., *Competitive Frontiers* (Oxford: Basil Blackwell, 1994).

부록 A

1. 크론바하 알파값을 토대로 신뢰도를 확인하였다.

2. 예를 들어, 하나의 구성요소 점수는 (질문A의 점수×질문B의 점수)의 제곱근일 수 있다. 이는 한 딜레마의 양 극단값이 포함될 필요가 있음을 강조한다.

부록 B

1. G. Hofstede, "Riding the Waves of Commerce," *International Journal of Intercultural Relations* 20, no. 2 (1996): 189–98; C. Hampden-Turner and F. Trompenaars, "A Response to Hof- stede," *International Journal of Intercultural Relations* 22, no. 4 (1997): 189–98.

2. P. B. Smith, Appendix to *Riding the Waves of Culture*, 1st ed. (Boston: Nicholas Brealey Publishing, 1993); P. B. Smith et al., "National Cultures and Values of Organisational Employees," *Journal of Cross Cultural Psychology* 27, no. 22 (March 1996).

3. H. Kaiser, "Factor Analysis," *Psychometrika* 30 (1965): 1–14.

4. Ibid.

5. V. E. McGee, "Multi-Dimensional Scaling," *Multi-Variate Behav-ioural Research* 3 (1968): 233–48.

찾아보기

파

A~Z

글로벌 문화경영

이문화의 딜레마를 넘어서

지은이 | 폰스 트롬페나스, 찰스 햄든터너
옮긴이 | 포스코경영연구소
펴낸이 | 이종헌
만든이 | 최윤서
펴낸곳 | 가산출판사
주 소 | 서울시 서대문구 경기대로 76
        TEL (02) 3272-5530~1
        FAX (02) 3272-5532
등 록 | 1995년 12월 7일(제10-1238호)
E-mail | tree620@nate.com

ISBN 978-89-6707-004-5   03320

2014년 7월 4일   초판 발행